New Principle of Tourism Business

개정판 최신관광사업개론

김성혁 · 오재경 공저

백산출판사

머리말

최근 정보화 사회의 변화속도가 빨라지면서 서비스를 중심으로 하는 관광산업에 새로운 직종이 나타나고 다양한 사업이 추가되고 그와 더불어 관광사업론에 대한 새로운 어프로치가 필요하게 되었다. 이러한 시대적 변화는 관광에 관한 새로운 지식과 전문내용을 요구하고 있다. 그간 관광사업론의 근간은 이론적 측면에서 그다지 변한 것은 없지만, 급격한 사회변화에 따라 관광사업에 추가되는 업종이 생겨나고, 정부조직의 개편, 관광관련 법규 특히 관광진흥법과 동법 시행규칙의 전면적인 개정이 있었다. 따라서 본서 관광사업개론의 내용과 체재에도 대폭적인 수정이 불가피하게 된 것이다.

이러한 일련의 상황변화를 감안하여 졸저 관광사업개론을 종전과는 다르게 새로운 내용과 체재로 구성하여 보았다. 종전에는 실정법에서 규정하고 있는 관광사업과 그 법적 근거 등은 거의 도외시한 채 일반론적 설명에 그쳤으나, 앞으로는 가능한 한 실정법의 근거 위에서 문제를 해설하고자 한다. 따라서 현행 「관광진흥법」에서 관광사업의 종류로 규정하고 있는 7가지의 사업 즉 여행업, 관광숙박업, 관광객이용시설업, 국제회의업, 카지노업, 유원시설업, 관광편의시설업 및 시행령에서 세분하고 있는 여러 종류의 사업들을 실정법의 근거를 토대로 상세한 설명을 하는데 많은 지면을 할애하였다. 그리고 관광교통업과 리조트사업 및 관광정책과 관광행정 분야는 현행법에서는 관광사업의 종류로 규정되어 있지 않으나, 이들이 관광사업 발전에 있어서 주요 동인으로 작용함을 감안하여 별도의 장을 만들어 상세히 해설하였다.

그러나 이러한 의도된 노력에도 불구하고 저자의 능력부족으로 독자들에게 어느 정도 도움을 드릴 수 있을지 두려움이 앞서는 심정이다. 앞으로 관심 있는 분들의 질책을 받아 미흡한 부분은 계속 수정하고 보완해 나가겠음을 약속드린다.

그리고 이 책이 완성되기까지에는 많은 분들의 도움이 있었지만, 특히 관광 관련 법규의 자료를 제공해 주시고 편집체재 구성 등에 있어서 조진호 님(전 백산출판사 전무)의 도움이 컸음을 밝히고 이 자리를 빌어 감사의 말씀드린다.

끝으로 부족한 내용의 본서가 출간될 수 있도록 기꺼이 승낙해 주신 백산출판사 진욱상 사장님과 더 좋은 교재를 만들기 위해 노력해 주신 편집부 여러분들에게도 감사의 마음을 전한다.

2013년 7월

공저자 씀

차 례

제2절 관광숙박업의 일반적 이해 / 162

제3절 기타 숙박시설 / 181

제5장 관광객이용시설업

제1절 관광객이용시설업의 의의와 종류 / 189

제7장 카지노업

제8장 유원시설업

제9장 관광편의시설업

제1장

관광의 발달

제1장 관광의 발달

제1절 관광의 개념

1. 관광의 어원

현재까지 밝혀진 관광의 어원으로서 가장 오래된 출처는 기원전 8세기경 중국 고대국가인 주(周)나라에서 편찬되었다고 하는 역경(易經 : 五經의 하나로서 周易이라고도 부른다)을 들 수 있다. 이 역경(卷六, 上經)의 "觀"괘(卦)에 보면, "觀國之光 利用賓于王"(관국지광 이용빈우왕)이라는 표현이 있는데, 이 "觀國之光"에서 觀光이라는 용어가 유래되었다고 전해지고 있다. 고대 중국 周나라 이후부터 관광이라는 어휘가 문집 등에 자주 인용되어 온 것을 보면 이 용어는 그 후 세월이 지남에 따라 꽤 친숙한 문구로 자리잡아 온 것 같다.

그러나 당시의 '나라의 빛을 본다'는 관국지광(觀國之光)은 그 나라의 정치·경제·사회·문화 등 백성을 다스리는 정치제도를 살피는 것으로 해석, 「遊覽視察一國之政策風習爲觀光」 즉 한 나라의 정책과 풍습을 유람하면서 시찰하는 의미로서의 '관국지광'임에는 이론이 없는 것 같다. 예를 들어 3세기경 중국의 삼국시대에 위(魏)나라 조조(曹操)의 아들로서 문재(文才)였던 조식(曹植)이 "시이준걸래사 관국지광"(是以俊傑來仕 觀國之光: 이로써 재주와 슬기가 뛰어나고 어진 사람이 와서 벼슬을 살며 나라의 풍광을 본다)라는 문구를 남겼다. 또 중국 당나라 시대에 오언율시(五言律詩)에 뛰어났던 맹호연(孟浩然: A.D. 688~740)은 그의 저서 『孟浩然集』에서 "하신우휴명 관광래상경"(何幸遇休明

觀光來上京: 어찌 다행히 시간을 내어 관광차 서울로 올라 왔다)이라는, 현대적 의미에 가까운 관광용어를 사용하였다고 한다.

한편, 관광이라는 용어가 언제 우리나라에 들어왔으며, 언제부터 친숙한 용어로 자주 인용되었는가에 대하여는 이제까지 별로 알려진 바 없다. 또한 언제이 어구가 현대적 의미로 관광현상을 지칭하는 뜻으로 바뀌어졌는가에 대해서도 밝혀진 바 없다. 단지 역사기록을 참조해 볼 때 삼국시대부터 지식인들 사이에서 간간이 이 어구가 사용되지 않았나 짐작될 뿐이다. 특히 14세기 말, 즉 여말선초(麗末鮮初)의 문헌에 자주 등장하고 있는 점에 주목할 따름이다.

신라 말기 대학자인 최치원(崔致遠)의 계원필경(桂苑筆耕) 속의 한 구절에는 "人百已千之觀光六年銘牓尾"(인백이천지관광육년명방미: 남이 백번하면 나는 천번 해서 관광 6년만에 과거급제자 명단에 오르게 되었다)라는 말이 기록되어 있는데, 여기서 '觀光六年'이란 '중국에 가서 선진문물을 살피며 체류한 지 6년'이란 뜻으로 해석하고 있다.

고려시대에 들어와서는 두 건의 용례가 발견된다. 그 하나는 고려사절요(高麗史節要)인데, 고려 예종 11년(1115년)에 중국 宋나라 임금이 우리나라 사신에게 "...觀光上國 盡損宿習..."(관광상국 진손숙습: 우리나라를 관광하여 구습을 전부 버리도록 하고...)라고 교시하였다고 기록되어 있다. 다른 또하나는 고려말인 우왕 10년(1385년)에 당시의 유명한 문사(文士)였던 정도전(三峰 鄭道傳)도 '觀光'이라는 용어를 사용한 것으로 밝혀지고 있다. 정도전은 당시 그의 친구인 이숭인(李崇仁)이 중국 북경에 하정사(賀正使: 시년하례 단장)로 떠난 뒤 그의 문집에서 이르기를, 명나라의 명을 받아 중국으로 간 그의 친구 이숭인이 그곳의 선진문물을 돌아보고 귀국하게 되면 자신은 그의 견문록 제목을 '觀光集'이라고 붙여 주겠노라고 서술하였다고 한다.

그 후 조선시대에 들어와서는 관광이라는 용어는 지식인사회에서 아주 일반화된 용어로 자리잡은 것 같다. 조선 건국 직후인 태조 5년(1396년)에 도읍을 개경으로부터 지금의 서울인 한성으로 옮기면서 정도전, 조준 등은 신도업지(新都邑地)의 지명을 정하였는데, 서울 북부에 지금의 동(洞)에 해당하는 10개의 방(坊)을 설치하면서 그 중 한 방(坊)의 명칭을 "觀光"으로 정하였다고 조선왕조실록은 기록하고 있다(朝鮮王朝實錄, 太祖 卷九 및 世宗 卷一 八).[1)]

우리나라에서 관광이라는 말이 오늘날과 같은 뜻으로 사용된 것은 제2차 세계대전 이후의 일이지만, 당초에는 국제관광만을 뜻하는 경향이 있었으나, 지금에 와서는 국제뿐만 아니라 국내도 관광이라 부르고 있다. 그리고 '관광(觀光)'이라는 개념이 법제화된 것은 1962년 8월 22일 제정·공포된 우리나라 최초의 관광법규인 「관광사업진흥법」이다.

서양(西洋)에 있어서는 18세기 영국의 귀족 자재들이 일종의 통과의례로 유럽대륙(특히 프랑스와 이탈리아)을 몇 년에 걸쳐 수학여행을 하는 것을 두고 '그랜드 투어(grand tour)'라고 불렀다고 한다. 그리하여 '투어리스트(tourist)'라는 용어가 1800년에, 그리고 '투어리즘(tourism)'이라는 용어가 1811년에 최초로 등장했다고 옥스포드 영어사전(Oxford Dictionary)은 밝히고 있다.

Tourism이라는 말은 영어로 '짧은 기간의 여행'을 뜻하는 tour의 파생어이고, tour라는 말은 라틴어의 도르래를 의미하는 tornus라는 말에서 유래한 것으로서 처음에는 순회여행(巡廻旅行)을 의미했다고 한다.

따라서 tourism은 주유(周遊)를 의미하는 'tour'에 행동이나 상태 혹은 ~주의(主義) 등을 나타내는 접미어 '-ism'이 붙어 만들어진 말로서, 문맥에 따라서는 관광, 관광대상, 관광사업을 의미하기도 한다. 또 tour에 접미어 '-ist'가 붙어서 만들어진 tourist는 관광객을 의미한다. 이와 같은 투어(tour), 투어리스트(tourist), 투어리즘(tourism) 등의 용어가 일반적으로 사용된 것은 1930년대 이후의 일이라고 한다. 그 후 1975년부터는 모든 국제기구에서 관광의 영어적 표현을 tourism으로 통일하였다.

한편, 독일에서는 제2차 세계대전 이전에는 관광을 뜻하는 용어로서 'Fremden(외국의, 외국인)'과 'Verkehr(왕래 또는 교통)'라는 합성어인 'Fremdenverkehr'를 사용하였는데, 전후에는 'Tourismus'로 바뀌었으며, 프랑스에서도 'tourisme', 'touriste'라는 용어를 사용하고 있다.

1) 김사헌, 관광경제학(서울:백산출판사, 2010). p.54에서 재인용.

2. 관광에 대한 연구

관광의 정의는 역사적인 변천과정을 통하여 많은 국내외 학자들에 의하여 매우 다양하게 정의되면서 발전하여 왔다. 원래 관광연구는 경제학자들이 국제관광을 '무형의 수출(invisible export)'로서 주목함에 따라 그 연구가 시작되었는데, 최초 관광연구의 과제는 관광에 의한 경제효과를 측정하는 데 있었다. 여기서는 여러 학자들의 관광에 관한 여러 학제적(學際的)인 연구 가운데서 대표적인 연구만을 소개하고자 한다.

1) 슐레른(H. Schulern, 1911년)

관광을 최초로 정의한 슐레른에 의하면 관광이란 일정한 지역 또는 타국에 들어가 머물다가 나가는 외래객의 유입(流入), 체재(滯在) 및 유출(流出)의 형태를 취하는 모든 현상과 그 현상에 직접 결부되는 기타 현상, 그 중에서도 특히 경제적인 현상을 나타내는 개념이다.

2) 마리오티(A. Mariotti, 1927년)

로마대학의 마리오티는 1927년에 발간한 『관광경제학강의』에서 외국인 관광객의 이동에 따른 관광활동을 여러 가지 측면에서 다루고 있는데, 특히 관광의 경제적 의미를 강조하였다. 또한 관광경제학강의의 사상적 체계를 완성하였고, 특기할 만한 것은 관광흡인중심지의 이론이다.

3) 보르만(A. Bormann, 1931년)

관광론에 관한 연구가 왕성하였던 1930년대 독일의 보르만은 1931년 출판된 자신의 저서 『관광학개론』을 통해 "관광이란 직장에의 통근과 같이 정기적 왕래를 제외하고 휴양의 목적이나 유람, 상용 또는 특수한 행사의 참여나 기타의 사정 등에 의하여 거주지에서 잠시 떠나는 여행"이라고 하였다. 이러한 그의 주장은 현실적으로 관광현상에 대한 이론적 비판의 여지는 있으나, 전반적인 관광현상을 포괄적으로 수용하고 있다는 점에서 종합학문으로서의 관광이론 체계는 높이 평가되어진다고 하겠다.

4) 오길비(F.W. Ogilvie, 1933년)

영국의 오길비는 투어리스트의 이동에 관한 문제를 취급한 사람인데, 1933년에 그의 저서 『관광객이동론』에서 "관광객이란 복귀할 의사를 가지고 일시적으로 거주지를 떠나지만, 1년 이상을 넘지 않는 기간 동안에 돈을 소비하되, 그 돈은 여행하면서 벌어들인 것이 아닐 것"이라고 하여 이른바 '귀한예정소비설'을 주창하였다. 즉 오길비는 관광의 본질을 '타지에서 얻은 수입을 일시적 체재지에서 소비하는 것'에 있다고 본 것이다.

5) 그뤽스만(R. Glücksmann, 1935년)

그뤽스만은 보르만과 같은 시대에 활약한 독일의 관광연구자이다. 그는 1935년에 출판된 자신의 저서 『일반관광론』에서 "관광이란 체재지에서 일시적으로 머무르고 있는 사람과 그 지역에 살고 있는 사람들과의 여러 가지 관계의 총체로서 정의할 수 있다"고 했다. 따라서 그의 주장에 따르면 관광연구의 접근범위는 지리학을 비롯하여 기상학, 의학, 심리학, 국민경제학, 사회학, 경영경제학 등의 학문분야까지 포함하는 것으로, 관광론은 관광에 관한 기초는 물론 원인과 수단 및 영향 등에 관해 광범위한 연구분야가 되어야 한다고 했다.

6) 훈지커와 크라프(W. Hunziker와 K. Krapf, 1942년)

1942년에 훈지커와 크라프가 공동으로 저작한 『일반관광학개요』에서 "광의의 관광은 본질적으로 외국인이 여행지에 머무르는 동안 일시적으로나 계속하여 주된 영리활동의 추구를 목적으로 정주하지 않는 경우로서, 외국인의 체재로부터 야기되는 모든 관계나 현상에 대한 총체적 개념을 의미한다"고 하였다. 이는 이제까지의 단순한 개념보다는 새로운 개념으로의 전환을 기한 것이다.

7) 이노우에 만주조(井上万壽藏, 1961년)

일본의 관광학자인 이노우에는 그의 저서 『관광교실』에서 "관광이란 인간이

다시 돌아올 예정으로 일상생활권을 떠나 정신적 위안을 얻는 것이다"라고 하였다. 그는 정신적 위안이 관광의 본질이며 관광의욕이란 것은 정신적 위안을 구하는 마음이라고 했다.

8) 베르넥커(P. Bernecker, 1962년)

오스트리아의 베르네크는 1962년 그의 저서 『관광원론』에서 "상업상 혹은 직업상의 여러 이유에 관계없이 일시적 또는 개인의 자유의사에 따라 이동한다는 사실과 결부된 모든 관계 및 모든 결과를 관광이라고 명할 수 있다"고 하여 관광주체로서의 관광객의 역할을 중시하면서 '관광주체론'을 주창하였고, 관광현상 속에서 겸목적 관광을 인정하였다.

9) 메드상(J. Medecine, 1966년)

그는 "관광이란 사람이 기분전환을 하고 휴식을 하며, 또한 인간활동의 새로운 여러 가지 국면이나 미지의 자연풍경에 접촉함으로써, 그 경험과 교양을 넓히기 위하여 여행을 한다든가, 정주지(定住地)를 떠나서 체재함으로써 성립하는 여가활동의 일종이다"라고 정의하고 있다.

10) 쓰다 노보루(津田昇, 1969년)

그는 『국제관광론』에서 "관광이란 사람이 일상생활권을 떠나서 다시 돌아올 예정으로 타국이나 타지의 문물 및 제도 등을 시찰하고 풍경 등을 감상·유람할 목적으로 여행하는 것이다"라고 주장하였다.

11) 세계관광기구(UNWTO, 1982년)

국제적인 측면에서 관광에 관한 정의를 살펴보면 세계관광기구의 정의가 가장 권위 있는 것으로 알려져 있는데, 즉 "방문 주요 목적이 방문국 내에서 보수를 얻는 활동을 제외하는 것으로 1박이상 12개월을 넘지 않는 기간, 거주지 이외의 나라에서 통상의 생활환경을 벗어나 여행하는 것"으로 정의되어 있어 공연이나 돈벌이 목적 이외의 상용여행도 포함시키고 있음을 알 수 있다.

12) 맥킨토시(R.W. McIntosh, 1986년)

"관광객과 다른 방문자들을 유치·접대하는 과정에서 관광객, 관광사업자, 정부, 지역사회 간의 상호작용으로 야기되는 현상과 관계의 총체"라고 정의하고 있다.

13) 시오다세이지(鹽田正志, 1987년)

"좁은 뜻의 관광이란 사람이 일상생활에서 떠나서 다시 돌아올 예정으로 이동하고, 영리를 목적으로 삼지 않고, 풍물을 가까이 하여 즐기는 것이며, 넓은 뜻의 관광이란 앞에 말한 행위에 의하여 일어난 사회현상의 총체인 것이다."

3. 관광의 개념

관광의 정의는 학자에 따라 그리고 시대에 따라 매우 다양하게 발전해 왔다. 관광연구에 있어서 다양한 관광의 정의를 체계화하는 것은 매우 중요한 일이다. 그러나 일반적으로 관광이란 "인간이 일상생활권을 떠나 타 지역으로의 이동 및 체재로 인해 일어나는 현상 및 행위"를 말한다.[2]

관광은 우선 직장 및 주거지라는 일상생활권을 떠나 타 지역으로 이동하거나 체재하는 것을 전제로 한다. 여기서 현상(現象)은 관광객의 이동 및 체재로 인하여 발생하는 경제적·사회적·문화적·환경적인 측면에서의 관광의 영향을 말하며, 행위(行爲)라는 것은 그 이동 및 체재 중에 발생하는 여러 가지 오락 및 활동을 가리키고 있다. 이러한 현상 및 행위로 인하여 관광사업체는 여러 가지 전략 및 계획을 수립하고 관광객의 유인 및 소비를 자극하고 있다. 또한 중앙정부나 지방자치단체 등 공공부문은 자국민의 건강증진, 피로회복 및 노동생산성 향상을 위해 그리고 타 국민의 자국방문을 촉진하는 데에 전력을 경주하고 있다.

이러한 관광의 정의는 장소, 방향, 활동, 기간, 성격 등의 측면에서 그 특징

2) 김성혁, 관광학원론(서울:형설출판사, 2000), pp.30~32.

을 다음과 같이 요약할 수 있다.

첫째, 장소이다. 관광에는 관광객이 이동하여야 한다. 관광행위는 관광객의 주거지나 직장 이외의 다른 지역에서 발생하게 된다. 이는 관광이 일상생활권을 벗어나 타 지역에서 이루어진다는 장소적인 전제를 뜻하고 있다.

둘째, 방향이다. 관광은 여러 목적지로의 이동과 체재로 시작된다. 그리고 관광이 종료되면 반드시 원래의 거주지로 돌아오게 된다.

셋째, 활동이다. 관광에는 목적지로의 이동행위, 목적지에서의 체재행위, 휴식 및 오락행위 등 여러 활동이 포함된다.

넷째, 기간이다. 목적지로의 이동 및 체재는 일시적이고 단기적이다. 관광의 이러한 성격은 영주목적의 장기적인 인구이동뿐만 아니라 계절적·일시적인 노동인구의 이동 등 단기이주를 관광에서 제외하고 있다.

다섯째, 성격이다. 여행지나 체재지에서의 보수를 얻기 위한 활동은 관광에서 제외된다. 관광은 여가활동이다. 즉 순수한 위락관광 및 사업관광이라야 한다. 그러나 '사업관광'에 대하여는 이론(異論)의 여지가 있겠으나, 사업목적으로 체재지에서 소비행위를 하는 것은 '체재지에서 보수를 얻기 위한 활동'은 아니라고 생각되므로 관광에 포함시킬 수 있다고 본다. 최근에 와서 사업관광은 관광업계의 중요한 소득원으로 부상하고 있다.

4. 관광과 유사개념 및 상호관련성

관광과 유사하거나 상호 관련성을 가진 개념은 많다. 이 중에서도 여가와 레크리에이션 또는 위락, 행락, 놀이, 여행 등 유사개념은 우리들의 일상생활 주변에서 자주 사용되는 관계로 각 개념에 대한 사회적 가치가 부여되어 버린 경우가 많다. 또한 개념의 본질 자체가 변질되어 비속화(卑俗化) 혹은 미화(美化)된 경우가 많기 때문에 더욱 그 개념의 실체를 파악하기는 어렵다.

그러나 유사개념 자체의 명확한 정립은 앞으로 관광현상의 학문적 연구, 나아가 관광의 학문적 체계 확립의 선결조건이라고 생각되므로, 먼저 유사개념들의 본질을 파악해 보고 이를 다시 관광이라는 개념과 상호 대비시켜 그 상관성을 구명해 보고자 한다.

1) 놀이(play)

놀이는 갈증을 뜻하는 라틴어 plaga와 독일어 Spiel에서 유래된 말로 인간의 본능적이며 무조건적인 욕구를 반영하는 행동을 뜻한다.

놀이는 노동시간의 잉여가 여가로 연결된 것이다. 놀이는 개인의 윤리적인 성격과 인격을 형성할 수 있는 도덕적인 힘으로 이해되는 것이며, 이것은 또 조정능력이 있는 원만한 인격을 함양하는 데 도움을 준다고 한다. 사람들에게 있어서 놀이와 일(노동)은 밤과 낮처럼 순환의 근본이 되는 질서이며, 놀이의 자양분에서 문화가 잉태되고 발전되는 것이다. 바람직하고 건강한 사회를 이룩하기 위해서는 놀이가 존중받는 사회가 되어야 할 것이다.

2) 여가(leisure)

레저(leisure)의 어원은 고대 그리스어의 스콜레(scole)란 말에서 유래되었다고 한다. 스콜레란 두 가지 의미가 있다고 전해지고 있는데, 첫째는 여분의 시간, 둘째는 영어의 스쿨(school)의 어원으로서 연구, 연습, 놀이 등을 뜻한다고 한다. 또한 레저는 프랑스어의 리세레(licere)란 말에서 유래되었다고 전해지고 있다. 이 말의 뜻은 '허락받는다', '자유로운' 등의 의미를 가진다. 리세레로부터는 다시 프랑스어로 로와지르, 영어로는 라이센스(license)라는 말이 파생되었다고 한다. 이는 원래 '노역(勞役)의 면제', '공직의무의 면제'를 의미하고 있기 때문에 말하자면 '작업이나 업무 등과 같은 일로부터 면제되어 자유로이 할 수 있는 휴양이나 레크리에이션과 같은 활동을 할 수 있는 시간을 의미한다.

일반적으로 레저(여가)는 노동시간에 대한 개인의 자유시간을 말한다. 개인의 생활시간 전체에서 생리적 필수시간(식사, 수면 등), 노동시간, 노동부속시간(통근 등)을 뺀 나머지 시간으로 개인이 자유스럽게 쓸 수 있는 시간을 말한다. 그러나 레저를 이와 같은 시간개념이 아니고 '여가시간의 행위'로 보는 측면도 있다. 즉 여가를 수동적인 시간개념으로 보는 반면에, 레저는 그 시간을 소비하는 행위로 보는 경향이 강하다. 이러한 경우 레저는 관광이나 레크리에이션까지도 포함하는 의미에서 자유시간 내의 행동으로 보아도 좋다.

결국 여가(레저)란 여분의 시간을 의미하지만, 있어도 좋고 없어도 좋다는 잉여시간을 말하는 것이 아니라, 노동을 위하여 혹은 노동을 포함한 인간생존에 불가결한 의미를 갖는 것으로, 자기재량으로서 자유로이 처분하고 자기향상을 도모하는 기회라는 보다 적극적이고 전진적인 의미를 내포하고 있는 것이다.

3) 레크리에이션

레크리에이션(recreation · 위락)은 그것이 개인이나 집단에 의해서 여가 중에 영위되는 활동이고 그 활동으로 인하여 얻어지는 직 · 간접적 이득 때문에 강제되는 것은 아니며, 그 활동 자체에 의하여 직접적으로 동기가 주어진 자유롭고 즐거운 활동이다.

레크리에이션은 라틴어의 recreate에서 유래한 말로서 기분을 전환하다(refresh)와 저장하다(restore)의 의미를 가진 것으로 인간을 再(re)生(creation)시키고, 인생에 활력을 회복시키며, 또한 이것은 노동과 더 많은 관련이 있는 사회기능적이고 교육적인 것이다. 그라지아(Grazia)는 이를 "노동으로부터 인간이 휴식을 취하고 기분전환을 하고 노동 재생산을 위한 활동"으로 정의하고 있으며, "각 개인이 자발적으로 행하여 그 행위로부터 직접 만족감을 얻어 즐길 수 있는 모든 여가의 경험"으로 인식하고 있다.

일반적으로 여가가 시간적 개념이 중요시되는 반면에, 레크리에이션은 여가시간 즉 자유시간에 이루어지는 재생 및 사회적 편익을 증진하고자 하는 자발적 · 활동적 개념이 강한 데서 그 차이점을 규명할 수 있다. 이러한 차원에서 볼 때 레크리에이션은 여가의 한 기능이라고 볼 수 있으며, 레크리에이션은 정신적 · 육체적 그리고 감정의 활동이 모두 포함되므로 이러한 차원에서 단순한 휴식과는 구별된다고 하겠다.

한편, 레크리에이션과 관광의 차이점은 시간과 활동공간의 차이에 있다고 하겠다. 관광도 넓은 의미에서는 레크리에이션활동의 하나이지만, 그러나 관광은 일상거주지와는 멀리 떠나는 활동이라는 데에 차이점이 있다. 비교적 관광은 이동의 거리가 멀고 시간적으로도 길지만, 레크리에이션은 일상공간의 주변에서도 일어난다. 물론 관광은 일상거주지를 떠나 다시 일상생활권으로 돌아오기까지의 전 과정에서 일어나는 수많은 복합적인 현상이며 그 영향이 크다는 특징을 가지고 있기도 하다.

5. 관광의 중요성

관광은 현대사회에서 국민 모두가 관심을 가지고 또 실제로 참여하고 있는 여가문화활동의 하나로서 점점 그 중요성을 더해가고 있다. 예를 들어 주말이면 관광을 하기 위해 도시를 탈출하여 고속도로를 메우는 승용차 행렬을 통해서도 알 수 있다. 이는 현대사회의 인간생활에서 관광이 차지하는 비중을 입증해주고 있다고 하겠다. 어떠한 이유로 관광이 인간의 삶 속에서 이렇듯 중요성을 띠고 있을까 하는 의문은 관광이 가지는 기본사상을 이해했을 때 보다 명확히 되어질 것이다.

일차적으로 관광은 외래관광객이 소비하는 관광외화획득이라는 경제적 효과의 측면에서 이해하는 것이 필요하다. 이 때문에 세계 각국은 관광을 국가전략산업으로 육성하고 있다. 더불어 관광은 국제화·세계화로 가는 우리나라 국가사회 발전에 핵심적인 역할을 수행하는 국제교류활동으로서, 국민적 참여를 통해 한국과 세계를 하나로 연결시키는 문화행동이다. 오늘날 관광은 국제교류를 통한 국제친선 도모 및 세계평화에 기여하는 민간외교적 효과까지도 창출한다.

그래서 오늘날 서양사람들은 관광산업을 일컬어 '굴뚝 없는 수출산업', '교실 없는 교육', '언론 없는 통신', '의전 없는 외교'라고 국민들에게 홍보하면서 일석사조(一石四鳥)의 효과를 갖는 주요한 산업이라고 홍보하고 있는 것이다.

이와 같은 중요성을 지니는 관광의 이념으로서는 자유성, 평등성, 행복성, 평화성, 교육성, 인간성 회복 등으로 열거할 수 있겠다. 관광은 구속에서 해방되고 자유롭게 이동하는 차원에서 자유성(自由性)에 기초한다. 따라서 거주·이전의 자유는 일반적 자유권으로서 인간의 자유로운 이주(移住) 및 이동을 보장하는 자유권적(自由權的) 기본권이다. 따라서 이동뿐만 아니라 자유롭게 휴식할 수 있는 여가의 자유가 보장되어야 하고, 미래의 사회복지관광에 따른 공공복리에 적합한 자유의 분배 또한 있어야 한다. 이는 모든 국민의 행복권(幸

福權)과 자유롭게 여행할 수 있는 자유권(自由權)과 여행권(旅行權)을 보장하고 이를 위하여 국가는 지원을 아끼지 않음을 뜻한다.

관광은 모든 사람에게 기회가 균등하게 주어진다는 차원에서 평등성(平等性)에 근거한다. 관광헌장에서는 "모든 국민은 관광할 수 있는 권리를 가진다. 관광할 수 있는 여행의 권리는 어떤 조건에 있어서도 평등한 기회와 이용의 기능을 가진다"고 규정하고 있다.

한편, 구속에서 해방되어 빛을 본다는 것은 인간이 추구하는 지고지선(至高至善)의 행복을 의미한다. 또는 관광이 교류를 통하여 상호 이해를 증진시킨다고 하는 것은 관광을 통해 인류평화에 기여할 뿐만 아니라 남을 이해하고 또 교류함으로써 상호 배우는 교육성(敎育性)을 가진다. 따라서 관광이라는 여가활동을 통하여 균형된 삶을 찾을 수 있으며, 심신을 단련시키고 결국은 인간성 회복에도 기여하게 되는 것이다.

제2절 관광의 역사

1. 관광의 발전단계와 특색

관광은 인류의 이동으로부터 시작된 활동으로 인간의 즐거움과 기분전환 및 변화욕구를 충족시키기 위하여 여행을 하였다는 기록은 오래 전부터 존재하여 왔다. 관광현상은 환경에 따라 크게 변화하는 특색을 보이고 있는데, 이는 관광이 외부환경에 의해서 끊임없이 영향을 받아 왔으며, 외부환경의 영향은 시대에 따라 다르고, 특정한 사회적 분위기에 따라 다르게 나타나기 때문이다.

학자에 따라서 관광의 역사를 나누는 시각이 약간의 차이를 보이고 있으나, 여기서는 관광현상은 인류의 출현과 때를 같이 한다고 보고, 관광의 일반적인 발전단계를 관광내용을 이루는 커다란 특성에 따라 시대를 구분하면 다음과 같이 요약할 수 있다. 즉 여행(tour)의 시대, 관광(tourism)의 시대, 대중관광(mass tourism)의 시대, 신관광(new tourism)의 시대로 구분할 수 있겠다. 단지, 세계의 역사부분에서는 주로 유럽을 대상으로 했으며, 여행의 시대에서 대여행의 시대를 별도로 설정할 수도 있겠다.

1) 여행(tour)의 시대

고대 이집트, 그리스와 로마시대로부터 1830년대까지를 총칭하여 여행(tour)의 시대라고 할 수 있다. 이 시대의 특징은 귀족과 승려, 기사 등이 속하는 특수계층이 종교와 신앙심의 향상을 위한 교회중심의 개인활동으로서 여행을 하였고, 관광사업의 형태는 자연발생적인 특징을 지니고 있었다.

고대 그리스와 로마시대의 경우, 올림피아(Olympia)에서 열렸던 경기대회 참가를 위한 여행행위나 신전참배 등의 종교활동을 위한 여행이 주류를 이루고 있었다. 로마시대 후기에는 교통·학문의 발달로 지적 욕구의 증대에 따른 탐구여행, 종교 및 예술활동을 위한 여행, 식도락 관광 등의 형태로 발전하였다.

그리고 중세시대에는 십자군 전쟁의 영향으로 일부 중간층도 관광에 참여하게 되고 가족단위의 관광형태도 생겨났으며, 주로 수도원이 숙발시설 기능을 담당하였다.

2) 관광(tourism)의 시대

관광의 시대는 서비스를 통하여 관광사업의 토대를 마련한 시기로 1840년부터 제2차 세계대전 이전까지를 말한다. 이 시기의 관광은 귀족과 부유한 평민이 지식욕을 충족시키기 위한 형태로 발전하여 단체여행이 생성되었으며, 이에 따라 이윤추구를 목적으로 하는 기업이 등장함으로써 중간매체적인 서비스사업이 태동하게 되었고, 영국의 토마스 쿡(Thomas Cook)이 도입한 여행알선업이 그 시초가 되었다.

르네상스(Renaissance) 이후 중세에서 근대로 접어들면서 순례(巡禮)를 중심으로 관광여행이 증가하고 여관이 등장했으며, 유럽대륙횡단여행이 성행하는 단계로 발전하였다. 이러한 발전을 거듭하던 관광이 19세기 산업혁명을 계기로 교양관광(grand tour) 시대가 대두되고 온천・휴양지를 중심으로 호텔이란 숙박시설이 등장하면서 더욱 성황을 누리게 되었다.

마침내 근대 '관광산업의 아버지'라 불리는 토마스 쿡이 1841년에 단체 전세열차를 운행하면서 처음으로 관광여행자를 모객한 것이 오늘날 여행사에 의하여 단체관광이 판매되는 효시가 되었다.

또한 이 시기에는 교통・통신의 발달로 기차, 자동차, 선박여행이 시작되었으며, 이는 향후 관광의 대중화를 구축하는 중요한 기초가 되었다.

3) 대중관광(mass tourism)의 시대

대중관광의 시대는 제2차 세계대전 이후 현대에 이르는 대량관광시대를 가리킨다. 이 시기는 조직적이고 대규모적인 관광사업의 시대로서, 중산층 서민대중을 포함한 전국민이 관광을 여가선용과 자기창조활동 등의 폭넓은 동기에 의해서 이루어지는 사회현상으로 받아들여지는 시대이다. 한편으로는 여행할 만한 여유가 없는 계층을 위해 정부나 공공기관이 적극 지원함으로써 국민복지

증진이라는 목적을 위해 '복지관광(social tourism)'운동의 이념을 확산·수용하여 적극적인 관광정책을 추진하기에 이르렀다.

이러한 복지관광의 실현 측면에서 건전한 여가활동을 위해 장애자, 노약자, 저소득층, 소외계층의 관광활동을 지원하는 관광정책이 많은 국가에서 시행되고 있다. 또한 관광활동을 국민의 기본권으로까지 인식하는 국민관광경향이 늘고 있다. 이에 부응하여 국민 모두가 관광에 참여할 수 있는 기회가 주어지고 생활화되어 대중적으로 참여하게 되는 국민관광(national tourism)의 붐이 일어나게 되며 이러한 국민관광 관련시설이 늘어나고 있다.

4) 신관광(new tourism)의 시대

1990년대 이후 관광의 개념은 다품종 소량생산의 신관광(new tourism)의 시대로서, 생산력의 증가로 잉여물이 생겼고 여가시간의 대폭적인 증대로 인해 인간의 욕구는 보다 자아실현이나 문화를 향유하려는 고차원적인 욕구로 변해왔다. 이러한 현상은 당연히 여가와 관광의 추구로 나타나 교통수단이라는 기술력의 뒷받침 아래 여가와 관광현상에서 비약적인 증가·발전을 가져오게 되었다. 관광공급자의 측면에서도 이제는 이러한 고객을 단순히 만족시키는 차원에서 벗어나 감동을 시켜야 경쟁에서 살아남을 수 있다는 판단 아래 고객의 욕구를 충족시키고 그에 부응한 서비스를 만들어내고 있는 것이다.

이러한 시대적인 흐름을 반영하여 관광을 통한 자기표현을 추구하는 개성이 강한 계층이 주도하는 새로운 흐름의 관광형태가 등장하였다. 더 이상 값싼 관광상품, 표준화된 패키지여행을 원하지 않고 부단히 새로운 관광지, 색다른 관광상품을 탐색하며 개성을 추구하고 질적인 관광을 선호하는 관광객이 점증하는 추세인 이러한 현상을 독일의 푼(Auliana Poon)은 신관광혁명(new tourism revolution)이라 명명(命名)하고 있다.

이와 같이 탈(脫)대중관광시대를 신관광시대라고도 불렀는데, 신관광시대의 특징은 관광의 다양성과 개성추구에 따라 특별관심관광(special interest tourism)이 많이 생긴다는 것이다. 종래의 본능적인 욕구충족의 해결로 보았던 관광을 이제는 전형적으로 어떤 특수한 주제관광으로서 특별관심관광을 이루고 있으며, 문화관광이 이러한 영역을 대표하고 있고 종교관광, 민속관광, 생태관광, 문화유산관광, 요양관광 등 보다 차원이 높으면서도 다양한 형태의 관광을 추구하게 되었다.

2. 관광의 세계사

1) 고대 이집트 · 그리스 시대

구약성서에는 이스라엘 사람들이 이집트에서 약속의 땅으로 여행한 것이 기록되어 있다. 고대 이집트에서도 신전순례의 형태를 취한 관광이 존재했다는 사실이 고문서(古文書)에 기록되어 있는데, 기원전 6세기에 역사가(歷史家) 헤로도토스도 이집트인들의 관광에 대하여 상세히 기술하고 있다.

그리스관광은 시대적 배경에서 판단하면 체육, 요양, 종교의 세 가지 동기 내지는 형태로 이루어졌다는 것을 알 수 있다. 기원전 776년 이후 올림피아에서 열렸던 경기대회에는 각지로부터 많은 사람들이 참가하였고, 에게해의 델로스섬에는 그리스반도에서 많은 사람들이 건너와 요양을 위하여 체재했다고 한다. 또한 그리스 신전이 각지에 건축되어서 참배하는 자가 많았다고 알려져 있고, 특히 델포이의 아폴로 신전이나 아테네의 제우스나 헤파이토스 신전이 관광명소로 유명하였다.[3)]

여행자들은 민가에서 숙박하는 것이 보통이었고 숙박시키는 측에서는 외래자를 모두 제우스신의 보호를 받는 신성한 사람으로 생각하고 후대하던 습관이 있었다. 이러한 환대의 정신은 호스피탈리타스(Hospitalitas)로서 그 당시에 최고 미덕의 하나로 여겨졌다.

2) 로마시대

로마제국 시대에 부유한 시민들은 여행을 떠날 수 있었다. 로마시대의 관광 동기 내지 목적은 종교 · 요양 · 식도락 · 예술 · 등산으로, 관광이 번성했던 것으로 보인다.

---

3) 前田 勇 編著, 觀光學概論, 學文社, 1978, pp.14~17.

로마신화에서 나오는 신들의 신전은 본토는 물론 여러 섬에 세워졌고, 사람들은 각각의 목적에 따라서 주피터, 비너스, 사탄 등의 신전에 참배하였다.

로마 사람들은 그리스 사람들보다는 훨씬 미식가였기 때문에 각지의 포도주를 마셔가며 식사를 즐기는 식도락은 가스트로노미아(Gastronomia)라 불려졌고 하나의 관광형태가 되었다. 가을에는 술의 신 바커스(Bacchus)를 주신(主神)으로 하는 제례가 행해져 많은 사람들이 몰려들었다.

이와 같은 미식으로 인해 많은 비만인(肥滿人)이 생겨났고, 그와 함께 온천요양을 필요로 하는 병자가 늘어났으며, 오늘날의 요양관광(療養觀光)이라는 새로운 관광형태를 낳게 하였다. 남부(南部) 이탈리아의 바이아(Baia)는 이와 같은 유형의 관광중심지 중의 하나가 되었으며, 그에 따라 요양객을 위해 연극이 공연되었고, 또한 카지노(Casino)도 설치되었다.

그리고 등산(登山)에는 종교적 동기로 인한 것과 과학적 동기로 인한 것으로 구분할 수 있는데, 전자의 예로는 알프스의 산베르나르도(San Bernardo)에 있는 주피터(Jupiter)신전 참배 등이 있고, 후자의 예로는 시칠리아(Sicily)섬의 에트나(Etna)활화산을 찾는 등산 등이 널리 알려져 있었다.

로마시대에 들어와서 이 같은 관광이 가능했던 배경으로는 교통수단의 정비를 들 수 있겠다. 기원전 4세기에 건설되었다는 아피아가도(Appian Way)를 비롯하여 로마의 중심 훠로(Foro)로부터는 일곱 개의 가도(街道)가 동서남북으로 뻗었고, 남쪽은 멀리 그리스로 뻗어나가는 해상교통으로 연결되어 있었다. 고대 로마의 도로정비는 주로 전략상의 이유에서였다고는 하나, 그것이 관광의 발전에 기여했던 것은 명백한 사실이다.

숙박시설은 처음에는 민가를 개조하는 정도의 것이었으나, 관광이 점차 발전함에 따라서 대형화되기 시작했으며, 오스티아(Ostia) 등지에서는 4층 건물로서 내부에 리셉션 데스크와 선물가게까지도 갖춘 여관이 있었다는 것은 오늘날 오스티아의 유적에서도 확인되고 있다. 이 밖에 그리스에 있었던 것과 같은 간이식당 타베르나(Taverna)나 식당 겸 숙박시설인 포피나(Popina)가 각지에 건설되어 영업을 하고 있었다.

그 당시에 있어서 관광은 극히 일부의 계층에만 한정되어 행하여졌음에도 그것이 발달한 이유로서는 위에서 지적한 여러 조건 이외에 다음과 같은 점을 지적할 수 있다. 즉 ① 치안의 유지가 잘되어 있어서 안심하고 관광여행을 할 수 있었다는 것, ② 화폐경제가 보급되어 있어서 물물교환의 번거러움을 피할 수 있었고 또한 행동반경이 커졌다는 것, ③ 학문의 발달에 따라서 지식수준이 향상되어 미지의 세계에 대한 동경이 증대한 것 등이 그것이다.

그러나 기원 5세기에 이르러 로마제국이 붕괴되면서 치안은 문란해졌고 도로는 황폐해졌으며, 화폐경제는 다시 실물경제로 되돌아감으로써 관광에 있어서는 악조건이 겹쳤기 때문에 오랜 관광의 공백시대로 빠져들게 되었던 것이다.

3) 중세 유럽시대

유럽에 있어서 관광부활(觀光復活)의 원인이 된 것은 십자군전쟁(十字軍戰爭)이었다. 11세기말(1096)부터 13세기말(1291)에 이르기까지 약 200년간 7회에 걸쳐 편성된 십자군원정은, 서유럽의 그리스도교도들이 성지 예루살렘을 이슬람교도들로부터 탈환할 목적으로 감행한 대원정이었다. 십자군원정이 열광적인 종교심과 함께 호기심·모험심의 산물이었다는 것은 일반적으로 널리 알려진 바이지만, 원정에서 귀국한 병사들이 들려준 동방의 풍물에 대한 정보는 유럽인들에게 동방세계에 대한 관심을 가지게 함으로써 동서 문화교류의 계기를 마련하게 되었던 것이다.

또한 동방과의 교섭의 결과 교통·무역이 발달하고 자유도시의 발생을 촉진하였으며, 동방의 비잔틴문화·회교문화가 유럽인의 견문에 자극을 주어 근세 문명의 발달에 공헌한 바가 컸다.

비록 명분과 목적에서 예수의 묘(墓)가 있는 예루살렘을 회교도의 손에서 탈환하여 기독교도의 영토로 삼아 순례자의 편의를 꾀하려던 '성지 예루살렘(Jerusalem)의 탈환'은 끝내 달성하지 못했으나, 이슬람교도에게 그리스도교도의 예루살렘 순례(巡禮)를 인정하게 함으로써 중세를 통하여 예루살렘은 종교관광의 최고 목적지가 되었던 것이다.

중세 유럽의 관광은 중세세계가 로마법왕을 중심으로 한 기독교문화공동체였던 탓으로 종교관광이 성황을 이루었는데, 예루살렘에 이어 제2의 순례지는 로

마였다. 여기에는 교황(敎皇)이 있고 사도(使徒) 베드로나 바울 등이 순교(殉敎)한 땅이기도 하다. 로마 교황이 7대에 걸쳐 프랑스 남부 아비뇽(Avignon)에 유폐당한 14세기와 신성 로마제국 황제 칼 5세가 로마를 약탈한 16세기 초에는 일시적으로 황폐되기는 하였으나 오랜 중세를 통하여 로마는 신앙의 중심지였다.

중세 유럽의 제3의 순례지는 스페인의 산티아고 드 콤포스텔라(Santiago de Compostela)였다. 이 곳에서 12사도의 한 사람인 야곱의 유골이 발견되었다고 해서 1082년에 대성당이 건립되었고, 또한 성지로 지정된 이래 프랑스와 스페인 각지로부터 많은 순례자가 모여들었다.

이와 같이 중세 유럽의 관광은 성지순례(聖地巡禮・Pilglim)의 형태를 취하였고, 그들은 수도원에서 숙박하고 승원기사단(僧院騎士團)의 보호를 받으면서 가족단위로 먼 길의 관광을 즐길 수가 있었다.

4) 근대의 관광

근대 이후 관광이 더욱더 확대된 계기는 19세기 말 이후의 여행조건의 비약적인 향상을 들 수 있는데, ① 교통의 혁신적 발전, ② 숙박시설의 정비, ③ 관광관련 산업의 복합화와 발전, ④ 관광정보의 보급, 그리고 ⑤ 이동의 저해요인의 철폐 및 완화 등이 그것이다.

유럽에 있어 15세기에서 19세기 초까지는 르네상스, 대항해(大航海), 종교개혁, 미국의 독립, 그리고 계몽주의가 확산된 시기로 역사의 시대구분은 이를 근세(近世)라고 부른다. 이와 같은 근세는 근대(近代)의 기초가 구축되는 시대이며 또한 여행(旅行)의 역사에서 관광(觀光)의 역사로 전환하는 시기라고도 할 수 있다.

유럽에 있어서의 관광은 근세에 와서도 종교관광(宗敎觀光)의 기조는 달라지지 않았다. 그러던 것이 19세기에 들어서면서 커다란 변화가 나타났다. 이 시대에는 이미 중세 말기에 생긴 여관조합(inn guild)이 발전하여 여관의 수도 많아졌으며 관광여행이 쉬워진데다, 문예부흥기(文藝復興期)를 맞아 괴테(J.W.v. Goethe), 셸리(P.B. Shelley) 그리고 바이런(G.G. Byron) 등 저명한 작가와 사상가가 대륙을 여행한 후 발표한 작품들이 또다른 관광여행의 자극제가 되었다. 사가(史家)는 이 시대를 가리켜 '교양관광(教養觀光)의 시대' 또는 '그랜드 투어(grand tour)의 시대'라고 부르고 있다.

이른바 산업혁명이 가져온 기술혁신의 하나인 철도의 발달은 특히 영국에서 두드러져서 1850년에는 주요 철도망이 거의 완성돼 있었다. 이와 같은 시대상황에서 등장한 사람이 토마스 쿡(T. Cook)인데, 그의 활약에 의하여 대중의 즐거움을 위한 여행은 새로운 형태로 전개되어 갔다.

영국인 목사였던 쿡은 관광분야에서는 최초로 여행업을 창설한 인물로 다양한 아이디어 속에 단체관광(패키지 투어)을 처음으로 시도하였으며, 이러한 단체관광의 구조하에 관광의 대중화의 길이 열리게 된 것이다. 쿡은 인쇄업을 운영하면서 전도사 및 금주운동가로서 활동하고 있었는데, 당시 도시노동자의 음주습관을 없애기 위하여 관광이라는 건전한 레저활동을 노동자계층에 인식시키며 금주운동을 펼치고 있었던 것이다. 여행과 관련한 쿡의 최초의 업적은 금주운동 참가를 위한 단체여행의 주최였다. 그는 1841년에 철도회사와의 교섭을 통해 단체할인의 특별열차를 임대하여 570명 참가자들의 전 여정을 관리하여 성공적으로 끝마쳤는데, 이 점에서 쿡을 '근대관광산업의 아버지'라고 부르고 있으며, 또 쿡의 등장 이후를 '근대관광의 시대'라고 부른다.

숙박시설면에서도 19세기가 되면서 온천지를 중심으로 호화로운 객실과 위락시설을 갖춘 곳이 나타났는데 이를 호텔이라 부르게 되었다. 남부 독일의 바덴바덴(Baden-Baden)의 바디셰호프(Der Badische Hof)나 하이델베르그(Heidelberg)의 유로페셰호프(Der Europ ische Hof), 파리의 그랑 호텔(Grand Hotel) 등이 그것이다.

한편, 19세기 말엽부터 유럽과 미국 간의 왕래가 활발해졌고, 20세기에 들어와서는 자동차와 버스가 등장함에 따라 보다 좋은 도로가 건설되어 사람들은 미국 전역으로 자동차를 몰고 여행할 수 있게 되었다. 해외여행에서도 대서양을 왕복하는 호화여객선이 등장하여 북미에서 유럽으로의 여행이 빈번하게 되었으며, 이와 때를 같이하여 스타틀러(E.M. Statler), 부머(Boomer)와 같은 호텔경영자에 의해서 미국의 호텔사업도 대형화와 근대화가 시작되었다.

또한 아메리칸 익스프레스(American Express)라는 여행대리점이 창설되어

1891년에는 현재 사용하고 있는 여행자수표(Traveller's Check)를 발매하여 안전한 여행에 공헌하였다.

5) 현대의 관광

현대관광은 관광동기, 관광형태, 관광활동의 내용 및 인원 등에서 이제까지 찾아볼 수 없었던 비약적인 발전으로 관광사업의 현대화와 동시에 촉진되었다.

철도와 선박만이 교통수단이었던 제2차 세계대전 이전과는 달리 전후의 관광현상은 민간항공, 대형 관광버스, 자가용 승용차, 렌터카 등의 등장과 교통기관의 급속한 발달에 의한 대량수송, 경제성장으로 인한 개인의 가처분소득의 증가, 여가의 증가, 매스컴의 발달, 도시의 인구집중과 그로 인한 도시생활의 갈등과 긴장고조, 인간성 상실, 공해문제의 빈발 등으로 인간의 자연으로의 도피욕구를 자극하게 되었다. 이와 같은 배경하에서 제2차 세계대전 이후의 선진국에서는 대중에 의한 대량관광의 시대인 Mass Tourism 시대를 맞이하게 되었다.

특히 현대관광의 커다란 특징 중의 하나인 통신과 교통의 지속적인 발달은 산업혁명으로 인하여 생겨난 중산층을 세계 구석구석으로 비교적 쉽고 안전하게 이동하고 접근할 수 있도록 세계를 하나의 지구촌으로 변모시켰다는 점이다. 이러한 이동과 접근은 많은 사람들로 하여금 자신들과 상이한 문화·인종 및 환경과 접할 수 있게 하였다.

20세기 후반에 들어서면서 생산성 향상, 노동시간의 감축, 노동운동의 확산 등은 노동자의 여가시간을 증가시켰고, 1960년대부터는 유급휴가가 세계적으로 보편화되었다. 또한 부유한 생활, 다양한 생활양식, 가치관의 변화로 인하여 관광이 생활의 필수품으로 중요성을 더해가고, 각 나라마다 국민복지 차원에서 국민의 여행을 기본권으로 보장하게 되었다.

또한 관광이 미치는 국내적 효과, 즉 국민후생의 증대와 지역개발의 촉진, 국가전략산업화, 정부와 지방공공단체의 적극적인 관광지원정책의 추진 등으로 이루어진 관광현상을 우리는 일명 'Social Tourism'이라 부르고 국민의 복지차원에서 정부나 지방공공단체에서 적극적으로 지원하는 복지차원의 관광이 이루어지고 있다.

그러나 1980년 이후 관광의 세계적 추세가 대중관광에서 벗어나 개인적·소집단적 특정목적의 관광형태가 주를 이루면서 관광의 대중화에서 야기된 관광지의 자연이나 문화재의 파괴, 조화되지 못한 관광시설 등에 따른 환경을 보다 더 이해하고 보존하는 방향으로 전개되고 있으며, 이에 대안관광(alternative tourism)이라는 새로운 개념이 등장하고 있다.

즉 대안관광은 대중관광(mass tourism)에 대한 또하나의 관광 내지 다른 형태로서의 관광을 말하는 것으로, 관광의 대중화에 따라서 관광지에서 생겨나는 폐해(자연·문화재·경관 등의 훼손, 소음, 교통체증 등)를 될 수 있는 대로 적게 하여 관광의 효과를 그 지역에 미치게 함으로써 관광객도 충분히 만족할 수 있는 관광형태의 총칭으로 사용되고 있다.

3. 우리나라 관광의 발전과정

1) 삼국시대

우리나라는 삼국시대에도 일부 특권층의 여행이 이루어졌다. 이를테면, 임금이나 관료 및 승려나 학생으로 대표되는 지배계층은 외교나 학문탐구 및 수양을 위해서 국내 명승지 및 국외로 나갈 수 있는 특혜가 주어졌다. 여행목적지는 중국 본토에서 서역과 페르시아에 이르기까지 매우 광범위하였다.

정기적·공식적인 여행은 주로 정치적·외교적·군사적인 목적으로 신년하례, 화친, 서약, 세공, 왕위책봉 등의 동기나 목적이 대부분이었고, 비정기적·비공식적인 여행은 산천 구경, 신체단련과 활쏘기, 수렵, 말타기, 연회, 가무관람 등이었다. 고구려, 백제, 신라의 삼국은 불교문화권의 나라로서 여행이나 관광활동도 불교가 정착되면서 산중의 사찰을 찾는 종교적인 목적에서 순례관광이 생겨났다. 종교적 의미에서 사찰의 참배와 유명사찰의 순례는 고대 유럽의 신전과 성지참배와 유사한 성격을 띠는 원시 관광형태라고 할 수 있다.

통일신라 후기에는 서기 830년경 청해진(완도)에 여러 개의 청해관이 설치되어 무역관의 기능뿐만 아니라 신라, 당나라, 일본 등 3국의 무역선이 정박하고 상인들을 유숙·접대하는 숙박시설로서의 기능을 충분히 발휘하였다. 이것은 중국의 산동반도의 등주(登州)에 신라, 발해의 사신들을 유숙·접대하던 신라관, 발해관이 운영되던 시기와 비슷하다.

삼국시대의 관광형태는 일상생활권을 벗어난 인간의 단순한 장소적 이동에서 출발하여 종교의식에의 참가, 무속신앙적인 산신각(山神閣), 신목사당(神木祠堂) 등의 탐방, 사찰행사 또는 민속행사에의 참관 등과 신라시대의 화랑도에 의한 심신수련여행 등으로 요약할 수 있다.

삼국시대의 여행은 봄, 가을철의 유람이 일반적으로 행해졌고 여행기간도 5, 7, 10, 50일로 다양하였다.

2) 고려시대

통일신라시대에는 불교의 영향으로 주요 도시와 사찰을 연결하는 도로가 생겨났고, 고려시대에 들어와서는 이것이 더욱 발달하여 전국에 22개의 도로망과 528개에 이르는 역참(驛站)이 생겨나면서 국민의 이동이 점점 늘어나게 되었다. 그러나 신분적 차별은 철저하여 여행을 할 수 있었던 계층은 귀족과 특권계층에 한정되었다. 그 당시 귀족 자제인 학생은 삼국시대와 마찬가지로 국내외로 유학 및 명산사찰 유람, 사냥, 뱃놀이, 격구, 바둑, 활쏘기를 즐겼다.

고려시대에는 외국 사신들의 숙소로 신창관(新倉館)을 운영하였다는 기록이 있다.

3) 조선시대

조선시대의 여행은 이전의 삼국시대 및 고려시대와 유사하였다. 조선시대는 유교를 숭상하는 계급사회로서 양반, 중민, 상민, 천민의 네 계층의 봉건적 신분제도로 엄격히 구분되었고, 양반인 사대부는 시와 풍류를 즐기면서 학문적 교양의 확대를 위해 단체여행에 참가하였다. 또 점차로 평민계층의 여행과 여가활동이 부분적으로 나타나기 시작하였다.

여행자의 숙식을 해결하는 숙박형태는 완전히 관용(官用)으로 출장하는 관원(官員)들을 위한 관영여관인 역(驛)과 반관반민의 성격으로 평민이 관리하고 관용여행자의 숙식 외에 일반민중이 이용하는 여사(旅舍), 또는 빈자(貧者)에게 음식과 여행자에게 약을 무료로 제공하였던 원(院)제도가 발달하였으나, 임진왜란과 병자호란을 거치면서 유명무실하게 되었다.

그 후 객상(客商)을 숙박시켰던 객주(客主)와 여상(旅商)을 숙박시켰던 여각(旅閣) 그리고 주막(酒幕)이 등장하여 그 기능을 담당하게 되었다. 이 때의 객주나 여각은 주로 상인을 대상으로 한 여관이었고, 주막은 임진왜란 때부터 성행하여 주로 시골의 길거리에서 술과 음식을 팔고 나그네가 쉬는 여관의 성격을 띠고 있던 대중적인 숙박형태였다.

교통수단은 조선 초기에는 소나 말을 이용한 우마차, 유선(遊船) 등에 불과하여 많은 사람이 여행에 참여하거나 이용하지 못하였고 매우 부족한 실정이었다.

4) 19세기 말

우리나라 관광의 본격적인 출발은 19세기 말엽부터라고 할 수 있다. 조선 말기에 발발한 운양호사건(雲揚號事件)으로 인해 문호개방의 시대를 맞이하였다. 1876년에 일본과의 강화조약, 병자수호조약 체결을 계기로 부산항, 원산항 및 인천항이 개항되고 많은 해외 열강과의 통상과 접촉을 통하여 기존의 전통적인 여행에 많은 변화를 가져왔다.

개항과 더불어 외국과의 물물교환 등을 통한 경제적 침투와 함께 많은 외국인이 입국하게 되면서 이미 있었던 숙박시설의 변천을 가져왔고, 1910년 한일합방(韓日合邦)과 더불어 근대적인 여관이 서울을 비롯하여 부산 및 인천과 같은 개항지는 물론 철도역 부근을 중심으로 번창해 갔다.

또한 1899년에는 서울에서 인천간에 경인선철도가 개통되어 근대적 여행시설이 확충되기 시작했으며, 이밖에 1888년에는 인천에 대불(大佛)호텔(우리나라 최초의 서양식 개념의 호텔임)이 세워지고, 1902년에는 서울 정동에 손탁(Sontag)호텔이 프랑스계 독일 태생인 Sontag에 의해 세워졌다. 하지만, 이러한 시설들은 우리나라 사람들을 위한 것이 아니라 모두가 일본을 비롯한 외국인을 위한 것이었다.

5) 일제시대(관광의 암흑기)

1910년 한일합방 이후 일본의 통치는 우리나라 관광산업에 커다란 변화를 초래하였다. 일본여행업협회(JTB) 조선지사가 1912년에 설치되었고, 일본이 만주대륙 진출을 위해 병참지원 목적으로 한반도에 철도를 부설함으로써 철도여행이 큰 비중을 차지하게 됨에 따라 1914년 서울에 조선호텔, 1915년 금강산에 금강산호텔, 장안사호텔이 각각 세워졌다. 그후 1925년에는 평양철도호텔, 1938년에 당시 최대 규모를 자랑하던 서울의 반도호텔(현 롯데호텔 자리, 8층 111실)이 장안의 화제를 모으면서 개업하였다.

한편, 일본은 러·일전쟁의 승리로 인하여 대륙진출이 활발해지자 1914년에 재펜투어리스트 뷰로(JTB: Japan Tourist Bureau; 日本交通公社의 전신)의 한국지사를 개설하였고, 관광사업 및 국제경제상의 중요성을 알리고 일제 강점시대 동안 일본인의 여행편의를 제공하였다.

그러나 이 시기에는 모든 관광시설이 일본인과 외국인을 위한 것이었다. 따라서 우리 국민의 관광여행은 극도로 제한되어 있었고, 관광사업 역시 일본인이 독점하고 있었기 때문에 진정한 의미에서 우리의 관광사업이라 할 수 없었으며, 따라서 일제치하에서의 관광은 일본인을 위한 것이었을 뿐, 우리 국민관광으로서는 참으로 치욕의 암흑기였다고 하겠다.

6) 1950년대(관광의 여명기)

우리나라 사람이 관광사업을 경영한 것은 1945년 8월 15일 해방 이후부터이다. 해방이 되면서 곧바로 일본여행업협회 조선지사를 재단법인 대한여행사(Korea Tourist Bureau)로 명칭을 변경하였고, 1948년 우리나라를 방문한 최초의 외국인관광단(Royal Asiatic Society, 70명)이 2박3일의 일정으로 경주를 비롯하여 국내 주요 관광지를 여행하였으며. 같은 해 미국의 노스웨스트 항공사(NWA)와 팬 아메리칸 항공사(PANAM) 등이 서울영업소를 차리고 영업을 개시하였다. 뒤이어 1950년에는 온양·대구·설악산·무등산·해운대 등지에 교통부(당시) 직영 관광호텔을 개관하였다. 그런데 해방 직후의 대혼란을 거쳐

1948년 정부가 수립되었으나 미쳐 관광행정체계가 확립되기도 전에 1950년 6·25전쟁이 발발하여 전국의 관광시설은 모두 파괴되고 문을 닫았다.

부산으로 피난을 간 정부는 1950년 12월에 교통부 총무과 소속으로 관광계를 신설하여 철도호텔업무를 관장케 하였으며, 1953년에는 노동자들에게 연간 12일의 유급휴가를 실시하도록 보장한 「근로기준법」을 제정·공포하였다. 그 후 1954년 2월 10일 대통령령 제1005호로 교통부 육운국에 종전의 관광계를 관광과로 승격시킴으로써 관광사업에 대한 행정적인 체제를 마련하기 시작하였다. 이 때의 관광행정의 당면과제는 전화(戰禍)로 파괴된 도로, 숙박시설 등의 관광시설을 복구·확장하는 한편, 관광법규가 마련되지 않아 자발적으로 설립되는 관광사업을 지원·육성하는 데 주력하는 일에 지나지 않았다.

1957년 11월 교통부가 IUOTO(국제관설관광기구, WTO 전신)에 가입하여 국제관광기구와의 유대를 갖게 되었으며, 1959년 10월에는 IUOTO 상임이사국으로 피선되었다. 1958년 3월에는 '관광위원회 규정'을 제정하여 교통부장관의 자문기관으로 중앙관광위원회를, 도지사의 자문기관으로 지방관광위원회를 각각 설치하여 다소나마 관광행정기능을 보강하였으나, 실질적으로 관광행정이 이루어지지는 못하였다.

한편, 1950년대 말에 가서는 정부가 관광사업진흥 5개년계획을 수립하여 민간호텔 건설에 정부가 재정융자를 해주었으며 모범관광지 개발을 추진하였다. 이에 따라 국민들은 서서히 국가의 관광정책에 관심을 갖게 되었다. 이렇게 볼 때 1950년대는 정부가 관광사업에 관심을 표명한 여명기라 할 수 있다.

7) 1960년대(관광의 기반조성기)

우리나라의 관광사업은 1960년대에 들어서서 조직과 체제를 갖추고 정부의 강력한 정책적 뒷받침을 마련하는 등 관광사업 진흥을 위한 기반을 구축하기 시작하였다.

1961년 8월 22일 법률 제689호로 제정·공포된 「관광사업진흥법」은 우리나라 관광의 획기적인 발전을 위한 최초의 법률이다. 이 법은 관광질서의 확립, 관광행정조직의 정비, 관광지개발을 위한 지정관광지의 지정, 관광사업의 국제화 추진 등을 규정하였다. 1년 뒤인 1962년 7월과 11월에는 이 법의 시행령과 시행규칙이 제정되어 관광사업이 획기적으로 발전할 수 있는 계기를 마련하였다. 또한 관광과 관련되는 「문화재보호법」을 1962년 1월에 제정·공포하였다.

1962년 4월에는 「국제관광공사법」이 제정되었고, 이 법에 의하여 국제관광공사(현 한국관광공사의 전신)가 설립되었는데, 이 공사는 관광선전, 관광객에 대한 제반 편의제공, 외국관광객의 유치와 관광사업 발전에 필요한 선도적 사업경영, 관광종사원의 양성과 훈련을 주된 임무로 하였다. 또한 동년에는 유능한 안내원을 확보하기 위하여 통역안내원 자격시험이 처음으로 실시되었다.

1963년 9월에는 교통부(당시)의 육운국 관광과가 관광국(기획과, 업무과)으로 승격되어 관광행정의 범위가 넓어지게 되었고, 동년 3월에는 특수법인인 대한관광협회중앙회(현 한국관광협회중앙회)가 설립되어 도쿄와 뉴욕에 최초로 해외선전사무소를 개설하였다.

1965년 3월에는 제14차 아시아·태평양관광협회(PATA) 연차총회 및 워크숍을 유치하였고, 같은 해에 국제관광공사, 세방여행사 등의 6개 단체가 ASTA(미주여행업협회)에 정회원으로, 교통부 등 18개 업체가 준회원으로 가입하였다.

또한 1965년 3월에는 대통령령 제2038호로 관광정책심의위원회 규정을 제정·공포하고, 이를 근거로 국무총리를 위원장으로 하는 '관광정책심의위원회'를 발족하고, 여기서 관광정책에 관한 주요 사항을 심의·의결케 함으로써 이 기구의 법적 지위를 높임과 동시에 기능을 강화하였다.

1967년 3월에는 「공원법(公園法)」이 제정·공포되어 국립공원위원회가 구성되고, 동년 12월에는 지리산(智異山)이 국내 최초로 국립공원으로 지정되었다.

그리고 1968년에는 '관광진흥을 위한 종합시책'이 교통부에 의하여 공표되었는 바, 그 내용은 1971년까지의 관광시책으로서 ① 관광지역의 조성, ② 문화재의 관광자원화, ③ 고도(古都)보전의 제도 확립, ④ 온천장 및 해수욕장의 개발, ⑤ 산야개발과 여가이용 등을 설정하였다.

이상과 같이 1960년대의 한국관광은 발전과정의 기반조성시대로 볼 수 있으나, 1964년 도쿄올림픽과 그 이듬해 한국과 일본의 국교정상화로 많은 일본인이 방한하면서 한국의 관광시장은 종래의 미국으로부터 일본으로 바뀌는 전환점이 되었다. 따라서 1960년대는 관광사업이 정착·발전하기 시작하고, 종합산업으로 체계적인 발전의 초석을 놓은 시기라 할 수 있다.

8) 1970년대(관광의 성장기)

1970년대는 정부가 관광사업을 경제개발계획에 포함시켜 국가의 주요 전략산업의 하나로 육성함과 동시에 관광수용시설의 확충, 관광단지의 개발 및 관광시장의 다변화 등을 적극 추진하고, 이에 따른 관광행정조직의 보강 및 관광관련 법규를 재정비함으로써 우리나라 관광산업이 규모와 질적인 면에서 크게 성장한 시기였다고 하겠다. 이러한 시기에 관광진흥을 위해 시도되었던 주목할 만한 사항들을 살펴보면 다음과 같다.

1970년에는 국립공원과 도립공원이 지정되고, 한미합작투자로 조선호텔이 개관되었다. 또한 1971년에 경부고속도로의 개통을 계기로 전국적으로 관광지 개발이 촉진되었고, 청와대에 관광개발계획단이 설치되었으며, 전국의 관광지를 10대 관광권으로 설정하여 관광지 조성사업이 본격적으로 추진되기 시작하였다. 그리고 동년 11월에는 한국관광학회가 발족하였다.

1972년 12월 정부는 관광사업의 육성을 위해 「관광진흥개발기금법」을 제정하여 제도금융으로 관광기금을 설치·운용하도록 하였다. 그리고 1972년 하반기부터 우리나라 기업의 경제무대가 급속히 국제화되어가는 가운데 외국관광객이 급증함으로써 정부는 관광법규의 재정비에 착수하였다.

1975년 4월에는 「관광단지개발촉진법」이 제정되었다. 이 법은 경주보문관광단지와 제주중문관광단지 등과 같은 국제수준의 관광단지개발을 촉진케 함으로써 관광사업 발전의 기반을 조성하는 데 기여토록 하기 위해 제정되었으나, 1986년 12월 「관광진흥법」의 제정으로 이에 흡수되어 폐지되었다.

1975년 12월에는 우리나라 최초의 관광법규인 「관광사업진흥법」을 폐지하고, 동법의 성격을 고려하여 「관광기본법」과 「관광사업법」으로 분리 제정하였다. 즉 과거 「관광사업진흥법」의 진흥적(振興的)·조성적(造成的) 부분은 「관광기본법」으로, 규제적(規制的) 부분은 「관광사업법」으로 정비한 것이다. 여기서 「관광기본법」은 우리나라 관광법규의 모법(母法)이며 근본법(根本法)의 성격을 갖는다.

한편, 1973년부터 국제관광공사(현 한국관광공사의 전신)의 기구가 민영화되었고, 동년 4월에는 대한관광협회중앙회도 기구를 개편하고 조직을 강화하여 한국관광협회로 그 명칭을 바꾸었다.

교통부 관광국도 1972년부터 기구를 개편·확장하여 기획과, 진흥과, 지도과, 시설과를 설치하여 관광행정을 확대함으로써 보다 전문적으로 관광진흥 및 사업의 지도업무에 임하게 되었다.

1978년 12월에는 역사상 처음으로 외래관광객 100만명을 돌파하는 성과를 거두었고, 1979년에는 제28차 PATA총회가 서울에서 개최되었으며, UNWTO(세계관광기구)에서는 9월 27일을 '세계관광의 날'로 지정하였다.

9) 1980년대(관광의 도약기)

1980년대는 우리나라 관광이 도약한 시기라 할 수 있다. 1979년 6월 OPEC이 기준유가를 59% 인상함으로써 일어난 제2의 유류파동이 세계적인 경기침체를 가져와 1980년 초에는 우리나라 관광사업이 일시적으로 불황을 맞기도 하였으나, 이후 경제성장정책의 가속화는 다시 국민의 관심을 여가생활에 집중시켜 여가생활 속에서 생활의 만족을 느끼는 경향이 커져가고 있었던 기간이다. 따라서 1980년대에 들어서는 복지행정의 차원에서 국민복지를 향상시키고 건전국민관광을 정착시키기 위하여 국민관광진흥시책을 적극 펴나가게 되었고, 국제관광과 국민관광의 조화 있는 발전을 이루기 위한 정책이 추진되었다.

특히 1981년부터 해외여행의 부분적 허용과 50세 이상의 관광목적 해외여행에 대한 자유화(1981년 1월 1일)는 우리나라 관광의 대중화가 시작되는 분기점이라 할 수 있다.

그리고 1983년 ASTA총회, 1985년 IBRD/IMF총회, 1986년 ANOC총회와 아시안게임, 1988년 서울올림픽 개최와 같은 대규모 국제행사의 성공적 개최와 관광정책은 관광산업의 비약적인 발전과 해외시장에서 한국여행에 대한 관심을 고조시키고 한국관광의 수요를 촉진시키는 데 크게 기여하였다.

1989년 1월 1일부터 내국인의 해외관광이 완전히 자유화됨으로써 관광분야에서도 양방향 관광(two-ways tourism)이 활발하게 이루어지게 되었으며, 또 제2의 민항기업으로 아시아나항공이 설립되어 복수민항시대로 접어들었다.

10) 1990년대(관광의 재도약기)

1980년대에 이어 1990년대는 우리나라 관광의 재도약기라 할 수 있다.

1990년 7월 13일 정부는 전국을 5대관광권 24개소권의 관광권역으로 설정한 정부계획을 확정함으로써 관광선진국 대열에 진입할 수 있도록 관광개발 및 보전에 힘을 기울이게 되었다.

1992년 4월에는 교통부가 관광정책심의위원회의 의결을 거쳐 '관광진흥중장기계획'을 정부계획으로 확정했으며, 1992년 9월에는 '관광진흥탑' 제도를 신설하고 관광외화획득 우수업체를 선정하여 매년 관광의 날(9월 28일)에 수여했다.

1993년에는 제19차 EATA(동아시아관광협회)총회를 유치하였고, 동년 8월 7일부터 11월 7일까지 총 93일 동안 치러진 대전 엑스포(EXPO)는 세계에 우리나라의 저력을 과시한 이벤트축제였다.

1994년에는 우리나라 관광업무의 담당부처가 교통부 육운국에서 문화체육부 관광국으로 이관되었으며, 특히 '94 한국방문의 해'는 외국인들의 방한을 촉진하고 한국의 역사·문화를 비롯해 발전상을 외래객들에게 알리는 우리의 노력이 결실을 맺은 해이기도 하다.

또 1994년 4월에는 PATA(아시아·태평양관광협회)의 연차총회, 관광교역전 및 세계지부회의 등 3대 행사가 46개국 1,350명의 회원국 관련인사가 참석한 가운데 성황리에 개최되었다. 그리고 종래 「사행행위등 규제 및 처벌특례법」에서 사행행위영업으로 규정하여온 카지노업을 1994년 8월 3일 「관광진흥법」 개정시 관광사업의 일종으로 전환 규정하였다.

또한 정부는 1995년 말부터 관광진흥의 중장기적 과제를 검토하기 시작하여 1996년 7월 대통령 주재로 '관광진흥 확대회의'를 개최하고 1996년부터 2005년까지 추진할 '관광진흥 10개년계획'을 확정하였다. 또 1996년 12월 30일에는 「국제회의산업 육성에 관한 법률」을 제정·공포하였다.

1997년 1월 13일에는 「관광숙박시설지원 등에 관한 특별법」이 제정되었는데, 이 법은 2000년 ASEM회의, 2002년의 아시안게임 및 월드컵축구대회 등 대규모 국제행사에 대비하여 제정된 한시법이다.

1998년 5월에는 중국인 단체관광객에 대한 무비자 입국과 러시아 관광객에 대한 무비자 입국 및 복수비자 허용 등을 실시함으로써 한국의 관광이 선진국으로 진입하는 계기가 되었다고 할 수 있다.

11) 2000년대(관광선진국으로의 도약기)

2000년대는 뉴밀레니엄을 맞이하여 21세기 관광선진국으로의 힘찬 도약을 준비하는 시기라고 할 수 있다.

2000년에는 제1회 APEC 관광장관회의와 제3차 ASEM회의를 성공적으로 개최하여 국제적 위상을 한층 제고하였다. 특히 2000년 6월 15일 역사적인 첫 남북정상회담을 갖고 난 후 발표한 6·15 남북공동선언을 계기로 남측의 백두산, 평양, 묘향산 방문 등 남북관광교류의 확대를 위한 중요한 토대가 이루어졌다.

2001년에는 동북아 중심의 허브공항 구축의 일환으로 인천국제공항이 개항하였으며, '2001년 한국방문의 해' 사업을 통해 관광의 선진화를 위한 제반 사업이 수행되었고, 관광산업의 국제화를 위하여 제14차 세계관광기구(UNWTO) 총회를 성공적으로 개최하였다.

2002년에는 '한국방문의 해'를 연장하고, 한·일월드컵 축구대회 및 부산 아시안게임의 성공적인 개최로 국가 이미지는 한층 높아져 외래관광객의 방한욕구를 증대시켰다.

2003년도는 동북아경제중심국가 건설을 위한 원년으로 아시아 관광허브건설 기반 구축과 개발중심의 관광정책에서 문화예술 및 생태적 가치지향의 관광정책으로의 전환과 국제적 관광인프라 확충을 추진하는 데 중점이 주어졌다.

그러나 2004년에 들어서면서 국제환경의 악영향으로 큰 위기를 맞이했던 관광산업은 점차 회복세로 접어들었다. 2004년 방한 외래객수는 사상 최대치인 582만명을 기록했으며, 관광수입 또한 57억달러를 기록했다. 또 정부는 급증하는 국민관광수요를 선도·대비할 수 있는 관광진흥 5개년계획(2004~2008년)을 수립·추진하였으며, 2004년 4월에 개통된 고속철도는 전국을 2시간대 생활권으로 연결시켜 국민생활에 큰 변혁을 가져올 뿐만 아니라 국민관광부문에 대한 파급효과도 매우 큰 것으로 본다.

2005년도에 들어와 한국과 일본은 2005년을 '한·일 공동방문의 해'로 지정하고 관광교류 및 국제행사 공동개최 등의 국제친선의 노력을 기울였다.

특히 2008년도에 들어와서는 관광산업의 국제경쟁력 강화를 위해서 2008년을 '관광산업의 선진화 원년'으로 선포하고, '서비스산업 경쟁력 강화 종합대책' 등 범정부 차원의 대책을 본격적으로 추진하였다. 따라서 2008년 4월에는 서비스산업선진화(PROGRESS-Ⅰ) 방안의 일환으로 「관광진흥법」, 「관광진흥개발기금법」, 「국제회의산업 육성에 관한 법률」 등 '관광3법'을 제주특별자치도로 일괄 이양하기로 결정하는 등 적극적이고 지속적인 노력이 추진되었다.

2009년도에는 전 세계 대다수 국가가 관광산업의 침체상태를 면치 못하였으나, 우리나라는 환율효과 등 외부적 환경을 바탕으로 삼아 적극적 관광정책 추진으로 관광객이 증가하여 9년만에 관광수지 흑자로 전환하는 데 성공하였다. 특히 가시적 성과로는 2011년 UNWTO 총회 유치(2009.10), 의료관광 활성화 법적 근거 마련(2009.3), MICE·의료·쇼핑 등 고부가가치 관광여건을 개선한 것 등이다.

2010년에 들어와서 문화체육관광부는 '관광으로 행복한 국민, 활기찬 시장, 매력있는 나라 실현'이라는 비전 아래 외래관광객 1,000만명 유치목표 조기 달성을 위해 크게 4개 부문 즉 수요와 민간투자 확대로 내수진작, 창조적 관광콘텐츠 확충, 외래관광객 유치 마케팅 강화, 관광수용태세 개선방안 마련에 중점을 두었다.

2011년에는 외래관광객 1,000만명 시대 달성을 목전에 두고, 관광산업의 국제경쟁력 강화를 위한 대책 마련에 정책역량을 집중하였다. 또 '2010~2012 한국방문의해 사업'을 계기로 외래관광객 유치 확대를 위한 대책을 모색하였으며, 관광인프라 확충을 위한 제도개선과 규제개혁을 통해 선진형 관광산업으로 도약하기 위한 제도적 기반을 마련하였다.

제3절 관광의 구성요소와 관광의 효과

1. 관광의 구성요소

관광은 일반적으로 주변환경에 의해 영향을 주고받는 관광주체, 관광객체, 관광매체의 크게 세 가지의 범주에서 이루어지고 있으며, 이들 세 가지의 요소들이 연속적·기능적으로 상호 의존관계를 통하여 발생하는 하나의 체계라고 말할 수 있다. 또한 관광체계는 정치적 환경, 경제적 환경, 사회적 환경, 생태적 환경과 밀접한 상호작용관계에 있으며, 관광체계를 구성하는 매체인 관광시장, 관광교통, 관광기업, 그리고 관광행정 등 네 가지 요소간의 연속적·기능적 통합을 통하여 현상화하는 것이다. 그리고 이러한 관광체계는 상호 매우 밀접한 연관성을 지니고 있어 구성요소 중 한 가지라도 정상적이지 못할 경우 온전한 관광현상이 이루어지지 않는다.

1) 관광주체

관광의 구성요소로서 가장 중요한 것은 말할 것도 없이 관광을 하는 사람 그 자체의 존재이다. 관광을 행하는 주체(主體) 곧 관광주체를 관광객(觀光客)이라 말한다. 관광객이 관광을 하고 싶어하는 관광욕구와 관광동기로부터 관광은 시작된다. 관광객은 관광의 수요자인 동시에 소비자이며 관광시장(觀光市場)을 형성하는 최대의 요소가 된다. 즉 관광주체가 가지는 사회경제적인 여건과 관광동기는 관광수요를 구성하는 중요한 결정요인이 되는 것이다.

2) 관광객체

관광의 주체인 관광객은 관광욕구나 동기에 따라 관광대상(觀光對象)을 찾게 된다. 이와 같이 관광욕구를 충족시켜 주는 역할을 하는 것이 관광대상이다. 관광대상은 관광목적물이며 관광의욕의 대상이 되고 관광행동의 목표가 되는 것이다. 그러므로 관광대상은 보는 것에만 한정되지 않으며, 보고, 듣고, 맛보고, 배우고, 행하고, 생각하는 모든 것을 포함한다. 관광대상은 관광자원(觀光資源)과 그 자원을 살려서 관광객의 욕구충족에 직접적으로 기여하는 관광시설(觀光施設)로 대별된다. 전자인 관광자원은 유형적 자원(자연·인문), 무형적 자원(인적·비인적), 문화적 자원(유형문화재·무형문화재·기념물·민속자료) 등으로 구성되며, 후자인 관광시설은 하부시설(항만·공항·주차장·통신시설 등의 기반시설)과 상부시설(여행·행정·숙박시설·레크리에이션 시설 등)로 이루어진다.

3) 관광매체

관광의 주체와 객체를 연결시키는 역할, 즉 관광주체의 욕구와 관광대상을 결합시키는 역할을 하는 것을 관광매체(觀光媒體)라고 한다. 이들 관광매체를 분류하면, ① 시간적인 매체인 숙박시설·관광객이용시설·관광편의시설, ② 공간적인 매체인 교통기관·도로·운수시설, ③ 기능적인 매체인 여행업·통역안내업·관광기념품판매업 그리고 관광정보와 선전물 및 관광행정 등이 있는데, 이러한 관광사업이 관광매체이다.

관광매체의 기능은 대개 관광의 공익적 기관과 사기업에 의해 수행되며 관광시설로 구성된다. 관광시설 가운데 교통시설·호텔시설과 같은 관광객 편의를 위해 제공되는 설치물 또는 시설을 협의의 관광시설이라 하고, 관광 이외의 용도에도 제공되는 관광관련 시설과 관광기반 시설을 포함한 관광시설을 광의의 관광시설이라 말한다.

2. 관광의 효과

1) 관광의 경제적 효과

관광은 즐거움을 위한 여행이지만, 관광객은 일련의 소비활동으로 이루어지는 복합적인 현상이기도 하다. 관광객은 관광행위를 수행하면서 여러 가지 소비활동을 수반하게 되는데, 이러한 과정에서 발생하게 되는 경제적 효과에는 국제수지개선과 외화획득, 경제발전에의 기여, 지역개발의 촉진 등이 있다.

(1) 국제수지의 개선

외래관광객의 외화소비는 수용국의 국민경제에 직접 기여하게 되고, 국제관광에 따른 외화수입은 무형의 수출이라 하여 해운수지, 보험수지, 기술수지와 함께 무역외 수입의 중요한 몫을 차지하고 있으며, 국제수지 개선에 큰 역할을 담당하고 있다. 더욱이 부존자원(賦存資源)과 자본이 빈약하고 공업제품의 수출이 곤란한 나라에 있어서는 국제관광객을 받아들이는 것은 외화를 획득하는 데 매우 유효한 수단이 되고 있다.

(2) 경제발전에 기여

국제관광 왕래는 한 나라의 외화수입을 가져오게 하고 국제수지의 상한을 끌어올리는 데 기여할 뿐만 아니라, 관광객이 국내에서 소비하는 소비지출은 그 나라의 경제활동을 확대시키고, 산업을 번창케 하며, 경제의 발전에 공헌한다. 다시 말해서 관광에 수반되는 직접적 또는 간접적 관광수요에 따라 광범위한 영역에 걸쳐서 관광투자와 소비가 이루어지기 때문에 새로운 수요가 발생하고 국내산업의 모든 분야에 자극을 주게 되므로 경제활동에 효과적이다. 지역경제효과로서는 고용효과, 소득효과, 산업관련효과, 조세효과, 산업기반시설의 정비효과 등을 들 수 있다.

(3) 지역개발의 촉진

관광이 지역개발의 역할에서 주목되는 점은 주로 관광투자효과와 관광소비효과로 구성되는 지역경제적 효용이다. 이 가운데서 관광투자효과는 개발사업에 대한 투자효과이기 때문에 그 효과는 단기적이면서도 불연속적이라 할 수 있다.

이에 반하여 관광소비효과는 관광기업이 가동함에 따라 생기는 관광소비의 파급효과이기 때문에 그 효과는 연속적이며 장기적인 것을 기대할 수 있다. 다시 말하면, 관광소비는 관광객으로부터 관광기업체에, 기업체는 거래처에, 거래처는 다시 자사 거래처로 지역경제권 내를 순차적으로 순환하면서 생산액의 증대를 초래함은 물론 지역소득 증대와 고용촉진에 기여하게 된다.

2) 관광의 사회 · 문화적 효과

(1) 문화적 · 교육적 효과

관광은 인간의 정신활동에 대하여 많은 영향을 미치고 있는데 이를 문화적 효과라고 한다. 인류는 끊임없이 이상을 추구해 가고 있는 가운데 문화의 진전이라는 결실을 얻을 수 있다. 그러나 현실적으로는 민족에 따라, 지역에 따라 문화의 양상이 각기 다르고 또한 빠르고 느린 차이가 생겼다. 폐쇄적인 지역사회에 있어서도 문화의 진보는 있을 수 있으나, 그것은 자연적으로 스스로의 고유문화와 전통을 유지하는 것이 위주가 된다.

그러나 관광으로 말미암아 세계 각국의 국민 상호간의 왕래는 빈번해지고, 아울러 타국의 국민을 이해하고 국정을 알게 됨으로써 친선의 정이 생기게 된다. 그리고 관광에 의해서 습득한 지식과 체험은 다른 여러 사람들에게 자연스럽게 전해짐으로써 사회에 대하여 커다란 영향을 미치게 된다. 관광은 직접적인 체험을 통해서 사물에 접할 수가 있다는 점에서 많은 교육적 효과를 기대할 수 있는데, 관광이 사회에 주는 것이 문화적 효과라 한다면 그것을 개인단위로 보면 교육적 효과라고도 말할 수 있다.

(2) 레크리에이션 효과

관광은 레크리에이션을 수반한 사람의 이동이고 관광을 하는 사람은 항상 넓은 의미의 레크리에이션을 추구하여 심신의 함양을 얻으려 한다는 데서 일반여행과 구별되고 있다.

레크리에이션을 인간이 자기충실을 지향하는 기본적인 욕구를 충족시키는 행위로 본다면, 광의의 레크리에이션에는 감상 · 지식 · 견학 · 시찰 · 체험 · 활동 · 휴양 · 참가 · 사교 · 체육 등 여러 가지 형태가 있을 수 있다. 그러므로 생활의 변화를 찾아 이동하는 관광에도 휴양관광 · 유람관광 · 교양관광이나 학술조사관광 등 많은 유형이 있을 수 있다.

따라서 관광을 통하여 심신의 안정과 향상을 가져오고 상실해 가는 인간성의 회복과 인간생활의 활력을 증강시킨다는 의미에서 관광도 레크리에이션 효과를 지니고 있다고 할 수 있다.

(3) 국제친선효과

관광은 국제교류를 통하여 국가간의 친선을 도모할 수 있다. 오늘날 관광에 부과된 기본적 사명 중에서 국제친선의 증진은 국가간의 상호이해를 꾀할 수 있어 매우 중요시되고 있다. 이에 따라 각국의 국민이 될 수 있는 한 많은 기회를 만들어 해외여행을 하여 그 나라 국민과 광범위하게 접촉하고, 또한 모든 사정을 관찰하는 것이 요망된다.

이처럼 관광의 국제친선효과는 매우 광범위하게 나타나며, 특히 인적 교류를 통한 상호 이해의 증진, 한국을 이해하고 도와주는 친한인사(親韓人士) 증가, 국제화시대의 국제활동의 원활화 등에 크게 기여하게 된다. 아울러 관광종사원과 해외여행자는 민간외교관의 역할을 수행하게 된다.

따라서 관광산업은 평화산업으로 인식되고 있으며, 실제로 관광을 통해 세계평화에 이바지한다고 볼 수 있다. 무엇보다도 이해집단 간의 분쟁은 서로에 대한 오해와 불신에서 비롯된다는 점을 고려할 때, 국제관광은 세계를 하나의 우호적인 공동체로 만드는 데 기여하게 될 것이다.

(4) 국가홍보효과

관광의 활성화는 관광지 국가를 내외국인에게 홍보하는 효과를 꾀할 수 있다. 이는 오늘날의 관광이 단순히 경제적 효과만을 위해 발전시키는 것이 아님을 의미한다. 특히 관광을 통한 국가홍보효과는 자국의 민족적 우수성을 세계에 알리는 역할을 담당한다. 지난 70년대 정부에서 실시한 참전용사 유치사업은 6·25전쟁의 폐허와 가난의 참상에서 놀납게 발전한 우리나라의 재건모습을 세계적으로 유감없이 홍보하였다고 할 수 있다. 따라서 관광은 언론 없는 통신 즉 Communication without a press라고 한다.

이와 같은 국가홍보 효과를 달성하기 위해서는 무엇보다도 우리나라를 찾는 외국인에게 우수한 전통문화와 문물을 체계적으로 소개해야 한다. 고려자기, 거북선, 인쇄(금속활자) 등 다양한 한국의 전통문화는 관광상품 개발에도 유용하게 활용될 수 있으며, 이와 같은 전통문화를 효과적으로 외래 관광객들에게 소개할 수 있는 관광수용태세를 정비해야 할 것이다.

〈표 1-1〉 관광의 효과 비교

구 분	긍정적 효과	부정적 효과
경제적 영역	지역개발의 촉진, 조세수입의 증대, 국제수지의 개선, 고용증대 및 관련 산업의 진흥, 국민소득의 창출, 국제무역증대에의 기여	물가 및 지가의 앙등, 경제구조의 불안정성 대두, 계절적 수요의 편재성 심화, 사회적 기회비용의 증대, 지역경제의 대외의존도 증대, 지역산업의 파괴
문화적 영역	타 문화의 이해와 역사·전통의 체험, 상호간의 문화전파 및 교류, 신문화창출의 기회제공, 민족유산에 대한 자긍심 함양, 비수기 타개책 마련, 지역민의 일체감과 단결심 함양, 지역 이미지 고양	문화의 충돌·변형·왜곡, 문화의 상품화, 문화의 화석화현상 초래, 문화파괴 및 말살, 원주민 생활의 Cocacolaization, 문화접변(acculturation)의 발생
사회적 영역	지역간·계층간·국가간의 신뢰심 증대, 화합정신의 발로, 산업 및 직업구성비의 변화, 관광현상에 대한 가치관의 변화, 국가 이미지 개선, 삶의 질적 향상 도모, 평화지향적 환경조성	지역사회의 붕괴, 사회적 비대칭성과 갈등 조장, 사회규범의 변화, 가족구조의 변화, 미풍양속의 쇠퇴, 전시효과(demonstration effect)의 발생, 각종 범죄 및 퇴폐행위의 발생, 사회·노동구조의 파기, 테러리즘의 증대
환경적 영역	환경보존의 중요성 확산, 주거환경의 질적 개선 도모	관광공해의 발생(폐수, 소음, 쓰레기 등), 생태계의 교란 및 파괴, 건축공해, 생활환경의 질적 저하 초래, 천연자원 및 동식물 밀렵
교육적 영역	현장학습을 통한 지적 호기심의 함양, 호연지기의 형성, 타인 및 타 지역에 대한 이해력 증대	신제국주의 및 신식민주의의 등장, 관광산업의 사회·문화·경제적 종속

제2장

관광사업의 이해

제2장
관광사업의 이해

제1절 관광사업의 개념

1. 관광사업의 발전

관광사업의 개념을 규정하기에 앞서 먼저 관광사업이 어떻게 발전되어 왔는가를 살펴보기로 한다. 그것이 관광사업의 개념을 파악하는 데 도움이 될 것이기 때문이다.

관광사업은 미지의 세계나 위락을 구하는 관광여행에 대응하는 여행관련사업으로서의 기능을 하여 온 것이지만, 이러한 대응은 시대적으로 큰 변화를 거치면서 발전해 왔다.

이에 관하여 일본의 오다니 다쓰오(小谷達南)[4]는 관광사업을 교통기관, 숙박시설, 관광조직과 같은 관광사업 등 여러 관광현상에 근거하여, ① 자연발생적 관광사업, ② 매개(媒介)서비스적 관광사업, ③ 개발·조직적 관광사업의 세 가지 발전단계로 나누어 특징적인 구분을 제시하고 있다. 그리고 이와 같은 구분은 관광사업의 경영형태로 볼 때에는 기생형(寄生型) 관광사업, 매개형(媒介型) 관광사업, 개발형(開發型) 관광사업으로 파악할 수 있다고 하겠는데, 이를 각 단계별로 보면 〈표 2-1〉과 같다.

4) 오다니 다쓰오(小谷達南)는 日本 立教大學 사회학부 관광학과 교수로, 저서로는 「觀光事業論」(日本 學文社, 1994)이 있다.

〈표 2-1〉 관광사업의 발전단계

발전단계	시 대	경영유형	사업주체	주요 기업	관광객층
자연발생적 단계	고대부터 19세기 중엽까지	기생형 관광사업	기 업	말, 마차, 가마, 목조선, 여인숙,주막	귀족, 무사등의 특권계급과 서민의 종교적 관광여행
매개서비스적 단계	19세기 중엽부터 제2차 세계대전 종료까지	매개형 관광사업	기 업 국 가	철도, 증기기선, 호텔, 여관, 여행업	특권계급과 서민의 일부
개발·조직적 단계	제2차 세계대전 종전(1945년) 이후	개발형 관광사업	기 업 국 가 공공단체	철도, 선박, 항공기, 자동차, 호텔업, 여행업, 관광개발업	일반대중

주) 鈴木忠義, 「現代觀光論」(東京 有斐閣), 1974, p.98.

그가 구분하고 있는 관광사업의 각 발전단계의 특징을 보면, 자연발생적 단계의 관광사업 즉 기생형 관광사업은 관광객을 적극적으로 유치하려는 활동도 없지는 않았으나, 전반적으로 볼 때 일반여행자나 관광객의 증가에 따라 자연적으로 발생되고 운영되었다는 것이다.

다음으로 매개서비스적 단계의 관광사업, 즉 매개형 관광사업은 교통업, 여행업, 숙박업의 3자가 관광사업의 핵심적인 위치를 차지하게 되었고, 이 3자가 관광객과 관광대상 간에 매개되어 적극적인 서비스의 제공에 노력함과 동시에 관광왕래의 촉진을 도모하였다. 또한 제1차 세계대전 이후에는 각국이 관광기관의 육성을 적극적으로 추진하여 국제관광의 진흥을 도모하기도 했다는 것이다.

그리고 마지막 단계인 개발·조직적 단계의 관광사업, 즉 개발형 관광사업은 관광왕래를 촉진함에 있어서 종래의 수동적인 입장을 버리고 적극적인 수요 개발에 나서는 한편, 관광객의 조직화와 관광지 개발에 비중을 옮김으로써 관광사업을 국민복지라는 입장에서 국가 시책으로 촉진하려는 인식이 높아졌으며, 동시에 관광의 대중화가 정착하기에 이르렀다는 것인데, 이와 같은 그의 구분은 관광사업을 관광객의 욕구에 대응하는 일체의 활동이라는 관점에서 파악한 관광사업의 발전을 설명하고 있는 것이다.

이상에서 보는 바와 같이 관광사업은 관광왕래를 있는 그대로 그냥 내버려 두는 것이 아니고, 그 가치와 효과를 인식하여 이에 대처하려는 활동으로 파악한다면, 관광 그 자체가 인류의 역사와 함께 유구한데 비해, 관광사업의 역사는 그리 오래되지 않은 것으로 생각된다.

관광사업의 본격적인 발생시기는 제2차 세계대전 이후라고 보는 설이 타당한 것 같다. 그것은 국제관광의 경제적 효과에 착안한 데서 비롯된 것이며, 따라서 외래객의 유치사업과 거의 일치하는 것이라고 볼 수 있다. 그리고 관광사업에 수반되는 친선효과를 경제효과와 더불어 중시하기에 이르고, 또 관광사업의 대상이 국내관광 왕래에까지 미치게 된 것은 그 후의 일이라고 본다.

2. 관광사업의 정의

관광사업(tourist industry)이란 그 연원을 거슬러 올라가면 관광(tourism)과 표리일체(表裏一體)가 되어 발전하여 왔고, 또한 그 발전은 서로 깊은 상관관계를 형성하며 밀접불가분의 관계에 놓여 있다. 그 때문에 관광사업이 때로는 관광 그 자체와 혼동을 일으켜서 사용되고 있음을 흔히 볼 수 있다. 다시 말해서, 단지 관광이라 말할 때 관광사업의 의미까지도 포함시킨다든지, 또는 관광사업을 가리킬 때 관광이란 용어로 사용하는 수도 있다는 것이다.

이와 같이 관광사업은 매우 다양한 관광행동이나 관광현상에 대처하지 않으면 안되는 사업이다. 그렇기 때문에 관광사업은 관광의 효용과 관광사업에 따른 여러 가지 효과를 높이기 위하여 끊임없는 노력과 개발이 요청되며, 따라서 그 내용도 매우 다채롭고 대단히 광범한 것이기 때문에, 관광사업의 개념도 다양하게 제시되고 있다.

종래 관광사업의 개념 규정에 있어서 독일의 그뤽스만(Robert Glüksman)은 관광사업을 "일시적 체재지에 있어서 외래관광객들과 이를 수용한 지역의 주민들과의 제 관계의 총화"라고 정의하였으며, 일본의 이노우에 만주소(井上万壽藏)는 "관광사업은 관광객의 욕구에 대응해서 이를 수용하고 촉진하기 위하여 이루어지는 모든 인간활동"이라고 정의하였다. 또 다나카 기이찌(田中喜一)는 관광사업을 "관광왕래를 유발하는 각종 요소에 대해 조화적 발달을 도모함과 아울러 그 일반적 이용을 촉진함으로써 경제적·사회적 효과를 올리려고 하는 조직적인 활동"이라고 정의하였으며, 스즈키 타다요시(鈴木忠義)는 관광사업을 "관광의 효용과 그 문화적·사회적·경제적 효과를 합목적적으로 촉진함을 목적으로 한 조직적 활동"이라고 정의하였다.

우리나라 「관광진흥법」은 제2조 제1호에서 "관광사업이란 관광객을 위하여 운송·숙박·음식·운동·오락·휴양 또는 용역을 제공하거나 그 밖에 관광에 딸린 시설을 갖추어 이를 이용하게 하는 업(業)을 말한다"고 규정하고 있다.

이상의 여러 정의들을 종합해 보면 "관광사업이란 관광의 효용과 그 문화적·사회적·경제적 효과를 합목적적(合目的的)으로 촉진함을 목적으로 한 조직적 활동"이라고 요약하고자 한다.

3. 현대관광사업의 발전요인

일반적으로 인간은 노동소득 중에서 생활을 영위하는 데 필수적인 의식주(衣食住)에 소요되는 예산을 공제한 가처분소득 내에서 관광여행이 가능한 것으로 인식되어 왔다. 그러나 오늘날 선진국을 비롯한 세계 각국은 휴가와 레저를 위한 여행의 구매는 삶의 질을 높이는 데 필수적인 것으로 보고 있고, 그 중에서도 건강 및 교육·휴가를 위한 여행의 증가추세가 뚜렷이 나타나고 있다. 이러한 관광사업의 성장요인들을 살펴보면 다음과 같다.

1) 라이프 스타일의 변화

라이프 스타일(life style)이란 전체사회 또는 그 사회의 특정 집단이 가지고 있는 독특하고 특징적인 생활방식으로서 항상 고정된 것은 아니고 개인들의 가치, 태도, 신념 및 외부의 사회·문화적 환경변화로 인해서 변경될 수 있는 하나의 생활양식을 의미한다. 현대인은 생활의 질을 중요시하면서 관광을 생활의 필수품으로 보고 생활 속에서 관광을 계획하고 있다.

2) 가계소득의 증대

산업기술의 발달과 기계화로 인한 대량생산과 대량소비가 이루어지면서 생활수준은 질적·양적 측면에서 높아졌으며, 국민소득의 향상으로 개인의 가처분소득도 증대되었다.

경제적 생활수준의 향상과 더불어 가처분소득 중에서 의식주(衣食住)를 위한 비용에 비해 여행비용을 포함하는 이른바 문화성비용(cultural expense)이 증가하였는데, 그 중에서 특히 관광소비가 현저히 증가하여 여행수요를 확대하는 요인으로 작용하였다.

3) 여가시간의 증대

선진국에서는 사회복지정책에 힘입어 국민대중의 증대된 여가욕구는 관광대중화현상으로 발전하였다. 대부분의 선진국에서는 주5일 근무제가 일반화되어 있고, 우리나라도 대부분의 기업에서 이 제도를 시행하고 있으며, 머지않아 이 제도의 정착이 전망되고 있다.

최근 들어 특히 해외여행에 대한 욕구가 일반대중에게 확산되고 있다. 해외여행은 점차로 국제교류 대중화의 실현에 공헌할 것이며, 민간차원에서 이루어지는 국제교류 확대는 세계평화의 유지에도 크게 기여하게 될 것이다.

4) 교육수준의 향상

사회교육수준의 향상과 국민소득의 증대에 따라 사람들은 부(富)로부터 만족을 얻는데만 그치지 않고 간접적으로 인식하고 있던 역사와 문화에 관한 지식을 직접 그 현장에서 확인하고 재인식하려고 하는 욕구가 강렬해진다. 이러한 지식욕구는 해외관광의 경우에 더욱 현저해지며, 이러한 움직임은 결국 국민들이 민간차원에서 국제교류의 대열에 참여하여 문화교류에 일익을 담당하는 역할을 수행하도록 만든다.

5) 교통운송수단의 발달

제2차 세계대전이 끝난 후 항공기 제작기술의 발달은 항공교통수단의 고속성·쾌적성·안정성·경제성을 향상시키는 한편, 대량 운송능력의 보유 및 고속운항에 의한 시간절약 및 운임의 저렴화를 가능하게 만들었다. 항공사는 여행자들이 비행 중에 향유하게 될 정신적인 만족감, 즉 쾌적성을 높이기 위해 기내시설과 기내서비스 향상에 한층 세심하게 배려함으로써 관광객들의 욕구에 적합하도록 노력하고 여행자들의 해외여행 욕구를 더욱 자극시키게 되었다.

한편, 육상교통수단과 해상교통수단도 자동차의 보급, 도로의 정비뿐만 아니라 고속화의 추진, 객차 및 객선설비의 개선, 그리고 세련되고 다양한 서비스를 추가함으로써 승객들의 욕구를 만족시켜, 관광의 저변확대가 실현되었다.

6) 관광촉진활동의 강화

관광사업자들에 의해 수행되는 관광과 관련한 광고, 판매촉진, 홍보 및 인적판매와 같은 상업적인 촉진활동의 전개는 관광소비 확대에 커다란 영향을 미친다.

7) 관광사업의 확충

호텔객실수의 증대와 대규모 항공사의 등장 및 유람선회사의 참여 그리고 수십만명의 종사원이 이들 관광사업에 종사하므로 관광사업의 규모가 확충되었다. 이러한 확충은 관광사업체들 간의 경쟁을 심화시켜 촉진활동의 강화, 서비스품질의 향상, 가격인하 등으로 관광이 수요를 확대시키는 요인이 되었다.

8) 세계의 지구촌화

국제간의 교역량 및 정보통신의 발달은 인적 교류의 확대를 수반하기 마련이다. 국가간에는 자원과 기술보유의 정도가 상이하므로 세계경제가 원활하게 운용되려면 국가간의 거래는 필수적인 것이 된다. 그렇게 되면 상담을 위한 비즈

니스 여행자의 왕래가 빈번해지기 마련이고, 세계가 마치 하나의 좁은 시장으로 간주되는데, 이는 관광을 증대시키는 요인으로 작용하게 되며 관광사업의 발전을 유도하게 된다.

4. 관광사업의 기본적 특성

관광사업은 여러 가지 업종으로 구성되어 있는 복합적인 사업이란 특성을 가지고 있고, 그 효과도 단순히 경제적인 측면에 국한되는 것이 아니라 경제외적인 효과를 촉진하는 것을 목적으로 하기 때문에 공익성과 기업성을 동시에 달성해야 한다는 특색을 가지고 있다. 따라서 관광사업은 다음과 같은 여러 가지 기본적인 특성을 가지고 있다.

1) 복합성

관광객이 관광여행을 출발할 때부터 귀착할 때까지 그들의 여행일정이 수행되는 과정에 여러 관련 업종의 관광사업이 복합적으로 관여하는 것을 알 수 있다. 사업주체로 보더라도 정부 및 지방자치단체 등의 공적 기관과 민간기업이 역할을 분담하여 추진하는 복합성을 이루고 있다. 이 복합성을 다르게 설명하면 관광상품의 이질성이 되는 것으로, 관광상품은 이와 같은 여러 개의 이질적 구성요소들이 모여서 만들어진 하나의 통합된 사업활동으로서 관광사업을 성립시키고 있다.

이와 같이 관광사업은 관광객에게 직접 서비스를 제공하는 사업 이외에 간접적으로 대처하는 여러 업종과 기관에 의해 구성되는 복합성을 기본적 특성으로 하고 있다.

2) 입지의존성

관광사업은 원래 관광자원에 의존하여 성립되기 때문에 입지의존성(立地依存性)이 매우 강한 사업이라고 하겠다. 그러나 관광사업은 관광자원의 우열 여하에도 의존하는 바가 크며, 동시에 그 경영적 입지조건에 의해서 크게 영향을 받는다. 그것은 관광사업의 산업적 측면이 기본적으로 다음과 같은 특질을 가지고 있기 때문이다.

첫째, 관광사업은 계절의 변동에 따라 영향을 받는 사업이다. 관광사업은 관광객의 내방에 의하여 경제활동이 시작되지만, 관광객의 내방은 계절별, 월별, 주별 등에 따라 변동이 크기 때문에 사업의 연속성이 불투명한 특성을 갖는다.

둘째, 관광사업은 상품의 저장이 불가능한 사업이다. 관광사업은 생산과 소비의 동시성을 기본적 특징으로 하고 있다. 예를 들어 호텔객실과 같은 관광상품은 저장이 불가능하여 경영상의 탄력성이 적다는 것이다.

셋째, 관광사업 가운데 호텔 및 항공사와 같은 장치산업은 고정자산의 투자비율이 높고 많은 인력을 소요하는 사업이다. 또한 투자자본의 회임기간이 길며 많은 종업원을 필요로 하기 때문에 타 산업에 비해 경영상 어려운 특성을 가지고 있다.

이상의 세 가지 특질은 관광사업의 경영에 있어 상호간에 관련되는 성질의 것이지만, 어느 것이나 경영상 불안정 요소가 되는 것뿐이다. 그래서 사업경영의 합리화를 위해서는 이들의 불안정 요소를 해소하기 위한 노력이 경주되어야 하겠지만, 기본적으로는 많은 관광객이 평균적으로 내방하는 관광지를 최우선적으로 택하는 입지의존성을 중시해야 할 것이다.

3) 공익성과 기업성

관광사업은 여러 관련업종의 복합체로 성립되는 특수성 때문에 사적(私的) 관광기업까지도 포함해서 공익목적을 달성하는 사업체이다. 그래서 관광사업은 공익성(公益性)과 기업성(企業性)을 내포하며 사적 관광기업을 통해서 공익목적을 달성하려고 하는 데 특색이 있다.

관광기업에 있어서 공익적인 측면은 관광효과와 관광경제효과 및 경제외적 효과라는 면이 지적된다. 먼저 관광효과는 국제관광에 있어서 국제친선의 증진이나 국제문화의 교류 촉진을 들 수 있고, 국내관광에 있어서는 보건의 증진, 근로의욕의 증진, 교양의 향상 등을 들 수 있다.

다음에 관광의 경제적 효과면에서는 국민경제적 효과로서 외화획득효과를 들 수 있고, 지역경제적 효과로서는 고용효과, 소득효과, 산업관련효과, 조세효과, 산업기반시설 정비효과 등을 들 수 있으며, 지역개발상 중요시되고 있다.

또한 경제외적 효과로는 이른바 관광산업의 진흥에 따른 부차적 효과이긴 하지만, 자연의 보존이나 문화재의 보존 및 공원의 정비나 교통시설·상하수도시설·의료시설 등 생활환경시설의 정비향상이나 관광객과 지역주민과의 교류효과 등을 들 수 있다.

그런데 이상에서 든 여러 효과는 어느 것이든 간에 공익적인 면에서 인식되고, 관광사업진흥의 기조가 되어 있지만, 다른 한편으로 이와 같은 효과를 실질적으로 거둘 수 있는 위치에 있는 사적(私的) 관광기업은 경합적인 개별기업활동을 원칙으로 하고 있어 반드시 공익적(公益的) 성과에 기능한다고는 볼 수 없다. 그래서 관광사업은 개별기업활동의 특징을 살리면서 공익적 효과를 높이도록 관광기업을 유도하는 일이 큰 과제가 되며, 공익성과 기업성의 조화적 발전을 도모해 나가는 데서 그 존재의의를 찾을 수 있다고 하겠다.

4) 변동성

일반인의 관광에 대한 충족욕구는 필수적인 것이 아니고 임의적인 성격을 띠고 있기 때문에 관광활동은 외부사정의 변동에 매우 민감하여 영향을 받기 쉽다. 변동성의 요인으로는 사회적 요인, 경제적 요인 및 자연적 요인을 들 수 있다.

첫째, 사회적 요인은 사회정세의 변화, 국제정세의 긴박함, 정치불안, 폭동, 질병발생 등과 그밖에 인간의 안전에 불안감을 주는 것들이다.

둘째, 경제적 요인은 경제불황, 소득의 불안정, 환율변동, 운임변동과 외화사용 제한조치 등이다.

셋째, 자연적 요인은 기후, 지진, 태풍, 폭풍우 등과 같은 자연의 변동현상을 들 수 있다.

5) 서비스성

관광사업을 서비스업이라 하는 것은 관광사업이 생산·판매하는 상품의 대부분이 눈에 보이지 않는 서비스이기 때문이다. 서비스는 관광객의 심리에 지대한 영향을 미치고 있으므로 서비스의 질적 수준 여하에 따라 기업 자체는 물론이고 관광지 전체, 국가 전체 관광사업의 성패에 중대한 영향을 미치게 된다.

따라서 이러한 서비스의 제공은 비단 관광사업 종사자뿐만 아니라 지역주민이나 국민 전체의 친절한 서비스 제공도 필요하기 때문에, 일반국민에게 관광에 대한 인식을 적극적으로 계몽시킬 필요가 있다.

5. 관광사업의 경제적 효과

1) 소득효과

관광사업의 발달에 의한 경제적 효과는 우선 해당 지역에 미치는 소득 증대를 들 수 있다. 소득효과는 관광사업에 필요한 투자에 의한 경우와 관광객의 소비에 의한 경우가 있다.

(1) 투자소득효과

관광사업에 대한 투자에는 일반적으로 관광자원의 개발·보호 및 도로나 공원 등의 공공시설에 대한 공공투자, 그리고 장비산업 관광시설에 대한 설비투자로서의 기업투자가 있다. 이와 같은 투자에는 거액인 경우가 많고 경제환경에 따라 이 지역에 떨어지는 소득수입이 되고 있다. 또한 개발시의 일시적 투자에 이어 관광투자는 계속된다. 이러한 투자자본은 대부분 외부로부터 오는 경우가 많아 국가나 지방공공단체로부터의 재정자금이라든가 폭넓은 민간자금 등의 자본조달이 행해진다.

(2) 소비소득효과

관광행위는 일련의 소비활동으로 성립되어 있다. 관광소비의 구조는 교통비, 숙박비, 음식비, 오락비, 토산품 구입비, 입장료, 주차료 등으로 되어 있어서 교통비의 일부를 제외하고는 관광객이 소비하는 돈이 그 지역의 관광수입이 된다. 더욱이 관광사업은 복합적으로 구성되어 있어서 소득분배효과가 미치는 범위가 넓다. 그 효과를 최대화하기 위해서는 관광객수의 증가와 체재의 장기화가 기본정책이 된다.

(3) 외화획득효과

외국인의 관광소비는 관광객 수용국으로 볼 때 외화수입이 되어 모든 경제적 효과를 유발해서 그 나라의 국민경제에 크게 기여하게 된다.

국제관광수입은 수출무역수입과 비교된다. 말하자면 무역외 수지의 일부가 된다. 외화를 획득하는 것은 무형적 무역이라 할 수 있는 운임, 보험료, 이자 배당, 이민 또는 해외근로자의 송금, 관광에 의한 외화수입에 의해 가능하다. 경상수지 가운데 관광수지가 차지하는 비율이 매우 높아서 영국, 스페인, 이탈리아, 멕시코 등 많은 국가에서는 관광이 최대의 수출품목으로서 중요시되고 있다.

2) 산업효과

산업효과는 소득효과와 관련되어 있어 관광사업의 사회경제적 중요성을 높여준다. 이 산업효과는 다양하게 직접적인 산업진흥으로부터 고용문제의 해결, 또한 산업자본의 하나로서 사회자본의 고도이용효과 등도 고려되고 있다.

(1) 산업진흥

관광수요는 관광산업을 발생시키므로, 관광산업의 진흥은 관광관련 산업의 활동에 영향을 준다. 말하자면 관광산업의 수요는 타 산업의 활동을 촉진시켜 지역 전체의 경제활동을 활성화한다.

관광산업의 생산활동은 관광소비에 의한 것이고 관광지출은 서비스 구입에 한하지만, 유형재 지출이 많은 여행상품 및 토산품 등의 구입은 관광산업 이외의 산업생산을 유발하여 그것은 유형재 생산에도 경제적 파급효과가 크다. 지역경제를 고려할 때 토산품의 생산은 현지산업의 육성과 유지발전에도 도움이 된다. 지역적 특수생산품이 되는 토산품은 곧바로 일반상품화하여 생산규모를 한층 증대시키는 경우가 많다. 외국관광객이 토산품을 구입할 경우 토산품 판매는 곧 상품수출이 된다.

(2) 고용증대

관광소비는 각종 산업활동을 활발하게 하며 고용증대를 가져다준다. 관광산업은 일반적으로 밀도 높은 노동력을 필요로 하여 생력화(省力化)가 곤란하지만 고용효과는 크다. 1차산업 및 2차산업에는 점차 산업기술의 발달이라든가 생산시스템의 개량에 의하여 노동력 전체에 잉여현상이 일어나고 있다. 그러한 산업의 잉여노동력을 관광산업이 흡수하여 많은 취업기회를 줄 뿐만 아니라 국민생활 안정에도 기여한다. 관광산업에서의 노동은 신체적 노동 외에 지적노동, 기술노동, 상품요소가 되는 노동 등 폭넓은 노동을 필요로 한다. 노동기회의 증가는 소득분배효과를 가져오고 지역의 소비생활을 증대시키며 경제생활을 풍요롭게 하는 효과가 있다. 또한 소비에 따른 생산 및 유통활동도 촉진시키게 된다.

(3) 사회자본의 고도이용

철도, 선박, 자동차, 항공기 등에 관계하는 교통시설에 대한 투자는 언제나 거액이지만, 이러한 교통관계시설은 교통 이외에는 거의 이용이 불가능한 시설이란 점을 고려할 때, 그 거액의 자본을 필요로 한 교통관계시설을 충분히 활용하지 못하는 것은 크나큰 국민경제의 손실이 된다. 또한 산업 및 경제에도 막대한 영향을 미친다.

교통기관의 이용률이 낮은 경우 사업경영의 유지를 곤란하게 할 뿐만 아니라 공적사업이 되는 까닭에 국민의 경제생활에 영향을 주는 사회생활의 질서유지를 보장할 수가 없다. 관광왕래에 있어서도 교통기관은 불가결한 것이며 관광왕래와 교통기관은 서로 자극을 주어 관광왕래의 증대와 교통기관의 발전이 동시에 이루어질 수 있다. 철도, 자동차 및 도로망의 정비, 항공기의 발달과 국내외 여행의 활성화 등은 좋은 예이다.

관광왕래의 촉진과 증가는 교통기관의 집약적 이용을 비롯하여 교통업무의 단가를 저하시키고 교통업무의 내용을 개선하는 데 힘쓰는 한편, 각종 교통기관의 발전을 상호 촉진하여 산업경제활동이나 사회일반의 모든 활동에 있어서도 균형효과를 주게 된다.

3) 지역경제의 개발효과

관광사업에 의한 지역의 소득효과 및 산업효과는 지역경제에 대한 개발효과를 가져온다. 관광객에 의한 관광소비는 직접적으로 관광수입을 형성하고 또한 관광객 증가에 의한 새로운 관광개발도 활발히 행해지며, 여기에 필요한 토지이용, 노동력, 자본의 유입에 의해서 지역의 관련사업이 번영하고 지역주민에게 취업기회를 주게 된다.

이와 같이 관광사업의 발전은 지역주민의 소득을 향상시키고 주민의 과소비현상을 막아주며, 교통을 편리하게 하여 생산성을 높이는 지역경제 개발효과를 가져다준다.

제2절 관광사업의 분류

1. 사업주체에 의한 분류[5)]

관광사업은 사업주체에 의해서 공적 관광기관과 사적 관광기업으로 나눌 수 있다. 공적 관광기관은 정부나 지방자치단체 등의 관광행정기관과 관광협회나 업종별 협회 등 관광공익단체로 나누어지며, 영리목적인 사적 관광기업은 직접관련 관광기업과 간접적 관광관련 기업으로 나누어 볼 수 있다.

1) 관광행정기관

공적 관광사업으로 관광정책 관련 기관을 의미하는데, 국가·정부·지방자치단체 등 관광행정기관을 가리킨다. 이는 관광객·관광기업·관광관련 기업들과 직간접적으로 영향을 주고받으며 관광개발업무와 관광진흥업무를 담당한다.

2) 관광공익단체

공적 관광기관으로 관광공사·관광협회 등의 공익법인과 관광인력을 양성하는 교육기관 및 관광연구소 등이 있다.

대표적인 공익단체로는 관광진흥, 관광자원개발, 관광사업의 연구, 관광요원의 양성 및 훈련을 목적으로 설립된 한국관광공사(KNTO), 정부의 관광정책 대안제시와 효율적 지원정책과 관련한 조사·연구를 수행하기 위하여 설립된 한국문화관광연구원, 그리고 우리나라 관광업계를 대표하는 한국관광협회중앙회와 업종별·지역별 관광협회 등이 있다.

3) 관광기업

관광객과 직접적으로 관계되어 영리를 목적으로 하는 기업들 즉 관광객의 소

5) 김미경 외 4인 공저, 신관광학(서울: 백산출판사, 2012), pp.148~150.

비활동을 주된 수입원으로 하는 기업들을 말한다. 여기에는 여행업, 숙박업, 교통업, 쇼핑업, 관광정보제공업, 관광개발업 등 대부분의 관광사업이 포함되며, 「관광진흥법」에 의한 자영업들도 여기에 포함된다.

4) 관광관련 기업

관광객과 직접 대면하지는 않으나 관광기업과 직접적인 관계를 가짐으로써 관광객과는 간접적(2차적)으로 관련을 갖는 간접관광사업 또는 2차 관광사업이라 지칭되는 기업을 말한다.

호텔에서 외주를 받은 세탁업자, 청소업자, 경비업자와 식품납품업자 등이 여기에 포함되며, 일반적인 소매상점, 요식업체, 숙박업체, 오락업체 등도 관광객이 이용할 때에는 여기에 해당된다.

2. 관광법규에 의한 분류

1) 우리나라 관광사업의 법률적 전개과정

우리나라의 관광사업은 1960년대에 들어서서 비로소 조직과 체제를 갖추고 정부의 강력한 정책적 뒷받침 아래 관광사업 진흥을 위한 기반을 구축하기 시작하였다. 이에 정부는 관광사업의 중요성을 인식하고, 이를 진흥시키기 위하여 우리나라 최초의 관광법규인 「관광사업진흥법」을 제정하여 관광질서를 확립함과 동시에 관광행정조직의 정비, 관광사업의 국제화 추진 등 관광사업 발전에 필요한 기반을 조성하였다.

1961년 8월 22일 법률 제689호로 제정・공포된 「관광사업진흥법」은 우리나라 관광의 획기적인 발전을 위한 최초의 법률이 되었다. 이 법의 제정 당시에는 관광사업의 종류를 여행알선업, 통역안내업, 관광호텔업, 관광시설업 등 4가지로 구분하였으나, 1975년 12월 31일에 폐지될 때까지 4차에 걸친 개정을 통해 관광사업의 종류를 여행알선업, 통역안내업, 관광호텔업, 관광시설업, 토산품판매업, 관광교통업, 관광삭도업 등 7가지로 구분하였다.

1970년대에 접어들면서 국민의 관광수요가 점차 증가해 갔으며, 우리나라

기업의 경제무대가 빠른 속도로 국제화되어가는 가운데 외국관광객이 급속히 증가하였다. 그래서 정부는 관광법규의 재정비에 착수하여 1975년 12월 31일 우리나라 최초의 관광법규인 「관광사업진흥법」을 발전적으로 폐지함과 동시에 동법의 성격을 고려하여 「관광기본법」과 「관광사업법」으로 분리 제정하였다.

1975년 12월 31일 법률 제3088호로 제정된 「관광사업법」은 관광사업의 종류를 여행알선업, 관광숙박업 및 관광객이용시설업의 3종류로 크게 분류하고, 여행알선업과 관광종사원 및 관광지 지정 등에 관한 사항을 구체적으로 규정하는 한편, 규제적 성격을 강화하는 것을 주요 내용으로 하고 있다. 그러나 이 법은 관광여건과 관광성향의 변화에 따라 발전적 개정을 거듭해오던 끝에 1986년 12월에 정책적으로 폐지하고, 그 대신 「관광진흥법」을 새로이 제정하게 되었다.

1986년 12월 31일 법률 제4065호로 제정된 「관광진흥법」은 폐지된 「관광사업법」의 내용을 대부분 답습하였으나, 관광사업의 종류는 여행업, 관광숙박업, 관광객이용시설업, 국제회의용역업 및 관광편의시설업의 5가지로 구분하고 있었다. 이 법에서는 점차적으로 증가하고 있는 국제회의에 대비하고자 국제회의용역업을 관광사업의 일종으로 신설한 것이 특색이다. 그리고 1994년 8월 3일 「관광진흥법」 제7차 개정시에는 종래 「사행행위등 규제 및 처벌특례법」에서 '사행행위영업'으로 규정되었던 카지노업을 관광사업의 일종으로 포함시켰다.

1999년 1월 21일에는 「관광진흥법」의 전문개정이 있었는데, 종전의 국제회의용역업을 국제회의업으로 명칭을 변경하고 그 업무범위를 확대하였으며, 또 종래 「공중위생법」에 의하여 보건복지부장관의 소관으로 되어 있던 유원시설업을 문화관광부장관의 소관으로 이관하여 관광사업의 일종으로 규정하였다.

따라서 2013년 1월 현재 「관광진흥법」에서 규정하고 있는 관광사업의 종류는 여행업, 관광숙박업, 관광객이용시설업, 국제회의업, 카지노업, 유원시설업, 관광편의시설업 등 크게 7개 업종으로 구분하고 있으며(동법 제3조 1항), 동법 시행령에서는 이를 각각의 종류별로 다시 세분하고 있다(동법 시행령 제2조). 이를 도표화하면 〈표 2-3〉과 같다.

〈표 2-2〉「관광진흥법」에 따른 관광사업의 분류

<table>
<tr><th>종 류</th><th colspan="2">세분류</th></tr>
<tr><td>여행업</td><td colspan="2">일반여행업, 국외여행업, 국내여행업</td></tr>
<tr><td rowspan="2">관광숙박업</td><td>호텔업</td><td>관광호텔업, 수상관광호텔업, 한국전통호텔업, 가족호텔업, 호스텔업</td></tr>
<tr><td colspan="2">휴양콘도미니엄업</td></tr>
<tr><td rowspan="6">관광객이용시설업</td><td>전문휴양업</td><td>민속촌, 해수욕장, 수렵장, 동물원, 식물원, 수족관, 온천장, 동굴자원, 수영장, 농어촌휴양시설, 활공장, 등록 및 신고 체육시설업시설, 산림휴양시설, 박물관, 미술관</td></tr>
<tr><td>종합휴양업</td><td>제1종 종합휴양업, 제2종 종합휴양업</td></tr>
<tr><td colspan="2">자동차야영장업</td></tr>
<tr><td colspan="2">관광유람선업(일반관광유람선업, 크루즈업)</td></tr>
<tr><td colspan="2">관광공연장업</td></tr>
<tr><td colspan="2">외국인전용 관광기념품판매업</td></tr>
<tr><td>국제회의업</td><td colspan="2">국제회의시설업, 국제회의기획업</td></tr>
<tr><td>카지노업</td><td colspan="2"></td></tr>
<tr><td>유원시설업</td><td colspan="2">종합유원시설업, 일반유원시설업, 기타유원시설업</td></tr>
<tr><td>관광편의시설업</td><td colspan="2">관광유흥음식점업, 관광극장유흥업, 외국인전용 유흥음식점업, 관광식당업, 시내순환관광업, 관광사진업, 여객자동치티미널시설업, 관광펜션업, 관광궤도업, 한옥체험업, 외국인관광 도시민박업</td></tr>
</table>

자료: 조진호 외 3인 공저, 관광법규론(서울: 현학사, 2013), p.132.

2) 여행업

현행 「관광진흥법」에서의 여행업이란 "여행자 또는 운송시설·숙박시설, 그 밖에 여행에 딸리는 시설의 경영자 등을 위하여 그 시설이용의 알선이나 계약 체결의 대리, 여행에 관한 안내, 그 밖의 여행 편의를 제공하는 업"을 말한다 (동법 제3조 1항 1호).

여행업은 사업의 범위 및 취급대상에 따라 일반여행업, 국외여행업 및 국내여행업으로 구분하고 있다(동법시행령 제2조 제1항 1호).

우리나라 여행업의 등록현황을 살펴보면 2011년 12월 말 기준으로 일반여행업 1,634개소, 국내여행업 4,888개소, 국외여행업 6,767개소이다.[6)]

(1) 일반여행업

국내외를 여행하는 내국인 및 외국인을 대상으로 하는 여행업[사증(査證; 비자)을 받는 절차를 대행하는 행위를 포함한다]을 말한다. 따라서 일반여행업자는 외국인의 국내 또는 국외여행과 내국인의 국외 또는 국내여행에 대한 업무를 모두 취급할 수 있다.

(2) 국외여행업

국외를 여행하는 내국인을 대상으로 하는 여행업(사증을 받는 절차를 대행하는 행위를 포함한다)을 말한다. 국외여행업은 우리나라 국민의 아웃바운드 여행(해외여행업무)만을 전담하도록 하기 위하여 등장한 것이므로, 외국인을 대상으로 하거나 또는 내국인을 대상으로 한 국내여행업은 이를 법으로 허용하지 않고 있다.

(3) 국내여행업

국내를 여행하는 내국인을 대상으로 하는 여행업을 말한다. 따라서 국내여행업은 내국인을 대상으로 한 국내여행에 국한하고 있어 외국인을 대상으로 하거나 또는 내국인을 대상으로 한 국외여행업은 이를 법으로 금하고 있다.

---

6) 문화체육관광부, 2011년 기준 관광동향에 관한 연차보고서, pp.289~292.

3) 관광숙박업

현행 「관광진흥법」은 관광숙박업을 호텔업과 휴양콘도미니엄업으로 나누고(제3조 1항 2호), 호텔업을 다시 세분하고 있다(동법 시행령 제2조 1항 2호).

(1) 호텔업

호텔업이란 관광객의 숙박에 적합한 시설을 갖추어 이를 관광객에게 제공하거나 숙박에 딸리는 음식·운동·오락·휴양·공연 또는 연수에 적합한 시설 등을 함께 갖추어 이를 이용하게 하는 업을 말한다.

호텔업은 운영형태, 이용방법 또는 시설구조에 따라 관광호텔업, 수상관광호텔업, 한국전통호텔업, 가족호텔업, 호스텔업 등으로 세분하고 있다.

우리나라 호텔업의 등록현황을 살펴보면, 2011년 12월 말 기준으로 전국에 관광호텔업 644개 업체(70,763실), 한국전통호텔업 3개소(63실), 가족호텔업 58개소(6,255실), 호스텔업 6개소(132실)가 운영되고 있다.[7]

가) 관광호텔업

관광호텔업은 관광객의 숙박에 적합한 시설을 갖추어 관광객에게 이용하게 하고 숙박에 딸린 음식·운동·오락·휴양·공연 또는 연수에 적합한 시설 등(이하 "부대시설"이라 한다)을 함께 갖추어 관광객에게 이용하게 하는 업(業)을 말한다. 종전에는 관광호텔업을 종합관광호텔업과 일반관광호텔업으로 세분하였던 것이나, 2003년 8월 「관광진흥법 시행령」을 개정하면서 이를 관광호텔업으로 통일하였다.

나) 수상관광호텔업

수상관광호텔업은 수상에 구조물 또는 선박을 고정하거나 매어 놓고 관광객의 숙박에 적합한 시설을 갖추거나 부대시설을 함께 갖추어 관광객에게 이용하게 하는 업으로서, 수려한 해상경관을 볼 수 있도록 해상에 구조물 또는 선박을 개조하여 설치한 숙박시설을 말한다. 만일 노후선박을 개조하여 숙박에 적

7) 문화체육관광부, 전게 2011년 기준 연차보고서, pp.274~285.

합한 시설을 갖추고 있더라도 동력(動力)을 이용하여 선박이 이동할 경우에는 이는 관광호텔이 아니라 선박으로 인정된다.

우리나라에는 2000년 7월 20일 최초로 부산 해운대구에 객실수 53실의 수상관광호텔이 등록된 바 있으나, 그 후 태풍으로 인해 멸실되어 현재는 존재하지 않는다.

다) 한국전통호텔업

한국전통호텔업은 한국전통의 건축물에 관광객의 숙박에 적합한 시설을 갖추거나 부대시설을 함께 갖추어 관광객에게 이용하게 하는 업을 말한다.

현재 우리나라에서 운영되고 있는 관광호텔은 모두가 서양식의 구조와 설비를 갖추고 있어 외국인관광객이 한국고유의 전통적 숙박시설을 이용할 수 없는 것이 오늘의 현실이다. 따라서 외국인관광객의 수요에 대처하기 위하여 한국고유의 전통 건축양식에 한국적 분위를 풍길 수 있는 객실과 정원을 갖추고 한국전통요리를 제공하도록 한 것이 한국전통호텔업이다.

우리나라에는 1991년 7월 26일 최초로 제주도 중문관광단지 내에 객실수 26실의 한국전통호텔이 등록되었으며, 2010년 7월 경북에 (주)신라밀레니엄 라궁 16실, 2011년 전남에 영산재 21실이 등록되어 전국 3개소, 63실이 운영되고 있다.

라) 가족호텔업

가족호텔업은 가족단위 관광객의 숙박에 적합하도록 숙박시설 및 취사도구를 갖추어 관광객에게 이용하게 하거나 숙박에 딸린 음식·운동·휴양 또는 연수에 적합한 시설을 함께 갖추어 관광객에게 이용하게 하는 업을 말한다.

경제성장으로 인한 국민소득수준의 향상은 다수 국민으로 하여금 여가활동을 향유케 함으로써 가족단위 관광의 증가를 가져왔는데, 가족단위 관광의 증가는 가족호텔을 급격히 증가하게 하였다. 이에 정부는 증가된 가족단위의 관광수요에 부응하여 국민복지 차원에서 저렴한 비용으로 가족관광을 영위할 수 있게 하기 위하여 가족호텔 내에는 취사장, 운동·오락시설 및 위생설비를 겸비토록 하고 있다.

마) 호스텔업

호스텔업은 배낭여행객 등 개별 관광객의 숙박에 적합한 시설로서 샤워장, 취사장 등의 편의시설과 외국인 및 내국인 관광객을 위한 문화·정보 교류시설 등을 함께 갖추어 이용하게 하는 업을 말한다. 이는 2009년 10월 7일 「관광진흥법 시행령」 개정 때 호텔업의 한 종류로 신설되었는데, 2010년 12월 21일 최초로 제주도에 객실수 36실의 호스텔이 등록되었으며, 2011년도에 제주도 4개소 81실, 인천광역시에 1개소 15실이 등록되어 전국 6개소 132실이 운영되고 있다.

(2) 휴양콘도미니엄업

휴양콘도미니엄업이란 관광객의 숙박과 취사에 적합한 시설을 갖추어 이를 그 시설의 회원이나 공유자, 그 밖의 관광객에게 제공하거나 숙박에 딸리는 음식·운동·오락·휴양·공연 또는 연수에 적합한 시설 등을 함께 갖추어 이를 이용하게 하는 업을 말한다(관광진흥법 제3조 제1항 2호).

본래 콘도미니엄(Condominium)은 1957년 스페인에서 기존호텔에 개인의 소유개념을 도입하여 개발한 것이 그 시초이며, 1950년대 이탈리아에서 중소기업들이 종업원들의 복리후생을 위해 회사가 공동투자를 하여 연립주택이나 호텔형태로 지은 별장식 가옥을 10여 명이 소유하는 공공휴양시설로 개발한 것이 그 효시라 한다.

우리나라는 1981년 4월 (주)한국콘도에서 경주보문단지 내에 있는 25평형 103실을 분양한 것이 콘도미니엄의 시초인데, 1982년 12월 31일에는 휴양콘도미니엄업을 「관광진흥법」상의 관광숙박업종으로 신설한 후 오늘에 이르고 있다.

우리나라 휴양콘도미니엄업의 등록현황을 살펴보면 2011년 12월 말 기준으로 182개 콘도에 38,623실이 운영되고 있다.[8)]

---

8) 문화체육관광부, 전게 2011년 기준 연차보고서, p.285.

4) 관광객이용시설업

관광객이용시설업이란 ① 관광객을 위하여 음식·운동·오락·휴양·문화·예술 또는 레저 등에 적합한 시설을 갖추어 이를 관광객에게 이용하게 하는 업 또는 ② 대통령령으로 정하는 2종 이상의 시설과 관광숙박업의 시설(이하 "관광숙박시설"이라 한다) 등을 함께 갖추어 이를 회원이나 그 밖의 관광객에게 이용하게 하는 업을 말한다(관광진흥법 제3조 제1항 3호).

현행 「관광진흥법」은 관광객이용시설업의 종류를 전문휴양업, 종합휴양업(제1종, 제2종), 자동차야영장업, 관광유람선업(일반관광유람선업, 크루즈업), 관광공연장업, 외국인전용 관광기념품판매업 등으로 구분하고 있다(동법 시행령 제2조 제1항 3호).

관광객이용시설업의 등록현황을 살펴보면 2011년 12월 말 기준으로 전문휴양업 50개 업체, 종합휴양업 20개 업체, 자동차야영장업 12개 업체, 관광유람선업 45개 업체, 관광공연장업 7개 업체, 외국인전용 관광기념품판매업 189개 업체 등이다.[9]

(1) 전문휴양업

관광객의 휴양이나 여가선용을 위하여 숙박업시설[공중위생관리법시행령 제2조 제1항 제1호(농어촌에 설치된 민박사업용시설) 및 제2호(자연휴양림 안에 설치된 시설)의 시설을 포함하며, 이하 "숙박시설"이라 한다]이나 「식품위생법 시행령」 제7조 제8호 가목·나목 또는 바목에 따른 휴게음식점영업, 일반음식점영업 또는 제과점영업의 신고에 필요한 시설(이하 "음식점시설"이라 한다)을 갖추고 별표 1 제4호 가목(2)(가)부터 (거)까지의 규정에 따른 시설(이하 "전문휴양시설"이라 한다) 중 한 종류의 시설을 갖추어 관광객에게 이용하게 하는 업을 말한다.

(2) 종합휴양업

종합휴양업은 제1종과 제2종으로 구분된다.

제1종 종합휴양업은 관광객의 휴양이나 여가선용을 위하여 숙박시설 또는 음

9) 문화체육관광부, 전게 2011년 기준 연차보고서, pp.292~294.

식점시설을 갖추고 전문휴양시설 중 두 종류 이상의 시설을 갖추어 관광객에게 이용하게 하는 업이나, 숙박시설 또는 음식점시설을 갖추고 전문휴양시설 중 한 종류 이상의 시설과 종합유원시설업의 시설을 갖추어 관광객에게 이용하게 하는 업이다. 예를 들면 일정한 장소에 운동·오락 및 휴양시설을 갖춘 서울드림랜드, 운동·오락·식당 및 동식물원 시설을 갖춘 롯데월드, 동식물원, 오락 및 휴양시설을 갖춘 에버랜드(용인자연농원) 등이 이에 해당된다.

제2종 종합휴양업은 관광객의 휴양이나 여가선용을 위하여 관광숙박업의 등록에 필요한 시설과 제1종 종합휴양업 등록에 필요한 전문휴양시설 중 두 종류 이상의 시설 또는 전문휴양시설 중 한 종류 이상의 시설 및 종합유원시설업의 시설을 함께 갖추어 관광객에게 이용하게 하는 업이다.

(3) 자동차야영장업

자동차를 이용하는 여행자의 야영·취사 및 주차에 적합한 시설을 갖추어 이를 관광객에게 이용하게 하는 업을 말하는데, 2차선 이상의 진입로와 충분한 주차공간, 그리고 전기·통신·공동취사시설 등의 편의시설을 갖추어야 한다.

(4) 관광유람선업

가) 일반관광유람선업

「해운법」에 따른 해상여객운송사업의 면허를 받은 자나 「유선(遊船) 및 도선사업법(渡船事業法)」에 따른 유선사업의 면허를 받거나 신고한 자가 선박을 이용하여 관광객에게 관광을 할 수 있도록 하는 업을 말한다.

나) 크루즈업

「해운법」에 따른 순항(順航) 여객운송사업이나 복합 해상여객운송사업의 면허를 받은 자가 해당 선박 안에 숙박시설, 위락시설 등 편의시설을 갖춘 선박을 이용하여 관광객에게 관광을 할 수 있도록 하는 업을 말한다.

(5) 관광공연장업

관광공연장업은 관광객을 위하여 공연시설을 갖추고 공연물을 공연하면서 관광객에게 식사와 주류를 판매하는 업을 말한다. 관광공연장업은 1999년 5월

10일 「관광진흥법 시행령」을 개정하여 신설한 업종으로서 실내관광공연장과 실외관광공연장을 설치・운영할 수 있다.

(6) 외국인전용 관광기념품판매업

외국인 관광객(출국 예정사실이 확인되는 내국인을 포함한다)에게 물품을 판매하기에 적합한 시설을 갖추어 국내에서 생산되는 주원료를 이용하여 제조하거나 가공된 물품을 판매하는 업을 말한다.

이제까지 외국인전용 관광기념품판매업은 이용대상을 외국인 관광객에 한정하고, 판매상품은 국내에서 생산되는 주원료를 이용하여 제조 또는 가공된 물품에 한정하고 있었다. 이로 인해 외국인전용 기념품판매업의 활성화에 한계가 나타나기 시작하자, 이에 정부는 2006년 2월 「관광진흥법」을 개정하여 판매대상을 확대하여 출국예정사실이 확인되는 내국인도 포함하도록 하였다.

5) 국제회의업

국제회의업은 대규모 관광수요를 유발하는 국제회의(세미나・토론회・전시회 등을 포함한다)를 개최할 수 있는 시설을 설치・운영하거나 국제회의의 계획・준비・진행 등의 업무를 위탁받아 대행하는 업을 말한다(관광진흥법 제3조 1항 4호). 국제회의업은 국제회의시설업과 국제회의기획업으로 분류하고 있다(동법 시행령 제2조 4호).

국제회의는 참가자들이 일반관광객에 비해 장기간 체재하면서 회의기간 중 또는 그 전후에 국내관광과 쇼핑 등을 하므로 대량 관광객 유치효과를 가져오며, 교통・숙박・유흥업・관광 등 관련산업의 발전을 유도함으로써 경제발전 창출효과에도 크게 기여한다. 또한 참가자 대부분이 각국의 정치・경제・과학・기술・문화 등 관련 분야의 전문가로서 지도적인 위치에 있으므로 국가홍보효과를 가져옴은 물론, 국제회의는 계절별 변수가 비교적 적어 관광비수기 타개책으로 활용되기도 한다.

우리나라 국제회의업의 등록현황을 살펴보면 2011년 12월 말 기준으로 국제회의시설업은 11개 업체, 국제회의기획업(PCO)은 295개 업체가 등록되어 있다.[10)]

(1) 국제회의시설업

대규모 관광수요를 유발하는 국제회의를 개최할 수 있는 시설을 설치·운영하는 업을 말하는데(관광진흥법 시행령 제2조 1항 4호), 첫째, 「국제회의산업 육성에 관한 법률 시행령」 제3조에 따른 회의시설(전문회의시설·준회의시설) 및 전시시설의 요건을 갖추고 있을 것과, 둘째, 국제회의 개최 및 전시의 편의를 위하여 부대시설(주차시설, 쇼핑·휴식시설)을 갖추고 있을 것을 요구하고 있다.

(2) 국제회의기획업

대규모 관광수요를 유발하는 국제회의의 계획·준비·진행 등의 업무를 위탁받아 대행하는 업을 말한다(관광진흥법 시행령 제2조 1항 4호). 우리나라 국제회의업은 '국제회의용역업'이라는 명칭으로 1986년 처음으로 「관광진흥법」상의 관광사업으로 신설되었던 것이나, 1998년에 동법을 개정하여 종전의 국제회의용역업을 '국제회의기획업'으로 명칭을 변경하고 여기에 '국제회의시설업'을 추가하여 '국제회의업'으로 업무범위를 확대하여 오늘에 이르고 있다.

6) 카지노업

카지노업이란 전용영업장을 갖추고 주사위·트럼프·슬롯머신 등 특정한 기구(機具) 등을 이용하여 우연의 결과에 따라 특정인에게 재산상의 이익을 주고 다른 참가자에게 손실을 주는 행위 등을 하는 업을 말한다(관광진흥법 제3조 1항 5호).

카지노업은 종래 「사행행위등 규제 및 처벌특례법」에서 '사행행위영업(射倖行爲營業)'의 일환으로 규정되어 오던 것을 1994년 8월 3일 「관광진흥법」을 개정하여 관광사업의 일종으로 전환 규정하고, 문화체육관광부에서 허가권과 지도·감독권을 갖게 되었다(동법 제21조). 다만, 제주도에는 2006년 7월부터 「제주특별자치도 설치 및 국제자유도시 조성을 위한 특별법」이 제정·시행됨에 따라 제주특별자치도에서 외국인전용 카지노업을 경영하려는 자는 제주도지사의 허가를 받아야 한다.

---

10) 문화체육관광부, 전게 2011년 기준 연차보고서, pp.295~296.

현행 「관광진흥법」에 의거한 카지노업은 내국인 출입을 허용하지 않는 것을 기본으로 하고 있으며, 예외적으로 「폐광지역개발지원에 관한 특별법」에 의거 폐광지역의 경기활성화를 위하여 2000년 10월 강원도 정선군에 개장한 강원랜드카지노만은 내국인의 출입을 허용하고 있고, 2015년까지 한시적으로 운영될 예정이다.

우리나라 카지노시설은 2011년 12월 말 기준으로 전국에 17개 업체가 운영 중에 있는데, 이 중에서 외국인전용 카지노가 16개 업체(지역별로는 서울 3개소, 부산 2개소, 인천 1개소, 강원 1개소, 경북 1개소, 제주 8개소)이고, 내국인 출입 카지노는 강원랜드카지노 1개소이다.[11]

7) 유원시설업

유원시설업(遊園施設業)은 유기시설(遊技施設)이나 유기기구(遊技機具)를 갖추어 이를 관광객에게 이용하게 하는 업(다른 영업을 경영하면서 관광객의 유치 또는 광고 등을 목적으로 유기시설이나 유기기구를 설치하여 이를 이용하게 하는 경우를 포함한다)을 말한다(관광진흥법 제3조 1항 6호).

유원시설업은 종래 「공중위생법」상 공중접객업의 하나인 유기장업(遊技場業)으로서 보건복지부장관의 소관이었으나, 1999년 1월 21일 「관광진흥법」 개정 때 유원시설업으로 명칭을 변경하여 문화체육관광부장관이 관장하는 관광사업의 일종으로 규정한 것이다.

현행 「관광진흥법」상의 유원시설업은 종합유원시설업, 일반유원시설업, 기타 유원시설업으로 분류하고 있다(동법 시행령 제2조 1항 5호).

우리나라 유원시설업체 현황을 살펴보면 2011년 12월 말 기준으로 216개 업체가 운영 중에 있다.[12]

(1) 종합유원시설업

유기시설이나 유기기구를 갖추어 관광객에게 이용하게 하는 업으로서 대규모의 대지 또는 실내에서 「관광진흥법」 제33조에 따른 안전성검사 대상 유기시

11) 문화체육관광부, 전게 2011년 기준 연차보고서, pp.297~301.
12) 문화체육관광부, 전게 2011년 기준 연차보고서, pp.301~302.

설 또는 유기기구 여섯 종류 이상을 설치하여 운영하는 업을 말한다.

(2) 일반유원시설업

유기시설이나 유기기구를 갖추어 관광객에게 이용하게 하는 업으로서 「관광진흥법」 제33조에 따른 안전성검사 대상 유기시설 또는 유기기구 한 종류 이상을 설치하여 운영하는 업을 말한다.

(3) 기타유원시설업

유기시설이나 유기기구를 갖추어 관광객에게 이용하게 하는 업으로서 「관광진흥법」 제33조에 따른 안전성검사 대상이 아닌 유기시설 또는 유기기구를 설치하여 운영하는 업을 말한다.

8) 관광편의시설업

관광편의시설업[13]은 앞에서 설명한 관광사업(여행업, 관광숙박업, 관광객이용시설업, 국제회의업, 카지노업, 유원시설업) 외에 관광진흥에 이바지할 수 있다고 인정되는 사업이나 시설 등을 운영하는 업을 말한다(관광진흥법 제3조 1항 7호). 이는 비록 다른 관광사업보다 관광객의 이용도가 낮거나 시설규모는 작지만, 다른 사업 못지않게 관광진흥에 기여할 수 있다고 보아 인정된 사업이라고 하겠다.

관광편의시설업을 경영하려는 자는 문화체육관광부령으로 정하는 바에 따라 특별시장・광역시장・도지사・특별자치도지사(이하 "시・도지사"라 한다) 또는 시장・군수・구청장의 지정을 받을 수 있는데(관광진흥법 제6조), 그 종류는 다음과 같다(동법 시행령 제2조 1항 6호).

(1) 관광유흥음식점업

식품위생법령에 따른 유흥주점 영업의 허가를 받은 자가 관광객이 이용하기

13) 2011년 12월 말 기준으로 관광편의시설업으로 지정된 업체는 총 3,482개소이다. 이 중 관광유흥음식점업은 46개 업체이며 관광극장유흥업 210개 업체, 외국인전용 유흥음식점업 369개 업체, 관광식당업 2,039개 업체, 시내순환관광업 21개 업체, 관광사진업 17개 업체, 여객자동차터미널시설업 13개 업체, 관광펜션업 316개 업체, 관광궤도업 7개 업체, 한옥체험업 444개 업체이다(문화체육관광부, 전게 2011년 기준 연차보고서, p.296).

적합한 한국 전통 분위기의 시설을 갖추어 그 시설을 이용하는 자에게 음식을 제공하고 노래와 춤을 감상하게 하거나 춤을 추게 하는 업을 말한다.

(2) 관광극장유흥업

식품위생법령에 따른 유흥주점 영업의 허가를 받은 자가 관광객이 이용하기 적합한 무도(舞蹈)시설을 갖추어 그 시설을 이용하는 자에게 음식을 제공하고 노래와 춤을 감상하게 하거나 춤을 추게 하는 업을 말한다.

(3) 외국인전용 유흥음식점업

식품위생법령에 따른 유흥주점 영업의 허가를 받은 자가 외국인이 이용하기 적합한 시설을 갖추어 그 시설을 이용하는 자에게 주류나 그 밖의 음식을 제공하고 노래와 춤을 감상하게 하거나 춤을 추게 하는 업을 말한다.

(4) 관광식당업

식품위생법령에 따른 일반음식점영업의 허가를 받은 자가 관광객이 이용하기 적합한 음식제공시설을 갖추고 관광객에게 특정 국가의 음식을 전문적으로 제공하는 업을 말한다.

(5) 시내순환관광업

「여객자동차운수사업법」에 따른 여객자동차운송사업의 면허를 받거나 등록을 한 자가 버스를 이용하여 관광객에게 시내와 그 주변 관광지를 정기적으로 순회하면서 관광할 수 있도록 하는 업을 말한다.

(6) 관광사진업

외국인 관광객과 동행하며 기념사진을 촬영하여 판매하는 업을 말한다.

(7) 여객자동차터미널시설업

「여객자동차운수사업법」에 따른 여객자동차터미널사업의 면허를 받은 자가 관광객이 이용하기 적합한 여객자동차터미널시설을 갖추고 이들에게 휴게시설·안내시설 등 편익시설을 제공하는 업을 말한다.

(8) 관광펜션업

숙박시설을 운영하고 있는 자가 자연·문화 체험관광에 적합한 시설을 갖추어 관광객에게 이용하게 하는 업을 말한다. 이는 2003년 8월 「관광진흥법 시행령」 개정시 새로 추가된 업종으로 새로운 숙박형태의 소규모 고급민박시설이지만, 관광숙박업의 세부업종이 아님을 유의하여야 한다.

그리고 관광펜션업은 「제주특별자치도 설치 및 국제자유도시 조성을 위한 특별법」을 적용받는 지역에 대하여는 적용하지 아니한다. 이 「제주특별자치도법」에서는 관광펜션업 대신에 '휴양펜션업'을 규정하고 있다.

(9) 관광궤도업

「궤도운송법」에 따른 궤도사업의 허가를 받은 자가 주변 관람과 운송에 적합한 시설을 갖추어 이를 관광객에게 이용하게 하는 업을 말한다. 이는 궤도차량인 케이블카 등을 설치·운행하는 사업으로 안내방송 등 외국어 안내서비스가 가능한 체제를 갖추고 있어야 하는데(관광진흥법 시행규칙 제14조 관련 별표 2), 종래의 「삭도·궤도법」이 전부 개정되어 「궤도운송법」으로 법의 명칭이 변경됨에 따라 2009년 11월 2일 「관광진흥법 시행령」 개정 때 종전의 '관광삭도업'을 '관광궤도업'으로 명칭이 변경된 것이다.

(10) 한옥체험업

한옥(주요 구조부가 목조구조로서 한식기와 등을 사용한 건물 중 고유의 전통미를 간직하고 있는 건축물과 그 부속시설을 말한다)에 숙박체험에 적합한 시설을 갖추어 관광객에게 이용하게 하는 업을 말하는데, 그 지정기준을 살펴보면 한 종류 이상의 전통문화 체험에 적합한 시설을 갖추고 이용자의 불편이 없도록 욕실이나 샤워시설 등 편의시설을 갖추어야 한다(관광진흥법 시행규칙 제14조 관련 별표 2). 이는 2009년 10월 7일 「관광진흥법 시행령」 개정 때 새로 추가된 업종이다.

(11) 외국인관광 도시민박업

외국인관광 도시민박업이란 「국토의 계획 및 이용에 관한 법률」 제6조제1호에 따른 도시지역(「농어촌정비법」에 따른 농어촌지역 및 준농어촌지역은 제외한다)의 주민이 거주하고 있는 단독주택 또는 다가구주택(건축법 시행령 별표 1 제1호 가목 또는 다목)과 아파트, 연립주택 또는 다세대주택(건축법 시행령 별표 1 제2호 가목, 나목 또는 다목)을 이용하여 외국인 관광객에게 한국의 가정문화를 체험할 수 있도록 숙식 등을 제공하는 업을 말한다. 외국인관광객 도시민박업의 지정 기준을 살펴보면 건물의 연면적이 230제곱미터 미만이고 외국어 안내서비스가 가능한 체제를 갖추고 있어야 한다(관광진흥법 시행규칙 제14조 관련 별표 2).

이는 2011년 12월 30일 「관광진흥법 시행령」 개정 때 새로 도입된 제도로, 도시지역의 주민이 거주하고 있는 단독주택 또는 아파트 등을 이용하여 외국인 관광객에게 숙식 등을 제공하고 한국의 가정문화를 체험할 수 있도록 함으로써 외국인 관광객의 유치 확대에 이바지할 수 있을 것으로 전망하고 있다.

제3절 관광사업자

1. 관광사업자의 자격

1) 의 의

관광사업자란 관광사업을 경영하기 위하여 등록·허가 또는 지정(이하 "등록등"이라 한다)을 받거나 신고를 한 자를 말한다(관광진흥법 제2조 2호). 즉 「관광진흥법」에 의한 등록등을 받아 여행업, 관광숙박업, 관광객이용시설업, 국제회의업, 카지노업, 유원시설업, 관광편의시설업을 경영하는 자이다.

모든 관광사업자는 관광사업을 신의(信義)에 따라 성실(誠實)하게 경영하여야 한다. 더욱이 관광사업자는 관광객이라는 사람 특히 외국인을 상대로 영업을 하는 경우가 많기 때문에 정상적인 판단능력을 가져야 하고, 경제적인 지위 또한 확고하여야 하며, 관광관계 법령을 준수하여 관광진흥에 이바지할 수 있는 자라야 한다. 이와 같이 관광사업의 특수성과 공공성 때문에 관광사업자의 자격을 법규로 제한할 필요가 있게 되는 것이다.

현행 「관광진흥법」은 관광사업자의 자격에 관한 규정을 두고 있으나, 그것을 적극적으로 규정하지 않고, 다만 소극적으로 관광사업자의 결격사유를 정하여 일정한 자를 관광사업에서 배제시키고 있을 뿐이다. 즉 「관광진흥법」은 모든 관광사업자에게 일률적으로 적용되는 결격사유(제7조 1항)와 카지노업자에 한해 특별히 추가 적용하는 결격사유(제22조 1항)로 구분하여 규정하고 있다. 카지노업자에 대해 이중적으로 결격사유를 적용케 한 것은 카지노업의 특수성을 감안하여 다른 관광사업자보다 이를 강화하려는 데 그 입법취지가 있다고 본다.

2) 관광사업자의 결격사유

(1) 관광사업자의 일반적 결격사유

「관광진흥법」 제7조 제1항은 "다음 각 호의 어느 하나에 해당하는 자는 관광사업의 등록등을 받거나 신고를 할 수 없고, 사업계획의 승인을 받을 수 없다. 법인의 경우 그 임원 중에 다음 각 호의 어느 하나에 해당하는 자가 있는 경우에도 또한 같다"고 규정하고 있다. 이에 따르면 관광사업자가 될 수 없는 자 또는 사업계획의 승인을 받을 수 없는 자는 다음 각 호의 어느 하나에 해당하는 자이다.

① 금치산자·한정치산자
② 파산선고를 받고 복권되지 아니한 자
③ 「관광진흥법」에 따라 등록·허가·지정 및 신고 또는 사업계획의 승인이 취소되거나 영업소가 폐쇄된 후 2년이 지나지 아니한 자
④ 「관광진흥법」을 위반하여 징역 이상의 실형을 선고받고 그 집행이 끝나거나 집행을 받지 아니하기로 확정된 후 2년이 지나지 아니한 자 또는 형의 집행유예기간 중에 있는 자

(2) 카지노사업자에게 추가로 적용되는 결격사유

카지노업의 허가를 받기 위해서는 카지노사업자로서의 결격사유가 없어야 한다. 「관광진흥법」에서는 모든 관광사업자에게 일률적으로 적용되는 결격사유와 카지노사업자에게만 특별히 추가하여 적용하는 결격사유를 규정하고 있다. 이는 카지노업이 사행심(射倖心)을 조장하여 공공의 안녕과 질서를 문란하게 하고 국민정서를 해칠 염려가 있어 카지노사업자에 대한 자격요건을 다른 관광사업자보다 한층 강화할 필요가 있기 때문이다. 이에 따라 「관광진흥법」은 다음 각 호의 어느 하나에 해당하는 자는 카지노업의 허가를 받을 수 없도록 하고 있다(동법 제22조 1항).

① 19세 미만인 자
② 「폭력행위 등 처벌에 관한 법률」 제4조에 따른 단체 또는 집단을 구성하거나 그 단체 또는 집단에 자금을 제공하여 금고 이상의 형의 선고를 받고 형이 확정된 자
③ 조세를 포탈(逋脫)하거나 「외국환거래법」을 위반하여 금고 이상의 형을 선고받고 형이 확정된 자
④ 금고 이상의 실형을 선고받고 그 집행이 끝나거나 집행을 받지 아니하기

로 확정된 후 2년이 지나지 아니한 자

⑤ 금고 이상의 형의 집행유예를 선고받고 그 유예기간 중에 있는 자

⑥ 금고 이상의 형의 선고유예를 받고 그 유예기간 중에 있는 자

⑦ 임원 중에 제1호부터 제6호까지의 규정 중 어느 하나에 해당하는 자가 있는 법인

3) 결격사유 해당자에 대한 행정조치

관광사업의 등록등을 받거나 신고를 한 자 또는 사업계획의 승인을 받은 자가 위의 결격사유의 어느 하나에 해당하면 문화체육관광부장관, 시·도지사 또는 시장·군수·구청장(이하 "등록기관등의 장"이라 한다)은 3개월 이내에 그 등록등 또는 사업계획의 승인을 취소하거나 영업소를 폐쇄하여야 한다. 카지노업의 허가를 받은 자가 카지노업의 결격사유에 해당하게 된 때에는 문화체육관광부장관(제주특별자치도에서는 도지사)은 허가를 취소하여야 한다. 다만, 법인의 임원 중 그 사유에 해당하는 자가 있는 경우 3개월 이내에 그 임원을 바꾸어 임명한 때에는 그러하지 아니하다(관광진흥법 제7조 2항).

2. 관광사업자의 의무

관광사업자는 민간인 또는 민간기업이지만 우리나라의 관광진흥이라는 중대한 역할의 일부를 담당하고 있다. 이에 「관광진흥법」에서는 관광사업자에 의한 관광진흥의 도모 또는 관광객의 권리구제를 위하여 관광사업자에게 특별한 의무를 부과하고 있다.

관광사업자의 의무는 모든 관광사업자에게 부과되는 일반적 의무와 여행업자 및 카지노사업자 등에게 부과되는 특별의무가 있다.

1) 관광사업자의 지위승계시의 신고의무

관광사업의 '양수·합병으로 인한 권리·의무의 승계자'(관광진흥법 제8조 1항) 및 '경매 등을 통한 관광사업시설의 인수에 의한 지위승계자'(동법 제8조 2항) 또는 '사업계획승인을 받은 자의 지위를 승계한 자'(동법 제8조 5항)는 승계한 날부

터 1개월 이내에 관광사업 양수(지위승계)신고서(동법 시행규칙 제16조 관련 별지 제23호서식)를 문화체육관광부장관, 특별자치도지사·시장·군수·구청장 또는 지역별 관광협회장(이하 "등록기관등의 장"이라 한다)에게 제출하여야 한다(동법 제8조 4항, 5항 및 동법 시행규칙 제16조 2항).

2) 관광사업자의 휴업 또는 폐업 때 알릴 의무

관광사업자가 그 사업의 전부 또는 일부를 휴업하거나 폐업한 때에는 관할 등록기관등의 장에게 알려야 한다(동법 제8조 7항). 이 경우 휴업 또는 폐업을 한 날부터 10일 이내에 관광사업 휴업 또는 폐업통보서(동법 시행규칙 별지 제24호서식)를 등록기관등의 장에게 제출하여야 한다(동법 시행규칙 제17조).

3) 여행업자의 '보증보험등'의 가입의무

① 여행업의 등록을 한 자(이하 "여행업자"라 한다)는 그 사업을 시작하기 전에 여행알선과 관련한 사고로 인하여 관광객에게 피해를 준 경우 그 손해를 배상할 것을 내용으로 하는 보증보험 또는 한국관광협회중앙회의 공제(共濟)(이하 "보증보험등"이라 한다)에 가입하거나 업종별 관광협회(업종별 관광협회가 구성되지 아니한 경우에는 지역별 관광협회)에 영업보증금을 예치하고 그 사업을 하는 동안(휴업기간을 포함한다) 계속하여 이를 유지하여야 한다(동법 시행규칙 제18조 1항).

② 여행업자 중에서 기획여행을 실시하려는 자는 그 기획여행 사업을 시작하기 전에 보증보험등에 가입하거나 영업보증금을 예치하고 유지하는 것 외에 추가로 기획여행과 관련한 사고로 인하여 관광객에게 피해를 준 경우 그 손해를 배상할 것을 내용으로 하는 보증보험등에 가입하거나 업종별 관광협회(업종별 관광협회가 구성되지 아니한 경우에는 지역별 관광협회)에 영업보증금을 예치하고 그 기획여행 사업을 하는 동안(기획여행 휴업기간을 포함한다) 계속하여 이를 유지하여야 한다(동법 시행규칙 제18조 2항 〈개정 2010.8.17〉).

4) 기획여행 광고 표시내용 의무화

기획여행을 실시하는 자가 광고를 하려는 경우에는 다음 각 호의 사항을 표시하여야 한다. 다만, 2 이상의 기획여행을 동시에 광고하는 경우에는 다음 각 호의 사항 중 내용이 동일한 것은 공통으로 표시할 수 있다(동법 시행규칙 제21조).

① 여행업의 등록번호, 상호, 소재지 및 등록관청
② 기획여행명 · 여행일정 및 주요 여행지
③ 여행경비
④ 교통 · 숙박 및 식사 등 여행자가 제공받을 서비스의 내용
⑤ 최저 여행인원
⑥ 보증보험등의 가입 또는 영업보증금의 예치 내용
⑦ 여행일정 변경 시 여행자의 사전 동의 규정

5) 유자격 국외여행 인솔자에 의한 인솔의무

여행업자가 내국인의 국외여행을 실시할 경우 여행자의 안전 및 편의 제공을 위하여 그 여행을 인솔하는 자를 둘 때에는 문화체육관광부령으로 정하는 다음 각 호의 어느 하나에 해당하는 자격요건에 맞는 자를 두어야 한다(관광진흥법 제13조 1항 및 동법 시행규칙 제22조 1항). 다만, '제주특별자치도'에서는 이러한 자격요건을 「관광진흥법 시행규칙」이 아닌 '도조례'로 정할 수 있도록 규정하고 있다(제주특별법 제171조 제2항).

① 관광통역안내사 자격을 취득할 것
② 여행업체에서 6개월 이상 근무하고 국외여행 경험이 있는 자로서 문화체육관광부장관이 정하는 소양교육을 이수할 것
③ 문화체육관광부장관이 지정하는 교육기관에서 국외여행인솔에 필요한 양성교육을 이수할 것

이 경우 위의 소양교육이나 양성교육을 담당할 교육기관의 지정과 교육과정의 운영에 관하여는 문화체육관광부장관이 정하여 고시하여야 한다(관광진흥법

시행규칙 제22조 2항).

6) 여행자에 대한 여행계약서 교부의무

여행업자는 여행자와 여행계약을 체결하였을 때에는 그 서비스에 관한 내용을 적은 여행계약서(여행일정표 및 약관을 포함한다)를 여행자에게 내주어야 한다(동법 제14조 2항).

여행업자가 고의로 계약 또는 약관을 위반하여 안전정보 또는 변경된 안전정보를 제공하지 아니하거나, 여행계약서를 여행자에게 내주지 아니한 경우 또는 여행자의 사전 동의 없이 여행일정을 변경하는 경우에는 등록등을 취소하거나 사업정지를 명할 수 있다(동법 제35조 제1항 7호).

7) 카지노사업자의 관광진흥개발기금 납부의무

관광사업체는 대부분 영세하거나 아니면 관광숙박업이나 국제회의시설업 그리고 종합휴양업처럼 방대한 자본이 소요되는 사업이기 때문에 재정적으로 어려움이 많다. 이와 같은 관광사업의 어려운 자금사정을 해결하는 데 기여하고, 또 관광외화수입증대 등 정부의 정책적인 필요에 의하여 정책금융으로 관광진흥개발기금을 설치·운용하고 있는 것이다(관광기본법 제14조).

관광사업 중 카지노업은 다른 관광사업에 비하여 수입이 많은 것이 사실이다. 그래서 관광사업 전체의 발전을 위한 기금을 마련하기 위하여 그 수입의 일부를 사회에 환원하는 것이 형평의 원칙에도 합치된다.

「관광진흥법」에서는 카지노사업자는 연간 총매출액의 100분의 10의 범위에서 일정비율에 해당하는 금액을 「관광진흥개발기금법」에 따른 관광진흥개발기금(이하 "기금"이라 한다)에 납부하도록 하고 있다(관광진흥법 제30조 1항). 여기서 총매출액이란 카지노영업과 관련하여 고객으로부터 받은 총금액에서 고객에게 지불한 총금액을 공제한 금액을 말한다(관광진흥법 시행령 제30조 1항).

관광진흥개발기금 납부금(이하 "납부금"이라 한다)의 징수비율은 다음 각 호의 어느 하나와 같다(관광진흥법 시행령 제30조 2항).

① 연간 총매출액이 10억원 이하인 경우: 총매출액의 100분의 1

(예: 총매출액이 10억원일 때 납부금은 10억원의 1% 즉 1천만원)

② 연간 총매출액이 10억원 초과 100억원 이하인 경우: 1천만원+총매출액 중 10억원을 초과하는 금액의 100분의 5

(예: 총매출액이 100억원일 때 납부금은 4억 6천만원)

③ 연간 총매출액이 100억원을 초과하는 경우: 4억6천만원+총매출액 중 100억원을 초과하는 금액의 100분의 10

(예: 총매출액이 200억원일 때 납부금은 14억 6천만원)

제4절 관광사업의 등록 · 허가 등14)

관광사업을 경영하려는 자는 행정관청에 등록(여행업, 관광숙박업, 관광객이용시설업, 국제회의업) 또는 신고(기타유원시설업)를 하거나 행정관청으로부터 허가(카지노업, 종합유원시설업, 일반유원시설업)나 지정(관광편의시설업)을 받아야 한다(관광진흥법 제4조 내지 제6조). 다만, '제주특별자치도'에서는 관광사업의 등록 및 변경등록, 허가 및 변경허가, 신고 및 변경신고, 지정 및 변경지정 등에 관하여 대통령령(관광진흥법 시행령) 또는 문화체육관광부령(관광진흥법 시행규칙)으로 정하도록 한 사항들은 모두 '도조례(道條例)'로 정할 수 있도록 하였다(제주특별법 제171조 제2항).

1. 관광사업의 등록

1) 등록의 의의 및 성질

원래 등록(登錄)이란 어떤 법률사실이나 법률관계를 행정기관의 공부(公簿)에 등재하여 그 존부(存否) 또는 진위(眞僞)를 공적(公的)으로 표시 또는 증명하는 것을 말하는데, 강학상 공증(公證)의 의미로 사용된 것(예: 광업권설정 등록, 변호사 등록 등)이나, 영업허가와 관련해서는 영업 · 사업 및 업무 등에 대한 허가의 의미로 사용되고 있다.

「관광진흥법」상의 등록은 행정법상의 허가(許可)와 유사하나, 허가보다는 재량의 여지가 거의 없고 등록요건에 맞으면 특별한 사정이 없는 한 등록을 해주어야 하는 기속행위이며, 상대방에게 이익을 주는 수익적 행정행위(授益的 行政行爲)로 이해되고 있다.

14) 조진호 외 3인 공저, 관광법규론(서울: 현학사, 2013), pp.144~152.

2) 등록대상업종 및 등록관청

개정(2009년 3월 25일)된 「관광진흥법」은 등록대상 관광사업 즉 여행업 · 관광숙박업 · 관광객이용시설업 및 국제회의업의 등록관청을 모두 특별자치도지사 · 시장 · 군수 · 구청장(자치구의 구청장을 말한다)으로 일원화하였다(제4조 제1항).

종전에는 여행업 중 일반여행업만 특별시장 · 광역시장 · 도지사 · 특별자치도지사("시 · 도지사"라 함)에게 등록하고, 일반여행업 외의 여행업(국외여행업 · 국내여행업) · 관광숙박업 · 관광객이용시설업 및 국제회의업은 모두 특별자치도지사 · 시장 · 군수 · 구청장에게 등록하도록 되어 있던 것을, 개정법은 등록관청을 모두 특별자치도지사 · 시장 · 군수 · 구청장으로 일원화한 것이다.

그런데 관광사업의 등록은 관광사업의 허가나 지정과는 달리 등록에 앞서 선행행정절차를 거쳐야 하는 업종이 많다. 즉 관광숙박업(호텔업 및 휴양콘도미니엄업)을 경영하려는 자는 관광숙박업의 등록을 하기 전에 그 사업에 대한 사업계획을 작성하여 특별자치도지사 · 시장 · 군수 · 구청장의 승인을 받아야 하고(동법 제15조 1항), 또 관광숙박업 및 관광객이용시설업 등록심의위원회(이하 "위원회"라 한다)의 심의를 거쳐야 등록을 할 수가 있다(동법 제17조 1항).

또한 관광객이용시설업(전문휴양업 · 종합휴양업 · 관광유람선업의 경우)이나 국제회의업(국제회의시설업의 경우)을 경영하려는 자(동법 시행령 제12조)는 등록을 하기 전에 그 사업에 대한 사업계획을 작성하여 특별자치도지사 · 시장 · 군수 · 구청장의 승인을 받을 수 있고(동법 제15조 2항; 임의적인 사업계획승인제도), 또 '등록심의위원회'의 심의를 거쳐야 등록을 할 수 있게 하고 있다(동법 제17조 1항).

그 이외의 등록대상업종은 이러한 선행절차를 거칠 필요 없이 바로 등록관청에 등록하면 된다.

3) 관광사업의 등록기준 (개정 2011.10.6)

「관광진흥법」은 관광사업의 등록이나 변경등록의 기준 · 절차 등에 필요한 사항은 대통령령으로 정하도록 하고 있다(제4조 3항, 동법시행령 제5조 관련 〈별표 1〉).

(1) 여행업의 등록기준

(가) 일반여행업

1. 자본금(개인의 경우에는 자산평가액): 2억원 이상일 것
2. 사무실: 소유권이나 사용권이 있을 것

(나) 국외여행업

1. 자본금(개인의 경우에는 자산평가액): 6천만원 이상일 것
2. 사무실: 소유권이나 사용권이 있을 것

(다) 국내여행업

1. 자본금(개인의 경우에는 자산평가액): 3천만원 이상일 것
2. 사무실: 소유권이나 사용권이 있을 것

(2) 호텔업의 등록기준

(가) 관광호텔업

1. 욕실이나 샤워시설을 갖춘 객실을 30실 이상 갖추고 있을 것
2. 외국인에게 서비스를 제공할 수 있는 체제를 갖추고 있을 것
3. 대지 및 건물의 소유권 또는 사용권을 확보하고 있을 것. 다만, 회원을 모집하는 경우에는 소유권을 확보하여야 한다.

(나) 수상관광호텔업

1. 수상관광호텔이 위치하는 수면은 「공유수면 관리 및 매립에 관한 법률」 또는 「하천법」에 따라 관리청으로부터 점용허가를 받을 것
2. 욕실이나 샤워시설을 갖춘 객실이 30실 이상일 것
3. 외국인에게 서비스를 제공할 수 있는 체제를 갖추고 있을 것
4. 수상오염을 방지하기 위한 오수 저장·처리시설과 폐기물처리시설을 갖추고 있을 것
5. 구조물 및 선박의 소유권 또는 사용권을 확보하고 있을 것. 다만, 회원을 모집하는 경우에는 소유권을 확보하여야 한다.

(다) 한국전통호텔업

1. 건축물의 외관은 전통가옥의 형태를 갖추고 있을 것
2. 이용자의 불편이 없도록 욕실이나 샤워시설을 갖추고 있을 것

3. 외국인에게 서비스를 제공할 수 있는 체제를 갖추고 있을 것
4. 대지 및 건물의 소유권 또는 사용권을 확보하고 있을 것. 다만, 회원을 모집하는 경우에는 소유권을 확보하여야 한다.

(라) 가족호텔업

1. 가족단위 관광객이 이용할 수 있는 취사시설이 객실별로 설치되어 있거나 층별로 공동취사장이 설치되어 있을 것
2. 욕실이나 샤워시설을 갖춘 객실이 30실 이상일 것
3. 객실별 면적이 19제곱미터 이상일 것
4. 외국인에게 서비스를 제공할 수 있는 체제를 갖추고 있을 것
5. 대지 및 건물의 소유권 또는 사용권을 확보하고 있을 것. 다만, 회원을 모집하는 경우에는 소유권을 확보하여야 한다.

(마) 호스텔업 (신설 2009.10.7)

1. 배낭여행객 등 개별 관광객의 숙박에 적합한 객실을 갖추고 있을 것
2. 이용자의 불편이 없도록 화장실, 샤워장, 취사장 등의 편의시설을 갖추고 있을 것. 다만, 이러한 편의시설은 공동으로 이용하게 할 수 있다.
3. 외국인 및 내국인 관광객에게 서비스를 제공할 수 있는 문화·정보 교류시설을 갖추고 있을 것
4. 대지 및 건물의 소유권 또는 사용권을 확보하고 있을 것

(3) 휴양콘도미니엄업의 등록기준

(가) 객실

1. 같은 단지 안에 객실이 30실 이상일 것
2. 관광객의 취사·체류 및 숙박에 필요한 설비를 갖추고 있을 것

(나) 매점 등

매점이나 간이매장이 있을 것. 다만, 여러 개의 동으로 단지를 구성할 경우에는 공동으로 설치할 수 있다.

(다) 문화체육공간

공연장·전시관·미술관·박물관·수영장·테니스장·축구장·농구장,

그 밖에 관광객이 이용하기 적합한 문화체육공간을 1개소 이상 갖출 것. 다만, 수개의 동으로 단지를 구성할 경우에는 공동으로 설치할 수 있으며, 관광지·관광단지 또는 종합휴양업의 시설 안에 있는 휴양콘도미니엄의 경우에는 이를 설치하지 아니할 수 있다.

(라) 대지 및 건물의 소유권 또는 사용권을 확보하고 있을 것. 다만, 분양 또는 회원을 모집하는 경우에는 소유권을 확보하여야 한다.

(4) 관광객이용시설업의 등록기준

(가) 전문휴양업(공통기준) (개별기준은 생략함)

1. 숙박시설이나 음식점시설이 있을 것
2. 주차시설·급수시설·공중화장실 등의 편의시설과 휴게시설이 있을 것

(나) 종합휴양업

1. 제1종종합휴양업의 경우: 숙박시설 또는 음식점시설을 갖추고 전문휴양시설 중 2종류 이상의 시설을 갖추고 있거나, 숙박시설 또는 음식점시설을 갖추고 전문휴양시설 중 한 종류 이상의 시설과 종합유원시설업의 시설을 갖추고 있을 것
2. 제2종종합휴양업의 경우: 첫째, 면적은 단일부지로서 50만제곱미터 이상일 것. 둘째, 시설은 관광숙박업 등록에 필요한 시설과 제1종종합휴양업 등록에 필요한 전문휴양시설 중 2종류 이상의 시설 또는 전문휴양시설 중 1종류 이상의 시설과 종합유원시설업의 시설을 함께 갖추고 있을 것

(다) 자동차야영장업

1. 차량 1대당 80제곱미터 이상의 주차 및 휴식공간을 확보할 것
2. 편의시설과 2차선 이상의 진입로를 개설할 것

(라) 관광유람선업

1. 일반관광유람선업

a) 「선박안전법」에 따른 구조 및 설비를 갖춘 선박일 것

b) 이용객의 숙박 또는 휴식에 적합한 시설을 갖추고 있을 것

c) 수세식화장실과 냉·난방 설비를 갖추고 있을 것
d) 식당·매점·휴게실을 갖추고 있을 것
e) 수질오염을 방지하기 위한 오수 저장·처리시설과 폐기물처리시설을 갖추고 있을 것

2. 크루즈업

a) 일반관광유람선업에서 규정하고 있는 관광사업의 등록기준을 충족할 것
b) 욕실이나 샤워시설을 갖춘 객실을 20실 이상 갖추고 있을 것
c) 체육시설, 미용시설, 오락시설, 쇼핑시설 중 두 종류 이상의 시설을 갖추고 있을 것

(마) 관광공연장업

1. 설치장소: 관광지·관광단지 또는 관광특구 안에 있거나 이 법에 따른 관광사업시설 안에 있을 것. 다만, 실외관광공연장의 경우 법에 따른 관광숙박업, 관광객이용시설업 중 전문휴양업과 종합휴양업, 국제회의업, 유원시설업에 한한다.
2. 시설기준:

a) 실내관광공연장 — ㉠ 100제곱미터 이상의 무대를 갖추고 있을 것, ㉡출연자가 연습하거나 대기 또는 분장할 수 있는 공간을 갖추고 있을 것, ㉢ 출입구는 「다중이용업소의 안전관리에 관한 특별법」에 따른 다중이용업소의 영업장에 설치하는 안전시설등의 설치기준에 적합할 것〈개정 2011.10.6〉, ㉣ 삭제〈2011.3.30〉, ㉤ 공연으로 인한 소음이 밖으로 전달되지 아니하도록 방음시설을 갖추고 있을 것
b) 실외관광공연장 — ㉠ 70제곱미터 이상의 무대를 갖추고 있을 것, ㉡ 남녀용으로 구분된 수세식 화장실을 갖추고 있을 것

3. 일반음식점영업허가

「식품위생법 시행령」 제21조에 따른 식품접객업 중 일반음식점 영업허가를 받을 것

(바) 외국인전용 관광기념품판매업

1. 국내에서 생산되는 재료를 주원료로 하여 제조 또는 가공한 물품일

것

2. 주차시설을 갖추고 있을 것
3. 외국어 구사능력이 있는 종사원을 고용할 것

(5) 국제회의업의 등록기준

(가) 국제회의시설업

1. 「국제회의산업 육성에 관한 법률시행령」 제3조에 따른 회의시설 및 전시시설의 요건을 갖추고 있을 것
2. 국제회의 개최 및 전시의 편의를 위하여 부대시설로 주차시설, 쇼핑·휴식시설을 갖추고 있을 것

(나) 국제회의기획업

1. 자본금: 5천만원 이상일 것
2. 사무실: 소유권이나 사용권이 있을 것

4) 관광사업의 등록절차

(1) 신규등록의 경우

(가) 등록신청

① 관광사업의 등록을 하려는 자는 별지 제1호서식의 관광사업등록신청서에 공통의 구비서류(시행규칙 제2조제1항 1호부터 5호의 공통서류)와 사업별 필요서류를 첨부하여 특별자치도지사 · 시장 · 군수 · 자치구의 구청장(이하 "등록관청"이라 한다)에게 제출하여야 한다(동법시행령 제3조 1항, 동법시행규칙 제2조 1항).

신청서를 제출받은 특별자치도지사 · 시장 · 군수 · 구청장은 「전자정부법」 제36조제1항에 따른 행정정보의 공동이용을 통하여 법인 등기사항증명서(법인만 해당한다) · 부동산등기부등본 · 전기안전점검확인서(호텔업 또는 국제회의시설업의 등록만 해당)를 확인하여야 한다. 다만, 전기안전점검확인서의 경우 신청인이 확인에 동의하지 아니하는 경우에는 그 서류를 첨부하도록 하여야 한다(동법시행규칙 제2조 2항).

한편, 특별자치도지사 · 시장 · 군수 · 구청장은 위의 제2항에 따른 확인 결과

「전기사업법」 제66조의2제1항에 따른 전기안전점검을 받지 아니한 경우에는 관계기관 및 신청인에게 그 내용을 통지하여야 한다(동법시행규칙 제2조 6항).

② 여행업 및 국제회의기획업의 등록을 하려는 자는 공통의 구비서류 외에 공인회계사 또는 세무사가 확인한 등록신청 당시의 대차대조표(개인의 경우에는 영업용 자산명세서 및 그 증명서류)를 첨부하여야 한다(동법시행규칙 제2조 3항).

③ 관광숙박업, 관광객이용시설업 및 국제회의시설업의 등록을 하려는 자는 공통의 구비서류 외에 '동법 시행규칙' 제2조 제4항 1호 내지 5호의 서류를 첨부하여야 하며, 사업계획승인된 내용에 변경이 없는 사항의 경우에는 공통의 구비서류 중 그와 관련된 서류를 제출하지 아니한다(동법시행규칙 제2조 4항 본문).

④ 「체육시설의 설치·이용에 관한 법률 시행령」 제20조에 따라 등록한 등록체육시설업(예를 들면 골프장업 등)의 경우에는 등록증사본을 제출하면 첨부서류를 갈음할 수 있다(동법시행규칙 제2조 5항).

(나) '등록심의위원회'의 심의

사업계획승인을 받은 관광숙박업, 관광객이용시설업(전문휴양업, 종합휴양업, 관광유람선업) 및 국제회의시설업의 등록은 광숙박업 및 관광객이용시설업 등록심의위원회의 심의를 거쳐 등록 여부를 결정한다(동법 제17조제1항, 동법시행령 제3조제2항).

(다) 등록증의 발급

등록신청을 받은 특별자치도지사·시장·군수·구청장은 신청한 사항이 등록기준에 맞으면('등록심의위원회'의 심의를 거쳐야 할 관광사업의 경우에는 심의결과 적합하다고 인정되는 때) 관광사업등록증을 신청인에게 발급하여야 한다(동법 시행령 제4조 1항, 동법 시행규칙 제2조 7항).

이때 특별자치도지사·시장·군수·구청장은 관계법령에 따라 의제되는 인·허가증(동법 제18조 1항)을 한꺼번에 발급할 수 있도록 해당 인·허가기관의 장에게 인·허가증의 송부를 요청할 수 있다(동법 시행령 제4조 2항). 이는 의제된 인·허가증 등은 등록관청에서 발급할 수 없으므로 해당 관청의 협조를 받아

일괄 발급할 수 있도록 하기 위해서이다.

(2) 변경등록의 경우

(가) 변경등록신청

관광사업의 등록을 한 자가 중요한 등록사항을 변경하려면 그 변경사유가 발생한 날부터 30일 이내에 관광사업변경등록신청서(시행규칙 제3조관련 별지 제6호서식)에 변경사실을 증명하는 서류를 첨부하여 특별자치도지사·시장·군수·구청장에게 제출하여야 한다(동법 제4조 4항, 동법시행령 제6조 2항 및 동법시행규칙 제3조 1항).

이때 변경등록신청서를 제출받은 특별자치도지사·시장·군수·구청장은「전자정부법」제36조제1항에 따른 행정정보의 공동이용을 통하여 전기안전점검확인서(영업소의 소재지 또는 면적의 변경 등으로「전기사업법」제66조의2제1항에 따른 전기안전점검을 받아야 하는 경우로서 호텔업 또는 국제회의시설업 변경등록을 신청한 경우만 해당한다)를 확인하여야 한다. 다만, 신청인이 전기안전점검확인서의 확인에 동의하지 아니하는 경우에는 그 서류를 첨부하도록 하여야 한다(동법시행규칙 제3조 2항).

한편, 특별자치도지사·시장·군수·구청장은 위의 제2항에 따른 확인 결과「전기사업법」제66조의2제1항에 따른 전기안전점검을 받지 아니한 경우에는 관계기관 및 신청인에게 그 내용을 통지하여야 한다(동법시행규칙 제3조 3항).

(나) 변경등록사항

변경등록사항은 다음과 같다(동법시행령 제6조 1항).

1. 사업계획의 변경승인을 받은 사항(사업계획의 승인을 받은 관광사업만 해당한다)
2. 상호 또는 대표자의 변경
3. 휴양콘도미니엄업을 제외한 관광숙박업의 객실수 및 형태의 변경
4. 관광숙박업의 부대시설의 위치·면적 및 종류의 변경
5. 여행업의 사무실 소재지의 변경 및 영업소의 신설
6. 국제회의기획업의 사무실 소재지의 변경

(다) '등록심의위원회'의 심의

변경등록의 경우에도 신규등록의 경우와 같이 '등록심의위원회'의 심의를 거쳐 변경등록 여부를 결정한다(동법시행령 제3조 2항).

5) 등록대장의 작성 및 관리·보존

특별자치도지사·시장·군수·구청장은 등록증을 발급하면 관광사업자등록대장을 작성하고 관리·보존하여야 하는데, 관광사업자등록대장에는 관광사업자의 상호 또는 명칭, 대표자의 성명·주소 및 사업장의 소재지와 사업별로 「관광진흥법 시행규칙」 제4조 제1호 내지 제8호의 사항이 기재되어야 한다(동법시행령 제4조 3항, 동법시행규칙 제4조).

6) 관광사업등록증의 재발급

특별자치도지사·시장·군수·구청장은 등록한 관광사업자가 발급받은 등록증을 잃어버리거나 그 등록증이 헐어 못쓰게 되어버린 경우에는 다시 발급하여야 한다(동법시행령 제4조 4항). 이때 등록증의 재발급을 받으려는 자는 등록증등재발급신청서(별지 제7호서식: 등록증이 헐어 못쓰게 된 경우에는 등록증을 첨부하여야 한다)를 특별자치도지사·시장·군수·구청장에게 제출하여야 한다(동법 시행규칙 제5조).

2. 관광사업의 허가

1) 허가의 의의 및 성질

허가(許可)란 법규에 의한 일반적·상대적 금지를 특정한 경우에 해제하여 적법하게 일정한 사실행위 또는 법률행위를 할 수 있도록 자연적 자유를 회복시켜 주는 행정행위를 말한다. 허가는 특허(特許)와 달리 특별히 권리를 설정하여 주는 것이 아니라 공익목적을 위해서 제한되었던 자유를 회복시켜 주는 것에 그치는 것으로, 실정법에서는 허가라는 용어 이외에도 면허·특허·인가·승인·등록·지정 등 여러 가지 용어로 혼용하고 있다.

2) 허가대상업종 및 허가관청

허가를 받아야 영업을 할 수 있는 관광사업은 카지노업과 유원시설업이다. 먼저 카지노업을 경영하려는 자는 전용영업장 등 문화체육관광부령(제주특별자치도는 도조례)으로 정하는 시설과 기구를 갖추어 문화체육관광부장관(제주특별자치도는 도지사)의 허가를 받아야 하고, 다음으로 유원시설업 중 종합유원시설업 및 일반유원시설업을 경영하려는 자는 문화체육관광부령으로 정하는 시설과 설비를 갖추어 특별자치도지사・시장・군수・구청장의 허가를 받아야 한다(동법 제5조, 동법시행령 제7조 및 동법시행규칙 제7조).

또 카지노업과 유원시설업의 허가를 받은 사항 중 중요 사항을 변경하려면 변경허가를 받아야 한다. 다만, 경미한 사항을 변경하려면 변경신고를 하여야 한다(동법 제5조 3항, 동법 시행규칙 제8조).

3) 허가요건 및 허가절차

카지노업 및 유원시설업의 허가요건 및 허가절차 등에 관해서는 각각 해당사항 설명시 구체적으로 살펴보기로 한다.

3. 관광사업의 신고

1) 신고의 의의

신고(申告)란 어떤 법률사실이나 법률관계에 관하여 관계행정청에 일방적으로 통고하는 행위를 말하는데, 법에 별도의 규정이 있거나 다른 특별한 사정이 없는 한 행정청에 대한 통고로서 그치는 것이고, 행정청에 의한 별도의 실질적 심사가 요구되지 아니하는 행위를 말한다.

2) 신고대상업종 및 신고관청

관광사업 중 신고를 해야 하는 사업은 기타유원시설업이다. 즉 허가대상 유원시설업(종합유원시설업 및 일반유원시설업) 외의 기타유원시설업을 경영하려는 자는 기타유원시설업 신고서에 법이 정하는 구비서류를 첨부하여 특별자치도지사·시장·군수·구청장에게 신고하여야 한다(동법 제5조 4항, 시행규칙 제11조 2항).

신고한 사항 중 영업소의 소재지 변경, 유기시설·유기기구 수 또는 영업장 면적의 변경, 대표자 또는 상호의 변경과 같은 중요 사항을 변경하려는 경우에도 역시 신고하여야 한다(동법 제5조 4항, 동법 시행규칙 제12조).

종합유원시설업 및 일반유원시설업의 허가사항 중 경미한 사항을 변경하려는 경우에도 신고하여야 한다(동법 제5조 3항 단서).

또한 카지노업의 허가를 받은 사항 중 경미한 사항을 변경하려면 문화체육관광부장관(제주자치도는 도지사)에게 변경신고를 하여야 한다(동법 제5조 제3항 단서).

4. 관광사업의 지정

관광편의시설업을 경영하려는 자는 문화체육관광부령으로 정하는 바에 따라 특별시장·광역시장·도지사·특별자치도지사(이하 "시·도지사"라 한다) 또는 시장·군수·구청장의 지정(변경지정 및 지정취소를 포함한다)을 받을 수 있다(동법 제6조 및 제35조).

1) 관광편의시설업의 지정대상업종 및 지정관청

관광편의시설업의 지정대상업종 및 지정관청은 다음의 구분에 따른다(동법 제6조, 제35조, 동법시행령 제65조 1항 1호, 동법시행규칙 제15조 1항).

(1) 관광유흥음식점업, 관광극장유흥업, 외국인전용 유흥음식점업, 시내순환관광업, 관광펜션업, 관광궤도업, 한옥체험업 및 외국인관광 도시민박업의 경우 — "특별자치도지사·시장·군수·구청장"이 처리한다.

(2) 관광식당업, 관광사진업, 여객자동차터미널시설업의 경우 — "지역별관

광협회"가 시·도지사로부터 권한을 위탁받아 처리한다.

2) 관광편의시설업의 지정기준

관광편의시설업의 지정기준은 「관광진흥법 시행규칙」 제14조 관련 [별표 2] '관광편의시설업의 지정기준'을 참조하기 바란다.

3) 관광편의시설업의 지정절차

(1) **지정신청** — 관광편의시설업의 지정을 받으려는 자는 관광편의시설업지정신청서(시행규칙 제15조 2항 관련 별지 제21호서식)에 각종의 구비서류를 첨부하여 특별자치도지사·시장·군수·구청장 또는 지역별 관광협회에 제출하여야 한다(동법 시행규칙 제15조 2항).

(2) **지정사항 변경신청** — 관광편의시설업을 지정받은 자가 지정사항을 변경하려는 경우에는 그 변경사유가 발생한 날부터 30일 이내에 관광편의시설업지정변경신청서(시행규칙 제15조 2항 관련 별지 제21호서식)에 변경사실을 증명할 수 있는 서류를 첨부하여 지정기관(특별자치도지사·시장·군수·구청장 또는 지역별 관광협회)에 제출하여야 한다(동법 시행규칙 제15조 5항).

(3) **지정증발급** — 지정기관은 관광편의시설업의 지정신청(지정사항 변경신청 포함) 내용이 지정기준에 적합하다고 인정하여 관광편의시설업을 지정한 때에는 관광편의시설업지정증(시행규칙 제15조 4항 관련 별지 제22호서식)을 신청인에게 발급하여야 한다(동법시행규칙 제15조 4항).

5. 관광사업등록시의 신고·허가 의제 등

1) 신고·허가 의제 등 개요

관광사업을 등록하면 그와 관련된 여타 영업의 인·허가를 동시에 받은 것으로 보는 것이 인·허가 등의 의제이다. 즉 주된 인·허가를 받으면 다른 법률에 의한 관련 사업의 인·허가도 함께 받은 것으로 간주함으로써 그 사업을 위한 행정절차를 간소화·효율화하는 제도라고 할 수 있다.

2) 의제대상

특별자치도지사·시장·군수·구청장이 '등록심의위원회'의 심의를 거쳐 등록을 하면 그 관광사업자는 다음 각 호의 신고를 하였거나 인·허가 등을 받은 것으로 본다(관광진흥법 제18조 1항).

① 「공중위생관리법」(제3조)에 따른 숙박업·목욕장업·이용업·미용업 또는 세탁업의 신고: [숙박업·목욕장업 등의 영업을 하기 위하여는 관할관청(특별자치도지사·시장·군수·자치구의 구청장)에 신고하여야 하는데, '등록심의위원회'의 심의를 거쳐 관광사업을 등록한 경우에는 이들 영업은 신고한 것으로 간주되기 때문에 별도의 신고를 하지 않고도 그러한 영업을 할 수 있다는 것이다. 이러한 논지는 아래 8가지 사항들에 공통적으로 적용된다]

② 「식품위생법」(제36조)에 따른 식품접객업으로서 대통령령으로 정하는 영업의 허가 또는 신고: [여기서 대통령령으로 정하는 영업이란 「식품위생법시행령」 제21조 제8호 가목부터 라목까지 및 바목에 따른 휴게음식점영업·일반음식점영업·단란주점영업·유흥주점영업 및 제과점영업을 말한다(관광진흥법 시행령 제21조)]

③ 「주세법」(제8조)에 따른 주류판매업의 면허 또는 신고

④ 「외국환거래법」(제8조 제3항)에 따른 환전업무의 등록

⑤ 「담배사업법」(제16조)에 따른 담배소매인의 지정

⑥ 「학교보건법」(제6조)에 따른 유흥시설설치의 인정(학교환경위생정화구역 안에서 관광숙박업 및 관광객이용시설업을 경영하려는 경우만 해당한다)

⑦ 「체육시설의 설치·이용에 관한 법률」(제10조)에 따른 신고체육시설업으로서 같은 법 (제20조)에 따른 체육시설업의 신고

⑧ 「해사안전법」(제34조 제3항)에 따른 해상 레저활동의 허가

⑨ 「의료법」(제35조)에 따른 부속의료기관의 개설신고 또는 개설허가

6. 관광사업의 등록취소 등

문화체육관광부장관, 시・도지사(특별시장・광역시장・도지사・특별자치도지사) 또는 시장・군수・구청장(이하 "등록기관등의 장"이라 한다)은 관광사업의 '등록등'(등록・허가・지정)을 받거나 신고를 한 자 또는 사업계획의 승인을 받은 자가 다음 각 호의 어느 하나(등록취소 등의 사유)에 해당하면 그 '등록등' 또는 '사업계획의 승인'을 취소하거나 6개월 이내의 기간을 정하여 그 사업의 전부 또는 일부의 정지를 명하거나, 시설・운영의 개선을 명할 수 있다(동법 제35조 1항).

① 여행업, 관광숙박업, 관광객이용시설업 및 국제회의업을 등록한 사항 중 대통령령으로 정하는 중요한 사항을 변경하려면 변경등록을 하여야 하는데, 변경등록기간 내에 변경등록을 하지 아니하거나 등록한 영업범위를 벗어난 경우(동법 제4조)

② 유원시설업의 허가를 받거나 신고하려는 자는 문화체육관광부령으로 정하는 시설과 설비를 갖추어야 하는데, 이들 시설과 설비를 갖추지 아니하게 되는 경우(동법 제5조 2항 및 4항)

③ 카지노업이나 유원시설업의 허가 또는 신고사항 중 문화체육관광부령으로 정하는 중요 사항을 변경하려면 변경허가나 변경신고를 하여야 하는데, 변경허가를 받지 아니하거나 변경신고를 하지 아니한 경우(동법 제5조 3항 및 4항 후단)

④ 관광사업자의 지위를 승계한 자 또는 사업계획승인을 받은 자의 지위를 승계한 자가 1개월 이내에 신고를 하지 아니한 경우(동법 제8조 4항 및 5항)

⑤ 관광사업자가 그 사업의 전부 또는 일부를 휴업하거나 폐업한 때에는 10일 이내에 관할 등록기관등의 장에게 알려야 하는데, 이를 알리지 아니하는 경우(동법 제8조 7항)

⑥ 관광사업자(여행업자)가 보험 또는 공제에 가입하지 아니하거나 영업보증

금을 예치하지 아니한 경우(동법 제9조)

⑦ 타인경영이나 처분이 금지된 관광사업의 시설을 타인에게 처분하거나 타인에게 경영하도록 한 경우(동법 제11조)

⑧ 기획여행의 실시요건 또는 실시방법을 위반하여 기획여행을 실시한 경우(동법 제12조)

⑨ 여행업자는 여행자와 계약을 체결할 때 여행자를 보호하기 위하여 해당 여행지에 대한 안전정보를 제공하여야 하는데, 이를 위반하여 안전정보 또는 안전정보를 제공하지 아니하거나, 여행계약서를 여행자에게 내주지 아니한 경우 또는 여행자의 사전 동의 없이 여행일정(선택관광 일정을 포함한다)을 변경하는 경우(동법 제14조)

⑩ 사업계획의 승인을 받은 자가 정당한 사유 없이 동법시행령 제32조에서 정하는 기간 내에 착공 또는 준공을 하지 아니하거나, 또 변경승인을 받지 아니하고 사업계획을 임의로 변경한 경우(동법 제15조)

⑪ 분양 또는 회원모집을 할 수 있는 관광사업자가 아니면서, 또 분양 · 모집의 기준 및 절차를 위반하면서 분양 또는 회원모집을 하거나 공유자 · 회원의 권익을 보호하기 위한 사항을 준수하지 아니한 경우(동법 제20조 1항, 4항 및 5항)

⑫ 카지노업의 허가요건에 적합하지 아니하게 된 경우(동법 제21조)

⑬ 카지노 시설 및 기구에 관한 유지 · 관리를 소홀히 한 경우(동법 제23조 3항)

⑭ 카지노사업자의 준수사항을 위반한 경우(동법 제28조 1항 및 2항)

⑮ 카지노사업자가 관광진흥개발기금을 납부하지 아니한 경우(동법 제30조)

⑯ 물놀이형 유원시설 등의 안전 · 위생기준을 지키지 아니한 경우(동법 제32조)

⑰ 유기시설 또는 유기기구에 대한 안전성검사 및 안전성검사 대상에 해당되지 아니함을 확인하는 검사를 받지 아니하거나 안전관리자를 배치하지 아니한 경우(동법 제34조 1항 및 2항)

⑱ 유원시설업자가 영업질서 유지를 위한 준수사항을 지키지 아니하거나 불법으로 제조한 부분품을 설치하거나 사용한 경우(동법 제34조 1항 및 2항)

⑲ 외국인관광객을 대상으로 하는 여행업자는 관광통역안내의 자격을 가진 사람을 관광안내에 종사하게 하여야 하는데, 이를 위반하여 해당 자격이 없는 자를 종사하게 한 경우(동법 제38조 1항 단서)

⑳ 관광사업자나 관광사업자단체가 보고 또는 서류제출명령을 이행하지 아니하거나 관계 공무원의 검사를 방해한 경우(동법 제78조)

㉑ 관광사업의 경영 또는 사업계획을 추진함에 있어서 뇌물을 주고받은 경우

㉒ 여행업자가 고의로 여행계약을 위반한 경우(동법 제14조)

제5절 관광종사원[15)]

1. 관광종사원의 자격

1) 관광종사원 자격제도의 필요성

관광사업의 최일선에서 관광객에게 서비스를 직접 제공하는 자는 관광종사원이기 때문에 관광산업의 중추적 역할을 담당해 나갈 유능한 관광종사원을 확보하는 것은 중요한 과제라고 하겠다. 이와 같은 필요성에서 현행 「관광진흥법」은 관광객에게 직접 서비스를 제공하는 여행업과 관광숙박업 종사원에 한하여 자격제도를 실시하고 있다(동법 제38조 1항 참조).

2) 관광종사원 자격의 종류

관광종사원의 자격제도는 여행업과 관광숙박업에 종사하는 자에 한정하여 적용된다. 여행업에는 관광통역안내사 · 국내여행안내사, 관광숙박업에는 호텔경영사 · 호텔관리사 · 호텔서비스사 자격이 있고, 비록 시험에 의하지 않고 취득하지만 국외여행인솔자 자격(2011년 4월 5일 신설)이 있다(관광진흥법 시행규칙 제46조 1항 관련 별표 14). 한편, 컨벤선기획사 1급과 2급은 이 자격취득자가 주로 국제회의업에 종사하게 되지만, 자격취득 근거법이 「관광진흥법」이 아닌 「국가기술자격법」으로 관광종사원 국가자격과 구별되는 국가기술자격임을 유의하여야 한다.

3) 관광통역안내자격자의 관광안내 의무화

"관할 등록기관등의 장은 대통령령으로 정하는 관광업무(여행업 및 관광숙박업)에는 관광종사원의 자격을 가진 자가 종사하도록 해당 관광사업자에게 권고할 수 있다. 다만, 외국인 관광객을 대상으로 하는 여행업자는 관광통역안내의

---

15) 조진호 외 3인 공저, 관광법규론(서울:현학사, 2013), pp.236~248.

자격을 가진 사람을 관광안내에 종사하게 하여야 한다"(동법 제38조 1항).

이와 같이 개정된(개정 2009.3.25) 「관광진흥법」은 제38조 제1항에 단서를 신설하여 외국인 관광객을 대상으로 하는 여행업자는 관광통역안내의 자격을 가진 사람을 관광안내에 종사하게 하도록 의무화하였다. 이는 종래 무자격 관광종사원이 외국인 관광객들에게 우리나라의 역사와 문화를 왜곡하여 설명하는 등의 부작용이 많았으므로, 관광통역안내자격자가 관광안내를 함으로써 이러한 부작용을 해소하고, 우리나라의 이미지와 우리나라 관광의 만족도를 높일 수 있을 것으로 기대하여 의무고용제를 부활한 것으로 본다.

등록기관등의 장이 관광종사원의 자격을 가진 자가 종사하도록 권고할 수 있는 관광업무 및 업무별 자격기준은 다음 표와 같다(동법 시행령 제36조 〈별표 4〉).

◆ **관광업무별 자격기준** 〈개정 2009.10.7〉 ◆

(시행령 제36조 관련 〈별표 4〉)

업 종	업 무	종사하도록 권고할 수 있는 자	종사하게 하여야 하는 자
1. 여행업	가. 외국인관광객의 국내여행을 위한 안내		관광통역안내사 자격을 취득한 자
	나. 내국인의 국내여행을 위한 안내	국내여행안내사 자격을 취득한 자	
2. 관광숙박업	가. 특2등급 이상의 관광호텔업의 총괄 관리 및 경영업무	호텔경영사 자격을 취득한 자	
	나. 특2등급 이상의 관광호텔업의 객실관리 책임자 업무	호텔경영사 또는 호텔관리사 자격을 취득한 자	
	다. 1등급 이하의 관광호텔업과 한국전통호텔업·수상관광호텔업·휴양콘도미니엄업·가족호텔업 및 호스텔업의 총괄 관리 및 경영업무	호텔경영사 또는 호텔관리사 자격을 취득한 자	
	라. 현관·객실·식당의 접객업무	호텔서비스사 자격을 취득한 자	

4) 관광종사원의 자격시험

(1) 시험실시기관

관광종사원 자격시험에 관한 사항은 문화체육관광부장관의 권한사항이나(관광진흥법 제38조 2항), 다음과 같이 한국관광공사 또는 협회에 위탁하고 있다(동법 제80조 3항 5호, 동법 시행령 제65조 제1항 4·5호).

① 관광통역안내사·호텔경영사 및 호텔관리사의 자격시험, 등록 및 자격증의 발급에 관한 권한은 한국관광공사에 위탁한다. 다만, 자격시험의 출제, 시행, 채점 등 자격시험의 관리에 관한 업무는 한국산업인력공단에 위탁한다.

② 국내여행안내사 및 호텔서비스사의 자격시험, 등록 및 자격증의 발급에 관한 권한은 한국관광협회중앙회에 위탁한다. 다만, 자격시험의 출제, 시행, 채점 등 자격시험의 관리에 관한 업무는 「한국산업인력공단법」에 따른 한국산업인력공단에 위탁한다.

따라서 관광종사원의 자격을 취득하려는 자는 한국산업인력공단이 실시하는 시험에 합격한 후 한국관광공사 또는 한국관광협회중앙회에 등록하여야 한다.

(2) 응시자격

관광종사원 중 호텔경영사 또는 호텔관리사 시험에 응시할 수 있는 자격은 다음과 같이 구분한다(동법 시행규칙 제48조).

① **호텔경영사 시험**

가. 호텔관리사 자격을 취득한 후 관광호텔에서 3년 이상 종사한 경력이 있는 자

나. 특2등급 이상 호텔의 임원으로 3년 이상 종사한 경력이 있는 자

② **호텔관리사 시험**

가. 호텔서비스사 또는 조리사 자격을 취득한 후 관광숙박업소에서 3년 이상 종사한 경력이 있는 자

나. 「고등교육법」에 따른 전문대학의 관광분야 학과를 졸업한 자(졸업예정자를 포함한다) 또는 관광분야의 과목을 이수하여 다른 법령에서 이와 동등한 학력이 있다고 인정되는 자

다. 「고등교육법」에 따른 대학을 졸업한 자(졸업예정자를 포함한다) 또는 다른 법령에서 이와 동등 이상의 학력이 있다고 인정되는 자

라. 「초·중등교육법」에 따른 고등기술학교의 관광분야를 전공하는 과의 2년과정 이상을 이수하고 졸업한 자(졸업예정자를 포함한다)

③ 관광통역안내사, 국내여행안내사, 호텔서비스사 시험의 응시자격은 별도로 규정하지 않고 있어, 연령·학력·경력·국적 등의 제한 없이 누구나 응시할 수 있도록 하였다.

(3) 시험의 실시 및 공고, 응시원서 제출

① 시험실시 및 공고 — 시험은 매년 1회 이상 실시한다. 한국산업인력공단은 시험의 응시자격·시험과목·일시·장소·응시절차, 그 밖에 시험에 필요한 사항을 시험시행일 60일 전에 일간신문에 공고하여야 한다(동법 시행규칙 제49조).

② 응시원서 제출 — 시험에 응시하려는 자는 별지 제36호서식의 응시원서를 한국산업인력공단에 제출하여야 한다(동법 시행규칙 제50조).

(4) 시험실시방법

관광종사원의 자격시험은 필기시험(외국어시험을 제외한 필기시험을 말한다), 외국어시험(관광통역안내사·호텔경영사·호텔관리사 및 호텔서비스사 자격시험만 해당한다) 및 면접시험으로 구분하되, 평가의 객관성이 확보될 수 있는 방법으로 시행하여야 한다. 그리고 면접시험은 필기시험 및 외국어시험에 합격한 자에 대하여 시행한다(동법 시행규칙 제44조).

(5) 시험과목 및 합격결정기준

① **필기시험:** 필기시험과목 및 합격결정기준은 다음 〈별표 14〉와 같다.

◆ 필기시험의 시험과목 및 합격결정기준 ◆

(시행규칙 제46조 제1항 관련 〈별표 14〉)

1. 시험과목 및 배점비율

구 분	시 험 과 목	배점비율
가. 관광통역안내사	국 사 관광자원해설 관광법규(관광기본법 · 관광진흥법 · 관광진흥개발기금법 · 국제회의산업육성에 관한 법률 등의 관광관련 법규를 말한다) 관광학개론	40% 20% 20% 20%
	계	100%
나. 국내여행안내사	국 사 관광자원해설 관광법규 관광학개론	30% 20% 20% 30%
	계	100%
다. 호텔경영사	관광법규 호텔회계론 호텔인사 및 조직관리론 호텔마케팅론	10% 30% 30% 30%
	계	100%
라. 호텔관리사	관광법규 관광학개론 호텔관리론	30% 30% 40%
	계	100%
마. 호텔서비스사	관광법규 호텔실무(현관 · 객실 · 식당중심)	30% 70%
	계	100%

2. 합격결정기준: 필기시험의 합격기준은 매과목 4할 이상, 전과목의 점수가 위의 배점비율로 환산하여 6할 이상이어야 한다.

② **외국어시험:** 다른 외국어시험의 종류 및 합격에 필요한 점수 및 급수는 다음 〈별표 15〉와 같다.

◆ 다른 외국어시험의 종류 및 합격에 필요한 점수 또는 급수 〈개정 2011.2.17〉 ◆

(시행규칙 제47조 관련 〈별표 15〉)

1. 다른 외국어시험의 종류

구 분		내 용
영 어	토플(TOEFL)	아메리카합중국 이.티.에스(E.T.S: Education Testing Service)에서 시행하는 시험(Test of English as a Foreign Language)를 말한다.
	토익(TOEIC)	아메리카합중국 이.티.에스(E.T.S: Education Testing Service)에서 시행하는 시험(Test of English for International Communication)을 말한다.
	텝스(TEPS)	서울대학교영어능력검정시험(Test of English Proficiency, Seoul National University)을 말한다.
	G-TELP (Level 2)	아메리카합중국 샌디에고 주립대(Sandiego State University)에서 시행하는 시험(General Test of English Language Proficiency)을 말한다.
	FLEX	한국외국어대학교와 대한상공회의소가 공동시행하는 어학능력검정시험(Foreign Language Proficiency Examination)을 말한다.
	PELT(main)	한국외국어평가원 영어능력검정시험(Partical English Language Test)으로서 PELT main(듣기, 읽기) 시험을 말한다.
일본어	JPT	일본국 순다이(駿台)학원그룹에서 개발한 문제를 재단법인 국제교류진흥회에서 시행하는 시험(Japanese Proficiency Test)을 말한다.
	日檢 (NIKKEN)	한국시사일본어사와 일본국서간행회(日本國書刊行會)가 공동개발하여 한국시사일본어사에서 시행하는 시험을 말한다.
	FLEX	한국외국어대학교와 대한상공회의소가 공동시행하는 어학능력검정시험(Foreign Language Efficiency Examination)을 말한다.
	JLPT	일본국제교류기금 및 일본국제교육지원협회가 시행하는 일본어능력시험(Japanese Language Proficiency test)을 말한다.
중국어	HSK	중국교육부가 설립한 국가한어수평고시위원회(國家漢語水平考試委員會)에서 시행하는 시험(HanyuShuiping Kaoshi)을 말한다.
	FLEX	한국외국어대학교와 대한상공회의소가 공동시행하는 어학능력검정시험(Foreign Language Efficiency Examination)을 말한다.
	BCT	중국국가한어국제추광영도소조판공실이 중국 북경대학교에 위탁 개발한 실용중국어시험(Business Chinese Test)을 말한다.

	CPT	중국어언연구소 출제 한국CPT관리위원회 주관 (주)시사중국어사가 시행하는 생활실용커뮤니케이션 능력평가(Chinese Proficiency Test)를 말한다.
	TOP	중화민국(대만) 교육부 산하조직인 중국어테스트 국가추진업무위원회가 시행하는 중국어능력시험(Test of Proficiency-Huayu)을 말한다.
불 어	FLEX	한국외국어대학교와 대한상공회의소가 공동시행하는 어학능력검정시험(Foreign Language Examination)을 말한다.
	DELF DALF	주한 프랑스대사관 문화과에서 시행하는 프랑스어 능력검정시험(Diplome d'Etudes en Langue Francaise)을 말한다.
독 어	FLEX	한국외국어대학교와 대한상공회의소가 공동시행하는 어학능력검정시험(Foreign Language Examination)을 말한다.
	독일어능력 검정시험	유럽 언어능력시험협회 ALTE(Association of Language Testers in Europe) 회원인 괴테-인스티투트(Goethe Institut)가 시행하는 독일어능력검정시험을 말한다.
스페인어	FLEX	한국외국어대학교와 대한상공회의소가 공동시행하는 어학능력검정시험(Foreign Language Examination)을 말한다.
	DELE	스페인 문화교육부가 주관하는 스페인어 능력검정시험(Diploma de Espanol como Lengua Extranjera)을 말한다.
러시아어	FLEX	한국외국어대학교와 대한상공회의소가 공동시행하는 어학능력검정시험(Foreign Language Examination)을 말한다.
	TORFL	러시아 교육부 산하 시험기관 토르플 한국센터(계명대학교 러시아센터)에서 시행하는 러시아어 능력검정시험(Test of Russian as a Foreign Language)을 말한다.
이탈리아어	CILS	이탈리아 시에나 외국인 대학(Universita per Stranieri di Siena)에서 주관하는 이탈리아어 자격증명시험(Certificazione di Italiano come Lingua Language)을 말한다.
	CELI	이탈리아 페루지아 국립언어대학(Universita per Stranieri di Perugia)과 주관 이탈리아문화원에서 공동 시행하는 이탈리아어 능력검정시험(Certificato di Conoscenza della Lingua Italiana)을 말한다.
태국어, 베트남어, 말레이·인도네시아어, 아랍어,	FLEX	한국외국어대학교에서 주관하는 어학능력검정시험(Foreign Language Examination)을 말한다. ※ 이 외국어시험은 부정기적으로 시행하는 수시시험임.

2. 합격에 필요한 다른 외국어시험의 점수 또는 급수

시험명 \ 자격구분		관광통역 안내사	호텔 서비스사	호텔 관리사	호텔 경영사	만점/최고 점수
영 어	TOEIC	760점 이상	490점 이상	700점 이상	800점 이상	990점
	TEPS	677점 이상	381점 이상	670점 이상	728점 이상	990점
	TOEFL(CBT)	217점 이상	147점 이상	207점 이상	230점 이상	300점
	TOEFL(IBT)	81점 이상	51점 이상	76점 이상	88점 이상	120점
	G-TELP (Level 2)	74점 이상	39점 이상	66점 이상	79점 이상	100점
	FLEX	776점 이상	381점 이상	670점 이상	728점 이상	1000점
	PELT(main)	345점 이상	181점 이상	302점 이상	373점 이상	600점
일본어	JPT	740점 이상	510점 이상	-	-	990점
	日檢 (NIKKEN)	750점 이상	500점 이상	-	-	1000점
	FLEX	776점 이상	-	-	-	1000점
	JLPT	N1 이상				N1
중국어	HSK	5급 이상	4급 이상	-	-	6급
	FLEX	776점 이상	-	-	-	1000점
	BCT	4급 이상				5급
	CPT	750점 이상				1000점
	TOP	고급5급 이상				고급7급
불 어	FLEX	776점 이상	-	-	-	1000점
	DELF	DELF B2 이상				DALF C2
독일어	FLEX	776점 이상				1000점
	독일어능력검정시험	Goethe-Zertifikat B1(ZD) 이상				Goethe-Zertifikat C2
스페인어	FLEX	776점 이상				1000점
	DELE	Diploma Intermedio 이상				Diploma Superior

러시아어	FLEX	776점 이상				1000점
	TORFL	1단계 이상				4단계
이탈리아어	CILS	Livello Due-B2 이상				Livello Quattro -C2
	CELI	CELI 3 이상				CELI 5
태국어 베트남어 말레이·인도네시아어 아랍어	FLEX	625점 이상				1000점

관광종사원별 외국어시험의 종류는 다음과 같다(동법 시행규칙 제47조 1항).

1. 관광통역안내사 ― 영어, 일어, 중국어, 불어, 독어, 스페인어, 러시아어, 이탈리아어, 태국어, 베트남어, 말레이·인도네시아어, 아랍어 중 1과목
2. 호텔경영사 및 호텔관리사 ― 영어
3. 호텔서비스사 ― 영어, 일어, 중국어 중 1과목

그런데 외국어시험은 다른 외국어시험기관에서 실시하는 시험("다른 외국어시험"이라 한다)으로 대체한다. 이 경우 외국어시험을 대체하는 다른 외국어시험의 점수 및 급수는 응시원서 접수 마감일부터 2년 이내에 실시한 시험에서 취득한 점수 및 급수를 말한다(동법 시행규칙 제47조 2항).

③ 면접시험

면접시험은 다음 각 호의 사항에 관하여 평가한다(동법 시행규칙 제45조 1항).

1. 국가관·사명감 등 정신자세
2. 전문지식과 응용능력
3. 예의·품행 및 성실성
4. 의사발표의 정확성과 논리성

면접시험의 합격점수는 면접시험 총점의 6할 이상이어야 한다(동법 시행규칙 제45조 2항).

◆ 시험의 면제기준 <개정 2011.10.6> ◆

(시행규칙 제51조 제1항 관련 <별표 16>)

구 분	면제대상 및 면제과목
1. 관광통역안내사	가. 「고등교육법」에 따른 전문대학 이상의 학교 또는 다른 법령에서 이와 동등 이상의 학력이 인정되는 교육기관에서 해당 외국어를 3년 이상 계속하여 강의한 자에 대하여 해당 외국어시험을 면제 나. 4년 이상 해당 언어권의 외국에서 근무하거나 유학을 한 경력이 있는 자 및 「초·중등교육법」에 따른 중·고등학교 또는 고등기술학교에서 해당 외국어를 5년 이상 계속하여 강의한 자에 대하여 해당 외국어시험을 면제 다. 「고등교육법」에 따른 전문대학 이상의 학교에서 관광분야를 전공하고 졸업한 자(졸업예정자 및 관광분야 과목을 이수하여 다른 법령에서 이와 동등한 학력을 취득한 자를 포함한다)에 대하여 필기시험 중 관광법규 및 관광학개론 과목을 면제 라. 관광통역안내사 자격증을 소지한 자가 다른 외국어를 사용하여 관광안내를 하기 위하여 시험에 응시하는 경우 필기시험 면제 마. 문화체육관광부장관이 정하여 고시하는 교육기관에서 실시하는 60시간 이상의 실무교육과정을 이수한 사람에 대하여 필기시험 중 관광법규 및 관광학개론 과목을 면제. 이 경우 실무교육과정의 교육과목 및 그 비중은 다음과 같음 1) 관광법규 및 관광학개론: 30% 2) 관광안내실무: 20% 3) 관광안내실습: 50%
2. 국내여행안내사	가. 「고등교육법」에 따른 전문대학 이상의 학교에서 관광분야를 전공하고 졸업한 자(졸업예정자 및 관광분야 과목을 이수하여 다른 법령에서 이와 동등한 학력을 취득한 자를 포함한다)에 대하여 필기시험을 면제 나. 여행안내와 관련된 업무에 2년 이상 종사한 경력이 있는 자에 대하여 필기시험을 면제 다. 「초·중등교육법」에 따른 고등학교나 고등기술학교를 졸업한 자 또는 다른 법령에서 이와 동등한 학력이 있다고 인정되는 교육기관에서 관광분야의 학과를 이수하고 졸업한 자(졸업예정자를 포함한다)에 대하여 필기시험을 면제
3. 호텔경영사	가. 호텔관리사 중 종전의 1급지배인 자격을 취득한 자로서 그 자격을 취득한 후 특2등급 이상의 관광호텔에서 부장급 이상으로 3년 이상 종사한 경력이 있는 자에 대하여 필기시험을 면제 나. 호텔관리사 중 종전의 1급지배인 자격을 취득한 자로서 그 자격을 취득한 후 1등급 관광호텔의 총괄 관리 및 경영업무에 3년 이상 종사한 경력이 있는 자에 대하여 필기시험을 면제 다. 국내호텔과 체인호텔 관계에 있는 해외호텔에서 호텔경영 업무에 종사한 경력이 있는 자로서 해당 국내 체인호텔에 파견근무를 하려는 자에 대하여 필기시험 및 외국어시험을 면제

4. 호텔관리사	「고등교육법」에 따른 대학 이상의 학교 또는 다른 법령에서 이와 동등 이상의 학력이 인정되는 교육기관에서 호텔경영 분야를 전공하고 졸업한 자(졸업예정자를 포함한다)에 대하여 필기시험을 면제
5. 호텔서비스사	가. 「초·중등교육법에 따른 고등학교 또는 고등기술학교 이상의 학교를 졸업한 자 또는 다른 법령에서 이와 동등한 학력이 있다고 인정되는 교육기관에서 관광분야의 학과를 이수하고 졸업한 자(졸업예정자를 포함한다)에 대하여 필기시험을 면제 나. 관광숙박업소의 접객업무에 2년 이상 종사한 경력이 있는 자에 대하여 필기시험을 면제

(6) 시험의 면제

시험의 일부를 면제할 수 있는 경우는 위의 〈별표 16〉과 같다(동법 제38조 2항 단서, 동법 시행규칙 제51조 1항).

필기시험 및 외국어시험에 합격하고 면접시험에 불합격한 자에 대하여는 다음 회의 시험에만 필기시험 및 외국어시험을 면제한다(동법 시행규칙 제51조 2항).

시험의 면제를 받으려는 자는 별지 제37호서식의 관광종사원 자격시험 면제신청서에 경력증명서·학력증명서 또는 그 밖에 자격을 증명할 수 있는 서류를 첨부하여 한국산업인력공단에 제출하여야 한다(동법 시행규칙 제51조 3항).

(7) 합격자의 공고

한국산업인력공단은 시험종료 후 합격자의 명단을 게시하고 이를 한국관광공사와 한국관광협회중앙회에 각각 통보하여야 한다(동법 시행규칙 제52조).

5) 관광종사원의 등록 및 자격증 발급

(1) 관광종사원의 등록

시험에 합격한 자는 시험에 합격한 날부터 60일 이내에 별지 제38호서식의 관광종사원등록신청서에 사진(최근 6월 이내에 촬영한 탈모 상반신 반명함판) 2매를 첨부하여 한국관광공사 및 한국관광협회중앙회에 등록을 신청하여야 한다(동법 시행규칙 제53조 1항).

관광종사원의 등록은 문화체육관광부장관의 권한사항(동법 제38조 2항)이나 이를 한국관광공사 및 한국관광협회중앙회에 위탁하고 있어, 관광통역안내사·호텔경영사 및 호텔관리사는 한국관광공사에, 국내여행안내사 및 호텔서비스사는 한국관광협회중앙회에 각각 등록을 신청하여야 한다(동법 시행령 제65조 1항 4·5호).

위탁받은 업무를 수행한 한국관광공사, 협회, 업종별 관광협회 및 한국산업인력공단은 국외여행인솔자의 등록 및 자격증 발급, 우수숙박시설의 지정·지정취소, 관광종사원의 자격시험, 등록 및 자격증의 발급, 문화관광해설사 양성교육과정 등의 인증 및 인증의 취소에 관한 업무를 수행한 경우에는 이를 분기별로 종합하여 다음 분기 10일까지 문화체육관광부장관에게 보고하여야 한다(동법 시행령 제65조 6항).

(2) 자격증의 발급 및 재발급

한국관광공사 및 한국관광협회중앙회가 관광종사원의 등록신청을 받은 경우에는 별지 제39호서식의 관광종사원자격증을 내주어야 한다(동법 제38조 3항, 동법 시행규칙 제53조 2항). 또한 발급받은 자격증을 잃어버리거나 그 자격증이 못쓰게 되어 자격증을 재발급받으려는 자가 별지 제38호서식의 관광종사원 자격증 재발급신청서에 사진(최근 6개월 이내에 촬영한 탈모 상반신 반명함판) 2매와 관광종사원자격증(자격증이 헐어 못쓰게 된 경우만 해당한다)을 첨부하여 한국관광공사 및 한국관광협회중앙회에 제출하면 자격증을 재발급한다(동법 제38조 4항 및 시행규칙 제54조).

2. 관광종사원의 결격사유와 자격취소 등

1) 관광종사원의 결격사유

관광사업자의 결격사유(동법 제7조 1항)에 해당하는 자는 여행업 및 관광숙박업에 종사하지 못한다. 즉 다음 각 호(제3호는 제외한다)의 어느 하나에 해당하는 자는 관광종사원의 자격을 취득하지 못한다(동법 제38조 5항, 제7조 1항).

1. 금치산자·한정치산자

2. 파산선고를 받고 복권되지 아니한 자
3. 「관광진흥법」에 따라 등록등 또는 사업계획의 승인이 취소되거나 제36조 제1항에 따라 영업소가 폐쇄된 후 2년이 지나지 아니한 자
4. 「관광진흥법」을 위반하여 징역이상의 실형을 선고받고 그 집행이 끝나거나 집행을 받지 아니하기로 확정된 후 2년이 지나지 아니한 자 또는 형의 집행유예 기간 중에 있는 자

2) 관광종사원의 자격취소 등

(1) 자격취소 및 자격정지 대상

문화체육관광부장관(법 제40조에 따른 관광통역안내사·호텔경영사·호텔관리사의 경우) 또는 시·도지사(동법시행령 제37조가 정하는 국내여행안내사·호텔서비스사의 경우)는 관광종사원이 다음 각 호의 어느 하나에 해당하면 그 자격을 취소하거나 6개월 이내의 기간을 정하여 자격의 정지를 명할 수 있다. 다만, 제1호에 해당하면 그 자격을 취소하여야 한다(동법 제40조).

1. 거짓이나 그 밖의 부정한 방법으로 자격을 취득한 경우
2. 「관광진흥법」 제7조 제1항 각 호(제3호는 제외한다)의 어느 하나에 해당하게 된 경우
3. 관광종사원으로서 직무를 수행하는 데에 부정 또는 비위(非違)사실이 있는 경우

(2) 관광종사원에 대한 행정처분기준

관광종사원의 자격취소 등에 관한 처분기준은 〈별표 17〉과 같다(동법 시행규칙 제57조).

◆ 관광종사원에 대한 행정처분기준 〈개정 2011.10.6〉 ◆

(시행규칙 제57조 관련 〈별표 17〉)

1. 일반기준

가. 위반행위가 2 이상일 경우에는 그 중 중한 처분기준(중한 처분기준이 동일할 경우에는 그 중 하나의 처분기준을 말한다)에 따르며, 2 이상의 처분기준이 동일한

자격정지일 경우에는 중한 처분기준의 2분의 1까지 가중 처분할 수 있되, 각 처분기준을 합산한 기간을 초과할 수 없다.

나. 위반행위의 횟수에 따른 행정처분의 기준은 최근 1년간 같은 위반행위로 행정처분을 받은 경우에 적용한다. 이 경우 행정처분 기준의 적용은 같은 위반행위에 대하여 최초로 행정처분을 한 날을 기준으로 한다.

다. 처분권자는 그 처분기준이 자격정지인 경우에는 위반행위의 동기·내용·횟수 및 위반의 정도 등 다음 1)부터 3)까지의 규정에 해당하는 사유를 고려하여 처분기준의 2분의 1 범위에서 그 처분을 감경할 수 있다.

1) 위반행위가 고의나 중대한 과실이 아닌 사소한 부주의나 오류로 인한 것으로 인정되는 경우
2) 위반의 내용·정도가 경미하여 소비자에게 미치는 피해가 적다고 인정되는 경우
3) 위반행위자가 처음 해당 위반행위를 한 경우로서 3년 이상 관광종사원으로서 모범적으로 일해 온 사실이 인정되는 경우

2. 개별기준

위 반 행 위	근거법령	행 정 처 분 기 준			
		1차위반	2차위반	3차위반	4차위반
가. 거짓이나 그 밖의 부정한 방법으로 자격을 취득한 경우	법 제40조 제1호	자격취소			
나. 법 제7조 제1항 각 호의 어느 하나에 해당하게 된 경우	법 제40조 제2호	자격취소			
다. 관광종사원으로서 직무를 수행하는 데에 부정 또는 비위(非違)사실이 있는 경우	법 제40조 제3호	자격정지 1개월	자격정지 3개월	자격정지 5개월	자격취소

3. 관광종사원의 교육

문화체육관광부장관 또는 시·도지사는 관광종사원과 그 밖에 관광업무에 종사하는 자의 업무능력 향상을 위한 교육에 필요한 지원을 할 수 있다(관광진흥법 제39조). 종전에는 관광종사원이 문화체육관광부장관이 실시하는 교육을 의

무적으로 받도록 하였으나 그 실효성이 미흡하다고 인정되어 2011년 4월 5일 「관광진흥법」 개정 때 관광종사원의 의무교육제도를 폐지하고 지원제도로 전환한 것이다.

제3장

여행업

제3장
여행업

제1절 여행업의 역사

1. 여행업의 세계사

근대 여행업은 1845년 영국인 Thomas Cook에 의해 토마스 쿡社(Thomas Cook & Son Ltd.)가 설립되어 광고에 의해 단체관광단을 모집한 데서 비롯되었다. 그 당시에는 이를 Excursion Agent라고 하였다. 그 후 미국에서 1850년에 아메리칸 익스프레스사(American Express Company)가 설립되었는데, 처음에는 운송업과 우편업무만을 취급하였으나 후에 금융업과 여행업으로 사업을 확장하면서 1891년에는 여행자수표(Traveler's Check; 약자로 T/C라 쓴다) 제도를 본격적으로 실시하였다. 또한 아메리칸 익스프레스사는 여행비용을 분할 지급하는 할부여행(Credit Tour) 제도를 실시하여 새로운 관광수요를 창출하고 이에 성공을 거둠으로써 여행업자로서의 입지를 굳혔다.

제2차 세계대전 전까지는 주로 철도와 선박 등의 교통기관을 이용한 여행업이 주종을 이루었으나, 제2차 세계대전 이후 항공기의 발달은 관광객의 대량수송과 장거리의 관광을 신속하게 만들었고 이로 인하여 여행업의 수가 급격히 증가하였다.

세계적으로 유명한 여행사로는 독일의 독일여행사(Deutsches Reisebiiro), 이탈리아의 이탈리아여행사(Compagnia Italiana Turismo)와 러시아의 국영여행사 인투어리스트(Intourist), 그리고 일본 최대의 여행사인 JTB(Japan

Tourist Bureau; 일본교통공사) 등이 있다.

2. 우리나라 여행업의 발전과정16)

우리나라에서 여행사가 처음으로 설립된 것은 1910년에 압록강 가교공사의 준공개통으로 철도이용객이 증가함에 따라 일본의 JTB(Japan Tourist Bureau; 일본교통공사)가 1914년에 조선지사(현 대한여행사의 전신)를 설치한 것이 그 시초라고 하겠다.

이것은 말할 것도 없이 일본의 식민지정책의 일환으로서 설치된 것이며, 일본은 자국 내 거주자의 한국여행을 권유하기 위하여 '조선의 저녁'이란 프로그램을 마련하여 자국 내 주요 도시의 각 극장에서 상영하면서 한국여행의 안내선전을 하였고, 이 지사를 통해 많은 일본인이 한반도에 이주할 수 있도록 이동의 편의를 제공하였다. 이처럼 우리나라의 여행업도 다른 관광사업과 마찬가지로 철도의 개통으로 활발해지기 시작하였으며, 일본의 식민지정책의 일환으로 태동하였던 것이다.

광복 후 1950년을 전후로 하여 대한여행사가 새로이 창설되고, 온양, 서귀포, 설악산, 불국사, 해운대 등에 호텔이 개업함으로써 여행업도 본격적인 궤도에 오를 계기가 마련되었으나, 6·25전쟁으로 말미암아 '60년대 이전에 있어서는 발전을 하지 못하였다.

그러나 1961년에 우리나라 최초의 관광법규인 「관광사업진흥법」이 제정·공포됨으로써 제도면의 체제정비가 이루어지고, 여행업에 대한 행정적인 뒷받침이 가능하게 되었는데, 1962년 4월에 제정된 「국제관광공사법」에 따라 설립된 국제관광공사(현 한국관광공사의 전신)가 1963년 2월에 대한여행사를 인수·합병하여 운영해오다가 1973년 6월 30일 민영화로 현재의 대한여행사(Korean Travel Bureau; KTB)라는 명칭으로 운영되고 있다.

그 후 1965년에는 서울에서 처음으로 제14차 아시아·태평양관광협회(PATA) 연차총회를 개최함으로써 우리나라의 관광사업을 국제시장에 진출시키

16) 김덕윤 외 3인 공저, 현대관광학개론(서울:백산출판사, 2012), pp.135~137.

는 새로운 계기를 마련하였고, 또한 홍콩에서 개최되는 미주여행업협회(ASTA)의 총회에 국제관광공사, 세방여행사 등 6개 단체가 참가하여 정회원으로 가입하게 됨으로써 이 때부터 우리나라 여행업도 획기적인 발전을 가져오게 되었다.

한편, 1977년에는 「관광사업법」의 개정에 의하여 일반여행업에서 국제여행알선업으로 개정되고 그 동안의 등록제가 허가제로 되었다. 1982년 4월에는 다시 「관광사업법」의 개정으로 종전의 허가제가 다시 등록제로 바뀌었고, 1989년에는 해외여행 완전자유화조치 및 자본주의의 시장경제원리에 입각한 제도의 운영으로 여행사의 수가 급증하여 격심한 경쟁시대가 되었다.

1990년대 중반 이후는 일반인, 신혼여행객의 해외여행뿐만 아니라 대학생들의 배낭여행을 시발로 중·장년층의 배낭여행 등 다양한 형태의 여행이 각광을 받기 시작하여, 전국민의 여행화·레저화로 인한 대중여행시대가 개막되기에 이르렀다.

2000년대에 들어와서는 2001년 '한국방문의 해'와 2002년 한·일 월드컵 축구대회 개최의 파급효과로 많은 외래관광객을 유치하여 관광업계의 모든 관련 산업들이 상승곡선을 그렸으며, 침체된 금강산 관광도 육로관광으로 재도약을 맞이하게 되었다. 2003년에는 SARS, 이라크전쟁, 조류독감 등 악재가 잇달아 발생하여 국제적으로 관광산업이 침체됨으로써 우리나라 여행업계도 잠시 위축된 시기도 있었지만, 대형 여행사들을 중심으로 한 적극적인 노력의 결과로 2005년에는 외래관광객 600만명을 돌파하였으며, 90년대 단체여행에서 탈피한 개별여행객의 증가, 여행구매 연령층의 확대, 생활수준의 향상에 따른 여가문화 정착 등으로 여행시장은 계속 확대되고 있다.

2011년 12월 말 기준으로 등록된 여행업체 수를 살펴보면 국내여행업 4,888개, 국외여행업 6,767개, 일반여행업 1,634개로 전년도에 비해 증가하였다.[17] 이런 여행산업의 급속한 성장은 국내여행업체수보다 국외여행업체수가 많아지는 여행산업의 구조에서도 변화를 가져왔다.

17) 문화체육관광부, 전게 2011년 기준 연차보고서, pp.289~292.

제2절 여행업의 일반적 이해

1. 여행업의 의의와 특성

1) 여행업의 정의

여행업이란 여행객과 공급업자 사이에서 여행에 관한 시설의 예약·수배·알선 등의 여행서비스를 제공하고 공급자로부터 일정액의 수수료를 받는 것을 영업으로 하는 사업체를 말한다. 이 사업체를 영위하는 자를 여행업자라 부르고, 여기서 공급자는 여행업자 입장에서는 프린시펄(principal)이라고 부르고 있다.

따라서 여행업자는 하나 또는 복수의 프린시펄로부터 위탁을 받아 여행 및 여행에 관련된 서비스를 제공하는 개인 또는 회사를 말하고, 프린시펄이란 여행업자를 대리자로 하여 영업활동을 하는 개인 또는 회사로서 항공회사, 해운회사, 철도, 버스회사 등을 말한다.

현행 「관광진흥법」은 제3조 제1항 제1호에서 여행업을 "여행자 또는 운송시설·숙박시설, 그 밖에 여행에 딸리는 시설의 경영자 등을 위하여 그 시설 이용 알선이나 계약체결의 대리, 여행에 관한 안내, 그 밖의 여행 편의를 제공하는 업"이라고 규정하고 있다.

유통업자로서의 여행업자는 도매업자 및 소매업자의 기능을 담당한다. 여기서 여행자와 프린시펄의 관계를 도표로 나타낸 것이 [그림 3-1]이다.

[그림 3-1] 중개자로서의 여행업자

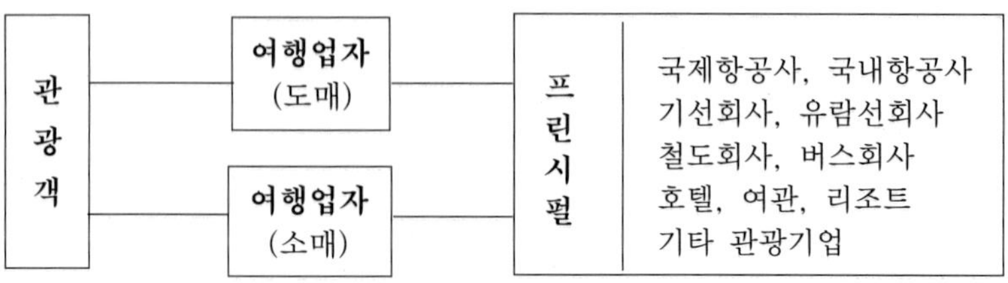

2) 여행업의 특성

첫째, 위험부담이 적은 사업이다. 즉 장치산업인 프린시펄로부터 소재(素材)를 구입하며 개업초기에는 주문생산에 주력하여 대규모 설비투자가 필요치 않는 사업이므로, 비교적 자금부담이 적고 또한 위험부담도 적은 사업이다. 이를테면 여행사가 예약된 항공좌석과 호텔객실을 취소하더라도 이에 대한 책임을 지는 경우가 거의 없어 상품구입(판매를 위한 구입)에 대한 위험부담이 거의 수반되지 않는다.

둘째, 노동집약적인 사업이다. 다시 말하면 여행업은 인적 산업이다. 이는 최근에 정보시스템의 발달로 인한 사무자동화로 내부업무의 인원삭감이 일부 이루어지고 있지만, 고객과의 접촉 및 안내에 있어서 인간을 대체할 방도는 거의 없다.

셋째, 운용자금을 활용할 여지가 있다. 여행업자는 여행대금을 수령한 후에 프린시펄에게 대금을 결제하기까지 시간적인 여유가 있어서 이 자금을 운용할 수 있다. 여행업자가 소액자본을 투자했으나 거액을 취급할 수 있는 이유는 바로 여기에 있다고 본다.

2. 「관광진흥법」상 여행업의 종류

「관광진흥법」에서의 여행업이란 "여행자 또는 운송시설 · 숙박시설, 그 밖에 여행에 딸리는 시설의 경영자 등을 위하여 그 시설 이용 알선이나 계약체결의 대리, 여행에 관한 안내, 그 밖의 여행 편의를 제공하는 업"을 말한다(동법 제3조 제1항 1호).

이와 같은 여행업은 사업의 범위 및 취급대상에 따라 일반여행업, 국외여행업, 국내여행업으로 구분하고 있다(관광진흥법 시행령 제2조 제1항 1호).

1) 일반여행업

일반여행업이라 함은 국내외를 여행하는 내국인 및 외국인을 대상으로 하는 여행업[사증(査證; 비자)을 받는 절차를 대행하는 행위를 포함한다]을 말한다. 따라서 일반여행업자는 외국인의 국내 또는 국외여행과 내국인의 국외 또는 국내여행에 대한 업무를 모두 취급할 수 있다.

우리나라 일반여행업의 등록현황을 살펴보면 2011년 12월 말 기준으로 1,634개 업체이다(문화체육관광부, 2011년 기준 연차보고서, p.290).

2) 국외여행업

국외여행업이라 함은 국외를 여행하는 내국인을 대상으로 하는 여행업[사증(査證; 비자)을 받는 절차를 대행하는 행위를 포함한다]을 말한다. 국외여행업은 우리나라 국민의 아웃바운드 여행(해외여행업무)만을 전담하도록 하기 위해 등장한 것이므로, 외국인을 대상으로 하거나 또는 내국인을 대상으로 한 국내여행업은 이를 법으로 금하고 있다.

우리나라 국외여행업의 등록현황을 살펴보면 2011년 12월 말 기준으로 6,767개 업체이다(문화체육관광부, 2011년 기준 연차보고서, p.290).

3) 국내여행업

국내여행업은 국내를 여행하는 내국인을 대상으로 하는 여행업을 말한다. 즉 국내여행업은 내국인을 대상으로 한 국내여행에 국한하고 있어, 외국인을 대상으로 하거나 또는 내국인을 대상으로 한 국외여행업은 할 수 없다.

우리나라 국내여행업의 등록현황을 살펴보면 2011년 12월 말 기준으로 4,888개 업체이다(문화체육관광부, 2011년 기준 연차보고서, p.290).

3. 여행업의 등록 등

1) 여행업의 등록관청

여행업을 경영하려는 자는 특별자치도지사 · 시장 · 군수 · 구청장(자치구의 구청장을 말한다)에게 등록하여야 한다(관광진흥법 제4조 제1항). 따라서 여행업의 등록관청은 특별자치도지사, 시장, 군수, 자치구의 구청장이다.

2) 여행업의 등록절차

여행업의 등록을 하려는 자는 별지 제1호서식의 관광사업등록신청서에 공통의 구비서류와 사업별 필요서류를 첨부하여 특별자치도지사 · 시장 · 군수 · 구청장(자치구의 구청장을 말함)에게 제출하여야 한다.

등록신청을 받은 특별자치도지사 · 시장 · 군수 · 구청장은 신청한 사항이 등록기준에 맞으면 관광사업등록증을 신청인에게 발급하여야 한다.

3) 여행업의 등록기준

「관광진흥법 시행령」에서 규정하고 있는 여행업의 등록기준은 다음과 같다(관광진흥법 시행령 제5조 관련 [별표 1] 〈개정 2009.11.30〉).

(가) 일반여행업의 등록기준

1. 자본금(개인의 경우에는 자산평가액): 2억원 이상일 것
2. 사무실: 소유권이나 사용권이 있을 것

(나) 국외여행업의 등록기준

1. 자본금(개인의 경우에는 자산평가액): 6천만원 이상일 것
2. 사무실: 소유권이나 사용권이 있을 것

(다) 국내여행업의 등록기준

1. 자본금(개인의 경우에는 자산평가액): 3천만원 이상일 것
2. 사무실: 소유권이나 사용권이 있을 것

4. 여행업자의 역할

여행업자의 기본적인 역할은 여행자를 돕는 데 있다. 여행자를 대신해서 여행에 필요한 제반 행위를 대행해 주는 것이 여행업자의 기능이자 역할이다.

1) 신뢰성 확보

새로운 곳을 여행하는 자는 이용하게 될 교통운송편과 숙박 등의 예약을 사

전에 완벽하게 해두지 않고 출발하게 되면 불안감과 초조감에서 헤어나지 못할 것이며, 또 여행 중에 많은 불편과 어려움을 격게 될 것이다. 따라서 여행업자가 수행하는 예약과 수배업무를 통해 여행자는 여행출발에 앞서 안도감을, 그리고 돌아와서는 만족감을 보장받게 될 것이며 이를 신뢰하고 떠나게 된다.

2) 정보판단력 제공

오늘날 관광대중화 현상에 편승하여 매스컴 특히 신문, 잡지, 텔레비전 등에는 관광여행에 관한 정보가 기사화되어 보도되는 경향이 일반화되고 있다. 즉 여행정보의 홍수시대라고 말할 수 있을 만큼 우리는 손쉽게 정보와 접할 수 있게 되었다. 따라서 여행업자는 전문적인 지식과 경험적인 노하우를 활용하여 여행자의 입장에서 이들을 돕게 된다. 즉 고객이 선택할 수 있는 대안의 수를 증가시키고 이 가운데 여행업자의 전문적인 정보제공, 충고 및 안내서비스를 제공하고 있다. 고객이 관광상품을 구입하기로 결정하면 여행업자는 그들을 위해 필요한 수배를 할 수 있다.

3) 시간절약의 효과

현대인은 시간을 금전과 같이 귀중하게 여긴다. 여행자는 스스로 항공회사나 호텔 등과 직접 접촉해서 이용하게 될 항공편과 숙박일정에 관한 예약을 할 수 있다. 또한 해외여행일 경우에는 여권(passport) 및 비자(visa) 수속을 수행하지 않으면 안 된다. 그러나 여행업자에게 모든 사항을 의뢰하게 되면 시간절약의 효과는 물론이고 예약과 수배의 결과에 대해서도 확신할 수가 있다.

4) 여행요금의 염가성

여행업자를 이용하면 가격이 저렴해진다. 이는 여행자가 패키지 여행상품을 구매할 때 뚜렷하게 나타난다. 즉 다종다양한 패키지 투어가 대규모 여행업자들에 의해 저렴한 가격에 개발·판매된다. 여행업자들은 여행상품 유통과정에서 상호간에 도·소매상의 관계가 형성되게 된다.

그러나 유통과정에서 발생하는 중간마진은 고객에게 받는 것이 아니라 수수료의 형태로 프린시펄로부터 받게 되므로 고객은 저렴한 패키지를 이용할 수가 있다. 즉 많은 다른 전문직 서비스와는 달리 이러한 서비스는 무료이다.

5. 여행업자의 책임과 업무내용

1) 여행업자의 책임

첫째, 프린시펄에 대한 책임이 있다. 여행업자는 공급업자와 여행객 간에 존재하는 중개자로서 프린시펄에게 가장 중요한 대금결재를 비롯하여 교통운송이용권의 보관과 판매 및 재고관리의 철저함과 신용을 지켜야 한다.

둘째, 고객에 대한 책임이 있다. 여행객에 대해서 여행출발 전에 상담과 정보제공 및 수배를 확실히 해야 한다.

셋째, 정부에 대한 책임이 있다. 문화체육관광부와 조세당국, 지방자치단체 등으로부터 부단한 지도와 감독을 받는다. 이에 정부기관에서 요청하는 자료를 명확히 작성·보고해야 할 책임과 의무가 있다.

넷째, 종업원에 대한 책임이 있다. 관광관련 사업체는 인적 산업으로서 종업원의 헌신은 발전에 가장 기본적인 요소이다. 그러나 여행업자는 열악한 근무조건, 종업원의 빈번한 이직·전직 등으로 많은 문제점을 지니고 있다. 여행업자는 생활유지, 동기부여, 사기 진작, 자기계발 등 종업원을 위한 책임을 다해야 한다.

다섯째, 사회에 대한 책임이 있다. 해외여행 자유화 이후 국내외 여행객이 급증하고 있다. 이는 내외국의 문화와 전통을 익히는 좋은 기회이다. 또한 해외여행은 한 국민의 예의범절을 해외에 드러내는 시범장이다. 여행사는 이러한 점을 숙지하여 여행객의 국제예절을 인도해야 하는 교육적인 역할이 있다. 또한 국제수지 개선과 지역발전을 선도하는 경제적인 견인차의 역할 및 책임을 다해야 한다.

2) 여행업자의 업무내용

여행업자의 업무내용은 국가에 따라서 또는 영업규모나 종류에 따라 일정하지는 않다. 그러나 주된 업무를 열거하면 다음과 같다.

① 여행정보의 제공, 여행상담 및 안내와 여행계획의 작성
② 전 세계의 항공, 철도, 선박, 자동차 등의 승차권의 매매 알선
③ 세계 각국의 호텔 및 리조트의 이용알선과 숙박권 매매알선
④ 개인고객의 희망조건에 따른 여정 작성, 교통기관·호텔 및 관광지의 예약
⑤ 안내원을 동반하는 주최여행을 세계 각지에서 정기적으로 실시하고 단체관광과 국제회의 등의 특별 수배
⑥ 자가운전용 렌터카의 수배, 가이드동반이나 미동반의 전세차 수배
⑦ 여권이나 사증(비자)의 입수절차 대행
⑧ 여행상해보험, 수하물보험의 취급 대행

제3절 여행업자의 특별의무[18)]

1. 여행업자의 '보증보험등' 가입의무

1) 의의 및 도입배경

여행업은 그 특성상 다른 관광사업에 비해서 사고가 발생할 개연성이 높을 뿐만 아니라 사고의 효과도 국제성을 띠는 경우가 많은 반면에, 여행업의 대부분은 고정자산(사무실, 집기, 비품 등에 불과)의 비율이 낮고 수입원이 협소하며, 영업이익률이 낮기 때문에 다른 관광사업보다 영세한 것이 사실이다. 따라서 보험 등의 가입의무를 강화하여 우발적인 여행사고의 발생에 대한 손해의 배상을 보장하고 국제적인 신뢰성을 확보하기 위하여 여행업자의 보험가입의무를 도입하게 된 것이다.

2) 여행업자의 '보증보험등' 가입의무

① 여행업의 등록을 한 자(이하 "여행업자"라 한다)는 그 사업을 시작하기 전에 여행알선과 관련한 사고로 인하여 관광객에게 피해를 준 경우 그 손해를 배상할 것을 내용으로 하는 보증보험 또는 한국관광협회중앙회의 공제(共濟)(이하 "보증보험등"이라 한다)에 가입하거나 업종별 관광협회(업종별 관광협회가 구성되지 않은 경우에는 지역별 관광협회)에 영업보증금을 예치하고 그 사업을 하는 동안 계속하여 이를 유지하여야 한다(관광진흥법 시행규칙 제18조 제1항).

② 여행업자 중에서 기획여행을 실시하려는 자는 그 기획여행 사업을 시작하기 전에 보증보험 등에 가입하거나 영업보증금을 예치하고 유지하는 것 외에 추가로 기획여행과 관련한 사고로 인하여 관광객에게 피해를 준 경우 그 손해를 배상할 것을 내용으로 하는 보증보험등에 가입하거나 업종별 관광협회(업종별 관광협회가 구성되지 아니한 경우에는 지역별 관광협회)에 영업보증금을 예치하

18) 조진호 외 3인 공저, 전게서, pp.166~173.

고 그 기획여행 사업을 하는 동안(기획여행 휴업기간을 포함한다) 계속하여 이를 유지하여야 한다(동법 시행규칙 제18조 제2항).

3) '보증보험등'의 가입금액 및 영업보증금 예치금액의 기준

여행업자가 가입하거나 예치하고 유지하여야 할 보증보험등의 가입금액 또는 영업보증금의 예치금액은 직전 사업연도의 매출액(손익계산서에 표시된 매출액을 말한다) 규모에 따라 [별표 3]과 같이 한다.

◆ 보증보험등 가입금액(영업보증금 예치금액) 기준 ◆

(시행규칙 제18조 제3항 관련 [별표 3] 〈개정 2010.8.17〉)

(단위: 천원)

<table>
<tr><th>여행업의 종류(기획여행 포함) / 직전 사업연도의 매출액</th><th>국내여행업</th><th>국외여행업</th><th>일반여행업</th><th>국외여행업의 기획여행</th><th>일반여행업의 기획여행</th></tr>
<tr><td>1억원 미만</td><td>20,000</td><td>30,000</td><td>50,000</td><td rowspan="4">200,000</td><td rowspan="4">200,000</td></tr>
<tr><td>1억원 이상 5억원 미만</td><td>30,000</td><td>40,000</td><td>65,000</td></tr>
<tr><td>5억원 이상 10억원 미만</td><td>45,000</td><td>55,000</td><td>85,000</td></tr>
<tr><td>10억원 이상 50억원 미만</td><td>85,000</td><td>100,000</td><td>150,000</td></tr>
<tr><td>50억원 이상 100억원 미만</td><td>140,000</td><td>180,000</td><td>250,000</td><td>300,000</td><td>300,000</td></tr>
<tr><td>100억원 이상 1,000억원 미만</td><td>450,000</td><td>750,000</td><td>1,000,000</td><td>500,000</td><td>500,000</td></tr>
<tr><td>1,000억원 이상</td><td>750,000</td><td>1,250,000</td><td>1,510,000</td><td>700,000</td><td>700,000</td></tr>
</table>

2. 기획여행 요건 설정 및 광고

1) 기획여행의 의의

기획여행이란 여행업을 경영하는 자(여행업자)가 국외여행을 하려는 여행자를 위하여 여행의 목적지・일정, 여행자가 제공받을 운송 또는 숙박 등의 서비스 내용과 그 요금 등에 관한 사항을 미리 정하고 이에 참가하는 여행자를 모집하여 실시하는 여행을 말한다(관광진흥법 제2조 3호).

여행은 주로 기획여행의 형태로 운용되고 있는데, 그동안 기획여행이 무분별하게 판매되어 왔으며, 여행업자 간의 과당경쟁으로 인하여 관광업계의 질서를 파괴하는 경우가 허다하였다. 이에 따라 국외여행의 질적 향상을 도모하고 여행자의 권익보호 및 과당경쟁 방지를 위하여 기획여행을 규제할 필요성이 제기됨으로써, 여행업자는 문화체육관광부령으로 정하는 요건을 갖추어 문화체육관광부령으로 정하는 바에 따라 기획여행을 실시할 수 있도록 한 것이다(동법 제12조).

2) 기획여행의 실시요건

「관광진흥법」은 국외여행을 하려는 여행자를 위해 기획여행을 실시하도록 규정하고 있기 때문에 기획여행은 국외여행에 국한하고 있다. 그러므로 기획여행을 할 수 있는 여행업자는 일반여행업자와 국외여행업자이고 국내여행업자는 대상에서 제외된다.

따라서 기획여행을 실시하려는 자는 국외여행업 또는 일반여행업에 따른 보증보험등에 가입하거나 영업보증금을 예치하고 이를 유지하는 것 외에 추가로 기획여행에 따른 보증보험등에 가입하거나 영업보증금을 예치하고 이를 유지하여야 한다. 여행업자가 가입하거나 예치하고 유지하여야 할 보증보험등의 가입금액 또는 영업보증금의 예치금액은 직전사업연도의 매출액(손익계산서에 표시된 매출액을 말한다) 규모에 따라 위에서 설명한 바 있는 시행규칙 제18조 제3항 관련 [별표 3]과 같이 한다(동법 제12조, 동법시행규칙 제18조 3항).

3) 기획여행실시 광고 등의 표시의무

기획여행을 실시하는 자가 광고를 하려는 경우에는 다음 각 호의 사항을 표시하여야 한다. 다만, 2 이상의 기획여행을 동시에 광고하는 경우에는 다음 각 호의 사항 중 내용이 동일한 것은 공통으로 표시할 수 있다(동법 시행규칙 제21조).

① 여행업의 등록번호, 상호, 소재지 및 등록관청
② 기획여행명 · 여행일정 및 주요 여행지
③ 여행경비
④ 교통 · 숙박 및 식사 등 여행자가 제공받을 서비스의 내용
⑤ 최저 여행인원
⑥ 보증보험등의 가입 또는 영업보증금의 예치내용
⑦ 여행일정 변경 시 여행자의 사전 동의 규정

3. 유자격 국외여행인솔자에 의한 인솔의무

여행업자가 내국인의 국외여행을 실시할 경우 여행자의 안전 및 편의 제공을 위하여 그 여행을 인솔하는 자를 둘 때에는 문화체육관광부령인 「관광진흥법 시행규칙」으로 정한 다음 각 호의 어느 하나에 해당하는 국외여행인솔자(TC: Tour Conductor)의 자격요건에 맞는 자를 두어야 하는데(동법 제13조 및 동법 시행규칙 제22조 1항), 이러한 자격요건을 '제주특별자치도'에서는 「관광진흥법 시행규칙」이 아닌 '도조례'로 정할 수 있게 하였다(제주특별법 제171조 2항).

① 관광통역안내사 자격을 취득할 것
② 여행업체에서 6개월 이상 근무하고 국외여행 경험이 있는 자로서 문화체육관광부장관이 정하는 소양교육을 이수할 것
③ 문화체육관광부장관이 지정하는 교육기관에서 국외여행인솔에 필요한 양성교육을 이수할 것. 이 경우 문화체육관광부장관은 교육기관의 지정기준 및 지정절차, 그 밖에 지정에 필요한 사항을 정하여 고시하여야 한다

(동법 시행규칙 제22조 2항).

4. 여행계약의 구체화(여행지 안전정보 제공 등)

1) 여행지에 대한 안전정보 제공의무

여행업자는 여행자와 여행계약을 체결할 때에는 여행자를 보호하기 위하여 다음 각 호의 사항을 포함한 해당 여행지에 대한 안전정보를 제공하여야 하는데, 해당 여행지에 대한 안전정보가 변경된 경우에도 그렇게 하여야 한다(동법 제14조 제1항 및 동법시행규칙 제22조의4 제1항).

① 「여권법」 제17조(여권의 사용제한 등)에 따라 여권의 사용을 제한하거나 방문・체류를 금지하는 국가 목록 및 「여권법」 제26조(벌칙) 제3호에 따른 벌칙

② 외교통상부 해외안전여행 인터넷홈페이지에 게재된 여행목적지(국가 및 지역)의 여행경보단계 및 국가별 안전정보(긴급연락처를 포함한다)

③ 해외여행자 인터넷 등록제도에 관한 안내

2) 여행자에 대한 여행계약서 교부의무

여행업자는 여행자와 여행계약을 체결하였을 때에는 그 서비스에 관한 내용을 적은 여행계약서(여행일정표 및 약관을 포함한다)를 여행자에게 내주어야 한다(동법 제14조 2항).

3) 여행일정 변경시 여행자의 동의

여행업자는 여행계약서(여행일정표 및 약관을 포함한다)에 명시된 숙식・항공 등 여행일정(선택관광 일정을 포함한다)을 변경하려면 해당 날짜의 일정을 시작하기 전에 여행자로부터 서면으로 동의를 받아야 한다(동법 제14조 3항 및 동법시행규칙 제22조의4 제2항). 이 서면동의서에는 변경일시, 변경내용, 변경으로 발생하는 비용 및 여행자 또는 단체의 대표자가 일정변경에 동의한다는 의사를 표시하는 자필서명이 포함되어야 한다(동법시행규칙 제22조의4 제3항).

그러나 여행업자는 천재지변, 사고, 납치 등 긴급한 사유가 발생하여 여행자로부터 사전에 일정변경 동의를 받기 어렵다고 인정되는 경우에는 사전에 일정변경동의서를 받지 아니할 수 있다. 다만, 여행업자는 사후에 서면으로 그 변경내용 등을 설명하여야 한다(동법시행규칙 제22조의4 제4항).

제4절 외국인 의료관광의 활성화[19)]

1. 의료관광의 의의

의료관광이란 국내 의료기관의 진료, 치료, 수술 등 의료서비스를 받는 외국인 환자와 그 동반자가 의료서비스와 병행하여 관광하는 것을 말한다. 다시 말하면 의료서비스를 받는 환자와 그 동반자가 의료서비스를 받음과 동시에 주변 관광지와 연계하여 여행, 휴양, 문화체험 등 건강과 삶의 보람을 찾는 새로운 관광형태를 말한다.

이와 같이 치료와 관광을 겸하는 의료관광산업은 고용창출효과가 높을 뿐만 아니라, 일반관광객에 비해 체류기간은 2배 이상 길고 지출하는 비용 또한 수백만원에서 수천만원에 이르고 있기 때문에, 저간에 성장잠재력을 가진 미래산업으로 주목받고 있다.

2. 외국인 의료관광의 활성화

이와 같이 성장잠재력을 가진 의료관광산업을 활성화하기 위해서는 무엇보다 국제수준의 병원 설립과 의료서비스의 개선, 메디컬비자 도입, 전문인력 양성, 보험상품 개발과 분쟁조정절차 마련 등 의료사고와 의료분쟁에 대한 법적·제도적 대비책이 마련되어야 할 것이다.

우리나라는 최근 한국의 의료서비스에 대한 인식의 변화로 피부성형, 미용, 치료목적의 외국인 의료관광객 입국이 날로 증가함에 따라 2009년 3월 「관광진흥법」 개정 때 의료관광에 대한 관광진흥개발기금의 지원근거를 마련함으로써 해외 의료관광객의 국내 유치 활성화를 도모하고 있다(동법 제12조의2).

1) 외국인 의료관광 유치·지원 관련 기관

문화체육관광부장관은 외국인 의료관광의 활성화를 위하여 대통령령으로 정

19) 조진호 외 3인 공저, 전게서, pp.197~199.

하는 기준을 충족하는 외국인 의료관광 유치·지원 관련 기관에 관광진흥개발기금을 대여하거나 보조할 수 있다(관광진흥법 제12조의2 제1항).

여기서 "대통령령으로 정하는 기준을 충족하는 외국인 의료관광 유치·지원 관련 기관"이란 다음 각 호의 어느 하나에 해당하는 것을 말한다(동법시행령 제8조의2 제1항).

① 「의료법」 제27조의2(외국인환자 유치에 대한 등록 등) 제1항에 따라 등록한 외국인환자 유치 의료기관(이하 "의료기관"이라 한다) 또는 같은 조 제2항에 따라 등록한 외국인환자 유치업자(이하 "유치업자"라 한다)
② 「한국관광공사법」에 따른 한국관광공사
③ 그 밖에 「관광진흥법」 제12조의2 제1항에 따른 의료관광(이하 "의료관광"이라 한다)의 활성화를 위한 사업의 추진실적이 있는 보건·의료·관광 관련 기관 중 문화체육관광부장관이 고시하는 기관

2) 외국인 의료관광 지원

(1) 외국인 의료관광 우수전문교육기관·우수교육과정 선정

문화체육관광부장관은 외국인 의료관광을 지원하기 위하여 외국인 의료관광 전문인력을 양성하는 전문교육기관 중에서 우수 전문교육기관이나 우수 교육과정을 선정하여 지원할 수 있다(동법 제12조의2 제2항 및 시행령 제8조의3 제1항).

(2) 외국인 의료관광 유치 안내센터 설치·운영

문화체육관광부장관은 외국인 의료관광 안내에 대한 편의를 제공하기 위하여 국내외에 외국인 의료관광 유치 안내센터를 설치·운영할 수 있다(동법시행령 제8조의3 제2항).

(3) 외국인 의료관광 유치 공동 해외마케팅사업 추진

문화체육관광부장관은 의료관광의 활성화를 위하여 지방자치단체의 장이나 의료기관 또는 유치업자와 공동으로 해외마케팅사업을 추진할 수 있다(동법시행령 제8조의3 제3항).

제5절 패키지관광의 기본요소와 이점

1. 패키지관광의 탄생

패키지관광의 창시자는 토마스 쿡(Thomas Cook)이다. 그는 1841년 금주동맹에 참가하는 570명을 태울 수 있는 기차를 전세내었다. 이것은 후에 패키지관광의 기준이 되는 교통수단(40마일의 철도여행), 식사(점심식사와 차), 유흥시설(찬송가 밴드), 행사(금주회의), 에스코트 서비스(토마스 쿡 자신) 등이 여기에 포함되었다.

이 여행의 성공과 계속적인 여행서비스는 토마스 쿡으로 하여금 세계 최초의 여행사를 차리게 했으며, 사람들을 해외여행으로 이끌었다. 1856년 토마스 쿡은 유럽행 그랜드관광을 처음으로 시도하기에 이르렀다. 1860년대 후반에 토마스 쿡 여행사는 나일강 유람선과 인도로 가는 철도여행, 미국가이드가 함께 수행하는 여행을 제공하였다. 그 밖에도 토마스 쿡에 의해 처음으로 시도된 것으로는 여행브로셔, 여행일정표, 그리고 공급자들에 대한 보증금제도 등을 들 수 있다.

2. 패키지관광의 기본요소

패키지관광은 여러 공급자들에 의해 제공되는 몇 개의 여행요소를 결합시켜 단일상품 및 단일가격으로 소비자에게 판매하는 것을 말한다.

패키지관광은 전형적으로 다음과 같이 구성된다.

① 하나 또는 그 이상의 교통수단(항공기/지상교통수단, 항공기/여객선, 자동차여행, 그리고 기차여행의 패키지)

② 숙박시설

③ 식사

④ 매력물과 행사(관람, 자연적 그리고 사업적 오락시설의 입장, 레크리에이션,

여러 종류의 특별한 행사)

⑤ 그밖의 요소(수화물 운반, 팁과 세금, 투어 매니저와 안내원의 전문적인 관광 서비스, 레스토랑과 점포의 할인쿠폰)

3. 투어 오퍼레이터의 역할과 종류

투어 오퍼레이터(tour operator)는 단체관광객에게 관광진행에 필요한 서비스를 제공하거나 단체를 위한 관광을 계획하는 등의 일을 전문으로 하는 회사를 말한다. 반면에 관광도매업자(tour wholesaler)는 소매여행사를 통해 패키지를 간접적으로 판매하는 회사 또는 사람을 말한다.

투어 오퍼레이터나 관광도매업자는 고객들에게 판매하는 패키지상품을 창출하기 위해 상품의 구성요소인 호텔 또는 교통수단을 운영하는 공급업자와 접촉해야 한다. 투어 오퍼레이터는 호텔객실, 항공좌석, 입장티켓을 단체로 구입함으로써 개별관광객에게 제공하는 가격보다 낮은 가격으로 관광상품을 제공할 수 있다.

투어 오퍼레이터에는 4가지 종류가 있다.

① 독립적 투어 오퍼레이터이다. 이것은 개인기업이나 다국적 기업(多國籍企業)에서 볼 수 있다. 아메리칸 익스프레스는 후자의 경우이다.

② 투어 오퍼레이터로서 기능을 발휘하는 여행사이다. 이러한 여행사는 그들의 고객이나 다른 여행도매업자에게 판매하기 위해 패키지관광을 구성한다.

③ 인 하우스(in-house) 투어 오퍼레이터이다. 그들은 항공기를 소유하거나 운영한다. 예를 들면 유나이티드 항공사, 콴타스항공사 등이다.

④ 여행클럽과 인센티브여행사로 구성되어 있으며, 이들은 일반인들에게는 그들의 상품을 판매하지 않는다.

모든 투어 오퍼레이터들이 패키지상품을 만들어낼 때에는 약간의 위험이 수반된다. 왜냐하면 그들은 사전에 예약을 해 놓아야 하지만, 경쟁적인 시장에서 상품이 모두 팔릴 것이라는 보장은 할 수 없기 때문이다.

만약 투어 오퍼레이터가 미리 예치금을 예치한다면 공급업자들은 그들을 위해 기꺼이 상품을 예약할 것이다. 또한 예치금은 서로 신용이 확립되면 점차적으로 줄어들 것이다.

4. 패키지관광의 이점

최근에 패키지관광이 왜 인기를 얻게 되었을까? 그 주된 요인은 개별여행이 제공하지 못하는 실질적인 많은 이점을 패키지관광이 제공해준다는 점에 있다고 본다.

1) 비용파악

여행비용은 사전에 지급되기 때문에 고객들은 여행 전에 총비용을 정확하게 계산해 낼 수 있다는 이점이 있다. 이것은 특히 패키지관광에서 명확하게 알 수 있다. 고객은 숙박시설, 식사, 관람, 오락, 운반비, 세금을 출발 전에 지급한다. 따라서 기념품, 선물, 주류 등과 같은 개인품목은 개인적으로 추가되는 비용이다.

2) 저렴한 가격

패키지관광에 있어서 가장 매력적인 요소는 비교적 비용이 저렴하다는 것이다. 관광공급업자로부터 단체나 여행사가 블록(객실, 항공기 좌석을 묶어서 예약)으로 구입하기 때문에 투어 오퍼레이터는 개별적으로 구입하는 가격보다 상당히 저렴한 금액으로 패키지관광을 제공할 수 있다.

단일 객실을 예약하는 것보다는 단체로 객실을 예약하는 것이 훨씬 더 저렴하다. 예약량이 많은 투어 오퍼레이터는 표준요금의 50%까지 저렴하게 객실요금을 인하시킬 수도 있다.

3) 보장된 수배

여행자가 패키지상품을 구매할 때 그들은 또한 마음의 평화를 구입하게 된다. 개별여행자는 항공기의 고장이나 호텔에서 그들의 예약기록을 찾지 못하게 되는 등 불쾌한 일들에 대처해야 한다. 반면에 패키지관광에서는 모든 수배가 미리 투어 오퍼레이터에 의해 이루어지기 때문에 여행에 대한 이러한 걱정을 없애준다. 또한 단체예약은 투어 오퍼레이터에 의해 창출되는 사업에 공급업자가 크게 의존하게 되므로 예약의 신용도를 크게 높일 수 있다.

4) 보장된 참가

개별관광객보다 단체관광객으로서 특별행사에 입장하기가 더욱 용이하다. 이것은 투어 오퍼레이터들이 관광참가자들을 위해 입장을 보장하는 티켓을 예약하기 때문이다. 예를 들면 단체관광객의 일원이 아니면 독일에서 10년마다 공연되는 오베람메르가우 그리스도 수난극(Oberammergau Passion Play)을 구경하는 것이 거의 불가능하다. 중국과 알바니아와 같은 나라들도 단체관광객들에게만 특정 장소에 접근하는 것을 허가하고 있다.

5) 시간절약

패키지관광에 있어서 관광객들은 숙박편, 교통편, 쇼를 보기 위한 티켓구매에 시간을 허비하지 않아도 된다. 단체관광은 극장 그리고 다른 매력지에 있어서도 시간을 절약할 수 있다. 관광참가자들은 줄을 서서 기다리지 않는다. 그들은 개인보다 더 쉽게 입장할 수 있다.

제4장

관광숙박업

제1절 | 관광숙박업의 발전사

제2절 | 관광숙박업의 일반적 이해

제3절 | 기타 숙박시설

제4장
관광숙박업

제1절 관광숙박업의 발전사[20]

1. 고대의 숙박시설

호텔이라는 단어가 등장한 지는 불과 200여년밖에 되지 않지만, 호텔의 가장 기본적인 기능인 숙박기능을 기초로 하여 그 기원을 찾는다면 기원전까지 거슬러 올라간다. 숙박시설은 인간의 이동 및 여행과 동시에 발생하였기 때문이다. 고대 바빌로니아의 함무라비법전(Code of Hamurabi)에는 여인숙의 운영에 관한 입법내용이 남아 있으며, 폼페이의 유적 가운데에도 아치형의 여인숙으로 추정되는 건물형태가 남아 있다.

고대 이집트인들은 종교적 목적으로 여행을 하였으며, 중앙정부와 식민지 간의 교류를 위하여 공무로 방문하는 내방객을 맞이한 출영소가 주로 도로 및 도시에 설립되기도 하였다. 그러나 여행이 본격적으로 시작된 것은 그리스시대인데, 이 때의 여행은 주로 신전참배를 위한 종교적 목적과 올림피아에서 개최된 고대 올림픽에 참가하기 위해서였으며, 에게 해(the Aegean Sea)에 산재하는 여러 섬들에 요양이나 즐거움을 추구하기 위하여 여행을 하였던 것이다.

이 시기에는 여행자들이 이용할 만한 상업적인 숙박시설이 발달하지 못하여 주로 민박이나 성지(聖地)의 신전(神殿)을 이용하였던 것이나, 로마시대에 들어와서는 도로망이나 교통수단의 발달과 화폐경제 진전으로 인해 여행이 더욱 활

20) 위정주 외 3인 공저, 신호텔경영관리론(서울:백산출판사, 2008), pp.27~39.

발해졌으며, 이에 따라 숙박시설도 또한 번창하게 되었다. 또 로마제국의 사자(使者)가 숙박하기 위한 여관(hospitum)이 도로변에 위치하고 있었으며, 지중해 연안을 중심으로 한 무역의 성행은 대상(隊商)들의 이동을 촉진시켰으며, 이들을 위한 여관(caravanserai)이 캐러밴(caravan) 루트를 따라 지어졌다.

2. 중세의 숙박시설

로마제국이 멸망 후 도래한 약 1,000년간의 암흑시대(the Dark Age)는 교역이나 물물교환을 위한 지역 간의 이동마저도 극히 제한된 시기로서 이 기간 동안에는 많은 도로와 숙박시설이 황폐화되었다. 이 시대에는 종교가 모든 일반사람들의 가치관이나 생활양식 전반에 영향력을 미쳤으므로 세속적인 향락은 금기시되었고, 근검절약과 조물주에 대한 기도와 봉사만이 강조되어 경제활동이 쇠퇴하였으며, 따라서 군인이나 종교순례자 및 상인 등의 부득이한 여행에 있어서도 안락함과 편리함의 추구는 사라지게 되었다.

이러한 여행의 침체기에도 불구하고 이동이 가능했던 사람들은 군인, 종교순례자 그리고 모험심과 호기심이 많은 소수의 일반인이나 상인들이었다. 특히 여행을 통해서 신앙심을 고취시키려 했던 순례여행자들은 성지(聖地)를 중심으로 하여 종교여행을 떠났는데, 이들의 숙박장소는 주로 도로변의 간이숙박시설이나 수도원 및 교회였다. 당시의 수도원은 성지순례자뿐만 아니라 일반 여행객에게도 시설을 개방함으로써 숙박시설로서의 역할을 대신하였다. 이 과정에서 비교적 재정이 넉넉한 수도원(또는 교회)은 보다 많은 순례자·환자 및 여행객들을 수용하기 위해서 별도의 건물(숙박시설)을 지었는데, 이것을 '제너더카이움(xenodochium)'이라고 하였다.

그러나 종교적 봉사정신으로 제공되던 수도원의 숙박시설도 12세기 무렵부터는 종교세력의 쇠퇴와 더불어 그 수가 줄어들었으며, 십자군의 원정, 대상(隊商)들의 대규모 이동, 식민지 개척을 위한 해상여행의 증가 등으로 여행객들의 수가 늘어남에 따라 수도원 가운데 일부는 영리를 목적으로 하는 기업으로서의 숙박시설(inn)로 전환·발전하게 되었다.

3. 근대의 숙박시설

1) 유 럽

14세기경부터 이탈리아를 중심으로 일어난 문예부흥(renaissance)과 대항해, 그리고 지리상의(신대륙의) 발견은 유럽중심의 세계관을 변화시켰으며, 지중해 중심의 무역을 신대륙에까지 확대시킴으로써 상업적 여행을 증가시켰다. 또한 16세기 초에 나타나기 시작한 그랜드 투어(grand tour)는 17세기에 들어와 귀족들에게까지 일반화됨에 따라 유럽지역에 장기간 순회여행을 확산시켰다.

이 시대에는 이미 중세기 말에 생긴 여관인 인 길드(inn guild)가 더욱 발전하였고 그 숫자도 많은 편이었기 때문에 여행하기 쉬워짐으로써 여행자에게 큰 기여를 하였다. 그럼에도 인(inn)은 현대적인 호텔에 비하면 시설이 매우 빈약하였으며, 다만 여행에 필요한 최소한의 필요조건인 수면과 음식 및 생명·재산 등의 보호에 관련된 사항만을 제공하였다.

17세기에 영국에서 페더호텔이(Feathers Hotel)이 생겨난 후 호텔이라는 용어가 소개되기 시작하였고, 18세기에 들어와서 여행의 증가에 따라 데비드 로(David Low)에 의하여 1774년에 코벤트 가든에 있는 아처(Lord Archer)경(卿)의 농가에 'First Family Hotel'을 개관함으로써 현대적 호텔 모형이 나타났다.

그러나 오늘날 기업형태로서의 호텔의 출현은 18세기 이후 영국의 산업혁명을 계기로 한 시대적 요청의 산물이라고 하겠다. 이는 산업혁명이 진행하는 동안 농촌인구의 도시로의 이동과 국내외 시장유통과 원료공급을 위한 상인들의 교류 및 상거래가 활발해지자 이를 뒷받침할 기차·기선 등의 교통기관이 혁신적으로 발전하여 여행을 쉽게 할 수 있게 됨으로써, 이에 따라 종래와 다른 새로운 형태의 숙박시설이 요청되었던 것이다.

특히 19세기에 들어와 유럽에서는 새로운 사상이 태동하면서 정치적으로 많은 변혁이 일어났다. 그로 인해 왕정(王政)은 공화정(共和政)으로 바뀌고 귀족세력의 점진적인 붕괴현상이 일어나게 되었다. 따라서 그들의 사교모임의 장소가 궁정에서 밖으로 옮겨지게 되고 새로운 사교장으로 등장한 곳이 바로 호텔이었다. 여기서 호텔은 이들의 감성에 맞추기 위하여 자연히 사회성과 호화성을 강조하게 되었고, 건물의 외관이나 내장, 가구, 요리, 직원의 복장, 서비스 방법 등이 궁전의 그것과 같이 호화로울 수밖에 없었던 것이다.

(1) 독일의 호텔

독일에서의 근대적 호텔의 등장은 1807년 온천휴양도시인 바덴바덴(Baden-Baden)에 건립된 바디셰 호프(Der Badische Hof)로부터 찾을 수 있다. 이 호텔은 초기의 여관(inn)과는 달리 건축구조도 호화스러운 양식을 취하고 건물의 규모 또한 비교가 되지 않을 정도로 컸으며, 내부시설은 대소의 응접실, 발코니, 식당, 침실 및 욕실 등이 잘 정비되어 있었고, 또한 냉수와 온수가 공급되고 정원이 마련되어 있어 현대호텔의 초기적 모습을 띠고 있었다. 그래서 이 호프(Hof)는 여관(Inn)에서 호텔로 넘어가는 가교로 평가받기도 했으며, 1874년에는 베를린에 카이제르호프(Der Kaiser Hof)가, 1876년에는 프랑크푸르트 호프(Frankfurter Hof)가 개관되기도 했다.

(2) 프랑스의 호텔

프랑스에서는 왕족과 귀족을 대상으로 특권계급 전용의 사교장으로서 호화스러운 시설과 서비스를 갖춘 호화호텔이 생겨나기 시작하였는데, 이러한 호화호텔에서는 숙박과 음식이 잘 훈련된 종업원에 의해 제공되었다. 그 대표적인 예가 1850년 파리에 건립된 르그랑 호텔(Le Grand Hotel)이다. 이 호텔은 회사조직체에 의한 호텔경영의 시초였으며, 이 호텔의 명칭은 지금도 고급호텔의 대명사로 인용되고 있다.

그리고 1870년에는 당시 세계에서 가장 호화롭다는 평가를 받은 Hotel Grand Nation이 건립되어 유럽 상류사회의 인기를 독차지하였으며, 1875년에는 루불 호텔(Hotel de Louver)이 건립되고, 또 1880년에는 리츠 호텔(Ritz Hotel)이 건립되기에 이른다. 특히 이 리츠 호텔은 무엇보다도 “고객은 항상 옳다(Guest is always right)”라는 슬로건을 내걸고 서비스의 초점을 고객에게 맞춤으로써 오늘날 “고객은 왕이다(Guest is my King)”라는 고객중시의 금과

옥조를 탄생시켰다고 할 수 있다. 이 리츠 호텔을 건립한 스위스 태생의 리츠(Cesar Ritz : 1850~1918)는 이후 호텔경영사에 고급호텔의 창시자로, 그리고 프랜차이즈(Franchise)에 의한 체인화를 추진한 최초의 선구적 호텔경영자로서 근대의 호텔산업 발전에 큰 공헌을 하였다.

2) 미국의 호텔

세계 최초의 호텔인 동시에 미국 최초의 호텔은 1794년 뉴욕에 세워진 시티 호텔(City Hotel)이라고 전해지고 있다. 당시 인구 3만의 뉴욕에 객실을 73개나 보유한 시티호텔은 사교의 중심지로 급부상하면서 주목을 끌었다.

그러나 미국에서의 최초의 현대식 호텔은 1829년 보스턴에 건립된 트레몬트 하우스(Tremont House)라고 할 수 있다. 이 호텔은 170개의 객실을 보유하고 오늘날의 호텔처럼 로비를 설치하였으며, 각 객실마다 충분한 프라이버시를 보장받을 수 있는 Single Room 및 Double Room을 확보하였고, 각 객실마다 세면용기와 물주전자 및 비누를 제공하고, 모든 객실에 열쇠(Lock)를 부착하였다. 그리고 교육을 받은 종사자로 하여금 각 객실의 손님들을 접대하게 하는 등 호텔의 시설과 서비스 면에서 획기적인 모델을 제시하였다.

1893년에는 뉴욕 중심가에 월도프 호텔(Waldorf Hotel)이 건립되었으며, 이 호텔은 다시 1897년에 월도프 아스토리아 호텔(Waldorf Astoria Hotel)이라는 이름으로 증축하여 드디어 객실 1,000개의 당시로는 세계 제일의 규모와 시설을 자랑하는 호텔로 등장한 것이다.

20세기에 들어서면서 늘어나는 여행객의 수요에 따라 상용고객들이 원하는 숙박시설의 형태, 서비스의 개발, 중상층 고객들에 맞는 숙박시설이 필요하게 되었다. 이러한 시기에 근대호텔의 혁명왕으로 불려지는 스타틀러(E. M. Statler)가 1908년에 버펄로(Buffalo)에 스타틀러 호텔을 건립하였다. 이 호텔은 '1달러 반으로 욕실 딸린 객실을(a room and a bath for a dollar and a half)'라는 선전문구로 당시로는 파격적인 저렴한 가격으로 객실을 판매함으로써 현대적 의미의 상용호텔의 등장을 가져왔다. 이 호텔은 비상 방화문의 설치, 열쇠. 현관 스위치의 설비, 개인욕실, 객실마다 얼음물 제공, 전신(全身)

크기의 거울 설치 등 서비스뿐만 아니라 시설 면에서도 중상층의 욕구를 꿰뚫음으로써 대단한 성공을 거두었다.

스타틀러 호텔은 1930년초 대공황으로 인해 미국 전체 호텔의 85%가 도산하였음에도 불구하고 하나도 도산하지 않고 건재하였으나, 1954년에 힐튼(Conrad N. Hilton)에게 전 체인호텔이 인도됨으로써 스타틀러의 시대는 막을 내리게 되고 힐튼호텔의 시대가 등장하게 되었다.

4. 현대의 숙박시설

현대 호텔의 역사는 미국 호텔의 역사라 해도 과언이 아닐 정도로 미국을 중심으로 발전하여 왔으며, 대부분의 나라가 미국 호텔의 발전형태를 모델로 삼아 자국의 호텔을 발전시켜 온 것이다.

미국은 대공황을 거치고 제2차 세계대전으로 인해 군인들의 이동과 전후 복구활동으로 인해 호황기를 맞게 된다. 특히 전후(戰後) 고속도로 확장사업에 힘을 기울인 미국정부가 계속해서 새로운 고속도로를 건설하였고, 자동차의 보급과 다른 교통수단의 발전은 여행객들의 급격한 증가를 낳았다. 이러한 교통설비 및 교통수단의 발달은 여행객의 수를 증가시키면서 아울러 여행기간을 줄이는 새로운 형태의 여행을 낳게 되어 호텔업계에서는 이에 발맞추어 프랜차이즈 시스템에 의한 호텔 및 모텔이 본격적으로 등장하게 되었다. 이러한 추세에 따라 체인호텔 시스템을 도입한 대규모의 호텔체인이 등장하게 되는데 쉐라톤(Sheraton), 힐튼(Hilton) 등이 그 대표적인 예이다. 이들 체인호텔들은 기존 호텔들을 매입하는가 하면, 새로운 신규호텔을 건축하면서 아울러 리스, 프랜차이징, 경영대리계약 등의 다양한 방식으로 호텔의 체인화를 확대하였다.

현대의 호텔경영에 있어서 가장 중요하게 대두되는 체인화에는 여러 가지 방법이 있으나, 일반적으로 경영대리계약(management contract)방식과 프랜차이즈(franchaise)방식으로 분류하고 있다. 힐튼호텔의 창시자인 힐튼(Conrad N. Hilton)은 경영대리계약방식으로 체인화를 추진하였으며, 홀리데이 인(Holiday Inn)의 창업자이면서 전후 숙박산업 최대의 기업가인 윌슨(Kemmons Wilson)은 프랜차이즈 방식으로 체인화를 추진한 대표적 인물이다.

5. 우리나라 숙박업(호텔업)의 발전

1) 우리나라 호텔업의 시작

우리나라 호텔업의 발전은 최초의 서양식 호텔로부터 살펴볼 수 있다. 우리나라 최초의 서구식 호텔은 일본인 호리 리기다로(堀力太郞)가 1888년(고종 25년) 인천 서린동에 세운 대불(大佛)호텔이었다. 우리나라 호텔의 효시(嚆矢)로 일컬어지는 이 호텔은 3층 건물에 객실 11개를 갖춘 당시로서는 고급으로 지어진 건물로 우리나라를 찾는 외국인을 위한 양식호텔이었다. 이후 대불호텔의 호황에 힘입어 청나라의 이태(怡泰)라는 사람이 대불호텔 맞은편에 객실 8개의 2층짜리 스튜어드 호텔(Steward Hotel)을 개관하였는데, 1층에서는 양잡화상(洋雜貨商)을 운영하면서 2층은 객실로 영업을 하였다.

그러나 1899년 9월에 경인선(京仁線)이 개통되면서 서울과 인천간의 여행시간이 단축됨으로써 외국인들은 굳이 인천에서만 숙박할 필요가 없게 되자 인천의 대불호텔 등은 사양길을 걷게 되었고, 반면에 서울에서는 1902년 독일 여인 안트와네트 손탁(Sontag)이 지금의 정동에 손탁호텔(Sontag Hotel)을 건립하였다. 이 손탁호텔은 1층에는 보통 객실과 식당・회의장 등을 갖추고, 2층에는 황실의 귀빈을 모시는 객실로 꾸며 우리나라 숙박시설에 일대 전환기를 가져왔다. 호텔 내 식당에서는 처음으로 프랑스요리를 선보였으며, 객실의 가구를 비롯한 장식품, 악기, 의류 및 요리 등이 서양식으로 제공되었다. 1909년에는 역시 정동에 프랑스인이 하남(何南)호텔을, 1911년에는 일본인이 남산입구에 소복(笑福)호텔을 개업하기도 하였다.

2) 철도호텔의 발전기

일본이 중국대륙의 침략을 위해 한반도를 교두보로 삼아 남북을 종단하는 철도를 부설하고 이에 따른 부대사업으로 철도이용객의 편의를 위해 철도역에 역사(驛舍)를 건축하는 것이 필요불가결하였던 것이다.

1899년 경인선, 1905년 경부선, 1906년 경의선이 개통되면서 여행자들의 편의를 위해 철도호텔들이 탄생하게 되었다. 1912년 8월 신의주에 가장 먼저 철도호텔이 개관되었고, 동년 12월에는 부산역에 역사(驛舍)를 벽돌 2층 건물로 세우면서 1층은 대합실로, 2층은 호텔객실로 활용하게 되었는데, 이것이 우리나라 국영호텔의 시초이다.

이러한 국영호텔은 1914년 조선호텔, 1915년 금강산호텔, 1918년 장안사호텔, 1920년 온양온천호텔, 1925년 평양호텔 등이 계속해서 건립되었다. 그리고 이어서 경성호텔, 광화문호텔, 목포호텔, 부산의 동래호텔, 신촌 부근의 온천호텔, 월미도호텔 등이 영업을 시작하였고, 1936년에는 미국 스타틀러 호텔의 경영방식을 도입한 반도호텔이 일본인 노구찌(野口)에 의해 우리나라 최초의 상용(商用)호텔시대의 문을 열었다. 이 반도호텔은 111개의 객실을 갖춘 당시 최대의 시설규모를 자랑하면서 우리나라 호텔산업에 일대 전환기를 가져왔다.

3) 현대적 호텔의 발전

1936년도에는 지금의 롯데호텔 자리에 우리나라 최초의 상용(商用)호텔(commercial hotel)로써 반도호텔이 건립되었다. 이 호텔은 8층 콘크리트 건물로써 111개의 객실을 갖추고 미국의 스타틀러(Statler) 호텔의 경영방식을 처음으로 도입하였고, 최초로 간부급 종사원들을 외국에 파견시켜 호텔전문교육을 받고 돌아와 근무케 하였다.

해방 이후 1949년에는 교통부에서 빅토리 호텔을 인수·경영하였고, 1950년도에는 온양, 대구, 설악산, 무등산, 화진포에 호텔이 개관되며, 1952년에는 대원호텔이 문을 열었다. 이후 1954년 2월 교통부 육운국에 관광과가 개설되면서 호텔은 새로운 국면을 맞게 되는데, 1955년에는 금수장 호텔(현 앰배서더 호텔의 전신), 1957년에는 대구 관광호텔과 UN Center Hotel이, 1960년에 설악산 관광호텔이, 1960년에 Astoria Hotel과 Metro Hotel이 건설되었고, 뒤이어 사보이, 뉴코리아, 그랜드 호텔 등이 등장하였다.

1961년 8월 22일에는 우리나라 최초의 관광법규인 「관광사업진흥법」이 제정·공포되었는데, 이로써 관광호텔은 획기적인 발전의 기틀을 마련하게 되었다. 또 1962년에는 「국제관광공사법」이 제정되고 이 법에 의하여 국제관광공사(현 한국관광공사)가 설립되면서 기존의 반도호텔, 조선호텔을 비롯한 지방호텔의 호텔경영권을 인수받아 새로이 영업에 들어갔다. 그리고 1963년에는 워커힐호텔이 개관하여 영업을 시작하였고, 1966년에는 순 민간자본으로 건립된 세종호텔이 문을 열었다.

1970년대에는 정부가 제3차 경제개발5개년계획에 따라 관광사업을 국가전략사업으로 인식하면서 관광호텔이 더욱 증가하였는데, 정부주도하에 운영되던 호텔들이 하나둘씩 민영화하면서 경영방식에 있어서도 일대 전환점을 가져왔으며, 전국적인 관광호텔의 등급화제도가 시행되면서 민간자본으로 이루어진 국제수준의 대규모 호텔들의 신축도 줄을 이었다. 또 외국인뿐만 아니라 내국인의 호텔이용에 대한 수요가 증가함에 따라 세계 유명호텔과의 체인화를 유치하여 서구식 대규모 관광호텔의 건설이 활기를 띠었다.

1980년대에는 국민관광과 국제관광의 조화발전 및 서비스수준의 향상, 국제회의의 국내유치, 86아시안게임과 88서울올림픽 개최 등을 통하여 우리나라 호텔산업도 일대 도약기를 맞이하게 되었다. 특히 이 시기에는 국내 유수의 대기업들의 호텔사업 진출이 본격적으로 시작되었고, 아울러 한국 고유의 멋을 살린 관광호텔이 건설되는 등 호텔기업의 다양화·고급화 경향으로 각종 편의시설을 비롯한 판매시설에 더해 '관광의 꽃'이라 불리는 각종 컨벤션산업의 무대로도 호텔이 큰 역할을 하게 되었다.

제2절 관광숙박업의 일반적 이해

1. 관광숙박업의 개념

1) 숙박업과 관광사업과의 개념차이

숙박업이란 숙박시설의 건설과 운영을 목적으로 하는 사업활동을 말하는 것으로, 일반대중을 대상으로 숙면과 음식에 관계되는 인적·물적 서비스를 제공함으로써 목적지에서 체재를 가능하게 하는 시설사업을 의미한다고 하겠다.

원래 숙박시설은 관광까지 포함한 여행에 필요한 시설로서 관광 역시 여행의 일종이므로 관광사업의 중요한 요소가 되어 있다. 그러나 숙박업이란 개념과 관광사업이란 개념은 그 대상이 다르기 때문에 숙박업이 곧 관광사업이 될 수는 없는 것이다.

일반적으로 숙박업으로서는 호텔, 콘도미니엄, 여관, 여인숙 등을 당연히 그 대상으로 들 수 있지만, 이 모두가 관광객만의 이용대상이 되는 것은 아니고, 그 밖의 여행객층 일반도 이용의 대상이 되고 있는 것이다. 그러므로 「관광진흥법」은 숙박업 가운데서 관광객이 주로 이용하는 대상이 되는 영업만을 선정하여 관광숙박업으로 규정하고 있는 것이며, 또 관광숙박업의 종류별로 등록기준을 설정하고 있는 것이다.

2) 관광숙박업의 정의

관광숙박업에 직접 관련되는 주요한 법률로서는 「관광진흥법」이 있다. 이 법은 관광과 관계되는 법률 중에서도 가장 핵심적인 법이라 할 수 있는데, 관광여건의 조성, 관광자원의 개발, 관광사업의 지도 및 육성 등을 통하여 우리나라 관광진흥을 도모함을 목적으로 하고 있다.

현행 「관광진흥법」은 관광숙박업을 호텔업과 휴양콘도미니엄업으로 나누고, 호텔업을 다시 세분하고 있다(동법 제3조 제1항 2호 및 동법시행령 제2조 제1항 2호).

여기서 호텔업이란 관광객의 숙박에 적합한 시설을 갖추어 이를 관광객에게 제공하거나 숙박에 딸리는 음식·운동·오락·휴양·공연 또는 연수에 적합한 시설 등을 함께 갖추어 이를 이용하게 하는 업을 말하며, 휴양콘도미니엄업이란 관광객의 숙박과 취사에 적합한 시설을 갖추어 이를 그 시설의 회원이나 공유자, 그 밖의 관광객에게 제공하거나 숙박에 딸리는 음식·운동·오락·휴양·공연 또는 연수에 적합한 시설 등을 함께 갖추어 이를 이용하게 하는 업을 말한다.

2. 관광숙박업의 특성

관광숙박업의 관광상품은 유형상품과 무형의 서비스가 복합적으로 구성되어 상품화되기 때문에 다음과 같은 특성을 지닌다.

1) 인적 서비스에 대한 의존성

호텔기업의 경영은 먼저 고객에 대한 서비스를 강조하게 된다. 호텔의 개념이 '임시적 가정'으로 집약될 수 있음에 비추어, 호텔을 이용하는 고객에게 마치 가정과 같은 안도감과 유쾌한 시간을 최대한 보장해 주어야 할 의무가 있는 것이다. 오늘날 고객의 욕구는 매우 다종다양하므로 임기응변의 재치있는 서비스는 규격화되고 자동화된 기계설비에 의해서는 제공될 수 없다고 보기 때문에, 인적 자원에 대한 의존도는 타기업에 비하여 크다고 할 수 있다.

2) 부문간 협동체제의 긴밀성

호텔기업의 운영에 있어서의 특성은 각 부서간의 긴밀한 협동이다. 호텔은 현관을 비롯하여 각 계층의 서비스 및 객실서비스에 이르기까지 다양한 서비스 직무가 있다. 이러한 직무를 수행하는 것은 한 조직의 궁극적 목표, 즉 고객의 서비스에 귀착되는 것이다. 그러므로 각 부문이 제각기 주어진 직무를 원만히 수행하여야 궁극적인 목적의 달성이 가능한 것이며, 기업의 궁극적 목표인 이윤의 추구와 기업의 존속을 도모할 수 있는데, 이에 가장 유효하게 이 목표를 수행하는데 절실히 요청되는 것이 각 부문간의 협동이라고 할 수 있다.

3) 연중무휴의 영업

호텔기업은 연중무휴의 운영을 한다. 호텔 이용객은 집을 떠나 호텔에서 휴일을 즐기고자 하는 사람들이므로 호텔종사원은 하루 24시간, 연중무휴 365일 남들이 놀 때 더 한층 고객을 위한 서비스를 염두에 두고 근무해야 한다.

4) 과도한 일시적 최초투자

호텔시설은 다른 어떤 산업시설보다도 일시적 최초투자(initial investment)의 필요성이 높아서 방대한 규모의 투자가 호텔 건립시 일시적으로 이루어져야 한다. 그러므로 호텔시설은 다른 일반 산업시설처럼 연차적으로 확장 및 재투자를 할 수 없기 때문에, 이것이 호텔기업이 갖는 숙명적인 최대의 불리점이기도 하다.

5) 시설의 조기노후화

호텔시설은 다른 산업시설에 비해 노후화가 매우 빠르다. 호텔기업은 시설 그 자체를 상품으로 활용하기 때문이다. 이에 비해 타 기업은 시설물 자체를 상품으로 활용하지 않으므로 훼손의 속도가 비교적 느리다. 호텔시설은 시설 자체가 하나의 제품으로서 고객에게 어필(appeal)되어야 하기 때문에 결과적으로 그 노후화와 진부화는 가장 빠르게 이루어진다.

6) 비생산적 공공장소의 유지

호텔기업은 비생산적 공공장소(public space)를 필연적으로 마련해야 하는 불리점이 있다. 그 대표적인 예로 로비(lobby) 등의 공용장소를 들 수 있다. 호텔을 개인전용의 기본시설과 공공의 이용을 전제로 하는 공공장소의 2개 부문으로 나눌 때, 후자의 경우 식당, 라운지 등은 생산적 요소인데 반하여, 고액투자의 로비 등은 비생산적 요소로서 비싼 지대 및 건축비를 감안한다면 달갑지 않은 요소임에는 틀림없으나, 이는 호텔기업이 가지는 숙명적 특성으로 이해할 수밖에 없다.

7) 고정자산의 구성비 과다

호텔기업은 고정자산의 구성비율이 높다. 호텔기업은 고정자산이 전체시설의 태반 이상을 차지함으로써 높은 고정자산의 구성비를 보여주고, 이로 인하여 낮은 운영자금의 핍박을 면치 못하게 된다. 또한 수익률이 다른 기업에 비해 극히 낮으므로 자본가의 투자의욕을 쉽사리 유발하지 못하는 난점도 있다.

8) 고정경비 지출의 과다

호텔기업은 다른 기업에 비해 높은 고정비지출을 감수해야 할 숙명을 지니고 있다. 연료비, 전기료, 인건비 등 공공장소(public space)와 관련된 경비는 호텔의 고정경비로서 고객이 많든 적든 간에 일정한 수준으로 유지되어야 하는 데에 경영상의 어려움이 있다.

9) 상품저장의 불가능

호텔의 제품은 저장할 수 없다. 일반제품은 오늘 팔지 못하면 내일 판매할 기회를 바라고 저장할 수 있다. 그러나 호텔객실은 오늘 팔지 못하면 그날의 객실로서의 의미는 영구히 살아지는 특성을 갖고 있다.

10) 수입의 불안정성

호텔 수입의 불안정성이 다른 기업에 비하여 더욱 심하다. 호텔기업은 계절적인 영향에 크게 좌우되는 여행현상과 정비례하여 고객의 증가와 감소를 가져오므로 기업운영의 불안정성은 피할 수 없는 것이다. 그러나 근래 휴가기간의 조절과 교통수단의 발달, 그리고 지역사회의 새로운 소득층의 호텔이용 등으로 인해 종전과 같은 심한 호텔수입의 불안정성은 다소 극복되었다고 본다.

3. 관광숙박업의 분류

현행 「관광진흥법」은 관광숙박업을 호텔업과 휴양콘도미니엄업으로 나누고 (제3조 1항 2호), 호텔업을 다시 세분하고 있다.

1) 호텔업

호텔업은 그 운영형태, 이용방법 또는 시설구조에 따라 관광호텔업, 수상관광호텔업, 한국전통호텔업, 가족호텔업, 호스텔업 등으로 세분하고 있다(동법 시행령 제2조 1항 2호).

(1) 관광호텔업

관광호텔업은 관광객의 숙박에 적합한 시설을 갖추어 관광객에게 이용하게 하고 숙박에 딸린 음식·운동·오락·휴양·공연 또는 연수에 적합한 시설 등(이하 "부대시설"이라 한다)을 함께 갖추어 관광객에게 이용하게 하는 업(業)을 말한다. 종전에는 관광호텔업을 종합관광호텔업과 일반관광호텔업으로 세분하였던 것이나, 2003년 8월 「관광진흥법 시행령」을 개정하면서 이를 관광호텔업으로 통일하였다.

우리나라 관광호텔업의 등록현황을 살펴보면, 2011년 12월 말 기준으로 전국에 644개 업체에 7만 763실이 운영되고 있다(문화체육관광부, 전게 2011년 기준 연차보고서, pp.274~275).

(2) 수상관광호텔업

수상관광호텔업은 수상에 구조물 또는 선박을 고정하거나 매어 놓고 관광객의 숙박에 적합한 시설을 갖추거나 부대시설을 함께 갖추어 관광객에게 이용하게 하는 업으로서, 수려한 해상경관을 볼 수 있도록 해상에 구조물 또는 선박을 개조하여 설치한 숙박시설을 말한다. 만일 노후선박을 개조하여 숙박에 적합한 시설을 갖추고 있더라도 동력(動力)을 이용하여 선박이 이동할 경우에는 이는 관광호텔이 아니라 선박으로 인정된다.

우리나라에는 2000년 7월 20일 최초로 부산 해운대구에 객실수 53실의 수상관광호텔이 등록된 바 있으나, 그 후 태풍으로 인해 멸실되어 현재는 전국에 하나도 존재하지 않는다.

(3) 한국전통호텔업

한국전통호텔업은 한국전통의 건축물에 관광객의 숙박에 적합한 시설을 갖추거나 부대시설을 함께 갖추어 관광객에게 이용하게 하는 업을 말한다.

현재 우리나라에서 운영되고 있는 관광호텔은 모두가 서양식의 구조와 설비를 갖추고 있어 외국인관광객이 한국고유의 전통적 숙박시설을 이용할 수 없는 것이 오늘의 현실이다. 따라서 외국인관광객의 수요에 대처하기 위하여 한국고유의 전통건축 양식에 한국적 분위를 풍길 수 있는 객실과 정원을 갖추고 한국전통요리를 제공하도록 한 것이 한국전통호텔업이다.

우리나라에는 1991년 7월 26일 최초로 제주도 중문관광단지 내에 객실수 26실의 한국전통호텔(씨에스호텔앤리조트)이 등록되어 운영 중에 있으며, 2010년 7월 5일에는 경북에 (주)신라밀레니엄 라궁 16실, 2011년 전남에 영산재 21실이 등록되어 전국에 3개소 63실이 운영되고 있다(문화체육관광부, 전게 2011년 기준 연차보고서, p.284).

(4) 가족호텔업

가족호텔업은 가족단위 관광객의 숙박에 적합하도록 숙박시설 및 취사도구를 갖추어 관광객에게 이용하게 하거나 숙박에 딸린 음식·운동·휴양 또는 연수에 적합한 시설을 함께 갖추어 관광객에게 이용하게 하는 업을 말한다.

경제성장으로 인한 국민소득수준의 향상은 다수 국민으로 하여금 여가활동을 향유케 함으로써 가족단위 관광의 증가를 가져왔는데, 이에 따라 가족호텔을 급격히 증가하게 하였다. 이에 정부는 증가된 가족단위의 관광수요에 부응하여 국민복지 차원에서 저렴한 비용으로 건전한 가족관광을 영위할 수 있게 하기 위하여 가족호텔 내에는 취사장, 운동·오락시설 및 위생설비를 겸비토록 하고 있다.

우리나라 가족호텔업의 등록현황을 살펴보면 2011년 12월 말 기준으로 전국 52개소에 객실수 5,978실이 등록되어 있다(문화체육관광부, 전게 2011년 기준 연차보고서, pp.257~259).

(5) 호스텔업

호스텔업은 배낭여행객 등 개별 관광객의 숙박에 적합한 시설로서 샤워장, 취사장 등의 편의시설과 외국인 및 내국인 관광객을 위한 문화·정보 교류시설 등을 함께 갖추어 이용하게 하는 업을 말한다. 이는 2009년 10월 7일 「관광진흥법 시행령」 개정 때 호텔업의 한 종류로 신설되었는데, 2010년 12월 21일 최초로 제주도에 객실수 36실의 호스텔이 등록되었으며, 2011년도에 제주도 4개소 81실, 인천광역시 1개소 15실이 등록되어 전국 6개소 132실이 운영되고 있다(문화체육관광부, 전게 2011년 기준 연차보고서, pp.284~285).

2) 휴양콘도미니엄업

휴양콘도미니엄업이란 관광객의 숙박과 취사에 적합한 시설을 갖추어 이를 그 시설의 회원이나 공유자, 그 밖의 관광객에게 제공하거나 숙박에 딸리는 음식·운동·오락·휴양·공연 또는 연수에 적합한 시설 등을 함께 갖추어 이를 이용하게 하는 업을 말한다(관광진흥법 제3조제1항 제2호).

본래 콘도미니엄(Condominium)은 1957년 스페인에서 기존호텔에 개인의 소유개념을 도입하여 개발한 것이 그 시초이며, 1950년대 이탈리아에서 중소기업들이 종업원 후생복지를 위해 회사가 공동투자를 하여 연립주택이나 호텔형태로 지은 별장식 가옥을 10여명이 소유하는 공공휴양시설로 개발한 것이 그 효시이다.

우리나라는 1981년 4월 (주)한국콘도에서 경주보문단지 내에 25평형 103실을 분양한 것이 콘도미니엄의 시초인데, 1982년 12월 31일에는 휴양콘도미니엄업을 「관광진흥법」상의 관광숙박업종으로 신설한 후 오늘에 이르고 있다.

우리나라 휴양콘도미니엄업의 등록현황을 살펴보면 2011년 12월 말 기준으로 전국에 182개 콘도에 38,623실이 운영되고 있다(문화체육관광부, 전게 2011년 기준 연차보고서, pp.260~261).

4. 관광숙박업의 등록

1) 관광숙박업의 등록관청

관광숙박업(호텔업 및 휴양콘도미니엄업)을 경영하려는 자는 특별자치도지사·시장·군수·구청장(자치구의 구청장을 말한다)에게 등록하여야 한다(관광진흥법 제4조 제1항). 따라서 관광숙박업의 등록관청은 특별자치도지사·시장·군수·구청장이다.

그런데 관광숙박업의 등록은 다른 등록대상업종과는 달라서 등록을 하기 전에 그 사업에 대한 사업계획을 작성하여 특별자치도지사・시장・군수・구청장의 승인을 받아야 하고(사업계획의 사전승인제도), 또 관광숙박업 등록심의위원회의 심의를 거쳐 등록 여부를 결정한다(동법 제15조 1항 및 제17조 1항).

2) 관광숙박업의 등록절차

관광숙박업의 등록을 하려는 자는 문화체육관광부령이 정하는 바에 따라 소정의 관광사업등록신청서를 등록관청인 특별자치도지사・시장・군수・구청장에게 제출하여야 한다.

등록신청을 받은 특별자치도지사・시장・군수・구청장은 신청한 사항이 등록기준에 맞으면 관광사업등록증을 신청인에게 발급하여야 한다.

3) 관광숙박업의 등록기준

관광숙박업의 등록기준은 대통령령으로 정한다. 「관광진흥법 시행령」은 관광숙박업을 관광호텔업, 수상관광호텔업, 한국전통호텔업, 가족호텔업, 호스텔업 및 휴양콘도미니엄업으로 구분하여 등록기준을 정하고 있다(동법 시행령 제5조 관련 〈별표 1〉).

(1) 관광호텔업의 등록기준

① 욕실이나 샤워시설을 갖춘 객실을 30실 이상 갖추고 있을 것
② 외국인에게 서비스를 제공할 수 있는 체제를 갖추고 있을 것
③ 대지 및 건물의 소유권 또는 사용권을 확보하고 있을 것. 다만, 회원을 모집하는 경우에는 소유권을 확보하여야 한다.

(2) 수상관광호텔업의 등록기준

① 수상관광호텔이 위치하는 수면은 「공유수면 관리 및 매립에 관한 법률」 또는 「하천법」에 따라 관리청으로부터 점용허가(占用許可)를 받을 것
② 욕실이나 샤워시설을 갖춘 객실이 30실 이상일 것
③ 외국인에게 서비스를 제공할 수 있는 체제를 갖추고 있을 것

④ 수상오염을 방지하기 위한 오수 저장·처리시설과 폐기물처리시설을 갖추고 있을 것

⑤ 구조물 또는 선박의 소유권 또는 사용권을 확보하고 있을 것. 다만, 회원을 모집하는 경우에는 소유권을 확보하여야 한다.

(3) 한국전통호텔업의 등록기준

① 건축물의 외관은 전통가옥의 형태를 갖추고 있을 것

② 이용자의 불편이 없도록 욕실이나 샤워시설을 갖추고 있을 것

③ 외국인에게 서비스를 제공할 수 있는 체제를 갖추고 있을 것

④ 대지 및 건물의 소유권 또는 사용권을 확보하고 있을 것. 다만, 회원을 모집하는 경우에는 소유권을 확보하여야 한다.

(4) 가족호텔업의 등록기준

① 가족단위 관광객이 이용할 수 있는 취사시설이 객실별로 설치되어 있거나 층별로 공동취사장이 설치되어 있을 것

② 욕실이나 샤워시설을 갖춘 객실이 30실 이상일 것

③ 객실별 면적이 19제곱미터 이상일 것

④ 외국인에게 서비스를 제공할 수 있는 체제를 갖추고 있을 것

⑤ 대지 및 건물의 소유권 또는 사용권을 확보하고 있을 것. 다만, 회원을 모집하는 경우에는 소유권을 확보하여야 한다.

(5) 호스텔업의 등록기준

① 배낭여행객 등 개별 관광객의 숙박에 적합한 객실을 갖추고 있을 것

② 이용자의 불편이 없도록 화장실, 샤워장, 취사장 등의 편의시설을 갖추고 있을 것

③ 외국인 및 내국인 관광객에게 서비스를 제공할 수 있는 문화·정보 교류시설을 갖추고 있을 것

④ 대지 및 건물의 소유권 또는 사용권을 확보하고 있을 것

(6) 휴양콘도미니엄업의 등록기준

① 객실

가. 같은 단지 안에 객실이 50실 이상일 것

나. 관광객의 취사·체류 및 숙박에 필요한 설비를 갖추고 있을 것

② 매점 등

매점 또는 간이매장이 있을 것. 다만, 여러 개의 동으로 단지를 구성할 경우에는 공동으로 설치할 수 있다.

③ 문화체육공간

공연장·전시관·미술관·박물관·수영장·테니스장·축구장·농구장, 그 밖에 관광객이 이용하기 적합한 문화체육공간을 1개소 이상 갖출 것. 다만, 수개의 동으로 단지를 구성할 경우에는 공동으로 설치할 수 있으며, 관광지·관광단지 또는 종합휴양업의 시설 안에 있는 휴양콘도미니엄의 경우에는 이를 설치하지 아니할 수 있다.

④ 대지 및 건물의 소유권 또는 사용권을 확보하고 있을 것. 다만, 분양 또는 회원을 모집하는 경우에는 소유권을 확보하여야 한다.

5. 관광숙박업의 등급

1) 등급결정의 의의

문화체육관광부장관(제주특별자치도는 도지사)은 관광숙박시설 이용자의 편의를 돕고, 관광숙박시설 및 서비스의 수준을 효율적으로 유지·관리하기 위하여 관광숙박업에 대한 등급을 정할 수 있는데(관광진흥법 제19조 및 동법 시행령 제22조, '제주특별법' 제171조의2), 이러한 등급결정권은 일정한 요건을 갖춘 법인에 위탁하도록 하고 있다(관광진흥법 제80조 3항 2호 및 동법시행령 제66조).

2) 등급결정대상 관광숙박업 및 등급구분

등급을 결정하여야 할 대상업종은 호텔업에 한한다. 그러므로 관광호텔업, 수상관광호텔업, 한국전통호텔업, 가족호텔업 및 호스텔업이 모두 등급결정대상 호텔업이다. 그리고 호텔업의 등급은 특1등급, 특2등급, 1등급, 2등급 및 3등급으로 구분한다(관광진흥법 시행령 제22조 1항).

3) 호텔업의 등급결정권자

문화체육관광부장관은 호텔업의 등급결정권한을 일정한 요건을 갖춘 법인 중 문화체육관광부장관에게 등록한 법인에 위탁하고 있다. 이 경우 문화체육관광부장관은 등급결정권을 위탁한 법인의 명칭·주소 및 대표자 등을 고시하여야 한다(관광진흥법 제80조 3항 2호, 동법 시행령 제66조).

다만, 「제주특별자치도 설치 및 국제자유도시 조성을 위한 특별법」의 규정에 따라 제주특별자치도는 도지사가 호텔등급을 결정하고, 등급에 관한 필요사항은 도조례(道條例)로 정할 수 있기 때문에(동법 제171조의2 제1항 및 제2항), 제주특별자치도에 위치하고 있는 호텔의 등급결정은 「관광진흥법」의 적용을 받지 않는다.

4) 호텔업의 등급결정사유

호텔업의 등록을 한 자는 다음 각 호의 사유가 발생한 날부터 60일 이내에 문화체육관광부장관으로부터 등급결정권을 위탁받아 고시된 법인에 등급결정을 신청하여야 한다. 다만, 가족호텔업 또는 호스텔업의 등록을 한 자는 등급결정을 신청하지 아니할 수 있다(동법 시행규칙 제25조제1항 〈개정 2010.8.17〉).

① 호텔을 신규 등록한 경우
② 등급결정을 받은 날부터 3년이 지난 경우
③ 시설의 증·개축 또는 서비스 및 운영실태 등의 변경에 따른 등급 조정 사유가 발생한 경우

5) 호텔업의 등급결정기준 등

(1) 등급결정기준

호텔업의 등급결정기준은 다음의 별표 7과 같다.

◆ **호텔업의 등급결정기준**(시행규칙 제25조 제2항 관련 〈별표 7〉) ◆

구분	특1등급	특2등급	1등급	2등급	3등급
결정기준 (만점기준)	90% 이상	80% 이상	70% 이상	60% 이상	50% 이상

주: 각 등급별 평정기준은 「관광진흥법 시행규칙」 제25조 제3항에 따라 문화체육관광부장관이 고시한 호텔업의 등급결정을 위한 평정기준에 따른다.

(2) 등급결정을 위한 평가요소

등급결정을 하는 경우에 평가요소는 ① 서비스상태, ② 건축・설비・주차시설, ③ 전기・통신시설, ④ 소방・안전상태, ⑤ 소비자만족도 등이다.

(3) 등급결정의 절차

호텔업의 등급결정절차는 문화체육관광부령으로 정하고 세부적인 절차는 문화체육관광부장관이 정하여 고시한다.

6. 우수숙박시설의 지정 및 지원 등

1) 개 요

개정된(개정 2009.3.25. 시행 2009.9.26.) 「관광진흥법」은 급격히 증가하고 있는 외국인 관광객 등에게 서비스수준을 보장할 수 있는 숙박시설을 제공하기 위하여 우수숙박시설 지정제도를 도입하고, 지역관광진흥협의체에 대한 지원근거를 마련하는 등 관광산업의 경쟁력을 높이기 위한 제도를 보완하였다.

따라서 문화체육관광부장관이나 지방자치단체의 장은 관광객이 숙박시설을 편리하게 이용하고, 우수한 숙박시설이 늘어나도록 하기 위하여 일반숙박시설(공중위생관리법에 따라 신고하는 여관, 모텔 등으로 관광숙박시설이 아님)을 우수숙박시설로 지정하여 지원하거나, 경우에 따라서는 취소할 수 있다(관광진흥법 제19조의2 제1항).

다만, 문화체육관광부장관의 우수숙박시설의 지정 및 취소에 관한 권한은 한국관광공사에 위탁하도록 되어 있다(동법시행령 제65조제1항 1의2호).

2) 우수숙박시설의 지정기준

① 외국인에게 서비스(숙박요금 등 이용 정보 안내서비스 등을 말한다)를 제공할 수 있는 체제를 갖추고 있을 것
② 안내데스크에 요금표를 게시하고 신용카드 결제가 가능할 것
③ 조명, 소방 및 안전관리 등은 관련 법령으로 정한 기준에 적합하게 유지하고, 정기적으로 점검하고 관리할 것
④ 관광객을 맞이하는 프론트의 접객공간이 개방형 구조일 것
⑤ 주차장에 차단벽 등 폐쇄형 구조물이 없을 것
⑥ 건물 내부 및 외부에 대실 영업에 대한 공지를 하지 아니 할 것
⑦ 성인방송을 제공하는 경우에는 청소년의 이용을 제한할 수 있는 등의 제어기능 장치를 갖추고 있을 것

3) 우수숙박시설의 지원사항

① 관광진흥개발기금의 대여
② 국내 또는 국외에서의 홍보
③ 그 밖에 숙박시설운영 및 개선을 위하여 필요한 사항

4) 우수숙박시설의 지정 취소

다음 중 어느 하나에 해당하는 경우에는 그 지정을 취소할 수 있다.

① 거짓이나 그 밖에 부정한 방법으로 지정을 받은 경우. 이 때에는 반드시 취소하여야 한다.
② 위의 2)의 7가지 지정기준을 충족하지 못하게 된 경우

7. 관광숙박업 등의 분양 및 회원모집

관광숙박업(호텔업 및 휴양콘도미니엄업)이나 관광객이용시설업 중 제2종 종합휴양업을 등록한 자 또는 그 사업계획의 승인을 받은 자가 아니면 그 관광사업

의 시설에 대하여 분양(휴양콘도미니엄만 해당한다) 또는 회원모집을 하여서는 아니된다(관광진흥법 제20조 제1항, 동법 시행령 제23조).

1) 분양 및 회원모집 대상업종

① 분양 및 회원모집이 모두 가능한 업종 — 휴양콘도미니엄업
② 회원모집만 가능한 업종 — 호텔업 및 제2종 종합휴양업

종전에는 호텔업 중 가족호텔업만 회원모집이 가능하였으나, 2006년 2월 2일 「관광진흥법 시행령」(제23조)을 개정하여 호텔업의 세부업종 모두 회원모집을 할 수 있게 하였다. 그러나 이 때 새로 회원모집이 가능하게 된 관광호텔업·수상관광호텔업 및 한국전통호텔업은 2006년 2월 2일 이후에 사업계획승인을 받고 등록한 경우만 해당되게 하였으나, 2008년 8월 26일 「관광진흥법 시행령」이 개정되면서 2006년 2월 2일 이전에 사업계획승인을 받고 등록한 모든 호텔업도 회원모집을 할 수 있게 하였다(동법시행령 제23조 2항 2호).

한편, 문화체육관광부장관은 회원을 모집할 수 있는 대상업종의 범위가 적절한지를 2014년 12월 31일까지 검토하여 개선 등의 조치를 하여야 한다(동법시행령 제66조의2).

2) 분양 및 회원모집의 기준

휴양콘도미니엄업 시설의 분양 및 회원모집 기준과 호텔업 및 제2종 종합휴양업시설의 회원모집 기준은 다음과 같은데, 다만 제2종 종합휴양업 시설 중 등록체육시설업 시설에 대한 회원모집에 관하여는 「체육시설의 설치·이용에 관한 법률」에서 정하는 바에 따른다(관광진흥법 제20조 4항 및 동법시행령 제24조 1항).

(1) 대지·부지·건물의 소유권 및 사용권의 확보

가. 휴양콘도미니엄업 및 호텔업(수상관광호텔은 제외한다)의 경우에는 해당 관광숙박시설이 건설되는 대지의 소유권을, 수상관광호텔의 경우에는 구조물 또는 선박의 소유권을 확보할 것

나. 제2종 종합휴양업의 경우에는 회원모집 대상인 해당 제2종 종합휴양업 시설이 건설되는 부지의 소유권 또는 사용권을 확보할 것
다. 분양(휴양콘도미니엄업만 해당한다) 또는 회원모집 당시 해당 휴양콘도미니엄업·호텔업 및 제2종 종합휴양업의 건물이 사용승인된 경우에는 해당 건물의 소유권도 확보하여야 한다.

(2) 대지·부지·건물이 저당권의 목적물인 경우

대지·부지 및 건물이 저당권의 목적물로 되어 있는 경우에는 그 저당권을 말소하여야 한다. 다만, 공유제(共有制)일 경우에는 분양받은 자의 명의로 소유권 이전등기를 마칠 때까지, 회원제(會員制)일 경우에는 저당권이 말소될 때까지 분양 또는 회원모집과 관련한 사고로 인하여 분양을 받은 자나 회원에게 피해를 주는 경우 그 손해를 배상할 것을 내용으로 저당권설정금액에 해당하는 보증보험에 가입한 경우에는 저당권을 말소하지 않아도 된다(동법시행령 제24조 1항 2호).

(3) 분양 또는 회원모집 인원

한 개의 객실당 분양인원은 5명 이상으로 하되, 가족(부부 및 직계존비속을 말한다)만을 수분양자(受分讓者: 분양받은 자)로 하지 아니할 것. 다만, 공유자가 법인인 경우에는 그러하지 아니하다(동법시행령 제24조 1항 3호).

(4) 공유제와 회원제의 혼합금지

한 개의 객실에 공유제 또는 회원제를 혼합하여 분양하거나 회원모집을 하지 아니할 것(동법시행령 제24조 1항 4호).

(5) 연간 이용일수

공유자 또는 회원의 연간 이용일수는 365일을 객실당 분양 또는 회원모집계획 인원수로 나눈 범위 이내일 것(동법시행령 제24조 1항 5호).

(6) 주거용 모집금지

주거용으로 분양 또는 회원모집을 하지 아니할 것(동법시행령 제24조 1항 6호).

3) 분양 및 회원모집의 시기

휴양콘도미니엄업, 호텔업 및 제2종 종합휴양업의 분양 또는 회원을 모집하는 경우 그 시기 등은 다음과 같다(동법 제20조 4항, 동법시행령 제24조 2항 및 동법시행규칙 제26조).

(1) 휴양콘도미니엄업 및 제2종 종합휴양업의 경우

가) 해당 시설공사의 총 공사공정이 20퍼센트 이상 진행된 때부터 분양 또는 회원모집을 하되, 분양 또는 회원을 모집하려는 총 객실 중 공정률에 해당하는 객실을 대상으로 분양 또는 회원을 모집하여야 한다.

예를 들어 현재의 공정률이 20%라면 일단 분양 또는 회원모집이 가능하되, 총 객실 수가 500개라면 100개의 객실에 대해서만 분양 또는 회원모집이 가능하다.

나) 공정률에 해당하는 객실 수를 초과하여 분양 또는 회원을 모집하려는 경우에는 분양 또는 회원모집과 관련한 사고로 인하여 분양을 받은 자나 회원에게 피해를 주는 경우 그 손해를 배상할 것을 내용으로 공정률을 초과하여 분양 또는 회원을 모집하려는 금액에 해당하는 보증보험에 관광사업의 등록시까지 가입하여야 한다.

예를 들어 현재 공정률이 20%인데 만약 5%를 초과 분양하려면(객실 500개의 경우 25실), 초과분 25실에 해당하는 분양가격 또는 회원가입비만큼의 보증보험에 가입하라는 말이다. 1실당 분양가가 5,000만원이라면 25실이 초과하면 12억 5천만원의 보증보험에 가입해야 한다.

(2) 호텔업의 경우

관광사업의 등록후부터 회원을 모집하여야 한다. 호텔업은 분양은 할 수 없고 회원모집만 가능하므로 일단 등록이 되면 바로 회원을 모집할 수 있다. 다만, 제2종 종합휴양업에 포함된 호텔업의 경우에는 휴양콘도미니엄업과 동일한 적용을 받는다.

4) 분양 또는 회원모집 절차

(1) 분양 또는 회원모집계획서 제출

분양 또는 회원을 모집하려는 자는 분양 또는 회원모집계획서에 구비서류(관광진흥법 시행규칙 제27조 1항 각 호의 서류)를 첨부하여 특별자치도지사・시장・군수・구청장에게 제출하여야 한다. 이 경우 제출한 분양 또는 회원모집계획서의 내용이 사업계획승인 내용과 다른 경우에는 사업계획변경승인신청서를 함께 제출하여야 한다(동법 시행령 제25조 제1항・2항).

(2) 분양 또는 회원모집계획서 검토결과 통지

분양 또는 회원모집계획서를 제출받은 특별자치도지사・시장・군수・구청장은 이를 검토한 후 지체 없이 그 결과를 상대방에게 알려야 한다. 그리고 분양 또는 회원모집계획을 변경하는 경우에도 위와 같은 절차를 밟아야 한다(동법 시행령 제25조 제3항・4항).

5) 공유자 또는 회원의 권익보호

분양 또는 회원모집을 한 자는 공유자 또는 회원의 권익보호를 위하여 다음 각 호의 사항을 지켜야 한다(관광진흥법 제20조 5항, 동법 시행령 제26조). 뿐만 아니라 분양 또는 회원모집을 하려는 자가 사용하는 약관에도 이러한 내용을 포함시켜야 한다(동법 제20조 3항).

(1) 공유지분 또는 회원자격의 양도・양수

공유지분(共有持分) 또는 회원자격의 양도・양수를 제한하지 아니할 것. 즉 공유지분과 회원자격을 매매할 수 있다.

(2) 시설의 이용

공유자 또는 회원이 이용하지 아니하는 객실만을 공유자 또는 회원이 아닌 자에게 이용하게 할 것. 이 경우 객실이용계획을 수립하여 공유자・회원의 대표기구와 미리 협의하여야 하며, 객실이용명세서를 작성하여 공유자・회원의 대표기구에 알려야 한다.

(3) 시설의 유지 · 관리에 필요한 비용의 징수

가) 해당 시설을 선량한 관리자로서의 주의의무를 다하여 관리하되, 시설의 유지 · 관리에 드는 비용 외의 비용을 징수하지 아니할 것.

나) 가목에 따른 시설의 유지와 관리비용의 징수에 관한 사항을 변경하려는 경우에는 공유자 · 회원의 대표기구와 협의하고, 그 사용명세를 매년 공유자 · 회원의 대표기구에 공개할 것.

(4) 회원의 입회금의 반환

회원의 입회기간 및 입회금(회원자격을 부여받은 대가로 회원을 모집하는 자에게 지불하는 비용을 말한다)의 반환은 관광사업자 또는 사업계획승인을 받은 자와 회원간에 체결한 계약에 따르되, 회원의 입회기간이 끝나 입회금을 반환하여야 하는 경우에는 입회금 반환을 요구받은 날부터 10일 이내에 반환해야 한다.

(5) 회원증의 발급 · 확인 및 회원명부기록 · 유지

공유자나 회원에게 해당 시설의 공유자나 회원임을 증명하는 회원증을 문화체육관광부장관이 지정하여 고시하는 자로부터 확인을 받아 발급하고, 공유자 및 회원의 명부를 기록 · 유지하여야 하며, 회원증에는 다음 사항을 포함시켜야 한다(동법시행령 제26조 5호 및 동법시행규칙 제28조).

① 공유자 또는 회원의 번호
② 공유자 또는 회원의 성명과 주민등록번호
③ 사업장의 상호 · 명칭 및 소재지
④ 공유자와 회원의 구분
⑤ 면적
⑥ 분양일 또는 입회일
⑦ 발행일자

(6) 공유자 · 회원의 대표기구 구성

20명 이상의 공유자 · 회원으로 대표기구(그 분양 또는 회원모집을 한 자, 그 대표자 및 임직원은 대표기구에 참여할 수 없다)를 구성하여야 하며, 공유자 · 회원의 권익에 관한 사항은 대표기구와 협의하여야 한다.

(7) 그 밖의 공유자·회원의 권익보호에 관한 사항

분양 또는 회원모집계약서에 사업계획의 승인번호·일자(관광사업으로 등록된 경우에는 등록번호·일자), 시설물의 현황·소재지, 연간 이용일수 및 회원의 입회기간을 명시하여야 한다.

6) 분양 및 회원모집 관련 금지행위

누구든지 다음 각 호의 어느 하나에 해당하는 행위를 하여서는 아니된다(관광진흥법 제20조 제2항, 동법시행령 제23조).

① 분양 또는 회원모집을 할 수 없는 자가 휴양콘도미니엄업이나 호텔업 및 제2종종합휴양업 또는 이와 유사한 명칭을 사용하여 분양 또는 회원모집을 하는 행위

② 관광숙박시설과 관광숙박시설이 아닌 시설을 혼합 또는 연계하여 이를 분양하거나 회원을 모집하는 행위. 다만, 대통령령으로 정하는 종류의 관광숙박업(휴양콘도미니엄업, 호텔업)의 등록을 받은 자 또는 그 사업계획의 승인을 받은 자가 「체육시설의 설치·이용에 관한 법률」 제12조에 따라 골프장의 사업계획을 승인받은 경우에는 관광숙박시설과 해당 골프장을 연계하여 분양하거나 회원을 모집할 수 있다.

③ 공유자 또는 회원으로부터 관광숙박업이나 제2종종합휴양업시설에 관한 이용권리를 양도받아 이를 이용할 수 있는 회원을 모집하는 행위

제3절 기타 숙박시설

1. 빵 숑

빵숑(pension: 펜션)[21]은 유럽에서 발생된 전형적인 하숙식 여인숙으로 장기체재형의 저렴한 숙박시설이다. 주변에 레스토랑 및 음식점이 많이 있는 곳에 위치하므로 조식은 제공되지만 석식은 제공되지 않는 것이 통례이다. 소규모의 객실을 보유하고 손님의 접대도 극히 제한된 서비스 이외에는 하지 않는다. 비교적 저렴한 숙박비가 매력적이다.

빵숑의 요금제도로는 흔히 빵숑 뿌랑(pension plan)이니 더미 빵숑(demi pension)이니 하는 것이 있는데, 전자는 숙박에 3식이 포함된 객실요금이고, 후자는 숙박에 1식이 포함된 요금제도를 말한다.

가족적 분위기의 따뜻한 접대와 비교적 저렴한 요금에 그 매력이 있으나, 한편 노후한 시설로 인하여 체재 중 상당한 불편을 아울러 감수해야 하는 경우도 있다.

2. 인

인(inn)은 우리말로는 여관에 해당되지만, 근대적 호텔시설이 갖추어지기 이전의 숙박시설 형태를 말한다.

유럽에서는 보통의 호텔보다 시설 및 규모면에서 비교적 작은 호텔을 말하여 왔지만, 최근 미국에서는 홀리데이 인(holiday inn)을 비롯하여 Inn이라는 명칭을 사용하는 고급호텔들이 많이 설립되어서 호텔과 시설이나 규모면에서 차이가 나지 않는 것이 많다.

---

21) 우리나라에서 요즘 유행하는 펜션(pension)은 빵숑(pension)과는 달리 숙박시설로 기능하기는 하지만, 가족단위의 여행객들이 자체적으로 취사를 해결하면서 쉬어갈 수 있는 공간을 말하는데, 주로 경관이 좋은 교외에 위치하여 개인의 프라이버시를 침해하지 않도록 각각의 건물들이 일정한 거리를 두고 위치하고 있는 것이 특징이다.

그럼에도 최근에 특히 미국 등지에서 호텔을 인이라고 부르는 이유 중의 하나는 호텔경영상의 인건비가 상승하고 서비스가 저하되기 때문에 고객에게 환대(歡待)에 대한 복고적인 이미지를 창조하기 위한 전략의 일종으로 본다.

3. 로 지

로지(lodge)는 빵숑과는 큰 차이가 없으나, 명칭에서 풍기듯 독특하고 아름다운 이미지를 갖는 숙박시설이다. 로지는 프랑스의 전원다운 숙박시설로 국가의 보호와 지도아래 전국적인 조직으로 통일된 상호를 갖고 발전하고 있다. 보통 30~50실의 규모를 가지고 맛있는 요리와 아름다운 꽃과 멋진 장식을 가지면서도 순박한 멋을 풍긴다.

4. 유로텔

유로텔(eurotel)은 유럽호텔의 약어로 분양식 리조트 맨션의 한 형태이다. 운영조직이 국제적으로 체인화되어 있는 특징을 가진 유로텔은 호텔의 객실과 기기, 비품 등 소유자 자신이 이용하지 않는 동안 타인에게 임대할 수 있는 시스템을 갖춘 호텔을 말한다. 부대시설로는 각종 레크리에이션 시설과 스포츠시설을 겸비하고 있으며, 시설은 수탁관리가 가능하다.

5. 유스호스텔

유스호스텔(youth hostel)은 청소년을 위한 저렴한 숙박시설을 말한다. 유스호스텔은 1910년대 독일에서 처음 시작된 것으로, 여관이나 호텔 등이 영리를 목적으로 하는데 반하여, 경제력이 미약한 청소년들이 야외여행을 통하여 심신의 건전한 단련을 도모하며, 나아가서는 여행 중의 단체생활을 익힘으로써 봉사와 우애의 정신, 그리고 국토보호의 정신을 함양케 하며, 학교교육의 재확인을 기대할 수 있는 성과를 위하여 마련된 공공적·공익적 심신수련의 숙박시설이다. 따라서 세계 각국은 청소년 선도책의 하나로서 국가예산으로 이를 건설하고 있는 것이 상례이다.

6. 민 박

민박(B&B:Bed and Breakfast)은 영국 전역에서 이용가능하며 우리나라에서는 민박, 일본에서는 민숙(民宿)에 해당된다. 문자 그대로 침실과 조식을 제공하는 개인 가정이 많고 직업생활을 끝낸 노부부가 자녀들이 독립해서 떠난 후에 몇 개의 방을 개조해서 숙박시설로 영업하고 있는 경우가 일반적이다. 외국에서는 B&B의 간판을 달고 도로에 접한 객실 창문에 전광판으로 '빈방있음'이라고 표시하고 있다.

로비, 응접실, 식당, 욕실 등은 집주인과 공용이다. 매우 저렴함으로 영국인의 자가용 여행에 흔히 이용되고 있다.

7. 국민숙사

일본에서 흔히 볼 수 있는 숙소로서 휴가촌숙사라고도 하며, 가족단위 여행객들이 휴가를 함께 즐길 수 있도록 만든 저렴한 공공숙박시설이다. 정부나 공공단체에 의해 운영되며 국민관광의 일환으로 장려되고 있는데, 우리나라 「관광진흥법」 상의 가족호텔업과 비슷하다고 볼 수 있다.

8. 방갈로

방갈로(bungalow)[22]는 열대지방의 목조로 만들어진 2층 건물형태로 우리나라의 원두막과 그 모양이 비슷하다. 지역환경이 무더운 만큼 환기와 온도를 적절하게 조절할 수 있도록 만든 이상적인 숙박시설이다. 방갈로는 각각 독립된 별개의 객실이므로 프라이버시가 보장되어 특히 신혼여행객들에게 인기가 높다.

---

22) Hindi어인 Bengal에서 유래된 단어로, 사전적인 의미로는 베란다가 붙은 간단한 목조의 단층집을 말한다.

9. 허미티지(산장)

허미티지(hemitage)[23]란 별장과 유사한 개념의 숙박시설로 깊은 산속이나 내륙관광지에 위치하며, 이용자는 주로 등산·등반객이나 스키어(skier) 또는 휴양객들로서, 각종 편의시설을 갖추고 있다.

10. 샤 또

샤또(ch teau)는 프랑스어로 영어의 성(castle)에 해당되는 단어이다. 프랑스에서는 귀족이나 대지주의 큰 저택(mansion)을 일컫는 말로 사용되는데, 빌라보다 좀더 큰 규모에 100실 내외의 객실을 갖춘 소규모 숙박시설을 말한다. 성을 나타내는 이름에서도 알 수 있듯이 주로 복고적인 중세풍의 뾰족한 지붕양식을 띠고 있으며, 주변에는 승마장과 골프장 시설을 갖추고 있는 관광지에 위치한 숙박시설이다.

11. 바캉스촌

바캉스촌(vacances)이란 휴양시설, 숙박시설 및 레크리에이션시설이 복합되어 있는 관광지의 집단적인 숙박시설을 말하는데, 프랑스와 스페인, 이탈리아, 모로코 등 세계적으로 아름다운 해변 관광휴양지에 주로 위치하고 있다.

12. 캠핑장

주로 여름철에 청소년들에 의해 많이 이용되며, 기본적인 공간(식수, 세면대, 취사대, 화장실 등)만을 갖추고 있으나, 숙사시설(텐트)은 이용자가 지참 또는 해결해야 하는 것이 우리나라의 현실이다. 부담 없이 여행이 가능하다는 점에서 사랑받고 있으며, 누구나 언제든지 이용할 수 있다는 장점이 있다.

---

23) 암자(庵子) 혹은 은둔자의 집, 쓸쓸한 외딴집이라는 뜻이다.

13. 마리나

마리나(marina)는 유람선의 정박지 또는 중개항으로서의 시설 및 관리체계를 갖춘 곳을 말한다. 기본적인 시설로는 선박 출입을 위한 외곽시설, 정박지, 견인시설, 계류장, 급유시설, 수리장, 구난사무소, 정화시설 이외에 관리사무소 등 각종 유관설비가 있다.

14. 빌 라

빌라(villa)는 일반적으로 별장이라고 부르고 있으며, 개인이 가족들의 이용을 위해 소유하고 있는 경우와 이를 관광객에게 개방하여 숙박시설로 제공하는 경우가 있는데, 여기서는 후자를 의미한다.

15. 여 텔

여텔은 여관과 호텔을 복합한 형식의 숙박시설로서 객실은 양식과 한실을 배합하여 호텔형식의 서비스를 가미한 것이다.

16. 모 텔

모텔(motel)은 motor+hotel의 합성어로서 자동차 이용객을 위한 숙박시설이다. 여행의 다양화에서 오는 도로의 발달과 자동차 여행의 급격한 증가로 자동차와 함께 쉬고 숙박할 수 있는 모텔이 미국을 비롯하여 세계적으로 호텔 못지않게 등장하고 있다. 모텔(motel)이란 글자 그대로 자동차 여행자를 위한 모터호텔(motor hotel)인 것이다.

제5장

관광객이용시설업

제5장
관광객이용시설업

제1절 관광객이용시설업의 의의와 종류

1. 관광객이용시설업의 의의

관광객이용시설업이란 ① 관광객을 위하여 음식·운동·오락·휴양·문화·예술 또는 레저 등에 적합한 시설을 갖추어 이를 관광객에게 이용하게 하는 업 또는 ② 대통령령으로 정하는 2종 이상의 시설과 관광숙박업의 시설(이하 "관광숙박시설"이라 한다) 등을 함께 갖추어 이를 회원이나 그 밖의 관광객에게 이용하게 하는 업을 말하는데(관광진흥법 제3조제1항 3호), '제주특별자치도'에서는 '도조례'로 이에 대한 정의를 규정할 수 있게 하였다(제주특별법 제171조 제2항).

이는 오늘날 다양화되어 가는 관광형태의 수요에 대응하기 위하여 문화·레저·오락·운동·음식·휴양 등 다양한 관광시설을 갖추어 관광객의 목적인 여가의 선용, 건강의 증진, 민속문화의 습득 및 토산품의 구입을 할 수 있도록 하는 관광사업이다.

2. 관광객이용시설업의 종류

「관광진흥법」은 관광객이용시설업의 종류를 전문휴양업, 종합휴양업(제1종·제2종), 자동차야영장업, 관광유람선업(일반관광유람선업, 크루즈업), 관광공연장업, 외국인전용 관광기념품판매업 등으로 구분하고 있다(동법 시행령 제2조 1항 3호).

2011년 12월 말 기준으로 관광객이용시설업의 등록현황을 살펴보면 전문휴양업 50개 업체, 종합휴양업 20개 업체, 자동차야영장업 12개 업체, 관광유람선업 45개 업체, 관광공연장업 7개 업체, 외국인전용 관광기념품판매업 189개 업체가 등록되어 있다.[24)]

1) 전문휴양업

1987년도에 신설하여 관광객의 휴양이나 여가선용을 위하여 숙박업시설(공중위생관리법 시행령 제2조 제1항 제1호〈농어촌에 설치된 민박사업용시설〉 및 제2호〈자연휴양림 안에 설치된 시설〉의 시설을 포함하며, 이하 "숙박시설"이라 한다)이나 「식품위생법 시행령」 제21조 제8호 가목·나목 또는 바목에 따른 휴게음식점영업, 일반음식점영업 또는 제과점영업의 신고에 필요한 시설(이하 "음식점시설"이라 한다)을 갖추고 전문휴양시설(별표 1 제4호 가목(2)(가)부터 (거)까지의 규정에 따른 시설) 중 한 종류의 시설을 갖추어 이를 관광객에게 이용하게 하는 업을 말한다(관광진흥법 시행령 제2조 제1항 3호).

전문휴양업은 기본적으로 숙박업시설 또는 음식점시설을 갖추고 날로 다양화되어 가고 있는 관광형태의 수요에 대처하기 위하여 전문휴양시설(관광진흥법 시행령 제5조 관련 '관광객이용시설업의 등록기준' 참조)인 민속촌, 해수욕장, 수렵장, 동물원, 식물원, 수족관, 온천장, 동굴자원, 수영장, 농어촌휴양시설, 활공장, 등록 및 신고 체육시설업시설, 산림휴양시설, 박물관, 미술관 중에서 한 종류의 시설을 갖추어 관광객이 휴양을 즐기거나 여가를 선용할 수 있도록 하는 것을 말한다.

2) 종합휴양업

(1) 제1종 종합휴양업

관광객의 휴양이나 여가선용을 위하여 숙박시설 또는 음식점시설을 갖추고 전문휴양시설 중 두 종류 이상의 시설을 갖추어 관광객에게 이용하게 하는 업이나, 숙박시설 또는 음식점시설을 갖추고 전문휴양시설 중 한 종류 이상의 시

---

24) 문화체육관광부, 전게 2011년 기준 연차보고서, pp.292~294 참조.

설과 종합유원시설업의 시설을 갖추어 관광객에게 이용하게 하는 업을 말한다.

(2) 제2종 종합휴양업

관광객의 휴양이나 여가선용을 위하여 관광숙박업의 등록에 필요한 시설과 제1종 종합휴양업 등록에 필요한 전문휴양시설 중 두 종류 이상의 시설 또는 전문휴양시설 중 한 종류 이상의 시설 및 종합유원시설업의 시설을 함께 갖추어 관광객에게 이용하게 하는 업을 말하는데, 그 규모는 단일부지로 50만제곱미터 이상이 되어야 하며, 관광숙박업을 제외한 관광사업 중 유일하게 회원모집이 가능하다.

3) 자동차야영장업

자동차를 이용하는 여행자의 야영·취사 및 주차에 적합한 시설을 갖추어 관광객에게 이용하게 하는 업을 말하는데, 2차선 이상의 진입로와 충분한 주차 및 휴식공간, 상하수도, 전기·통신시설, 공중화장실 등의 편의시설을 갖추어야 한다.

4) 관광유람선업

2008년 8월 「관광진흥법 시행령」을 개정하여 종전의 관광유람선업을 일반관광유람선업과 크루즈(cruise)업으로 세분하였다. 여기서 참고로 언급하고자 하는 것은 일반관광유람선 및 크루즈와 페리(ferry)는 다같이 해상에서 배를 이용하는 것이지만 이들 양자 사이에는 확연한 차이가 있다. 즉 전자가 구경하고 다니는 놀이개념이라면 후자는 이동개념이라는 점이다.

(1) 일반관광유람선업

「해운법」에 따른 해상여객운송사업의 면허를 받은 자나 「유선(遊船) 및 도선사업법(渡船事業法)」에 따른 유선(遊船)사업의 면허를 받거나 신고한 자가 선박을 이용하여 관광객에게 관광을 할 수 있도록 하는 업을 말한다.

(2) 크루즈업

「해운법」에 따른 순항(順航) 여객운송사업이나 복합 해상여객운송사업의 면허를 받은 자가 해당 선박 안에 숙박시설, 위락시설 등 편의시설을 갖춘 선박을 이용하여 관광객에게 관광을 할 수 있도록 하는 업을 말한다.

5) 관광공연장업

관광객을 위하여 공연시설을 갖추고 한국전통가무가 포함된 공연물을 공연하면서 관광객에게 식사와 주류를 판매하는 업을 말한다. 관광공연장업은 1999년 5월 10일 「관광진흥법 시행령」을 개정하여 신설한 업종으로서 실내관광공연장과 실외관광공연장을 설치·운영할 수 있다.

6) 외국인전용 관광기념품판매업

외국인 관광객(출국예정사실이 확인되는 내국인을 포함한다)에게 물품을 판매하기에 적합한 시설을 갖추어 국내에서 생산되는 주원료를 이용하여 제조하거나 가공된 물품을 판매하는 업을 말한다.

이제까지 외국인전용 관광기념품판매업은 이용대상을 외국인 관광객에 한정하고, 판매상품은 국내에서 생산되는 주원료를 이용하여 제조 또는 가공된 물품에 한정하고 있었다. 이로 인해 외국인전용 기념품판매업의 활성화에 한계가 나타나기 시작하자, 이에 정부는 2006년 2월에 「관광진흥법」을 개정하여 판매대상을 확대하여 출국예정사실이 확인되는 내국인도 포함하도록 하였다(동법 시행령 제2조 제3호 바목).

제2절 관광객이용시설업의 등록 등

1. 관광객이용시설업의 등록관청

관광사업 중 관광객이용시설업은 등록대상업종이다. 즉 관광객이용시설업을 경영하려는 자는 특별자치도지사 · 시장 · 군수 · 구청장(자치구의 구청장을 말한다)에게 등록하여야 한다(관광진흥법 제4조 1항).

2. 사업계획의 승인 및 '등록심의위원회'의 심의

1) 사업계획의 승인

관광객이용시설업 중 전문휴양업 · 종합휴양업, 관광유람선업과 국제회의업 중 국제회의시설업을 경영하려는 자는 등록을 하기 전에 사업계획(중요한 사업계획의 변경을 포함한다)을 작성하여 특별자치도지사 · 시장 · 군수 · 구청장(자치구의 구청장을 말한다)의 승인을 받을 수 있다

따라서 이 경우는 의무사항이 아니기 때문에 사업계획승인을 받지 아니하고 '등록심의위원회'의 심의를 거쳐 등록을 할 수 있으나, 다만 사업계획승인을 얻음으로써 받게 되는 관계법률상의 인 · 허가 등의 의제(擬制)를 받지 못하게 되고, 또 경우에 따라서는 등록이 거부될 수도 있다.

2) '등록심의위원회'의 심의

관광객이용시설업 중 전문휴양업 · 종합휴양업 · 관광유람선업 및 국제회의업 중 국제회의시설업의 등록(등록사항의 변경을 포함한다)에 관한 사항을 심의하기 위하여 특별자치도지사 · 시장 · 군수 · 구청장(권한이 위임된 경우에는 그 위임을 받은 기관을 말함) 소속으로 관광객이용시설업 등록심의위원회(이하 "등록심의위원회"라 한다)를 두도록 하였는데(관광진흥법 제17조 1항), 이들 관광사업은 다른

사업에 비하여 규모나 시설이 크고 의제(擬制)되는 법률도 많기 때문에, 등록을 하기 전에 미리 '등록심의위원회'의 심의를 거치도록 하였다. 다만, 대통령령으로 정하는 경미한 사항의 변경에 관하여는 '등록심의위원회'의 심의를 거치지 아니할 수 있다(동법 제17조 4항).

3. 관광객이용시설업의 등록기준

1) 전문휴양업의 등록기준

구 분		등록기준
공통기준	시 설	• 숙박시설이나 음식점시설이 있을 것 • 주차시설 · 급수시설 · 공중화장실 등의 편의시설과 휴게시설이 있을 것
개별기준	가. 민속촌	• 한국고유의 건축물(초가집 및 기와집)이 20동 이상으로서 각 건물에는 전래되어 온 생활도구가 갖추어져 있거나 한국 또는 외국의 고유문화를 소개할 수 있는 축소된 건축물 모형 50점 이상이 적정한 장소에 배치되어 있을 것
	나. 해수욕장	• 수영을 하기에 적합한 조건을 갖춘 해변이 있을 것 • 수용인원에 적합한 간이목욕시설 · 탈의장이 있을 것 • 인명구조용 구명보트 · 감시탑 및 응급처리시 설비 등의 시설이 있을 것 • 담수욕장을 갖추고 있을 것 • 인명구조원을 배치하고 있을 것
	다. 수렵장	• 「야생동 · 식물보호법」에 따른 시설을 갖추고 있을 것
	라. 동물원	• 「박물관 및 미술관진흥법 시행령」 별표 2에 따른 시설을 갖추고 있을 것 • 사파리공원이 있을 것
	마. 식물원	• 「박물관 및 미술관진흥법 시행령」 별표 2에 따른 시설을 갖추고 있을 것 • 온실면적은 2,000제곱미터 이상일 것 • 식물종류는 1,000종 이상일 것

	바. 수족관	•「박물관 및 미술관진흥법 시행령」 별표 2에 따른 시설을 갖추고 있을 것 • 건축연면적은 2,000제곱미터 이상일 것 • 어종(어류가 아닌 것은 제외한다)은 100종 이상일 것 • 객석 100석 이상의 해양동물쇼장이 있을 것
	사. 온천장	• 온천수를 이용한 대중목욕시설이 있을 것 • 실내 수영장이 있을 것 • 정구장 · 탁구장 · 볼링장 · 활터 · 미니골프장 · 배드민턴장 · 롤러스케이트장 · 보트장 등의 레크리에이션 시설 중 두 종류 이상의 시설을 갖추거나 제2조제5호에 따른 유원시설업 시설이 있을 것
	아. 동굴자원	• 관광객이 관람할 수 있는 천연동굴이 있고 편리하게 관람할 수 있는 시설이 있을 것
	자. 수영장	•「체육시설의 설치 · 이용에 관한 법률」에 따른 신고 체육시설업 중 수영장시설을 갖추고 있을 것
	차. 농어촌 휴양시설	•「농어촌정비법」에 따른 농어촌 관광휴양단지 또는 관광농원의 시설을 갖추고 있을 것 • 관광객의 관람이나 휴식에 이용될 수 있는 특용작물 · 나무 등을 재배하거나 어류 · 희귀동물 등을 기르고 있을 것 • 재배지 또는 양육장의 면적은 1만 제곱미터 이상일 것
	카. 활공장	• 활공을 할 수 있는 장소(이륙장 및 착륙장)가 있을 것 • 인명구조원을 배치하고 응급처리를 할 수 있는 설비를 갖추고 있을 것 • 행글라이더 · 패러글라이더 · 열기구 또는 초경량 비행기 등 두 종류 이상의 관광비행사업용 활공장비를 갖추고 있을 것
	타. 등록 및 신고 체육시설업 시설	•「체육시설의 설치 · 이용에 관한 법률」에 따른 스키장 · 요트장 · 골프장 · 조정장 · 카누장 · 빙상장 · 자동차경주장 · 승마장 또는 종합체육시설 등 9종의 등록 및 신고 체육시설업에 해당되는 체육시설을 갖추고 있을 것
	파. 산림휴양 시설	•「산림문화 · 휴양에 관한 법률」에 따른 자연휴양림 또는 「수목원조성 및 진흥에 관한 법률」에 따른 수목원의 시설을 갖추고 있을 것
	하. 박물관	•「박물관 및 미술관진흥법 시행령」 별표 2 제1호에 따른 종합박물관 또는 전문박물관의 시설을 갖추고 있을 것
	거. 미술관	•「박물관 및 미술관진흥법 시행령」 별표 2 제1호에 따른 미술관의 시설을 갖추고 있을 것

2) 종합휴양업의 등록기준

구 분	등록기준
제1종 종합휴양업	• 숙박시설 또는 음식점시설을 갖추고 전문휴양시설 중 2종류 이상의 시설을 갖추고 있거나 • 숙박시설 또는 음식점시설을 갖추고 전문휴양시설 중 한 종류 이상의 시설과 종합유원시설업의 시설을 갖추고 있을 것
제2종 종합휴양업	• 면적: 단일부지로서 50만 제곱미터 이상일 것 • 시설: 관광숙박업 등록에 필요한 시설과 제1종 종합휴양업 등록에 필요한 전문휴양시설 중 2종류 이상의 시설 또는 전문휴양시설 중 1종류 이상의 시설과 종합유원시설업의 시설을 함께 갖추고 있을 것

3) 자동차야영장업의 등록기준

구 분	등록기준
(1) **규모**	• 차량 1대당 80제곱미터 이상의 주차 및 휴식공간을 확보할 것
(2) **편의시설**	• 주차·야영에 불편이 없도록 수용인원에 적합한 상·하수도시설, 전기시설, 통신시설, 공중화장실, 공동 취사시설을 갖추고 있을 것
(3) **진입로**	• 진입로는 2차선 이상으로 할 것

4) 관광유람선업의 등록기준

구 분	등록기준
(1) 일반관광유람선업	(가) 구조: 「선박안전법」에 따른 구조 및 설비를 갖춘 선박일 것 (나) 선상시설: 이용객의 숙박 또는 휴식에 적합한 시설을 갖추고 있을 것 (다) 위생시설: 수세식화장실과 냉·난방 설비를 갖추고 있을 것 (라) 편의시설: 식당·매점·휴게실을 갖추고 있을 것 (마) 수질오염방지시설: 수질오염을 방지하기 위한 오수 저장·처리시설과 폐기물처리시설을 갖추고 있을 것

(2) 크루즈업	(가) 일반관광유람선업에서 규정하고 있는 관광사업의 등록기준을 충족할 것 (나) 욕실이나 샤워시설을 갖춘 객실을 20실 이상 갖추고 있을 것 (다) 체육시설, 미용시설, 오락시설, 쇼핑시설 중 두 종류 이상의 시설을 갖추고 있을 것

5) 관광공연장업의 등록기준

구 분	등록기준
(1) **설치장소**	• 관광지·관광단지 또는 관광특구 안에 있거나 이 법에 따른 관광사업시설 안에 있을 것. 다만, 실외관광공연장의 경우 법에 따른 관광숙박업, 관광객이용시설업 중 전문휴양업과 종합휴양업, 국제회의업, 유원시설업에 한한다.
(2) **시설기준**	(가) 실내관광공연장 1) 100제곱미터 이상의 무대를 갖추고 있을 것 2) 출연자가 연습하거나 대기 또는 분장할 수 있는 공간을 갖추고 있을 것 3) 출입구는 「다중이용업소의 안전관리에 관한 특별법」에 따른 다중이용업소의 영업장에 설치하는 안전시설등의 설치기준에 적합할 것 4) 삭제 〈2011.3.30〉 5) 공연으로 인한 소음이 밖으로 전달되지 아니하도록 방음시설을 갖추고 있을 것 (나) 실외관광공연장 1) 70제곱미터 이상의 무대를 갖추고 있을 것 2) 남녀용으로 구분된 수세식 화장실을 갖추고 있을 것
(3) **일반음식점 영업허가**	• 「식품위생법 시행령」 제21조에 따른 식품접객업 중 일반음식점 영업허가를 받을 것

6) 외국인전용 관광기념품판매업의 등록기준

구 분	등록기준
(1) 판매물품	• 국내에서 생산되는 재료를 주원료로 하여 제조하거나 가공한 물품일 것
(2) 주차시설	• 주차시설을 갖추고 있을 것
(3) 종사원	• 외국어 구사능력이 있는 종사원을 고용할 것

4. 변경등록

관광객이용시설업자가 등록한 사항 중 대통령령으로 정하는 중요 사항을 변경하려면 변경등록을 하여야 한다(관광진흥법 제4조 4항). 변경등록을 해야 할 중요 사항은 ① 사업계획의 변경승인을 받은 사항과 ② 상호 또는 대표자의 변경이다(동법 시행령 제6조 1항).

등록사항(중요 사항)을 변경하려는 경우에는 그 변경사유가 발생한 날부터 30일 이내에 관광사업 변경등록신청서에 변경사실을 증명하는 서류를 첨부하여 특별자치도지사·시장·군수·구청장(자치구의 구청장을 말한다)에게 제출하여야 한다(동법 시행규칙 제3조 1항).

5. 등록증의 발급

등록 또는 변경등록의 신청을 받은 특별자치도지사·시장·군수·구청장은 신청한 사항이 관광객이용시설업의 등록기준에 맞으면 관광사업등록증을 신청인에게 발급하여야 한다(동법 시행령 제4조 1항 및 동법 시행규칙 제2조 5항).

특별자치도지사·시장·군수·구청장은 등록증을 발급하려면 의제되는 인·허가증을 한꺼번에 발급할 수 있도록 해당 인·허가기관의 장에게 인·허가증의 송부를 요청할 수 있다(동법 시행령 제4조 2항).

그리고 특별자치도지사·시장·군수·구청장은 등록한 관광사업자가 발급받은 등록증을 잃어버리거나 그 등록증이 헐어 못쓰게 되어버린 경우에는 등록증을 다시 발급하여야 한다(동법 시행령 제4조 4항). 등록증의 재발급을 받으려는 자는 등록증등 재발급신청서(등록증이 헐어 못쓰게 된 경우에는 등록증을 첨부하여야 한다)를 특별자치도지사·시장·군수·구청장에게 제출하여야 한다(동법 시행규칙 제5조).

6. 등록대장 작성

특별자치도지사·시장·군수·구청장은 등록증을 발급하면 관광사업자 등록대장을 작성하고 관리・보존하여야 한다(동법 시행령 제4조 3항).

관광사업자 등록대장에는 관광사업자의 상호 또는 명칭, 대표자의 성명・주소 및 사업장의 소재지와 사업별로 다음 각 호의 사항이 기재되어야 한다(동법 시행규칙 제4조).

① 전문휴양업 및 종합휴양업: 부지면적 및 건축연면적, 시설의 종류, 관광진흥법 제18조 1항에 따라 신고를 하였거나 인・허가 등을 받은 것으로 의제되는 사항, 사업계획에 포함된 부대영업을 하기 위하여 다른 법령에 따라 인・허가 등을 받았거나 신고 등을 한 사항, 운영의 형태(제2종 종합휴양업만 해당한다)

② 자동차야영장업: 부지면적 및 건축연면적, 시설의 종류

③ 관광유람선업: 선박의 척수, 선박의 제원

④ 관광공연장업: 관광공연장업이 설치된 관광사업시설의 종류, 무대면적 및 좌석수, 공연장의 총면적, 일반음식점 영업허가번호・허가연월일・허가기관

⑤ 외국인전용 관광기념품판매업: 판매장의 면적, 판매하는 기념품의 종류

7. 등록의 효과

관광객이용시설업을 등록한 자는 관광객이용시설업을 경영할 수 있는 자격을 취득한다. 이는 관광숙박업의 경우와 같다.

그리고 전문휴양업과 종합휴양업 및 관광유람선업이 등록심의위원회의 심의를 거쳐 관광사업을 등록하였을 때 일정한 부대영업의 인・허가 등이 의제된다. 인・허가 등이 의제되는 부대영업은 관광숙박업의 경우와 같다.

제6장

국제회의업

제6장 국제회의업

제1절 국제회의의 이해

1. 국제회의의 정의

국제회의의 정의에 관하여는 이론상의 정의와 실정법상의 정의로 나누어 고찰해 볼 수 있다.

이론상의 정의를 보면, 국제회의란 통상적으로 공인된 단체가 정기적 또는 부정기적으로 주최하며 3개국 이상의 대표가 참가하는 회의를 의미하는데, 회의는 그 성격에 따라 국가간의 이해조정을 위한 교섭회의, 전문학술회의, 참가자 간의 우호증진이 목적인 친선회의, 국제기구의 사업결정을 위한 정기회의 등 다양하다.

한편, 실정법상의 정의로서 현행 「국제회의산업 육성에 관한 법률」(이하 "국제회의육성법"이라 한다)에 따르면, 첫째, 국제기구나 국제기구에 가입한 기관 또는 법인·단체가 개최하는 세미나·토론회·학술대회·심포지엄 기타 회의로서 5개국 이상의 외국인이 참가하고, 회의참가자가 300명 이상이고 그 중 외국인이 100명 이상이며, 3일 이상 진행되는 회의일 것, 둘째, 국제기구에 가입하지 아니한 기관 또는 법인·단체가 개최하는 회의는 회의참가자 중 외국인이 150명 이상이고, 2일 이상 진행되는 회의를 국제회의로 규정하고 있다(동법 제2조 1호 및 동법시행령 제2조).

2. 국제회의의 종류

국제회의의 종류는 개최되는 성격, 형태, 규모 및 회의진행에 따라 다양하다. 다음은 가장 일반적인 회의형태에 따른 분류이다.

1) 회의(meeting)

회의는 모든 종류의 모임을 총칭하는 포괄적인 용어이다. 특히 모든 참가자가 단체에 관한 사항을 토론하기 위해서 단체의 구성원이 되는 형태의 회의를 말한다.

2) 총회(general assembly)

총회는 모든 회원들이 참석할 수 있는 회의로서 대부분 정관에 따라 개최된다. 그리고 제출된 의제에 관하여 모든 회원들은 발표 및 표결권한을 가지며, 이러한 사항 중에는 정관 수정이나 방침의 재결정, 또는 운영위원의 지명이나 해임 등의 사항도 포함된다.

3) 컨벤션(convention)

회의분야에서 가장 폭넓게 사용하는 용어로서 정기집회, 전시회, 각종 총회, 대·중·소규모의 회의 및 각종 위원회 등을 수반하는 광범위한 회의로서, 각종 정보 및 홍보의 전달(기업의 시장조사, 신상품 소개, 경영전략 수립, 지식공유와 새로운 지식창출 등)이 주요 관심사이다.

4) 콘퍼런스(conference)

컨벤션과 거의 같은 뜻을 가진 용어이지만, 컨벤션이 주로 불특정다수의 주제를 다루는 조직 및 관련기구의 정기회의인 반면, 콘퍼런스는 주로 과학·기술·학문 등 전문분야의 새로운 정보를 전달하고 습득하거나 특정 문제점 연구를 위한 회의이기 때문에 통상 컨벤션에 비해 토론회가 많이 준비되고 회의참가자들에게 토론의 참여기회가 많이 주어진다.

5) 콩그레스(congress)

콩그레스는 일반적으로 유럽지역에서 사용되는 국제회의를 말한다. 이는 대표자들에 의한 회합이나 집회, 그리고 회담의 형태가 강하며, 사교행사와 관광행사 등의 다양한 프로그램을 동반하는 회의로서 대규모 인원이 참가한다. 대개 연차적으로 개최되며, 주로 상설 국제기구가 주최한다.

6) 포럼(forum)

제시된 한 가지의 주제에 대해 상반된 견해를 가진 동일 분야의 전문가들이 사회자의 주도 하에 청중 앞에서 벌이는 공개토론회이다. 이는 청중들이 자유롭게 질의에 참여할 수 있으며, 사회자가 최종적으로 의견을 종합하여 정리한다.

7) 심포지엄(symposium)

제시된 안건에 대해 전문가들이 연구결과를 중심으로 다수의 청중 앞에서 벌이는 공개토론회로서, 포럼에 비해 회의참가자들이 다소의 형식을 갖추어 회의를 진행하므로 청중의 질의기회는 적게 주어진다.

8) 패널토의(panel discussion)

청중이 모인 가운데 2명에서 8명까지의 연사가 사회자의 주도하에 서로 다른 분야에서의 전문가적 견해를 발표하는 공개토론회로서 청중도 자신의 의견을 발표할 수 있다.

9) 워크숍(workshop)

콘퍼런스, 컨벤션 또는 기타 회의에 보조적으로 개최되는 짧은 교육프로그램으로, 30명 내외의 참가자가 특정문제나 과제에 관한 새로운 지식, 기술, 아이디어 등을 교환하며, 발표자와 참가자가 감정적 동질성을 갖고 새로운 정보와 전문업무를 교육시키는 교육토론회이다.

10) 세미나(seminar)

교육 및 연구목적을 가진 소규모적인 회의이다. 대체적으로 30명 이하의 참가자 중 특정인 한 사람의 주도 하에 정해진 주제에 대한 각자의 지식이나 경험을 발표하고 토론하는 것을 말한다.

11) 클리닉(clinic)

클리닉은 소집단을 대상으로 한 교육활동이나 특별한 기술을 교육하고 습득하기 위한 목적에 많이 활용되는 회의형태를 말한다. 예를 들면, 호텔정보시스템을 활용하여 CRS를 어떻게 다룰 것인가를 교육하거나 훈련시키는 것이다.

12) 전시회(exhibition)

전시회는 본질적인 회의와 병행하여 개최되는 것이 일반적이며, 회의기간은 연속적인 경우가 대부분이다. 또한 회의 중에는 칵테일 파티, 연회파티를 병행하면서 상품을 전시하는 소규모 형태의 회의가 주를 이루고 있다.

13) 원격회의(teleconference)

회의참석자가 회의장소로 이동하지 않고 국가간 또는 대륙간 통신시설을 이용하여 회의를 개최한다. 회의경비를 절감하고 준비 없이도 회의를 개최할 수 있다는 장점이 있으며, 오늘날에는 각종 audio, video, graphics 및 컴퓨터 장비, 멀티미디어를 갖춘 고도의 통신기술을 활용하여 회의를 개최할 수 있으므로 그 발전이 주목되고 있다.

14) 인센티브 관광(incentive travel)

기업에서 주어진 목적이나 목표달성을 위해 종업원(특히 판매원), 거래상(대리점업자), 거액 구매고객들에게 관광이라는 형태로 동기유발을 시키거나 보상함으로써 생산효율성을 증대하고 고객을 대상으로 광고효과를 유발하는 것으로서 포상관광이라고도 말한다. 보통 일정 중 시상식, 판촉회의, 테마파티와 같은 회의성 행사를 병행하기 때문에 국제회의의 일종으로 분류되기도 한다.

3. 국제회의의 기준

1) 국제협회연합의 기준

국제회의에 관한 각종 통계를 작성하여 발표하고 있는 권위있는 국제기구인 국제협회연합(UIA: Union of International Associations)에서는 각종 국제회의 통계를 작성할 때 국제회의의 기준을 다음과 같이 제시하고 있다.[25)]

① 국제기구가 주최하거나 후원하는 회의

② 국제기구에 소속된 국내지부가 주최하는 국내 회의 가운데 다음 조건을 모두 만족하는 회의:

ⓐ 전체 참가자수가 300명 이상일 것

ⓑ 참가자 중 외국인이 40% 이상일 것

ⓒ 참가국수가 5개국 이상일 것

ⓓ 회의기간이 3일 이상일 것

2) 우리나라의 기준

우리나라의 '국제회의육성법'에서는 국제회의요건을 다음과 같이 규정하고 있다(동법 제2조 1호, 동법시행령 제2조 1호 및 2호).

① 국제기구나 국제기구에 가입한 기관 또는 법인·단체가 개최하는 회의로서 다음 요건을 모두 갖춘 회의

ⓐ 해당 회의에 5개국 이상의 외국인이 참가할 것

ⓑ 회의참가자가 300명 이상이고 그 중 외국인이 100명 이상일 것

ⓒ 3일 이상 진행되는 회의일 것

② 국제기구에 가입하지 아니한 기관 또는 법인·단체가 개최하는 회의로서 다음 요건을 모두 갖춘 회의

ⓐ 회의참가자 중 외국인이 150명 이상일 것

25) 정희천, 최신 관광법규론(서울:대왕사, 2012), pp.311~312 참조.

ⓑ 2일 이상 진행되는 회의일 것

4. 국제회의의 개최효과

금세기 국제회의산업이 고부가가치의 신종산업으로 떠오르자 국제회의를 비롯한 전시회 또는 이벤트 등 국제행사의 개최건수가 해마다 증가추세를 보이고 있다. 이제 관광산업의 꽃으로 불리는 국제회의산업은 국가전략산업으로 각광을 받으면서 정착되어가고 있으며, 특히 그 효과는 다방면에 걸쳐 상승작용을 함으로써 개최국의 위상과 경제적인 부를 동시에 상승시켜 주고 있다. 그 구체적인 효과를 국가홍보, 외화획득, 고용창출, 지역경제 발전 등의 측면에서 살펴보고자 한다.

1) 정치적 효과

국제회의 개최는 국가 간의 인적교류와 국제회의 참가자 상호간의 정보교환으로 인하여 국가간 협력을 증진하는 데 필수적이다. 대부분의 국제회의는 대규모 인원이 참가한다는 점과 또 참가자들은 각 나라와 그들의 활동영역에서 어느 정도의 사회적 지위를 가진 사람들이라는 점에서 국가와 국가 사이의 관계를 증진시키는 효과를 기대할 수 있다.

국제회의는 인종·문화적 차이를 넘어 상호간의 결합을 촉진시킬 수 있다는 정치사회화의 기능을 가지고 있으며, 참가하는 국가 간의 인적·문화적 커뮤니케이션을 통해 친선·우호 협력관계에서 상호교류를 통해 국가이익을 실현할 수 있다. 또한 국제회의는 개최국이 자국의 사회·문화적 특성을 홍보하는 계기가 되며, 참가자들 간의 증가된 상호접촉은 장벽을 허물게 하고, 불신을 감소시키며, 상호이해를 촉진시킨다. 아울러 국제회의는 수십개 국의 대표들이 참여하므로 국가홍보는 물론, 회원자격으로 미수교국 대표와의 교류기반 조성도 가능하게 함으로써 외교적 측면에서도 기여한다.

2) 사회·문화적 효과

국제회의는 외국과의 직접적인 교류를 통해 지식·정보의 교환, 참가자와 개최국 시민간의 접촉을 통한 시민의 국제감각 함양 등 국제화의 중요한 수단이 될 수 있다. 또한 국제회의 유치, 기획, 운영의 반복은 개최지의 기반시설 뿐만 아니라 다양한 기능을 향상시키며 개최국의 이미지 향상, 국제사회에서의 위상확립 등 개최국의 지명도 향상에도 큰 기여를 한다. 또한 지방으로의 국제회의 분산 개최는 지방의 국제화와 지역 균형발전에도 큰 몫을 하게 된다.

3) 경제적 효과

국제회의산업은 종합 서비스산업으로 서비스업을 중심으로 사회 각 산업분야에 미치는 승수효과가 매우 크다. 국제회의는 개최국의 소득향상효과(회의참가자의 지출→서비스산업 등 수입증가→시민소득 창출), 고용효과(서비스업 인구 등 광범위한 인력 흡수), 세수 증가효과(관련산업 발전→법인세→시민소득 증가→소득세) 등 경제 전반의 활성화에 기여하게 된다. 그 밖에도 참가들이 직접 대면을 하게 되므로 상호 이해 부족에서 올 수 있는 통상마찰 등을 피할 수 있게 될 뿐만 아니라, 선진국의 노하우를 직접 수용함으로써 관련분야의 국제경쟁력을 강화하는 등 산업발전에도 중요한 역할을 한다.

4) 관광산업적 효과

국제회의 개최는 관광산업 측면에서 볼 때 관광 비수기 타개, 대량 관광객 유치 및 양질의 관광객 유치효과를 가져다 줄 뿐만 아니라, 국제회의는 계절에 구애받지 않고 개최가 가능하며, 참가자가 보통 100명에서 많게는 1,000명 이상에 이르므로 대량 관광객 유치의 첩경이 된다. 또한 국제회의 참가자는 대부분 개최지를 최종 목적지로 하기 때문에 체재일수가 길며 일반 관광객보다 1인당 소비액이 높아 관광수입 측면에서도 막대한 승수효과를 가져온다.

5. 국제회의 개최 현황[26)]

국제협회연합(Union of International Associations; UIA)의 조사에 따르면, 2011년 한 해 동안 전 세계에서 총 10,743건의 국제회의가 개최되었으며

26) 문화체육관광부, 전게 2011년 기준 연차보고서, pp.96~98.

(2010년 12,015건), 이 중 한국은 총 469건의 국제회의를 개최하여 세계 6위를 차지했다. 이는 전년 대비(464건, 8위) 세계순위가 2단계 상승함으로써 세계 국제회의 주요 개최지로서 높아진 한국의 위상을 보여주었다.

세계 주요 국가별 개최순위를 보면, 싱가포르가 919건으로 작년 3위에서 1위로 두 단계 상승하여 세계 1위 자리를 차지했으며, 미국이 744건으로 2위, 일본이 598건으로 3위로 지난해보다 각각 1단계 하락한 순위를 기록했다. 뒤이어 4위 프랑스(557건), 5위 벨기에(533건)는 작년과 같은 등수를 지켰으나 개최 건수는 줄어들었으며, 한국은 2단계 상승한 6위(469건)를 기록했다.

〈표 6-1〉 주요 국가 국제회의 개최 현황

세계순위			아시아 순위		
순위	국가별	건수	순위	국가별	건수
1	싱가포르	919	1	싱가포르	919
2	미국	744	2	일본	598
3	일본	598	3	대한민국	469
4	프랑스	557	4	중국	200
5	벨기에	533	5	태국	126
6	대한민국	469	6	말레이시아	125
7	독일	421	7	인도	103
8	오스트리아	390	8	타이완	54
9	스페인	386	9	인도네시아	53
10	호주	329	10	홍콩	46

자료: 한국관광공사, UIA(국제협회연합), 2011년 기준

세계 주요 도시별 개최 순위를 보면, 싱가포르가 919건을 개최해 부동의 1위 자리를 지켰으며, 브뤼셀이 464건으로 2위, 파리가 336건으로 3위, 비엔나가

286건으로 4위를 기록했다. 서울은 232건을 기록해 세계 5위, 아시아 2위 자리를 굳건히 지켰다.

국내 도시별 성적을 보면 서울이 232건을 개최하여 세계 5위, 아시아 2위를 2010년에 이어 지켰으며, 부산이 82건을 개최 세계 22위, 아시아 7위를 기록하였으며, 제주 또한 68건을 개최 세계 26위, 아시아 9위를 기록함에 따라 서울, 부산, 제주 3개 도시가 아시아 순위 10위권 안에 드는 성과를 보여주었다. 이밖에 인천지역 국제회의 개최건수가 24건, 대구 20건, 대전 10건, 광주 9건, 창원 6건, 경주 4건, 고양 3건으로 집계되었다.

〈표 6-2〉 주요 도시 국제회의 개최 현황

세계순위			아시아순위		
순위	도시명	건수	순위	도시명	건수
1	싱가포르	919	1	싱가포르	919
2	브뤼셀	464	2	서울	232
3	파리	336	3	도쿄	153
4	빈	286	4	베이징	90
5	서울	232	5	방콕	88
6	부다페스트	168	6	요코하마	84
7	도쿄	153	7	부산	82
8	바르셀로나	150	8	쿠알라룸푸르	70
9	베를린	149	9	제주	68
10	제네바	121	10	교토	48

자료: 한국관광공사, UIA9국제협회연합), 2011년 기준

제2절 「관광진흥법」에 규정된 국제회의업

1. 국제회의업의 정의

국제회의업이란 대규모 관광수요를 유발하는 국제회의(세미나 · 토론회 · 전시회 등을 포함한다)를 개최할 수 있는 시설을 설치 · 운영하거나 국제회의의 계획 · 준비 · 진행 등의 업무를 위탁받아 대행하는 업을 말한다(관광진흥법 제3조 1항 4호).

2. 국제회의업의 종류

국제회의업은 국제회의시설업과 국제회의기획업으로 분류된다(동법 시행령 제2조 4호).

1) 국제회의시설업

국제회의시설업이란 대규모 관광수요를 유발하는 국제회의를 개최할 수 있는 시설을 설치 · 운영하는 업을 말하는데, 첫째, 「국제회의산업 육성에 관한 법률 시행령」 제3조에 따른 회의시설(전문회의시설 · 준회의시설) 및 전시시설의 요건을 갖추고 있을 것과, 둘째, 국제회의 개최 및 전시의 편의를 위하여 부대시설(주차시설, 쇼핑 · 휴식시설)을 갖추고 있을 것을 요구하고 있다(관광진흥법 시행령 제5조 관련 [별표 1] 참조).

2) 국제회의기획업

대규모 관광수요를 유발하는 국제회의의 계획 · 준비 · 진행 등의 업무를 위탁받아 대행하는 업을 말한다(관광진흥법 시행령 제2조 1항 4호).

국제회의업은 '국제회의용역업'이라는 명칭으로 1986년에 처음으로 「관광진흥법」상의 관광사업으로 신설되었으나, 1998년에 동법을 개정하여 종전의 '국제회의용역업'을 '국제회의기획업'으로 명칭을 변경하고 여기에 '국제회의시설업'을 추가하여 '국제회의업'으로 업무범위를 확대해 오늘에 이르고 있다.

(1) 국제회의기획업체(PCO)의 역할

PCO(Professional Congress Organizer)는 각종 국제회의 및 전시회의 개최와 관련된 업무를 주최측으로부터 위임받아 부분적 또는 전체적으로 대행하여 주는 조직체로서, 보다 효율적인 회의 준비와 운영을 위하여 회의기획가, 통역사, 속기사 등 국제회의 또는 전시회 행사와 관련되는 각종 전문용역을 제공한다. 또한 PCO는 위임받은 회의를 성공적으로 수행하기 위하여 회의의 주최측과 상호 긴밀한 협조하에서 제반 업무를 조정・운영한다. 그리고 관광회사, 항공사 등 교통운송회사, 쇼핑업체 및 숙박업체 등의 여타 국제회의 관련업체들이나 관련 정부기관 및 국제회의의 원활한 운영에 필요한 외부기관 업체들과의 긴밀한 업무 협조관계를 유지하여야 한다.

(2) 국제회의기획업체의 기능

각종 규모의 국제회의 개최준비 및 운영과정에서 PCO의 용역을 원할 경우 회의준비사무국, PCO, 회의참가자 및 외부관련인 사이에 이루어지는 업무처리 내용을 5단계로 간략히 나타내면 다음과 같다.

① 제1단계: 회의준비 초기단계로서 PCO와의 계약체결, 소요예산산정, 기본프로그램 구성 및 예상참가자들 대상의 발송명부 작성 등의 업무가 진행되는 시기이다.

② 제2단계: 회의준비의 구체적인 도입단계로서 회의일정 결정 및 초청프로그램의 작성・배포와 연사(speaker) 선정 등의 기본업무가 이루어지는 시기이다.

③ 제3단계: 회의참가자의 등록접수, 문의, 요청사항 등에 대한 처리 및 회의기간 중 전시회가 병행될 경우 이에 대한 프로그램의 확정 등의 제반 업무 추진단계이다.

④ 제4단계: 회의장 제반시설 점검, 각종 소요물 제작 및 회의준비위원회 내의 최종준비 완료시기이다.

⑤ 제5단계: 모든 준비단계를 거친 후 회의개최부터 폐회 및 사후처리까지의

업무로서, 회의참가자들의 도착 이후 등록, 제반 행사진행, 관광 및 행사요원 관리 그리고 사후처리 및 평가까지 마무리하는 최종단계이다.

3. 국제회의업의 등록

1) 국제회의업의 등록관청

국제회의업은 관광사업 중에서 등록대상업종이다. 따라서 국제회의업을 경영하려는 자는 특별자치도지사 · 시장 · 군수 · 구청장(자치구의 구청장을 말한다)에게 등록하여야 한다(관광진흥법 제4조 1항).

2) 사업계획의 승인 및 '등록심의위원회'의 심의

(1) 사업계획의 승인

국제회의업 중 국제회의시설업을 경영하려는 자는 등록을 하기 전에 그 사업에 대한 사업계획(중요한 사업계획의 변경을 포함한다)을 작성하여 특별자치도지사 · 시장 · 군수 · 구청장(자치구의 구청장을 말한다)의 승인을 받을 수 있다(동법 제15조 2항). 이 경우는 의무사항이 아니기 때문에 사업계획승인을 받지 않고도 '등록심의위원회'의 심의를 거쳐 등록을 할 수 있으나, 다만 사업계획승인을 받음으로써 얻게 되는 관계법률상의 인 · 허가 등의 의제(擬制)를 받지 못하게 되고, 경우에 따라서는 등록이 거부될 수도 있다.

(2) '등록심의위원회'의 심의

국제회의업 중 국제회의시설업은 등록을 하기 전에 특별자치도지사 · 시장 · 군수 · 구청장(자치구의 구청장을 말한다) 소속하의 '등록심의위원회'의 심의를 거쳐야 한다(동법 제17조 1항). 다만, 대통령령으로 정하는 경미한 사항의 변경에 관하여는 위원회의 심의를 거치지 아니할 수 있다(동법 제17조 4항).

3) 국제회의업의 등록기준

(1) 국제회의시설업의 등록기준

1. 「국제회의산업육성에 관한 법률 시행령」 제3조에 따른 회의시설 및 전시

시설의 요건을 갖추고 있을 것
2. 국제회의 개최 및 전시의 편의를 위하여 부대시설로 주차시설, 쇼핑·휴식시설을 갖추고 있을 것

◆ **국제회의시설의 종류 · 규모**(국제회의육성법 시행령 제3조에 따른)

종류	규 모
전문회의시설	1. 2천명 이상의 인원을 수용할 수 있는 대회의실이 있을 것 2. 30명 이상의 인원을 수용할 수 있는 중·소회의실이 10실 이상 있을 것 3. 옥내와 옥외의 전시면적을 합쳐서 2천제곱미터 이상 확보하고 있을 것
준회의시설	•국제회의 개최에 필요한 회의실로 활용할 수 있는 호텔연회장·공연장·체육관 등의 시설로서 다음 각 호의 요건을 모두 갖추어야 한다. 1. 200명 이상의 인원을 수용할 수 있는 대회의실이 있을 것 2. 30명 이상의 인원을 수용할 수 있는 중·소회의실이 3실 이상 있을 것
전시시설	1. 옥내와 옥외의 전시면적을 합쳐서 2천제곱미터 이상 확보하고 있을 것 2. 30명 이상의 인원을 수용할 수 있는 중·소회의실이 5실 이상 있을 것
부대시설	•국제회의 개최와 전시의 편의를 위하여 전문회의시설 및 전시시설에 부속된 숙박시설·주차시설·음식점시설·휴식시설·판매시설 등으로 한다.

(2) 국제회의기획업의 등록기준

1. 자본금: 5천만원 이상일 것
2. 사무실: 소유권이나 사용권이 있을 것

4) 변경등록

국제회의업자가 등록한 사항 중 대통령령으로 정하는 중요 사항을 변경하려면 변경등록을 하여야 한다(관광진흥법 제4조 4항). 변경등록을 해야 할 중요 사항은 ① 사업계획의 변경승인을 받은 사항과 ② 상호 또는 대표자의 변경이다(동법 시행령 제6조 1항).

등록사항(중요 사항)을 변경하려는 경우에는 그 변경사유가 발생한 날부터 30

일 이내에 관광사업 변경등록신청서에 변경사실을 증명하는 서류를 첨부하여 특별자치도지사·시장·군수·구청장(자치구의 구청장을 말한다)에게 제출하여야 한다(동법 시행규칙 제3조 1항).

5) 등록증의 발급

국제회의업의 등록 또는 변경등록의 신청을 받은 특별자치도지사·시장·군수·구청장은 신청한 사항이 국제회의업의 등록기준에 맞으면 관광사업등록증을 신청인에게 발급하여야 한다(동법 시행령 제4조 1항 및 동법 시행규칙 제2조 5항).

특별자치도지사·시장·군수·구청장은 등록증을 발급하려면 의제되는 인·허가증을 한꺼번에 발급할 수 있도록 해당 인·허가기관의 장에게 인·허가증의 송부를 요청할 수 있다(동법 시행령 제4조 2항).

그리고 특별자치도지사·시장·군수·구청장은 등록한 국제회의업자가 발급받은 등록증을 잃어버리거나 그 등록증이 헐어 못쓰게 되어버린 경우에는 등록증을 다시 발급하여야 한다(동법 시행령 제4조 4항). 등록증의 재발급을 받으려는 자는 등록증등 재발급신청서(등록증이 헐어 못쓰게 된 경우에는 등록증을 첨부하여야 한다)를 특별자치도지사·시장·군수·구청장에게 제출하여야 한다(동법 시행규칙 제5조).

6) 등록대장 작성

특별자치도지사·시장·군수·구청장은 등록증을 발급하면 관광사업자 등록대장을 작성하고 관리·보존하여야 한다(동법 시행령 제4조 3항).

관광사업자 등록대장에는 국제회의시설업의 경우 ① 관광사업자의 상호 또는 명칭, ② 대표자의 성명·주소, ③ 사업장의 소재지, ④ 대지면적과 건축연면적, ⑤ 회의실별 동시 수용인원, ⑥「관광진흥법」 제18조 제1항의 규정에 따라 신고를 하였거나 인·허가 등을 받은 것으로 의제되는 사항, ⑦ 사업계획에 포함된 부대영업을 하기 위하여 다른 법령에 따라 인·허가 등을 받았거나 신고 등을 한 사항이 기재되어야 한다(동법 시행규칙 제4조).

제3절 국제회의산업의 육성[27)]

1. 국제회의산업의 정의

국제회의산업이라 함은 국제회의의 유치와 개최에 필요한 국제회의시설, 서비스 등과 관련된 산업을 말한다(국제회의육성법 제2조 2호). 즉 「관광진흥법」에서 규정하고 있는 국제회의시설업 및 국제회의기획업(동법시행령 제2조 1항 4호)과 관련된 산업을 말한다.

여기에서 국제회의시설업은 대규모 관광수요를 유발하는 국제회의를 개최할 수 있는 시설을 설치하여 운영하는 업을 말하고, 국제회의기획업은 대규모 관광수요를 유발하는 국제회의의 계획·준비·진행 등의 업무를 위탁받아 대행하는 업을 말한다.

2. 국제회의산업 육성을 위한 국가 및 정부의 책무

「국제회의산업 육성에 관한 법률」(이하 "국제회의육성법"이라 한다)에서는 국제회의산업 육성을 위하여 국가나 정부의 책임과 지원 그리고 지방자치단체의 역할 등에 관하여 규정하고 있다(동법 제3조부터 제16조).

1) 행정상·재정상의 지원조치 강구

국가는 국제회의산업의 육성·진흥을 위하여 필요한 계획의 수립 등 행정상·재정상의 지원조치를 강구하여야 하는데, 이 지원조치에는 국제회의참가자가 이용할 숙박시설·교통시설 및 관광편의시설 등의 설치·확충 또는 개선을 위하여 필요한 사항이 포함되어야 한다(국제회의육성법 제3조). 여기서 국가라는 표현을 사용한 것은 국제회의산업 육성을 위한 재정상의 지원은 행정부인 문화체

---

27) 조진호 외 3인 공저, 전게서, pp.339~349 참조.

육관광부 단독으로 해결할 수 없기 때문이다. 예컨대, 관광예산안을 행정부에서 편성하지만, 이를 심의·의결하여 최종적으로 확정하는 것은 입법부인 국회만이 할 수 있기 때문에 국회까지 포함되는 국가라는 용어로 명시한 것이다.

2) 국제회의 전담조직의 지정 및 설치

국제회의 전담조직이란 국제회의산업의 진흥을 위하여 각종 사업을 수행하는 조직을 말한다(국제회의육성법 제2조 5호).

(1) "전담조직"의 지정

문화체육관광부장관은 국제회의산업의 육성을 위하여 필요하면 국제회의 전담조직(이하 "전담조직"이라 한다)을 지정할 수 있다(국제회의육성법 제5조 1항).

국제회의 전담조직은 다음 각 호의 업무를 담당한다(동법시행령 제9조).

1. 국제회의의 유치 및 개최 지원
2. 국제회의산업의 국외홍보
3. 국제회의 관련 정보의 수집 및 배포
4. 국제회의 전문인력의 교육 및 수급(需給)
5. 지방자치단체의 장이 설치한 전담조직에 대한 지원 및 상호 협력
6. 그 밖에 국제회의산업의 육성과 관련된 업무

(2) "전담조직"의 설치

국제회의시설을 보유·관할하는 지방자치단체의 장은 국제회의 관련 업무를 효율적으로 추진하기 위하여 필요하다고 인정하면 전담조직을 설치할 수 있다(국제회의육성법 제5조 2항).

3) 국제회의산업 육성기본계획의 수립 등

문화체육관광부장관은 국제회의산업의 육성·진흥을 위하여 국제회의산업육성기본계획(이하 "기본계획"이라 한다)을 수립·시행하여야 하는데, '기본계획'의 내용은 다음과 같다(국제회의육성법 제6조 1항).

1. 국제회의의 유치와 촉진에 관한 사항
2. 국제회의의 원활한 개최에 관한 사항
3. 국제회의에 필요한 인력의 양성에 관한 사항
4. 국제회의시설의 설치 및 확충에 관한 사항
5. 그 밖에 국제회의산업의 육성 · 진흥에 관한 중요 사항

4) 국제회의 유치 및 개최 지원

(1) 문화체육관광부장관은 국제회의의 유치를 촉진하고 그 원활한 개최를 위하여 필요하다고 인정하면 국제회의를 유치하거나 개최하는 자(국제회의개최자)에게 지원을 할 수 있다(국제회의육성법 제7조 1항).

(2) 문화체육관광부장관은 국제회의 유치 · 개최의 지원에 관한 업무를 대통령령으로 정하는 바에 따라 법인이나 단체에 위탁할 수 있다(국제회의육성법 제18조 1항). 이에 따라 국제회의 유치 · 개최의 지원에 관한 업무는 국제회의 전담조직에 위탁하도록 되어 있다(동법시행령 제16조).

(3) 문화체육관광부장관은 국제회의 유치 · 개최의 지원에 관한 업무를 위탁한 경우에는 해당 법인이나 단체에 예산의 범위에서 필요한 경비(經費)를 보조할 수 있다(국제회의육성법 제18조 2항).

(4) 지원을 받으려는 자는 문화체육관광부장관에게 국제회의 유치 · 개최에 관한 지원을 신청하여야 한다(국제회의육성법 제7조 2항). 이 경우 국제회의지원신청서에 다음 각 호의 서류를 첨부하여 국제회의 전담조직의 장에게 제출하여야 한다(동법 시행규칙 제2조).

1. 국제회의 유치 · 개최 계획서(국제회의의 명칭, 목적, 기간, 장소, 참가자 수, 필요한 비용 등이 포함되어야 한다) 1부
2. 국제회의 유치 · 개최 실적에 관한 서류(국제회의를 유치 · 개최한 실적이 있는 경우만 해당한다) 1부
3. 지원을 받고자 하는 세부 내용을 적은 서류 1부

5) 국제회의산업 육성기반의 조성 및 정부지원

(1) 국제회의산업 육성기반이란 국제회의시설, 국제회의 전문인력, 전자국제회의체제, 국제회의 정보 등 국제회의 유치·개최를 지원하고 촉진하는 시설, 인력, 체제, 정보 등을 말한다(국제회의육성법 제2조 6호).

(2) 문화체육관광부장관은 국제회의산업 육성기반을 조성하기 위하여 관계 중앙행정기관의 장과 협의하여 다음 각 호의 사업을 추진하여야 한다(동법 제8조 1항).

1. 국제회의시설의 건립
2. 국제회의 전문인력의 양성
3. 국제회의산업 육성기반의 조성을 위한 국제협력
4. 인터넷 등 정보통신망을 통하여 수행하는 전자국제회의 기반의 구축
5. 국제회의산업에 관한 정보와 통계의 수집·분석 및 유통
6. 그 밖에 국제회의산업 육성기반의 조성을 위하여 필요하다고 인정되는 사업으로서 대통령령으로 정하는 사업. 여기서 "대통령령으로 정하는 사업"이라 함은 국제회의 전담조직의 육성 및 국제회의산업에 관한 국외홍보사업을 말한다(동법시행령 제12조 1항).

(3) 문화체육관광부장관은 다음 각 호의 기관·법인 또는 단체(이하 "사업시행기관"이라 한다) 등으로 하여금 국제회의산업 육성기반의 조성을 위한 사업을 실시하게 할 수 있다(국제회의육성법 제8조 2항).

1. 문화체육관광부장관이 지정하거나 지방자치단체의 장이 설치한 국제회의 전담조직
2. 문화체육관광부장관에 의하여 지정된 국제회의도시
3. 「한국관광공사법」에 따라 설립된 한국관광공사
4. 「고등교육법」에 따른 대학·산업대학 및 전문대학
5. 그 밖에 대통령령으로 정하는 법인·단체. 여기서 "대통령령으로 정하는 법인·단체"라 함은 국제회의산업의 육성과 관련된 업무를 수행하는 법

인 · 단체로서 문화체육관광부장관이 지정하는 법인 · 단체를 말한다(동법 시행령 제12조 2항).

6) 국제회의시설의 건립 및 운영 촉진 등

(1) 국제회의시설

국제회의시설이란 국제회의의 개최에 필요한 회의시설, 전시시설 및 이와 관련된 부대시설 등으로서 대통령령으로 정하는 종류와 규모에 해당하는 것을 말한다(국제회의육성법 제2조 3호).

국제회의시설은 전문회의시설 · 준회의시설 · 전시시설 및 부대시설로 구분한다(동법시행령 제3조 1항).

① **전문회의시설**은 다음 각 호의 요건을 모두 갖추어야 한다.

1. 2천명 이상의 인원을 수용할 수 있는 대회의실이 있을 것
2. 30명 이상의 인원을 수용할 수 있는 중 · 소회의실이 10실 이상 있을 것
3. 옥내와 옥외의 전시면적을 합쳐서 2천제곱미터 이상 확보하고 있을 것

② **준회의시설**은 국제회의의 개최에 필요한 회의실로 활용할 수 있는 호텔연회장 · 공연장 · 체육관 등의 시설로서 다음 각 호의 요건을 모두 갖추어야 한다.

1. 200명 이상의 인원을 수용할 수 있는 대회의실이 있을 것
2. 30명 이상의 인원을 수용할 수 있는 중 · 소회의실이 3실 이상 있을 것

③ **전시시설**은 다음 각 호의 요건을 모두 갖추어야 한다.

1. 옥내와 옥외의 전시면적을 합쳐서 2천제곱미터 이상 확보하고 있을 것
2. 30명 이상의 인원을 수용할 수 있는 중 · 소회의실이 5실 이상 있을 것

④ **부대시설**은 국제회의의 개최와 전시의 편의를 위하여 전문회의시설과 전문전시시설에 부속된 숙박시설 · 주차시설 · 음식점시설 · 휴식시설 · 판매시설 등으로 한다.

(2) 국제회의시설의 건립 및 운영 촉진 등

문화체육관광부장관은 국제회의시설의 건립 및 운영 촉진 등을 위하여 사업시행기관이 추진하는 다음의 사업을 지원할 수 있다(국제회의육성법 제9조).

1. 국제회의시설의 건립
2. 국제회의시설의 운영
3. 그 밖에 국제회의시설의 건립 및 운영 촉진을 위하여 필요하다고 인정하는 사업으로서 문화체육관광부령으로 정하는 사업. 여기서의 "사업"은 국제회의시설의 국외홍보활동을 말한다.

(3) 우리나라 국제회의시설 현황

우리나라의 전문 컨벤션센터(국제회의시설)는 2009년 12월 말 현재 서울 코엑스(COEX)컨벤션센터(1979.3. 개관)를 비롯하여 부산 전시컨벤션센터(BEXCO, 2001.9. 개관), 대구 전시컨벤션센터(EXCO, 2001.4. 개관), 제주국제컨벤션센터(ICC JEJU, 2003.3. 개관), 경기도 고양에 한국국제전시장(KINTEX, 2005.4. 개관), 창원에 창원컨벤션센터(CECO, 2005.9. 개관), 광주에 김대중컨벤션센터(KTJ Center, 2005.9. 개관), 대전에 대전컨벤션센터(DCC, 2008.4. 개관), 인천에 송도컨벤시아(Songdo Convensia, 2008.10. 개관) 등이 문을 열었으며, 이외에도 몇몇 지방자치단체가 컨벤션시설을 설립하기 위한 타당성 검토가 진행되고 있다.

7) 국제회의 전문인력의 교육 · 훈련 등

문화체육관광부장관은 국제회의 전문인력의 양성 등을 위하여 사업시행기관이 추진하는 다음 각 호의 사업을 지원할 수 있다(국제회의육성법 제10조).

1. 국제회의 전문인력의 교육 · 훈련
2. 국제회의 전문인력 교육과정의 개발 · 운영
3. 그 밖에 국제회의 전문인력의 교육 · 훈련과 관련하여 필요한 사업으로서 문화체육관광부령으로 정하는 사업. 여기서의 '사업'은 국제회의 전문인력 양성을 위한 인턴사원제도 등 현장실습의 기회제공사업을 말한다.

8) 국제협력의 촉진

문화체육관광부장관은 국제회의산업육성기반 조성과 관련된 국제협력을 촉진하기 위하여 사업시행기관이 추진하는 다음 각 호의 사업을 지원할 수 있다(국제회의육성법 제11조).

1. 국제회의 관련 국제협력을 위한 조사・연구
2. 국제회의 전문인력 및 정보의 국제교류
3. 외국의 국제회의관련 기관・단체의 국내 유치
4. 그 밖에 국제회의 육성기반의 조성에 관한 국제협력을 촉진하기 위하여 필요한 사업으로서 문화체육관광부령으로 정하는 사업. 여기서의 '사업'은 국제회의 관련 국제행사의 참가 및 국외의 국제회의 관련 기관・단체에의 인력파견을 말한다.

9) 전자국제회의 기반의 확충

정부는 전자국제회의 기반을 확충하기 위하여 필요한 시책을 강구하여야 한다(국제회의육성법 제12조 1항).

문화체육관광부장관은 전자국제회의 기반의 구축을 촉진하기 위하여 사업시행기관이 추진하는 다음 각 호의 사업을 지원할 수 있다(동법 제12조 2항).

1. 인터넷 등 정보통신망을 통한 사이버 공간에서의 국제회의 개최
2. 전자국제회의 개최를 위한 관리체제의 개발 및 운영
3. 그 밖에 전자국제회의 기반의 구축을 위하여 필요하다고 인정하는 사업으로서 문화체육관광부령으로 정하는 사업. 여기서의 '사업'은 전자국제회의 개최를 위한 국내・외 기관간의 협력사업을 말한다.

10) 국제회의 정보의 유통 촉진

정부는 국제회의 정보의 원활한 공급・활용 및 유통을 촉진하기 위하여 필요한 시책을 강구하여야 한다(국제회의육성법 제13조 1항).

문화체육관광부장관은 국제회의 정보의 공급・활용・유통을 촉진하기 위하여

사업시행기관이 추진하는 다음의 사업을 지원할 수 있다(동법 제13조 2항).

1. 국제회의 정보 및 통계의 수집·분석
2. 국제회의 정보의 가공 및 유통
3. 국제회의 정보망의 구축 및 운영
4. 그 밖에 국제회의 정보의 유통 촉진을 위하여 필요한 사업으로 문화체육관광부령으로 정하는 사업. 여기서의 '사업'은 국제회의 정보의 활용을 위한 자료의 발간 및 배포를 말한다.

11) 국제회의도시의 지정 및 지원

(1) 국제회의도시의 지정

문화체육관광부장관은 국제회의산업의 육성·진흥을 위하여 국제회의도시 지정기준에 맞는 특별시·광역시 및 시를 국제회의도시로 지정할 수 있는데, 이 경우 지역 간의 균형적 발전을 고려하여야 한다(국제회의육성법 제14조 1항 및 2항). 그러나 「제주특별자치도 설치 및 국제자유도시 조성을 위한 특별법」(이하 "제주특별법"이라 약칭함)은 이러한 '국제회의육성법'의 규정에도 불구하고 제주자치도를 국제회의도시로 지정·고시할 수 있다(동법 제170조)고 규정하고 있다. 이에 따라 문화관광부(당시)는 2006년 9월 14일 제주특별자치도를 국제회의도시로 지정·고시한 바 있으며, 종전의 국제회의도시였던 '서귀포시'는 국제회의도시에서 제외되었다.

이로써 우리나라는 2005년 서울특별시, 부산광역시, 대구광역시, 제주특별자치도를 국제회의도시로 지정한데 이어 2007년에는 광주광역시, 2009년에는 대전광역시와 경남 창원시, 2011년에는 인천광역시를 추가로 지정함으로써 2011년 12월 말 현재 8개가 지정되어 있다.[28)]

(2) 국제회의도시의 지원

문화체육관광부장관은 지정된 국제회의도시에 대하여는 다음 각 호의 사업에 우선 지원할 수 있다(동법 제15조).

---

28) 문화체육관광부, 전게 2011년 기준 연차보고서, p.95 참조.

1. 국제회의도시에서의 관광진흥개발기금('기금법' 제5조)의 용도에 해당하는 사업
2. '국제회의육성법'의 규정(제16조 제2항 각 호)에 의한 재정지원에 해당하는 사업

12) 국제회의산업 육성재원의 지원 및 운영

문화체육관광부장관은 국제회의산업의 발전과 국민경제의 향상 등에 이바지하기 위하여 관광진흥개발기금의 재원 중 국외여행자의 출국납부금 총액의 100분의 10에 해당하는 금액의 범위에서 국제회의산업의 육성재원을 지원할 수 있다(국제회의육성법 제16조 1항).

(1) 재정지원 대상사업

문화체육관광부장관은 국제회의산업 육성재원의 범위 안에서 다음 각 호에 해당되는 사업에 소요되는 비용의 전부 또는 일부를 지원할 수 있다(국제회의육성법 제16조 2항).

1. 국제회의 전담조직의 운영
2. 국제회의 유치 또는 그 개최자에 대한 지원
3. '국제회의육성법' 제8조 제2항의 "사업시행기관"에서 실시하는 국제회의산업 육성기반 조성사업, 즉 ⓐ 국제회의도시, ⓑ 한국관광공사, ⓒ 대학・산업대학 및 전문대학, ⓓ 국제회의산업의 육성과 관련된 업무를 수행하는 법인・단체로서 문화체육관광부장관이 지정하는 법인・단체(동법 시행령 제12조 2항)
4. '국제회의육성법' 제10조부터 제13조까지의 각 호에 해당하는 사업, 즉 ⓐ 국제회의 전문인력의 교육・훈련, ⓑ 국제협력의 촉진, ⓒ 전자국제회의 기반의 확충, ⓓ 국제회의 정보의 유통 촉진
5. 그 밖에 국제회의산업의 육성을 위하여 필요한 사항으로서 대통령령으로 정하는 사업

(2) 지원금의 지급・관리 및 회수

(가) 지원신청

지원대상사업(국제회의육성법 제16조 2항 각호)을 추진하는 자가 비용의 지원을 받으려는 때에는 문화체육관광부장관 또는 국제회의 유치·개최의 지원에 관한 업무를 위탁받은 국제회의 전담조직의 장에게 신청하여야 한다(국제회의육성법 제16조 4항).

(나) 지원금의 교부

지원금의 교부는 해당 사업의 추진 상항 등을 고려하여 나누어 지급한다. 다만, 사업의 규모·착수시기 등을 고려하여 필요하다고 인정할 때에는 한꺼번에 지급할 수 있다(동법 시행령 제14조).

(다) 지원금의 관리 및 회수

지원금을 받은 자는 그 지원금에 대하여 별도의 계정(計定)을 설치하여 관리하여야 하고, 그 사용 실적을 사업이 끝난 후 1개월 이내에 문화체육관광부장관에게 보고하여야 한다(동법 시행령 제15조 1항).

그리고 지원금을 받은 자가 법률에서 정한 용도 외에 지원금을 사용하였을 때에는 그 지원금을 회수할 수 있다(동법 시행령 제15조 2항).

제7장

카지노업

제7장 카지노업

제1절 카지노업의 이해

1. 카지노의 개요

2009년 12월 말 현재 전 세계적으로 운영 중에 있는 카지노시설은 5,648개소로 집계되고 있다. 카지노산업의 시설규모면에서 1위(1,246개소)를 차지하고 있는 미국을 비롯하여 캐나다(2위 630개소), 프랑스(3위 197개소), 영국(4위 151개소), 체코(5위 135개소), 러시아(6위 106개소), 아르헨티나(7위 84개소), 독일(8위 71개소), 스페인(9위 38개소), 남아프리카공화국(10위 36개소) 등이 세계 10대 카지노대국으로 알려져 있다.[29)]

우리나라 카지노시설은 2011년 12월 말 현재 17개 업체가 운영 중에 있는데, 세계 주요 38개 카지노 보유 국가 중에서 13위를 차지하였다. 이는 우리나라 카지노가 단순한 도박이라는 개념을 벗어나 여가선용을 목적으로 유치된 외래관광객에게는 필수적인 관광상품임을 시사해주고 있는 것이다. 또한 카지노는 여가공간을 제공하는 기능 외에도 외화획득을 통한 국제수지의 개선과 지역경제의 활성화, 지역주민의 소득 및 고용 증대, 세수확보 등의 차원에서 서양의 주요 선진국은 물론 가까운 동남아시아국가에서도 적극적으로 육성하고 있는 추세이다.

미국을 비롯한 관광대국에서 카지노가 성공적으로 추진되고 있는 데에는 위

29) 사행산업통합감독위원회, 2009 사행산업백서, pp.92~100. 참조.

와 같은 경제적 효과 외에도 많은 사람들(미국의 경우 어른 4명 중 3명)이 카지노게임을 합법적인 여가활동("흥겨운 저녁나들이")으로 인식하고 있다는 점이다. 이는 카지노가 일반대중의 오락문화로 저변 확대되고 있음을 나타내주고 있으며, 국제관광에 있어서 카지노게임은 경제적 목적을 넘어서 외래관광객들의 야간관광상품으로 필수적임을 시사해 주고 있다.

2. 카지노의 정의

카지노란 갬블링(gambling), 음악, 쇼, 댄스 등 여러 가지 오락시설을 갖춘 연회장이라는 의미의 이탈리아어 카사(Casa)에서 유래한 것으로 르네상스(Renaissance)시대에 귀족들이 소유하고 있던 사교·오락용의 별장을 의미하였으나, 오늘날에 와서는 일반적인 사교 또는 여가선용을 위한 공간으로서 각종 게임기구를 설치하여 갬블링이 이루어지는 장소를 의미한다고 정의하고 있다.

그리고 웹스터사전(Webster's College Dictionary)에서는 카지노란 모임·춤 특히 전문 갬블링(professional gambling)을 위해 사용되는 건물이나 넓은 장소로 정의하고 있으며, 국어사전에서는 음악·댄스·쇼 등 여러 가지 오락시설을 갖춘 실내 도박장으로 정의하고 있다.

우리나라에서 카지노업은 종래 「사행행위등 규제 및 처벌특례법」에서 '사행행위영업'의 일환으로 규정되어 오던 것을 1994년 8월 3일 「관광진흥법」을 개정할 때 관광사업의 일종으로 규정한 것이다. 그리고 「관광진흥법」은 제3조제1항 5호에서 카지노업이란 "전문영업장을 갖추고 주사위·트럼프·슬롯머신 등 특정한 기구 등을 이용하여 우연의 결과에 따라 특정인에게 재산상의 이익을 주고 다른 참가자에게 손실을 주는 행위 등을 하는 업"이라고 정의내리고 있다.

우리나라의 카지노업은 관광산업의 발전과 크게 연관되어 있다. 특히 카지노는 특급호텔 내에 위치하여 외래관광객에게 게임·오락·유흥 등 야간관광활동을 제공함으로써 체류기간을 연장시키고, 관광객의 소비를 증가시키는 주요한 관광산업 중의 하나로 발전되어 왔다. 또한 카지노업은 외래관광객으로부터 외화를 벌어들여 국제수지를 개선하는 데 기여해 왔으며, 국가재정수입의 확대와 소득·고용창출 등 긍정적인 경제적 효과를 가져온 주요 수출산업이라고도 할 수 있다.

3. 카지노업의 특성

카지노업은 우선 외래관광객을 위해서 게임장소와 오락시설을 제공한다. 게임장소와 오락시설의 제공이라는 두 가지 서비스는 우리나라 카지노업의 기본적 기능이라고 할 수 있다. 이러한 카지노업의 특징을 살펴보면 다음과 같다.[30)]

첫째, 카지노업은 여타산업에 비하여 고용창출효과가 높다. 카지노업은 여타 관광 관련 산업에 비해 규모나 시설은 적으나 카지노의 특수한 조직구조와 운영으로 인해 하루 24시간 게임테이블을 운영하기 위하여 많은 종사원을 필요로 하기 때문에 경영규모에 비해 많은 고용창출을 하고 있다. 카지노는 순수한 인적 서비스상품이며 노동집약적인 산업으로, 수출산업인 섬유·가죽업, TV부문, 반도체산업 및 자동차산업에 비해 고용승수가 훨씬 높게 나타나고 있다.

둘째, 카지노업은 전천후 관광상품이다. 카지노가 주로 실내공간에서 이루어지는 여가활동이므로 악천후에도 전혀 상관하지 않고 이용이 가능한 관광상품이다. 또한 24시간 영업함으로써 야간 관광상품으로도 이용될 수 있으며, 자연관광자원의 기후에 대한 한계성을 극복할 수 있는 훌륭한 대체관광산업이 된다.

셋째, 카지노업은 무공해 관광산업이라고 정의할 수 있는데, 카지노산업의 외화가득률은 우리나라 대표적 수출산업인 자동차산업, 섬유·가죽 등의 의류산업, 텔레비전·세탁기 등 가전제품산업 및 반도체산업에 비해 훨씬 높은 산업이다. 카지노이용객 한 사람을 유치하면 컬러TV 4대, 반도체 76개 수출한 것과 같으며, 카지노에 외국인 관광객 11명이 유치된다면 고급승용차 1대를 수출하는 것과 맞먹는 효과가 있다고 한다.

넷째, 카지노는 외래관광객의 소비액을 증가시키고 체류기간을 연장시킨다.

30) 고택운, 카지노산업 프로젝트 기획실무, p.7.

카지노 이용객 1인당 소비액은 외래관광객 1인당 소비액의 약 48%를 차지할 정도로 단일지출항목으로는 상당히 높은 비중을 차지한다. 카지노는 외래관광객에게 게임장소와 오락시설을 제공하는 기능을 함으로써 체류기간 연장과 소비지출을 증가시키기 때문에 실제로 카지노가 없는 나라의 관광객의 체류 일수가 평균 1.5일인데 비해 카지노 게임을 하는 고객들의 체류 일수는 3.4일로 2일이나 차이가 나는 현상으로 설명할 수 있다.

다섯째, 카지노산업의 경제적 파급효과는 매우 크다고 하겠다. 정부의 강력한 규제와 도박산업이라는 사회적으로 부정적인 인식하에서도 각 지방자치단체에서 카지노를 유치하려는 치열한 경쟁에서 볼 수 있듯이 세수의 확보, 외래관광객 유치에 따른 외화가득효과, 호텔 등 관광 관련 산업의 매출에 지대한 영향을 미치는 등 다양한 경제적 효과를 발생시킨다.

여섯째, 카지노는 양면성이 있다. 카지노가 여가선용을 위한 건전한 오락산업이며 세수확보, 외화유출방지, 고용창출 등 지역경제 활성화에 지대한 영향을 미치고 있어 국가 및 지방자치단체에서 적극적으로 카지노의 도입을 추진하려고 하는 긍정적인 사회경제적 측면이 있는가 하면, 카지노는 단순한 도박산업이며 범죄와 도박중독증, 가정파탄 및 도산, 과소비, 사행심 조장, 폭력조직과의 연루 등 각종 사회악의 온상이라는 부정적인 측면이 공존하고 있다.

제2절 우리나라 카지노업의 현황

1. 우리나라 카지노업의 발전과정31)

우리나라 카지노 설립의 법적 근거가 된 최초의 법률은 1961년 11월 1일에 제정된 「복표발행현상기타사행행위단속법」으로, 1962년 9월 동법의 개정된 사항에 외국인을 상대로 하는 오락시설로서 외화획득에 기여할 수 있다고 인정될 때에는 이를(외국인을 위한 카지노설립) 허가할 수 있게 함으로써 카지노 설립의 근거가 마련되었다.

이와 같은 법적 근거에 따라 외래관광객 유치를 위한 관광산업 진흥정책의 일환으로 카지노의 도입이 결정되어 1967년에 인천 올림포스호텔 카지노가 최초로 개설되었고, 그 다음해에 주한 외국인 및 외래관광객 전용의 위락시설(게임시설)로서 서울에 워커힐호텔 카지노가 개장되었다.

그런데 1969년 6월에는 「복표발행현상기타사행행위단속법」을 개정하여 이때까지 카지노에 내국인출입을 허용했던 것을, 이후로는 카지노 내에서 내국인을 상대로 사행행위를 하였을 경우 영업행위의 금지 또는 허가취소의 행정조치를 취할 수 있게 함으로써 카지노에 내국인 출입이 제한되고, 외국인만을 출입시키는 법적 근거가 마련되었다.

1970년대에 들어 카지노산업이 주요 관광지에 확산되어 4개소가 추가로 신설되었으며, 1980년대에는 2개소가 추가 신설되었고, 1990년대에는 5개소가 신설되면서 전국적으로 13개 업체가 운영되었다.

한편, 1991년 3월에는 「복표발행현상기타사행행위단속법」이 「사행행위등 규제 및 처벌특례법」으로 개정됨에 따라 계속적으로 '사행행위영업'의 일환으로 규정되어 오던 카지노를 1994년 8월 3일 「관광진흥법」을 개정할 때 관광사업의 일종으로 규정하고, 문화체육관광부장관이 허가권과 지도·감독권을 갖게

31) 오수철 외 3인 공저, 최신 카지노경영론(서울:백산출판사, 2012), pp.69~71.

되었다. 다만, 제주도에는 2006년 7월부터 「제주특별자치도 설치 및 국제자유도시 조성을 위한 특별법」이 제정·시행됨에 따라 제주특별자치도에서 외국인전용 카지노업을 경영하려는 자는 제주도지사의 허가를 받도록 하였다.

이와 같이 외국인전용 카지노의 허가권을 갖게 된 문화체육관광부는 2005년 1월 28일자로 한국관광공사 자회사인 (주)그랜드코리아레저에 3개소(서울 2개소, 부산 1개소)의 카지노를 신규 허가하여 2006년 상반기 모두 개장하였다.

한편, 1995년 12월에는 「폐광지역개발지원에 관한 특별법」이 제정되면서 강원도 폐광지역에 내국인 출입카지노를 설치할 수 있는 근거가 마련되었으며, 이에 따라 2000년 10월 28일에 강원도 정선군에 강원랜드 스몰카지노가 개장되었고, 2003년 3월 28일에는 메인카지노를 개장하였다. 이로써 1969년 6월 이후 금지되었던 내국인출입 카지노의 시대가 개막되었다.

2. 카지노업체 및 이용현황

1) 카지노업체 현황

외국인전용 카지노는 1967년 인천 올림포스호텔 카지노 개설을 시작으로 2005년 한국관광공사에 신규 허가 3개소를 포함하여 2011년 12월 말 기준으로 전국에 16개 업체가 운영 중에 있으며, 지역별로는 서울 3개소, 부산 2개소, 인천 1개소, 강원 1개소, 경북 1개소, 제주 8개소이다. 내국인출입 카지노는 강원랜드카지노 1개소가 운영 중에 있다.

2) 카지노시설 및 운영 현황[32)]

(1) 외국인전용 카지노

2009년 말 기준으로 외국인전용 카지노 기구는 총 9종 1,425대이며, 테이블게임 562대, 슬롯머신 369대, 비디오게임 494대를 보유하고 있다. 테이블게임은 바카라가 344대로 가장 높게 나타났으며, 블랙잭 103대, 룰렛 53대, 포커 32대, 다이사이 17대, 빅휠 8대, 카지노워 4대 등을 보유하고 있다.

---

32) 사행산업통합감독위원회, 2009 사행산업백서, pp.39~44. 참조.

〈표 7-1〉 우리나라 카지노업체 현황

(단위: 명, 백만원, ㎡)

지 역	업체명	허가일	운영형태 (등급)	종업원수	전용영업장 면적
서 울	파라다이스워커힐카지노	68.03.05	임대(특1등급)	855	3,178.4
	세븐럭카지노 서울강남점	05.01.28	임대(컨벤션)	703 (본사포함)	6,059.8
	세븐럭카지노 서울힐턴점	05.01.28	임대(특1등급)	448	2,811.9
부 산	세븐럭카지노 부산롯데점	05.01.28	임대(특1등급)	265	2,234.3
	파라다이스카지노부산	78.10.29	직영(특1등급)	249	2,283.5
인 천	골든게이트카지노	67.08.10	임대(특1등급)	272	1,060.6
강 원	알펜시아카지노	80.12.09	직영(특2등급)	30	547.9
대 구	인터불고대구카지노	79.04.11	임대(특1등급)	103	3,458.3
제 주	라마다프라자카지노	75.10.15	임대(특1등급)	158	2,359.1
	파라다이스그랜드카지노	90.09.01	임대(특1등급)	153	2,756.7
	신라호텔카지노	91.07.31	임대(특1등급)	140	1,953.6
	로얄팔래스카지노	90.11.06	임대(특1등급)	106	1,353.5
	롯대호텔제주카지노	85.04.11	임대(특1등급)	133	1,205.4
	엘베가스카지노	90.09.01	직영(특1등급)	109	1,026.6
	하얏트호텔카지노	90.09.01	임대(특1등급)	71	803.3
	골든비치카지노	95.12.28	임대(특1등급)	131	1,528.5
16개 업체(**외국인 대상**)			직영: 3 임대: 13	3,926	35,719.05
강 원	강원랜드카지노 **(내국인대상)**	00.10.12	직영(특1등급)	1,697	7,322.12
17개 업체(내 · 외국인대상)			**직영: 4 임대: 13**	**5,623**	**43,041.17**

자료: 문화체육관광부, 2011년 기준 관광동향에 관한 연차보고서, pp.300~301.

2009년도 외국인전용 카지노 이용객은 1,676천명으로 전년대비 31.3% 증가하였으며, 2006년부터 2009년까지 평균 30.7%의 증가율을 나타내고 있다.

2009년도 외국인전용 카지노 매출액은 919,620백만원으로 전년대비 22.1% 증가하였으며, 2005년부터 2009년까지 연평균 24.2%의 증가율을 나타내고 있다.

(2) 강원랜드카지노

강원랜드는 강원도 정선군 사북읍 사북리 및 고한읍 고한리 일원에 총 6,438,732㎡ 규모의 카지노 리조트를 조성하였다. 주요 시설물로는 강원랜드 호텔, 하이원호텔, 하이원CC, 하이원 스키장 및 콘도, 하이원 고한사무실, 고한사옥 등을 포함하고 있다.

강원랜드의 카지노시설은 강원랜드 호텔 내 16,770㎡ 공간에 테이벌게임 132대와 머신게임 960대로 구성되어 있다. 테이블게임 기구는 바카라 61대, 블랙잭 49대, 룰렛 10대, 다이사이 4대, 포커 4대, 빅휠 2대, 카지노워 2대 등이며, 머신게임 기구로는 슬롯머신 345대, 비디오게임 615대 등을 보유하고 있다.

2009년의 강원랜드 회계매출액은 1조 1,553억원으로 전년대비 5.3% 증가하였고, 영업매출액은 1조 1,538억원으로 전년대비 8.3% 증가하였다. 강원랜드 회계매출액은 2000년 이후 지속적인 증가추세를 나타내고 있으며, 영업매출액은 2006년 일시 감소한 것을 제외하면 2009년까지 증가추세를 나타내고 있다. 2009년 강원랜드 1일 평균매출은 3,165백만원으로 전년대비 5.6% 증가하였고, 지속적인 증가추세를 나타내고 있다.

2009년 강원랜드 카지노 입장객은 3,045천명으로 전년대비 4.5% 증가하였다. 입장객은 스몰카지노를 개장한 2000년 209천명에서 2009년 3,045천명으로 증가하였다. 2006년의 일시 감소를 제외하면 2009년까지 지속적인 증가추세를 나타내고 있다. 2009년의 1일 평균 입장객은 8,342명으로 전년대비 4.7% 증가하였고, 9년간 평균 11.2%의 증가율을 나타내고 있다.

제3절 카지노업의 허가 등[33)]

1. 카지노업 허가의 개요

우리나라 카지노설립의 법적 근거가 된 최초의 법률은 1961년 11월 1일에 제정된 「복표발행현상기타사행행위단속법」으로, 이 법이 1991년 3월에 「사행행위 등 규제 및 처벌특례법」으로 개정됨에 따라 계속적으로 사행행위영업의 일환으로 규정되어 오던 카지노를 1994년 8월 3일 「관광진흥법」을 개정할 때 관광사업의 일종으로 규정하고, 문화체육관광부장관이 허가권과 지도·감독권을 갖게 되었다. 다만, 제주도에는 2006년 7월부터 「제주특별자치도 설치 및 국제자유도시 조성을 위한 특별법」이 제정·시행됨에 따라 제주특별자치도에서 외국인 전용 카지노업을 경영하려는 자는 제주도지사의 허가를 받도록 하였다.

한편, 2005년에는 「기업도시개발특별법」 개정을 통하여 관광레저형 기업도시 조성시 호텔업을 포함하여 관광사업 3종 이상, 카지노업 영업개시 신고시점까지 미화 3억달러 이상 투자하고 영업개시 후 2년 이내 미화 총 5억달러 이상을 투자할 경우 외국인전용 카지노의 신규허가가 가능하도록 하였다.

또 2009년에는 「경제자유구역의 지정 및 운영에 관한 특별법」 개정을 통하여 경제자유구역에서 외국인 투자금액이 미화 5억달러 이상이고 호텔업을 포함한 관광사업 3종 이상, 카지노 신고시점까지 미화 3억달러 이상을 투자하고 영업개시 이후 2년 이내 총 5억달러를 투자할 경우 외국인전용 카지노 신규허가가 가능하도록 하였다.

2. 카지노업의 허가관청

관광사업 중 카지노업은 허가대상업종이다. 즉 카지노업을 경영하려는 자는 전용영업장 등 문화체육관광부령으로 정하는 시설과 기구를 갖추어 문화체육관

33) 조진호 외 3인 공저, 전게서, pp.193~204. 참조.

광부장관의 허가(중요 사항의 변경허가를 포함한다)를 받아야 한다(관광진흥법 제5조 1항). 다만, 제주도는 2006년 7월부터 「제주특별자치도 설치 및 국제자유도시 조성을 위한 특별법」(이하 "제주특별법"이라 한다)이 제정·시행됨에 따라 제주특별자치도에서 외국인전용 카지노업을 경영하려는 자는 제주도지사의 허가를 받아야 한다(제주특별법 제171조의6).

3. 카지노업 허가의 종류

1) 신규허가

신규허가는 카지노업을 경영하려는 자가 최초로 받는 허가를 말한다. 이 때 허가의 내용은 대표자, 상호, 영업장소의 명칭 및 장소, 시설내용 등이 된다.

2) 변경허가

변경허가란 카지노사업자가 이미 허가받은 내용 중 중요 사항을 변경하고자 할 때 문화체육관광부장관으로부터 받는 허가를 말한다(관광진흥법 제5조 3항). 그러나 경미한 사항을 변경하려면 변경신고를 하여야 한다(동법 제5조 3항 단서).

3) 조건부 영업허가

① 문화체육관광부장관은 카지노업의 허가를 함에 있어서 허가받은 날부터 1년 이내의 기간에 카지노업의 시설기준(동법 제23조 및 시행규칙 제29조)에 따른 시설 및 기구를 갖출 것을 조건으로 허가할 수 있다. 다만, 천재지변이나 그 밖의 부득이한 사유가 있다고 인정하는 경우에는 해당 사업자의 신청에 따라 한 차례에 한하여 6개월을 넘지 아니하는 범위에서 그 기간을 연장할 수 있다(동법 제24조 1항).

② 카지노업의 조건부 영업허가를 받은 자는 지정된 기간 내에 그 허가조건에 해당하는 필요한 시설 및 기구를 갖춘 경우에는 조건이행내역신고서(동법 시행규칙 제32조관련 별지 제29호서식)에 설치한 시설에 관한 서류 및 카지노기구에 관한 서류를 첨부하여 문화체육관광부장관에게 신고하여야 한다(동법 제24조 제3항, 동법시행령 제28조 및 동법시행규칙 제32조).

③ 문화체육관광부장관은 조건부 영업허가를 받은 자가 정당한 사유 없이 지정된 기간에 허가 조건을 이행하지 아니하면 그 허가를 즉시 취소하여야 한다(동법 제24조 2항).

4. 카지노업의 허가요건 등

1) 허가대상시설

문화체육관광부장관(제주특별자치도는 도지사)은 카지노업의 허가신청을 받은 때에는 다음 요건의 어느 하나에 해당하는 경우에만 허가할 수 있다(관광진흥법 제21조, 동법시행령 제27조 및 "제주특별법" 제171조의6 제1항).

① **최상등급의 호텔업시설** — 첫째, 카지노업의 허가신청을 할 수 있는 시설은 관광숙박업 중 호텔업시설이어야 한다. 둘째, 호텔업시설의 위치는 국제공항 또는 국제여객선터미널이 있는 특별시·광역시·도·특별자치도(이하 "시·도"라 한다)에 있거나 관광특구에 있어야 한다. 셋째, 호텔업의 등급은 그 지역에서 최상등급의 호텔 즉 특1등급이라야 한다. 다만, 시·도에 최상등급의 시설이 없는 경우에는 그 다음 등급(특2등급)의 시설만 허가가 가능하다.

② **국제회의시설업의 부대시설** — 국제회의시설의 부대시설에서 카지노업을 하려면 대통령령으로 정하는 요건(동법시행령 제27조 2항 1호의 요건)에 맞는 경우 허가를 받을 수 있다.

③ **우리나라와 외국을 왕래하는 여객선** — 우리나라와 외국을 왕래하는 2만톤급 이상의 여객선에서 카지노업을 하려면 대통령령으로 정하는 요건(동법시행령 제27조 2항 2호의 요건)에 맞는 경우 허가를 받을 수 있다.

2) 허가요건

① 관광호텔업이나 국제회의시설업의 부대시설에서 카지노업을 하려는 경우의허가요건(동법시행령 제27조제2항 1호, '관광진흥조례' 제37조제1항 1호)

가. 해당 관광호텔업이나 국제회의시설업의 전년도 외래관광객 유치실적

이 문화체육관광부장관(제주도지사)이 공고하는 기준에 맞을 것
나. 외래관광객 유치계획 및 장기수지전망 등을 포함한 사업계획서가 적정할 것
다. 위의 나.목에 규정된 사업계획의 수행에 필요한 재정능력이 있을 것
라. 현금 및 칩의 관리 등 영업거래에 관한 내부통제방안이 수립되어 있을 것
마. 그 밖에 카지노업의 건전한 육성을 위하여 문화체육관광부장관(제주도지사)이 공고하는 기준에 맞을 것

② 우리나라와 외국 간을 왕래하는 여객선에서 카지노업을 하려는 경우의 허가요건(동법시행령 제27조제2항 2호, '관광진흥조례' 제37조제1항 2호)

가. 여객선이 2만톤급 이상으로 문화체육관광부장관이 공고하는 총톤수 이상일 것(**개정** 2012.11.20.)
나. 삭제〈2012.11.20.〉
다. 외래관광객 유치계획 및 장기수지전망 등을 포함한 사업계획서가 적정할 것
라. 위의 다.목에 규정된 사업계획의 수행에 필요한 재정능력이 있을 것
마. 현금 및 칩의 관리 등 영업거래에 관한 내부통제방안이 수립되어 있을 것
바. 그 밖에 카지노업의 건전한 육성을 위하여 문화체육관광부장관(제주도지사)이 공고하는 기준에 맞을 것

3) 허가제한

문화체육관광부장관(제주특별자치도는 도지사)이 공공의 안녕, 질서유지 또는 카지노업의 건전한 발전을 위하여 필요하다고 인정하면 대통령령으로 정하는 바에 따라 카지노업의 허가를 제한할 수 있다(관광진흥법 제21조 2항).

즉 카지노업에 대한 신규허가는 최근 신규허가를 한 날 이후에 전국 단위의 외래관광객이 60만명 이상 증가한 경우에만 신규허가를 할 수 있되, 신규허가업체의 수는 외래관광객 증가인원 60만명당 2개 사업 이하의 범위에서만 가능

하다. 이때 문화체육관광부장관은 다음 각 호의 사항을 고려하여 결정한다(동법 시행령 제27조 3항).

1. 전국 단위의 외래관광객 증가 추세 및 지역의 외래관광객 증가 추세
2. 카지노이용객의 증가 추세
3. 기존 카지노사업자의 총 수용능력
4. 기존 카지노사업자의 총 외화획득실적
5. 그 밖에 카지노업의 건전한 발전을 위하여 필요한 사항

4) 세부허가기준 등의 공고

문화체육관광부장관이 카지노업의 신규허가를 하려면 미리 다음 각 호의 사항을 정하여 공고하여야 한다(동법 시행령 제27조 4항 〈개정 2012.11.20〉).

1. 해당 관광호텔업이나 국제회의시설업의 전년도 외래관광객 유치실적별 세부허가기준
2. 카지노업의 건전한 육성을 위한 세부허가기준
3. 2만톤급 이상의 여객선에서 카지노업을 하려는 경우의 세부허가기준
4. 허가가능 업체수
5. 허가신청기간 및 요령

5. 폐광지역에서의 카지노업허가의 특례

1) 개 요

「폐광지역개발 지원에 관한 특별법」(제정 1995.12.29. 법률 제5089호; 이하 "지원특별법"이라 한다)의 규정에 의거 문화체육관광부장관은 폐광지역 중 경제사정이 특히 열악한 지역의 1개소에 한하여 「관광진흥법」 제21조의 규정에 의한 허가요건에 불구하고 카지노업의 허가를 할 수 있다. 이 경우 그 허가를 함에 있어서는 관광객을 위한 숙박시설·체육시설·오락시설 및 휴양시설 등(그 시설의 개발추진계획을 포함한다)과의 연계성을 고려하여야 한다(지원특별법 제11조 1항).

그리고 문화체육관광부장관은 허가기간을 정하여 허가를 할 수 있는데, 허가

기간은 3년이다(지원특별법 제11조제4항, 동법시행령 제15조). 그런데 이 '지원특별법'은 2005년 12월 31일까지 효력을 가지는 한시법으로 되어 있었으나, 그 시한을 10년간 연장하여 2015년 12월 31까지 효력을 갖도록 하였다(지원특별법 부칙 제2조, 개정 2005.3.31).

이는 「폐광지역개발 지원에 관한 특별법」에 따른 카지노업 허가와 관련된 「관광진흥법」 적용의 특례라 할 수 있는데, 이 규정에 따라 2000년 10월 강원도 정선군에 내국인도 출입이 허용되는 (주)강원랜드 카지노가 개관되었다.

2) 내국인의 출입허용

"폐광지역지원특별법"에 의하여 허가를 받은 카지노사업자에 대하여는 「관광진흥법」 제28조 제1항 제4호(내국인의 출입금지)의 규정을 적용하지 아니함으로써(지원특별법 제11조 제3항) 폐광지역의 카지노영업소에는 내국인도 출입할 수 있도록 하였다. 다만, 문화체육관광부장관은 과도한 사행행위 등을 예방하기 위하여 필요한 경우에는 출입제한 등 카지노업의 영업에 관한 제한을 할 수 있다(지원특별법 제11조 제3항, 동법시행령 제14조).

3) 수익금의 사용제한

폐광지역의 카지노업과 당해 카지노업을 영위하기 위한 관광호텔업 및 종합유원시설업에서 발생되는 이익금 중 100분의 20 이내의 범위에서 대통령령이 정하는 금액은 폐광지역과 관련된 관광진흥 및 지역개발을 위하여 사용하여야 한다(지원특별법 제11조 제5항, 동법시행령 제16조 2항).

6. 제주특별자치도에서의 카지노업허가의 특례

1) 개 요

「제주특별자치도 설치 및 국제자유도시 조성을 위한 특별법」(이하 "제주특별법"이라 한다)의 규정에 의거하여 제주특별자치도지사는 제주자치도에서 카지노업의 허가를 받고자 하는 외국인투자자가 허가요건을 갖춘 경우에는 「관광진흥법」 제21조(문화체육관광부장관의 카지노업 허가권)의 규정에도 불구하고 외국인 전용의 카지노업을 허가할 수 있다. 이 경우 제주도지사는 필요한 경우 허가에 조건을 붙이거나 외국인투자의 금액 등을 고려하여 둘 이상의 카지노업 허가를 할 수 있다(제주특별법 제171조의6 제1항). 이에 따라 카지노업의 허가를 받은 자는 영업을 시작하기 전까지 「관광진흥법」 제23조 제1항의 시설 및 기구를 갖추어야 한다(제주특별법 제171조의6 제3항).

2) 외국인투자자에 대한 카지노업허가

(1) **허가요건** — 제주도지사는 제주자치도에 대한 외국인투자(「외국인투자촉진법」 제2조제1항제4호의 규정에 의한 외국인투자를 말한다)를 촉진하기 위하여 카지노업의 허가를 받으려는 자가 외국인투자를 하려는 경우로서 다음 각호의 요건을 모두 갖추었으면 「관광진흥법」 제21조(허가요건 등)에도 불구하고 같은 법 제5조제1항에 따른 카지노업(외국인전용의 카지노업으로 한정한다)의 허가를 할 수 있다(제주특별법 제171조의6 제1항).

1. 관광사업에 투자하려는 외국인투자의 금액이 미합중국화폐 5억달러 이상일 것
2. 투자자금이 형의 확정판결에 따라 「범죄수익은닉의 규제 및 처벌 등에 관한 법률」 제2조제4호의 규정에 의한 범죄수익 등에 해당하지 아니할 것
3. 투자자의 신용상태 등이 대통령령으로 정하는 사항을 충족할 것

여기서 "대통령령으로 정하는 사항"이란 다음 각 호의 사항을 말한다.

가. 「신용정보의 이용 및 보호에 관한 법률」 제4조에 따라 신용평가업무에 관한 금융위원회의 허가를 받은 2 이상의 신용정보회사 또는 국제적으로 공인된 외국의 신용평가기관으로부터 받은 신용평가등급이 투자적격 이상일 것

나. 제주특별법 제171조의6 제2항에 따른 투자계획서에 호텔업을 포함하여 「관광진흥법」 제3조에 따른 관광사업을 3종류 이상 영위하는 내용이 포함되어 있을 것

(2) **허가신청** — 외국인투자를 하려는 자로서 카지노업의 허가를 받으려는 경우 투자계획서 등 도조례가 정하는 서류를 갖추어 도지사에게 허가를 신청하여야 한다(제주특별법 제171조의6 제2항).

(3) **영업장소 및 영업시기** — 카지노업의 허가와 관련하여 영업의 장소 및 개시시기 등에 관하여 필요한 사항은 도조례로 정한다(제주특별법 제171조의6 제3항). 한편, 카지노업의 허가를 받은 자는 영업을 시작하기 전까지 「관광진흥법 제23조 제1항의 시설 및 기구를 갖추어야 한다(제주특별법 제171조의6 제4항).

(4) **허가취소** — 도지사는 카지노영업허가를 받은 외국인투자자가 다음 각 호의 어느 하나에 해당하는 경우에는 그 허가를 취소하여야 한다(제주특별법 제171조의6 제5항).

1. 미합중국화폐 5억달러 이상의 투자를 이행하지 아니하는 경우
2. 투자자금이 형의 확정판결에 따라 「범죄수익은닉의 규제 및 처벌 등에 관한 법률」 제2조제4호에 따른 범죄수익 등에 해당하게 된 경우
3. 허가조건을 위반한 경우

(5) **카지노업운영에 필요한 시설의 타인경영** — 외국인투자자로서 카지노영업 허가를 받은 자는 「관광진흥법」 제11조(관광시설의 처분 및 타인경영)에도 불구하고 카지노업의 운영에 필요한 시설을 타인이 경영하게 할 수 있다. 이 경우 수탁경영자는 「관광진흥법」 제22조에 따른 '카지노사업자의 결격사유'에 해당되지 아니하여야 한다(제주특별법 제171조의6 제6항).

3) 관광진흥개발기금 등에 관한 특례

제주특별자치도가 관광사업을 효율적으로 발전시키고, 관광외화수입 증대에 기여하기 위하여 '제주관광진흥기금'을 설치한 경우, 「관광진흥법」 제30조(관광진흥개발기금의 납부)제1항의 규정에도 불구하고 카지노사업자는 총 매출액의 100분의 10의 범위에서 일정비율에 해당하는 금액을 제주관광진흥기금에 납부하여야 한다(제주특별법 제171조의7 및 제172조).

7. 카지노사업자의 결격사유

카지노업의 허가를 받기 위해서는 카지노사업자로서의 결격사유가 없어야 한다. 「관광진흥법」에서는 모든 관광사업자에게 일률적으로 적용되는 결격사유와 카지노사업자에게만 특별히 추가하여 적용하는 결격사유를 규정하고 있다. 이는 카지노업이 사행심(射倖心)을 조장하여 공공의 안녕과 질서를 문란하게 하고 국민정서를 해칠 염려가 있어 카지노사업자에 대한 자격요건을 다른 관광사업자보다 한층 강화할 필요가 있기 때문이다. 이에 따라 「관광진흥법」은 다음 각 호의 어느 하나에 해당하는 자는 카지노업의 허가를 받을 수 없도록 하고 있다(동법 제22조 1항).

1. 19세 미만인 자
2. 「폭력행위 등 처벌에 관한 법률」 제4조에 따른 단체 또는 집단을 구성하거나 그 단체 또는 집단에 자금을 제공하여 금고 이상의 형의 선고를 받고 형이 확정된 자
3. 조세를 포탈(逋脫)하거나 「외국환거래법」을 위반하여 금고 이상의 형을 선고받고 형이 확정된 자
4. 금고 이상의 실형을 선고받고 그 집행이 끝나거나 집행을 받지 아니하기로 확정된 후 2년이 지나지 아니한 자
5. 금고 이상의 형의 집행유예를 선고받고 그 유예기간 중에 있는 자
6. 금고 이상의 형의 선고유예를 받고 그 유예기간 중에 있는 자
7. 임원 중에 제1호부터 제6호까지의 규정 중 어느 하나에 해당하는 자가 있는 법인

8. 카지노업의 시설기준 등

카지노업의 허가를 받으려는 자는 다음과 같은 기준에 적합한 시설 및 기구를 갖추어야 한다(관광진흥법 제23조 1항, 동법시행규칙 제29조 1항).

1. 330제곱미터 이상의 전용 영업장

2. 1개 이상의 외국환환전소
3. 「관광진흥법 시행규칙」 제35조 제1항에 따른 카지노업의 영업종류 중 네 종류 이상의 영업을 할 수 있는 게임기구 및 시설
4. 문화체육관광부장관이 정하여 고시하는 기준에 적합한 카지노 전산시설. 이 전산시설기준에는 다음 각 호의 사항이 포함되어야 한다(동법 시행규칙 제29조 2항).
   가. 하드웨어의 성능 및 설치방법에 관한 사항
   나. 네트워크의 구성에 관한 사항
   다. 시스템의 가동 및 장애방지에 관한 사항
   라. 시스템의 보안관리에 관한 사항
   마. 환전관리 및 현금과 칩의 수불관리를 위한 소프트웨어에 관한 사항

제4절 카지노업의 경영 및 관리[34)]

1. 카지노업의 영업종류 및 영업방법 등

1) 카지노업의 영업종류

카지노업의 영업종류는 문화체육관광부령으로 정하는데 「관광진흥법 시행규칙」 제35조 1항 관련 [별표 8]에서 이를 다음과 같이 규정하고 있다(관광진흥법 제26조 1항 및 동법 시행규칙 제35조 1항).

1. 룰렛(Roulette)
2. 블랙잭(Blackjack)
3. 다이스(Dice, Craps)
4. 포커(Poker)
5. 바카라(Baccarat)
6. 다이사이(Tai Sai)
7. 키노(Keno)
8. 빅휠(Big Wheel)
9. 빠이 까우(Pai Cow)
10. 판탄(Fan Tan)
11. 조커 세븐(Joker Seven)
12. 라운드 크랩스(Round Craps)
13. 트란타 콰란타(Trent Et Quarante)
14. 프렌치 볼(French Boule)
15. 차카락(Chuck-A-Luck)
16. 슬롯머신(Slot Machine)
17. 비디오게임(Video Game)

---

34) 조진호 외 3인 공저, 전게서, pp.205~209.

18. 빙고(Bingo)
19. 마작(Mahjong)
20. 카지노워(Casino War)

2) 카지노업의 영업방법 및 배당금관련 신고

카지노사업자는 문화체육관광부령으로 정하는 바에 따라 카지노업의 영업종류별 영업방법 및 배당금 등에 관하여 문화체육관광부장관에게 미리 신고하여야 한다. 신고한 사항을 변경하려는 경우에도 또한 같다(동법 第26조 2항).

이 경우 카지노사업자는 「관광진흥법 시행규칙」 제35조 2항 관련 별지 제32호서식의 카지노 영업종류별 영업방법등 신고서 또는 변경신고서에 ① 영업종류별 영업방법 설명서와 ② 영업종류별 배당금에 관한 설명서를 첨부하여 문화체육관광부장관에게 신고하여야 한다(동법 시행규칙 제35조 2항)

2. 카지노 전산시설의 검사

1) 검사기한

카지노사업자는 카지노전산시설에 대하여 다음 각 호의 구분에 따라 각각 해당 기한 내에 문화체육관광부장관이 지정·고시하는 검사기관(이하 "카지노전산시설검사기관"이라 한다)의 검사를 받아야 한다.

1. 신규로 카지노업의 허가를 받은 경우: 허가를 받은 날(조건부 영업허가를 받은 경우에는 조건이행의 신고를 한 날)부터 15일
2. 검사유효기한이 만료된 경우: 유효기한 만료일부터 3개월

2) 검사의 유효기간

카지노전산시설의 검사유효기간은 검사에 합격한 날부터 3년으로 한다. 다만, 검사 유효기간의 만료전이라도 카지노전산시설을 교체한 경우에는 교체한 날부터 15일 이내에 검사를 받아야 하며, 이 경우 검사의 유효기간은 3년으로 한다(동법 시행규칙 제30조 2항).

3. 카지노기구의 검사

1) 카지노기구의 규격 및 기준(공인기준) 등 결정

문화체육관광부장관(제주특별자치도에서는 도지사)은 카지노업에 이용되는 기구(機具: 이하 "카지노기구"라 한다)의 형상(形狀)·구조(構造)·재질(材質) 및 성능 등에 관한 규격 및 기준(이하 "공인기준등"이라 한다)을 정하여 고시하여야 하는데, 카지노업 허가관청이 지정하는 검사기관의 검정을 받은 카지노기구의 규격 및 기준을 공인기준 등으로 인정할 수 있다(동법 제25조 1항·2항, 동법 시행규칙 제33조 1항).

2) 카지노기구의 검사

카지노사업자가 카지노기구를 영업장소(그 부대시설 등을 포함한다)에 반입·사용하는 경우에는 그 카지노기구가 공인기준등에 맞는지에 관하여 문화체육관광부장관이 지정하는 검사기관("카지노검사기관")의 검사를 받아야 한다(동법 제25조 3항, 동법 시행령 제65조 1항 2호).

제5절 카지노사업자 등의 준수사항

1. 카지노사업자 및 종사원의 준수사항

카지노사업자(대통령령으로 정하는 종사원을 포함한다)는 다음 각 호의 어느 하나에 해당하는 행위를 하여서는 아니된다(관광진흥법 제28조 1항). 여기서 카지노업종사원이란 그 직위와 명칭이 무엇이든 카지노사업자를 대리하거나 그 지시를 받아 상시 또는 일시적으로 카지노업에 종사하는 자를 말한다(동법 시행령 제29조).

1. 법령에 위반되는 카지노기구를 설치하거나 사용하는 행위
2. 법령을 위반하여 카지노기구 또는 시설을 변조하거나 변조된 카지노기구 또는 시설을 사용하는 행위
3. 허가받은 전용영업장 외에서 영업을 하는 행위
4. 내국인(「해외이주법」 제2조에 따른 해외이주자는 제외한다)을 입장하게 하는 행위
5. 지나친 사행심을 유발하는 등 선량한 풍속을 해칠 우려가 있는 광고나 선전을 하는 행위
6. 법으로 규정된 영업종류에 해당하지 아니하는 영업을 하거나 영업방법 및 배당금 등에 관한 신고를 하지 아니하고 영업하는 행위
7. 총매출액을 누락시켜 관광진흥개발기금 납부금액을 감소시키는 행위
8. 19세 미만인 자를 입장시키는 행위
9. 정당한 사유 없이 그 연도 안에 60일 이상 휴업하는 행위

2. 카지노사업자 및 종사원의 영업준칙 준수

카지노사업자 및 종사원은 카지노업의 건전한 육성·발전을 위하여 필요하다고 인정하여 문화체육관광부령으로 정하는 영업준칙(동법 시행규칙 제36조관련

별표 9)을 준수하여야 하는데, 이 경우 그 영업준칙에는 다음 각 호의 사항이 포함되어야 한다(관광진흥법 제28조 2항).

1. 1일 최소 영업시간
2. 게임테이블의 집전함(集錢函) 부착 및 내기금액 한도액의 표시 의무
3. 슬롯머신 및 비디오게임의 최소배당률
4. 전산시설・환전소・계산실・폐쇄회로의 관리기록 및 회계와 관련된 기록의 유지의무
5. 카지노종사원의 게임참여 불가 등 행위금지사항

다만, 「폐광지역개발 지원에 관한 특별법」 제11조 제3항에 따라 내국인의 출입이 허용(관광진흥법 제28조 1항 4호)되는 카지노사업자에 대하여는 [별표 9]와 같은 영업준칙 이외에 추가로 [별표 10]의 영업준칙도 준수하여야 한다(관광진흥법 시행규칙 제36조).

3. 카지노사업자의 관광진흥개발기금 납부의무

1) 납부금 징수비율 및 납부액

카지노사업자는 연간 총매출액의 100분의 10의 범위에서 일정비율에 해당하는 금액을 「관광진흥개발기금법」에 따른 관광진흥개발기금(이하 "기금"이라 한다)에 내야 한다(관광진흥법 제30조 1항).

여기서 총매출액이란 카지노영업과 관련하여 고객으로부터 받은 총금액에서 영업을 통해 고객에게 지불한 총금액을 공제한 금액을 말한다(동법 시행령 제30조 1항). 예를 들어 당해 연도에 고객으로부터 받은 총금액이 800억원이고, 게임을 통해 고객에게 지불한 금액이 500억원이라면 당해 연도의 총매출액은 300억원이 되는 것이다.

관광진흥개발기금 납부금(이하 "납부금"이라 한다)의 징수비율은 다음 각 호의 어느 하나와 같다(동법 시행령 제30조 2항).

1. 연간 총매출액이 10억원 이하인 경우: 총매출액의 100분의 1
   (예: 총매출액이 10억원일 때 납부금은 10억원의 1% 즉 1천만원)

2. 연간 총매출액이 10억원 초과 100억원 이하인 경우: 1천만원+총매출액 중 10억원을 초과하는 금액의 100분의 5

(예: 총매출액이 100억원일 때 납부금은 4억 6천만원)

3. 연간 총매출액이 100억원을 초과하는 경우: 4억6천만원+총매출액 중 100억원을 초과하는 금액의 100분의 10

(예: 총매출액이 200억원일 때 납부금은 14억 6천만원)

2) 납부금의 보고 및 납부절차

(1) 재무제표에 의한 매출액 확인

카지노사업자는 매년 3월말까지 공인회계사의 감사보고서가 첨부된 전년도의 재무제표를 문화체육관광부장관에게 제출하여야 한다(동법 시행령 제30조 3항). 이는 객관성과 신뢰성이 높은 외부감사에 의한 회계감사를 의무화한 것이다.

(2) 납부기한 및 분할납부

문화체육관광부장관은 매년 4월 31일까지 카지노사업자가 납부하여야 할 납부금을 서면으로 명시하여 2개월 이내의 기한을 정하여 한국은행에 개설된 관광진흥개발기금의 출납관리를 위한 계정에 납부할 것을 알려야 한다. 이 경우 그 납부금을 2회 나누어 내게 할 수 있되, 납부기한은 다음 각호와 같다(동법 시행령 제30조 4항). 종전에는 납부기한을 6월부터 12월까지의 사이에 4회로 나누어 낼 수 있도록 하던 것을 6월과 9월에 2회로 나누어 낼 수 있도록 납부기한을 변경함으로써 관광진흥개발기금을 조기에 사용할 수 있도록 하였다.

1. 제1회: 해당 연도 6월 말까지
2. 제2회: 해당 연도 8월 말까지

(3) 납부기한의 예외

카지노사업자는 천재지변이나 그 밖에 이에 준하는 사유로 납부금을 그 기한까지 납부할 수 없는 경우에는 그 사유가 없어진 날부터 7일 이내에 내야 한다(동법 시행령 제30조 5항).

(4) 납부독촉 및 가산금 부과

카지노사업자가 납부금을 납부기한까지 내지 아니하면 문화체육관광부장관은 10일 이상의 기간을 정하여 이를 독촉하여야 한다. 이 경우 체납된 납부금에 대하여는 100분의 3에 해당하는 가산금(加算金)을 부과하여야 한다(동법 제30조 2항).

(5) 미납금 강제징수

문화체육관광부장관은 카지노사업자가 납부독촉을 받고도 그 기간내에 납부금을 내지 아니하면 국세체납처분(國稅滯納處分)의 예에 따라 이를 징수한다(관광진흥법 제30조 3항). 국세체납처분은 「국세징수법」의 규정에 의한 강제징수절차에 따라 ① 독촉, ② 재산의 압류, ③ 압류재산의 매각(환가처분), ④ 청산 등의 4단계로 처리되는데, 이 중 압류·매각·청산을 합하여 체납처분이라 말한다.

4. 카지노영업소 이용자의 준수사항

카지노영업소에 입장하는 자는 카지노사업자가 외국인(「해외이주법」 제2조에 따른 해외이주자를 포함한다)임을 확인하기 위하여 신분확인에 필요한 사항을 묻는 때에는 이에 응하여야 한다(관광진흥법 제29조).

제8장

유원시설업

제8장 유원시설업

제1절 유원시설업의 의의와 종류

1. 유원시설업의 의의

유원시설업(遊園施設業)은 유기시설(遊技施設)이나 유기기구(遊技機具)를 갖추어 이를 관광객에게 이용하게 하는 업(다른 영업을 경영하면서 관광객의 유치 또는 광고 등을 목적으로 유기시설이나 유기기구를 설치하여 이를 이용하게 하는 경우를 포함한다)을 말한다(관광진흥법 제3조 1항 6호).[35)]

유원시설업은 종전의 「공중위생법」에 의하여 보건복지부장관이 관장하던 공중접객업의 하나인 유기장업(遊技場業)을 1999년 1월 21일 「관광진흥법」 개정시 유원시설업으로 명칭을 변경하여 당시의 문화관광부(현 문화체육관광부)에서 관장하는 관광사업의 일종으로 전환한 것이다.

2. 유원시설업의 종류

「관광진흥법」은 유원시설업을 종합유원시설업, 일반유원시설업, 기타유원시설업으로 분류하고 있다(관광진흥법 시행령 제2조 1항 5호).

35) 2011년 12월 말 기준으로 전국의 유원시설업체 현황을 살펴보면 216개 업체가 운영 중에 있다(문화체육관광부, 전게 2011년 기준 연차보고서, pp.301~302 참조).

1) 종합유원시설업

유기시설이나 유기기구를 갖추어 이를 관광객에게 이용하게 하는 업으로서 대규모의 대지 또는 실내에서 「관광진흥법」 제33조에 따른 안전성검사 대상 유기시설 또는 유기기구 여섯 종류 이상을 설치하여 운영하는 업을 말한다.

2) 일반유원시설업

유기시설이나 유기기구를 갖추어 관광객에게 이용하게 하는 업으로서 「관광진흥법」 제33조에 따른 안전성검사 대상 유기시설 또는 유기기구 한 종류 이상을 설치하여 운영하는 업을 말한다.

3) 기타유원시설업

유기시설이나 유기기구를 갖추어 관광객에게 이용하게 하는 업으로서 「관광진흥법」 제33조에 따른 안전성검사 대상이 아닌 유기시설 또는 유기기구를 설치하여 운영하는 업을 말한다.

제2절 유원시설업의 허가 및 신고

1. 유원시설업의 허가(신고)관청 및 대상업종

유원시설업은 유기시설 또는 유기기구를 갖추어 이를 관광객에게 이용하게 하는 업으로서 「관광진흥법」 제33조의 규정에 의한 안전성검사대상 유기시설 또는 유기기구의 설치 여부에 따라 허가와 신고대상으로 구분되고 있다.

즉 위험성이 있는 안전성검사대상 유기시설 또는 유기기구를 설치·운영하는 종합유원시설업과 일반유원시설업은 허가(許可)를 받도록 하고, 위험성이 없는 안전성검사대상이 아닌 유기시설 또는 유기기구를 설치·운영하는 기타유원시설업은 신고(申告)를 하도록 하여 행정편의를 제고토록 하였다.

1) 허가대상업종 및 허가관청

유원시설업 중 종합유원시설업과 일반유원시설업을 경영하려는 자는 특별자치도지사·시장·군수·구청장의 허가를 받아야 한다(동법 제5조 2항, 동법시행령 제7조).

2) 신고대상업종 및 신고관청

유원시설업 중 기타유원시설업을 경영하려는 자는 특별자치도지사·시장·군수·구청장에게 신고하여야 한다(동법 제5조 4항, 동법시행령 제7조).

2. 유원시설업 허가의 종류

1) 신규허가

종합유원시설업과 일반유원시설업을 경영하기 위하여 최초로 받는 허가를 말한다.

2) 변경허가

허가를 받은 사항 중 중요사항을 변경하고자 하는 때 받는 허가를 말한다.

3) 조건부 영업허가

① 특별자치도지사 · 시장 · 군수 · 구청장은 유원시설업의 허가를 할 때 5년의 범위에서 '대통령령으로 정하는 기간'에 법정기준에 따른 시설 및 설비(관광진흥법 제5조제2항 및 시행규칙 제7조 1항 관련 별표 1)를 갖출 것을 조건으로 허가할 수 있다. 다만, 천재지변이나 '그 밖의 부득이한 사유'가 있다고 인정하는 경우에는 해당 사업자의 신청에 따라 한 차례에 한하여 1년을 넘지 아니하는 범위에서 그 기간을 연장할 수 있다(관광진흥법 제31조 1항).

여기서 "대통령령으로 정하는 기간"이란 조건부 영업허가를 받은 날부터 다음 각 호의 구분에 따른 기간을 말한다(동법시행령 제31조 1항).

1. 종합유원시설업을 하려는 경우: 5년 이내
2. 일반유원시설업을 하려는 경우: 3년 이내

또 "그 밖의 부득이한 사유"란 다음 각 호의 어느 하나에 해당하는 사유를 말한다(동법시행령 제31조 2항).

1. 천재지변에 준하는 불가항력적인 사유가 있는 경우
2. 조건부 영업허가를 받은 자의 귀책사유가 아닌 사정으로 부지의 조성, 시설 및 설비의 설치가 지연되는 경우
3. 그 밖의 기술적인 문제로 시설 및 설비의 설치가 지연되는 경우

② 특별자치도지사 · 시장 · 군수 · 구청장은 조건부 영업허가를 받은 자가 정당한 사유 없이 지정된 기간에 허가조건을 이행하지 아니하면 그 허가를 즉시 취소하여야 한다(동법 제31조 제2항).

3. 유원시설업의 시설 및 설비기준

유원시설업을 경영하려는 자가 갖추어야 하는 시설 및 설비의 기준은 별표 1과 같다(동법 시행규칙 제7조 제1항).

◆ 유원시설업의 시설 및 설비기준 ◆

(시행규칙 제7조 1항 관련 <별표 1>)

(1) 공통기준

구 분	시설 및 설비기준
가. 실내에 설치한 유원시설업	독립된 건축물이거나 다른 용도의 시설과 구획되어야 한다.
나. 종합유원시설업 및 일반유원시설업	(1) 방송시설 및 휴식시설(의자 또는 차양시설 등을 갖춘 것을 말한다)을 설치하여야 한다. (2) 화장실(유원시설업의 허가구역으로부터 100미터 이내에 공동화장실을 갖춘 경우를 제외한다)을 갖추어야 한다. (3) 이용객을 지면으로 안전하게 이동시키는 비상조치가 필요한 유기기구·유기시설에 대해서는 비상시에 이용객을 안전하게 대피시킬 수 있는 시설(발전시설, 예비전원시설, 사다리, 계단시설, 윈치, 로프 등 해당시설에 적합한 시설)을 갖추어야 한다.

(2) 개별기준

구 분	시설 및 설비기준
가. 종합유원시설업	(1) 대지 면적(실내에 설치한 유원시설업의 경우에는 건축물 연면적)은 1만제곱미터 이상이어야 한다. (2) 법 제33조 제1항에 따른 안전성검사 대상 유기시설 또는 유기기구 6종 이상을 설치하여야 한다. (3) 발전시설, 의무시설 및 안내소를 설치하여야 한다. (4) 음식점시설 또는 매점을 설치하여야 한다.
나. 일반유원시설업	(1) 법 제33조 제1항에 따른 안전성검사 대상 유기시설 또는 유기기구 1종 이상을 설치하여야 한다. (2) 안내소를 설치하고, 구급약품을 비치하여야 한다.
다. 기타유원시설업	(1) 대지 면적(실내에 설치한 유원시설업의 경우에는 건축물 연면적)은 40제곱미터 이상이어야 한다. (2) 법 제33조 제1항에 따른 안전성검사 대상이 아닌 유기시설 또는 유기기구 1종 이상을 설치하여야 한다.

4. 유원시설업의 허가(신고) 절차

1) 유원시설업의 신규허가 신청

종합유원시설업 및 일반유원시설업의 허가를 받으려는 자는 유원시설업허가 신청서(별지 제11호서식)에 필요한 서류(시행규칙 제7조 2항의 서류)를 첨부하여 특별자치도지사·시장·군수·구청장(자치구의 구청장을 말한다)에게 제출하여야 한다. 이 경우 1년 미만의 단기로 유원시설업의 허가를 받으려는 자는 허가신청서에 해당 기간을 표시하여 제출하여야 한다(동법 시행규칙 제7조 2항).

한편, 신청서를 제출받은 특별자치도지사·시장·군수·구청장은 「전자정부법」(제36조 제1항)에 따른 행정정보의 공동이용을 통하여 법인등기사항증명서(법인만 해당한다)를 확인하여야 한다(동법 시행규칙 제7조 3항).

2) 유원시설업의 신규신고

기타유원시설업의 신고를 하려는 자는 기타유원시설업신고서(별지 제17호서식)에 구비서류(① 영업시설 및 설비개요서, ② 유기시설 또는 유기기구가 안전성검사 대상이 아님을 증명하는 서류, ③ 보험가입 등을 증명하는 서류)를 첨부하여 특별자치도지사·시장·군수·구청장에게 제출하여야 한다. 이 경우 1년 미만의 단기로 기타유원시설업의 신고를 하려는 자는 신고서에 해당 기간을 표시하여 제출하여야 한다(동법 시행규칙 제11조 2항).

한편, 신고서를 제출받은 특별자치도지사·시장·군수·구청장은 「전자정부법」(제36조 제1항)에 따른 행정정보의 공동이용을 통하여 법인등기사항증명서(법인만 해당한다)를 확인하여야 한다(동법 시행규칙 제11조 3항).

3) 유원시설업의 변경허가(변경신고 포함) 신청

(1) 변경허가의 대상

종합유원시설업 및 일반유원시설업의 허가를 받은 자가 다음 각 호의 어느 하나에 해당하는 중요 사항을 변경하려는 경우에는 변경허가를 받아야 한다(동법 제5조 3항 본문, 동법 시행규칙 제8조 제1항 2호).

1. 영업소의 소재지 변경
2. 안전성검사대상 유기시설 또는 유기기구의 신설·이전·폐기
3. 영업장 면적의 변경

(2) 변경신고의 대상

① 종합유원시설업과 일반유원시설업의 경미한 사항의 변경 ― 허가를 받은 사항 중 ⓐ 대표자 또는 상호의 변경, ⓑ 안전성검사 대상이 아닌 유기시설 또는 유기기구 수의 변경, ⓒ 안전관리자의 변경 등과 같은 경미한 사항을 변경하려면 변경신고를 하여야 한다. 이 때 신고서를 제출받은 특별자치도지사·시장·군수·구청장은 「전자정부법」(제36조 제1항)에 따른 행정정보의 공동이용을 통하여 법인등기사항증명서(법인만 해당한다)를 확인하여야 한다(동법 제5조 3항 단서, 동법 시행규칙 제8조 2항, 제10조 2항 및 3항).

② 기타유원시설업의 중요사항의 변경 ― 기타유원시설업을 신고한 자가 신고사항 중 ⓐ 영업소의 소재지 변경, ⓑ 유기시설·유기기구 수 또는 영업장 면적의 변경, ⓒ 대표자 또는 상호의 변경 등과 같은 중요사항을 변경하려면 변경신고를 하여야 한다(동법 제5조 4항, 동법 시행규칙 제12조).

(3) 종합유원시설업 및 일반유원시설업 변경허가(변경신고 포함) 신청

유원시설업의 변경허가를 받으려는 자는 유원시설업 허가사항 변경허가신청서(별지 제16호서식)에 구비서류(시행규칙 제10조 1항의 서류)를 첨부하여 특별자치도지사·시장·군수·구청장에게 제출하여야 한다(동법 제5조 3항 본문, 시행규칙 제10조 1항).

유원시설업의 변경신고를 하려는 자는 유원시설업 허가사항 변경신고서(별지 제16호서식)에 구비서류(시행규칙 제10조 2항의 서류)를 첨부하여 특별자치도지사·시장·군수·구청장에게 제출하여야 한다(동법 제5조 3항 단서, 동법 시행규칙 제10조 2항).

(4) 기타유원시설업의 변경신고 신청

신고사항의 변경신고를 하려는 자는 기타유원시설업 신고사항 변경신고서(별지 제19호서식)에 구비서류(시행규칙 제13조의 서류)를 첨부하여 특별자치도지사

· 시장 · 군수 · 구청장에게 제출하여야 한다(동법 제5조 4항 후단, 시행규칙 제13조).

4) 유원시설업의 조건부영업허가 신청

유원시설업의 조건부영업허가를 받고 조건이행내역신고서를 제출한 자가 영업을 시작하려는 경우에는 유원시설업 조건부 영업허가신청서(별지 제11호서식)에 유기시설 또는 유기기구의 영업허가 전 검사를 받은 사실을 증명하는 서류, 보험가입 등을 증명하는 서류, 안전관리자 인적사항, 임대차계약서 사본 등의 서류를 첨부하여 특별자치도지사 · 시장 · 군수 · 구청장에게 제출하여야 한다(동법 시행규칙 제38조 제2항).

5) 유원시설업 허가증의 발급 및 관리대장 작성 · 관리

특별자치도지사 · 시장 · 군수 · 구청장은 종합유원시설업 및 일반유원시설업을 허가(변경허가를 포함한다)하는 경우에는 유원시설업 허가증(별지 제13호서식)을 발급하고 유원시설업 허가 · 신고관리대장(별지 제14호서식)을 작성하여 관리하여야 한다(동법 시행규칙 제7조 4항).

한편, 특별자치도지사 · 시장 · 군수 · 구청장은 조건부 영업허가를 받은 사업자가 제출한 유원시설업 허가신청서를 검토한 결과 유원시설업의 허가조건을 충족하는 경우에는 신청인에게 조건부 영업허가증을 유원시설업 허가증(별지 제13호서식)으로 바꾸어 발급하고, 유원시설업 허가 · 신고관리대장(별지 제14호서식)을 작성하여 관리하여야 한다(동법 시행규칙 제38조 3항).

6) 유원시설업 신고증의 발급 및 관리대장 작성 · 관리

특별자치도지사 · 시장 · 군수 · 구청장은 기타유원시설업의 신고(변경신고를 포함한다)를 받은 경우에는 유원시설업 신고증(별지 제18호서식)을 발급하고 이에 따른 유원시설업 허가 · 신고관리대장을 작성하여 관리하여야 한다(동법 시행규칙 제11조 제4항).

7) 유원시설업의 허가증 및 신고증의 재발급

유원시설업의 허가증 또는 신고증을 잃어버리거나 헐어 못쓰게 되어 재발급을 받고자 할 때에는 별지 제7호서식의 등록증등 재발급신청서(허가증이 헐어 못쓰게 된 경우에는 허가증을 첨부하여야 함)를 특별자치도지사·시장·군수·구청장에게 제출하면 재발급을 받을 수 있다(동법 시행규칙 제5조, 제7조 5항 및 제11조 5항).

5. 유원시설업의 허가 또는 신고취소 및 영업소 폐쇄

1) 허가 또는 신고취소

(1) 허가 등이 반드시 취소되는 경우

특별자치도지사·시장·군수·구청장은 다음과 같은 경우 유원시설업의 허가 또는 신고를 반드시 취소하여야 한다.

① 유원시설업의 허가를 받은 자가 모든 관광사업자에게 공통적으로 적용되는 결격사유(관광진흥법 제7조 1항 참조)에 해당하게 된 때에는 특별자치도지사·시장·군수·구청장은 3개월 이내에 허가 또는 신고를 취소하여야 한다. 다만, 법인의 임원 중 그 사유에 해당하는 자가 있는 경우 3개월 이내에 그 임원을 바꾸어 임명한 때에는 그러하지 아니하다(동법 제7조 2항 단서).

② 종합유원시설업자나 일반유원시설업자가 조건부 영업허가를 받고 정당한 사유 없이 허가조건을 이행하지 아니하면 특별자치도지사·시장·군수·구청장은 그 허가를 즉시 취소하여야 한다(동법 제31조 제2항).

(2) 허가 등이 취소될 수 있는 경우

유원시설업자가 다음과 같은 등록취소 등의 사유에 해당하게 된 때에는 특별자치도지사·시장·군수·구청장은 허가 등을 취소하거나, 6개월 이내의 기간을 정하여 그 사업의 전부 또는 일부의 정지를 명하거나 시설·운영의 개선을 명할 수 있다(동법 제35조 1항).

1. 유원시설업을 경영하려는 자가 갖추어야 할 시설과 설비를 갖추지 아니하게 되는 경우(동법 제35조 1항 1의2호)
2. 유원시설업의 양수 또는 합병에 따른 관광사업자의 지위를 승계한 후 1

개월 이내에 그 사실을 신고하지 않은 경우(동법 제35조 1항 3호)

3. 유원시설업을 경영함에 있어서 안전성검사 대상기구를 타인에게 처분하거나 타인으로 하여금 경영하게 한 경우(동법 제35조 1항 5호)
4. 물놀이형 유기시설 또는 유기기구를 설치한 자가 지켜야 할 안전·위생기준을 지키지 아니한 경우(동법 제35조 1항 14호)
5. 영업질서유지를 위한 준수사항을 지키지 아니하거나 법령을 위반하여 제조한 유기시설·유기기구 또는 유기기구의 부분품을 설치하거나 사용한 경우(동법 제35조 1항 16호)
6. 안전성검사를 받아야 하는 유기시설 및 유기기구에 대한 안전관리를 위하여 배치된 안전관리자의 안전교육(시행규칙 제56조 참조)과 관련, 협조하지 아니하는 경우(동법 제35조 1항 17호)
7. 유원시설업의 경영 또는 사업계획을 추진함에 있어 뇌물을 주고받은 경우
8. 유원시설관리를 소홀히 한 경우

2) 유원시설업 영업소 폐쇄

특별자치도지사·시장·군수·구청장은 다음과 같은 경우 유원시설업 영업소를 폐쇄한다(동법 제36조 1항).

1. 유원시설업자가 모든 관광사업자에게 공통적으로 적용되는 결격사유에 해당하게 된 때(동법 제7조)
2. 허가 또는 신고 없이 유원시설업을 경영하는 때(동법 제36조 1항)
3. 허가나 신고의 취소 또는 사업의 정지명령을 받고 계속하여 영업을 한 때(동법 제36조 1항)

제3절 유원시설 등의 관리

1. 유기시설 및 유기기구의 안전성검사

1) 안전성검사 등

유원시설업자 및 유원시설업의 허가 또는 변경허가를 받으려는 자(조건부 영업허가를 받은 자로서 그 조건을 이행한 후 영업을 시작하려는 경우를 포함한다)는 안전성검사 대상 유기시설 또는 유기기구에 대하여 특별자치도지사 · 시장 · 군수 · 구청장이 실시하는 안전성검사를 받아야 하고, 안전성검사 대상이 아닌 유기시설 또는 유기기구에 대하여는 안전성검사 대상에 해당되지 아니함을 확인하는 검사를 받아야 한다. 이 경우 특별자치도지사 · 시장 · 군수 · 구청장은 성수기 등을 고려하여 검사시기를 지정할 수 있다(관광진흥법 제33조 1항).

2) 안전성 검사기관(검사권한 수탁기관)

유기시설 또는 유기기구의 안전성검사 및 안전성검사 대상에 해당되지 아니함을 확인하는 검사에 관한 문화체육관광부장관의 권한은 인력과 시설 등의 일정한 요건(시행규칙 별표 24 참조)을 갖추고 문화체육관광부장관에게 등록한 업종별 관광협회 또는 전문 연구 · 검사기관에 각각 위탁하고 있다. 이 경우 문화체육관광부장관은 업종별 관광협회 또는 전문 연구 · 검사기관의 명칭 · 주소 및 대표자 등을 고시하여야 한다(관광진흥법 제80조 3항 4호, 동법시행령 제65조 1항 3호, 동법시행규칙 제70조 관련 별표 24 및 제71조).

3) 안전성검사기관의 등록

유기시설 및 유기기구의 안전성검사기관으로 등록하려는 업종별 관광협회 또는 전문연구 · 검사기관은 인력 및 시설 등의 일정한 요건(시행규칙 별표 24 참조)을 갖추고 문화체육관광부장관에게 등록신청을 하여야 한다. 등록은 매년 안전성검사를 하려는 연도의 전년도 9월 말일까지 별지 제44호서식의 유기시설·기구 안전성검사기관 등록신청서에 구비서류를 첨부하여 문화체육관광부장관에게 제출하여야 한다(동법 시행규칙 제71조 1항).

4) 유기시설 또는 유기기구의 안전성검사 등

유원시설업의 허가 또는 변경허가를 받으려는 자(조건부 영업허가를 받은 자로서 조건이행내역신고서를 제출한 후 영업을 시작하려는 경우를 포함한다)는 안전성검사 대상 유기시설·유기기구에 대하여 검사항목별로 안전성검사를 받아야 하며, 허가를 받은 다음 연도부터는 연 1회 이상 안전성검사를 받아야 한다. 다만, 최초로 안전성검사를 받은 지 10년이 지난 유기시설·유기기구에 대하여는 반기별로 1회 이상 안전성검사를 받아야 한다(동법 제33조 1항, 동법시행규칙 제40조 2항).

5) 안전성 재검사

안전성검사를 받은 유기시설 또는 유기기구 중 다음 각 호의 어느 하나에 해당하는 유기시설 또는 유기기구는 재검사를 받아야 한다(동법 시행규칙 제40조 3항).

1. 부적합판정을 받은 유기시설 또는 유기기구
2. 사고가 발생한 유기시설 또는 유기기구(유기시설 또는 유기기구의 결함에 의하지 아니한 사고는 제외한다)
3. 3개월 이상 운행을 정지하거나 최근 6개월간의 운행정지기간의 합산일이 3개월 이상인 유기시설 또는 유기기구

6) 안전성검사 대상이 아님을 확인하는 검사

기타유원시설업의 신고를 하려는 자와 종합유원시설업 또는 일반유원시설업을 하는 자가 안전성검사 대상이 아닌 유기시설 또는 유기기구를 설치하여 운영하려는 경우에는 안전성검사 대상이 아님을 확인하는 검사를 받아야 한다(동법 시행규칙 제40조 4항).

7) 안전관리자의 배치

안전성검사를 받아야 하는 유원시설업자(종합유원시설업자와 일반유원시설업자)는 유기시설 및 유기기구에 대한 안전관리를 위하여 사업장에 안전관리자를 항상 배치하여야 한다(동법 제33조 2항).

안전관리자의 자격·배치기준 및 임무 등에 필요한 사항은 문화체육관광부령으로 정한다(동법 제33조 3항, 시행규칙 제41조 관련 〈별표12〉).

8) 안전성검사등록기관의 유기시설·기구 검사조서 작성·통지

문화체육관광부장관으로부터 유기시설 등의 안전성검사권한을 위탁받은 업종별 관광협회 또는 전문 연구·검사기관이 안전성검사 또는 안전성검사 대상이 아님을 확인하는 검사를 한 경우에는 별지 제33호서식의 유기시설·기구 검사조서를 작성하여 지체 없이 검사신청인과 해당 유원시설업의 소재지를 관할하는 특별자치도지사·시장·군수·구청장에게 각각 통지하여야 한다(동법 시행규칙 제40조 5항). 이 때 유기시설·기구 검사조서를 통지받은 특별자치도지사·시장·군수·구청장은 그 안전성검사 결과에 따라 해당 사업자에게 유기시설 또는 유기기구에 대한 개선을 권고할 수 있다(동법시행규칙 제40조 7항).

2. 보험가입 등

종합유원시설업 및 일반유원시설업의 허가를 받은 자는 해당 사업과 관련하여 사고가 발생하거나 관광객에게 손해가 발생하면 피해자에게 보험금을 지급할 것을 내용으로 하는 보험 등에 가입하여야 한다(동법 제9조 및 시행규칙 제7조 2항 5호 및 제11조 2항 3호).

3. 유원시설업자의 준수사항

유원시설업자는 영업질서의 유지를 위하여 유원시설업자의 준수사항을 지켜야 하며, 법령을 위반하여 제조한 유기시설·유기기구 또는 유기기구의 부분품

(部分品)을 설치하거나 사용하여서는 아니된다(동법 제34조). 유원시설업자의 준수사항은 다음과 같다(동법 시행규칙 제42조 관련 〈별표 13〉).

[별표 13] 유원시설업자의 준수사항

(시행규칙 제42조 관련 별표 13 〈개정 2009.3.31〉)

1. 종합 및 일반유원시설업자는 「관광진흥법」 제33조 제2항에 따라 안전관리자를 상시 배치하고, 안전관리자가 그 업무를 적절하게 수행하도록 지도·감독하는 등 유원시설 및 유기기구를 안전하게 관리하여야 하며, 안전관리자가 작성한 안전점검일지를 2년 이상 보관하여야 한다.
2. 기타유원시설업자는 본인 스스로 또는 운행자로 하여금 매일 1회 이상 유기시설 및 유기기구에 대한 안전점검을 하고, 그 결과를 안전점검기록부에 기록하여 2년 이상 보관하여야 하며, 이용자가 보기 쉬운 곳에 유기시설 또는 유기기구별로 안전점검표시판을 게시하여야 한다.
3. 1년 미만으로 영업허가를 받거나 신고한 유원시설업자는 안전점검일지 또는 일일 안전점검기록부를 매주 특별자치도지사·시장·군수·구청장에게 제출하여야 한다.
4. 이용자를 태우는 유기시설 및 유기기구의 경우 정원을 초과하여 이용자를 태우지 아니하도록 하고, 운전개시 전에 안전상태를 확인하여야 하며, 특히 안전띠 또는 안전대의 안전성 여부와 착용상태를 확인하여야 한다.
5. 운행 전에는 이용자가 외관상 객관적으로 판단하여 정신적·신체적으로 부적합하다고 인정되거나 유기기구 내에서 본인 또는 타인의 안전을 저해할 우려가 있는 경우에는 게시 및 안내를 통하여 이용을 거부하거나 제한하여야 하고, 운행 중에는 이용자가 정위치에 있는지와 이상행동을 하는지를 주의하여 관찰하여야 하며, 유기기구 안에서 장난 또는 가무행위 등 안전에 저해되는 행위를 하지 못하게 하여야 한다.
6. 이용자가 보기 쉬운 곳에 이용요금표·준수사항 및 이용시 주의하여야 할 사항을 게시하여야 한다.
7. 유원시설업자는 종사자에 대한 안전교육을 매주 1회 이상 하도록 하고, 그 교육일지를 기록·비치하여야 하며, 비정규직원의 신규채용 시에는 사전교육을 4시간 이상 하고 그 교육일지를 기록·비치하여야 한다.
8. 영업소의 명칭은 허가 또는 신고된 영업소의 명칭(상호)을 표시하여야 한다.
9. 조명은 60럭스 이상이 되도록 유지하여야 한다. 다만, 조명효과를 이용하는 유기시설은 제외한다.
10. 유원시설업자는 유관기관(허가관청·경찰서·소방서·의료기관·안전성검사등

록기관 등)과 안전관리에 관한 연락체계를 구축하고, 안전사고의 발생 즉시 등록관청에 보고하여야 하며, 안전사고의 원인 조사 및 재발 방지대책을 수립하여야 한다.

11. 유원시설업자는 제40조 제7항에 따른 행정청의 권고사항을 준수하여야 한다.

4. 물놀이형 유원시설업자의 준수사항

1) 안전 · 위생기준 준수의무

유원시설업의 허가를 받거나 신고를 한 자(이하 "유원시설업자"라 한다) 중 물놀이형 유기시설 또는 유기기구를 설치한 자는 문화체육관광부령으로 정하는 안전·위생기준을 지켜야 한다(동법 제32조).

2) 안전 · 위생기준의 마련

물놀이형 유기시설·유기기구를 설치한 자는 각종 시설이 안전하고 정상적으로 이용할 수 있도록 하고, 기구별 정원 또는 동시수용 가능인원을 산정하여 그에 맞게 이용하도록 하며, 이용자가 쉽게 볼 수 있는 곳에 수심표시를 하는 등 안전·위생기준을 마련하여 지키도록 하였다. 이때 물놀이형 유원시설 또는 유기기구를 설치한 자가 지켜야 하는 안전·위생기준은 〈별표 10의2〉와 같다(동법 시행규칙 제39조의2).

[별표 10의2] 물놀이형 유기시설 · 유기기구의 안전 · 위생기준

(시행규칙 제39조의2 관련 별표 10의2 〈신설 2009.10.22, 개정 2011.1.6〉)

1. 사업자는 물놀이형 유기시설·유기기구 내에서 이용자가 항상 이용질서를 유지하게 하여야 한다.
2. 사업자는 이용자의 활동에 제공되거나 이용자의 안전을 위하여 설치된 각종시설·설비·장비·기구 등이 안전하고 정상적으로 이용될 수 있는 상태를 유지하여야 한다.
3. 사업자는 물놀이형 유기시설·유기기구의 특성을 고려하여 음주 등으로 정상적인 이용이 곤란하다고 판단될 때에는 음주자 등의 이용을 제한하고, 해당 유기시설·유기기구별 신장 제한 등에 해당되는 어린이는 이용을 제한하거나 보호자와 동행하도록 하여야 한다.

4. 사업자는 물놀이형 유기시설·유기기구에 대하여 주변 공간, 부속시설, 수상안전시설의 구비 정도 등을 고려하여 안전과 위생에 지장이 없다고 인정하는 범위에서 기구별 정원 또는 동시수용 가능인원을 산정하여 특별자치도지사·시장·군수·구청장에게 제출하여야 하고, 기구별 정원을 초과하여 이용하게 하거나 동시수용 가능인원을 초과하여 입장시켜서는 아니 된다.
5. 사업자는 물놀이형 유기시설·유기기구의 설계도에 제시된 유량이 공급되거나 담수되도록 하여야 하고 이용자가 쉽게 볼 수 있는 곳에 수심 표시를 하여야 한다(변경된 부분에는 변경된 수심을 표시한다).
6. 사업자는 풀의 물이 1일 3회 이상 여과기를 통과하도록 하여야 하며, 부유물 및 침전물의 유무를 상시 점검하여야 한다.
7. 사업자는 영업 중인 물놀이형 유기시설·유기기구 사업장에 「의료법」에 따른 간호사 또는 「간호조무사 및 의료유사업자에 관한 규칙」에 따른 간호조무사를 1명 이상 배치하여야 한다.
8. 풀의 수질검사방법은 「환경분야 시험·검사 등에 관한 법률」 제6조에 따른 먹는물 수질공정시험기준을 따르며, 사업자는 다음의 수질기준을 유지하여야 한다(해수를 이용하는 경우 「환경정책기본법 시행령」 제2조 및 별표 1 제3호 라목의 Ⅱ 등급 기준을 적용한다).
   가. 유리잔류염소는 0.4㎎/l에서 2.0㎎/l 까지 유지하도록 하여야 한다. 다만, 오존소독 등으로 사전처리를 하는 경우의 유리잔류염소농도는 0.2㎎/l 이상을 유지하여야 한다.
   나. 수소이온농도는 5.8부터 8.6까지 되도록 하여야 한다.
   다. 탁도는 2.8NTU 이하로 하여야 한다.
   라. 과망간산칼륨의 소비량은 15㎎/l 이하로 하여야 한다.
   마. 각 풀의 대장균군은 10밀리리터들이 시험대상 5개 중 양성이 2개 이하이어야 한다.
9. 사업자는 이용자가 쉽게 볼 수 있는 곳에 물놀이형 유기시설 ·유기기구의 정원 또는 동시수용 가능인원, 물의 순환 횟수, 수질검사 일자 및 수질검사 결과 등을 게시하여야 한다. 이 경우 수질검사 결과 중 제8호 가목부터 다목까지의 규정에 관한 내용은 게시하고, 같은 호 라목 및 마목에 관한 내용은 관리일지를 작성하여 비치·보관하도록 한다.
10. 사업자는 물놀이형 유기시설·유기기구에 대한 관리요원을 배치하여 그 이용상태를 항상 점검하여야 한다.
11. 사업자는 이용자의 안전을 위한 안전요원 배치와 관련 다음 사항을 준수하여야 한다.
    가. 안전요원이 할당 구역 전체를 조망할 수 있는 적절한 배치 위치를 확보하

여야 한다.

나. 수심 100㎝ 이상의 풀에서는 면적 660㎡당 최소 1인이 배치되어야 하고, 수심 100㎝ 미만의 풀에서는 1000㎡당 최소 1인이 배치되어야 한다.

다. 안전요원의 자격은 해양경찰청장이 지정하는 교육기관에서 발급하는 인명구조요원 자격증을 소지한 자, 대한적십자사나 「체육시설의 설치・이용에 관한 법률」 제34조에 따른 수영장협회 등에서 실시하는 수상안전에 관한 교육을 받은 자 및 이와 동등한 자격요건을 갖춘 자만 해당한다.

12. 사업자는 안전요원이 할당한 구역 내에서 부상자를 신속하게 발견하여 응급처치를 이행할 수 있도록 이용자 안전관리계획, 안전요원 교육프로그램 및 안전모니터링계획 등을 수립하여야 한다.

3) 위반행위에 대한 벌칙

물놀이형 유기시설・유기기구를 설치한 유원시설업자가 안전・위생기준을 위반하여 관할 등록기관등의 장이 발한 명령을 위반한 때에는 1년 이하의 징역 또는 1천만원 이하의 벌금에 처하도록 하였다(동법 제84조 제4의2호).

제9장

관광편의시설업

제1절 | 관광편의시설업의 의의와 종류

제2절 | 관광편의시설업의 지정

제9장 관광편의시설업

제1절 관광편의시설업의 의의와 종류

1. 관광편의시설업의 의의

관광편의시설업은 앞에서 설명한 관광사업(여행업, 관광숙박업, 관광객이용시설업, 국제회의업, 카지노업, 유원시설업) 외에 관광진흥에 이바지할 수 있다고 인정되는 사업이나 시설 등을 운영하는 업(관광진흥법 제3조 1항 7호)을 말한다. 이는 비록 다른 관광사업보다 관광객의 이용도가 낮거나 시설규모는 작지만, 다른 사업 못지않게 관광진흥에 기여할 수 있다고 보아 인정된 사업이라고 하겠다.

2. 관광편의시설업의 종류

「관광진흥법」에서 규정하고 있는 관광편의시설업의 종류는 다음과 같다(동법 시행령 제2조 1항 6호).

1) 관광유흥음식점업

식품위생법령에 따른 유흥주점영업의 허가를 받은 자가 관광객이 이용하기 적합한 한국 전통 분위기의 시설(서화·문갑·병풍 및 나전칠기 등으로 장식할 것)을 갖추어 그 시설을 이용하는 자에게 음식을 제공하고 노래와 춤을 감상하게 하거나 춤을 추게 하는 업을 말한다.

2) 관광극장유흥업

식품위생법령에 따른 유흥주점 영업의 허가를 받은 자가 관광객이 이용하기 적합한 무도(舞蹈)시설을 갖추어 그 시설을 이용하는 자에게 음식을 제공하고 노래와 춤을 감상하게 하거나 춤을 추게 하는 업을 말한다.

3) 외국인전용 유흥음식점업

식품위생법령에 따른 유흥주점영업의 허가를 받은 자가 외국인이 이용하기 적합한 시설을 갖추어 그 시설을 이용하는 자에게 주류나 그 밖의 음식을 제공하고 노래와 춤을 감상하게 하거나 춤을 추게 하는 업을 말한다.

4) 관광식당업

식품위생법령에 따른 일반음식점영업의 허가를 받은 자가 관광객이 이용하기 적합한 음식 제공시설을 갖추고 관광객에게 특정 국가의 음식을 전문적으로 제공하는 업을 말한다.

5) 시내순환관광업

「여객자동차운수사업법」에 따른 여객자동차운송사업의 면허를 받거나 등록을 한 자가 버스를 이용하여 관광객에게 시내와 그 주변 관광지를 정기적으로 순회하면서 관광할 수 있도록 하는 업을 말하는데, 지정기준으로 안내방송 등 외국어 안내서비스가 가능한 체제를 갖출 것을 요구하고 있다.

6) 관광사진업

외국인 관광객과 동행하며 기념사진을 촬영하여 판매하는 업을 말한다. 관광사진업을 운영하기 위해서는 사진촬영기술이 풍부한 자 및 외국어 안내서비스가 가능한 체제를 갖추어야 한다.

7) 여객자동차터미널시설업

「여객자동차운수사업법」에 따른 여객자동차터미널사업의 면허를 받은 자가 관광객이 이용하기 적합한 여객자동차터미널시설을 갖추고 이들에게 휴게시설·안내시설 등 편익시설을 제공하는 업을 말한다. 지정기준을 살펴보면, 인근 관광지역 등의 안내서 등을 비치하고, 인근 관광자원 및 명소 등을 소개하는 관광안내판을 설치하도록 하고 있다.

8) 관광펜션업

숙박시설을 운영하고 있는 자가 자연·문화 체험관광에 적합한 시설을 갖추어 관광객에게 이용하게 하는 업을 말한다. 이는 2003년 8월「관광진흥법 시행령」개정 때 새로 추가된 업종으로 새로운 숙박형태의 소규모 고급민박시설이지만, 관광숙박업의 세부업종이 아님을 유의하여야 한다.

관광펜션업의 지정기준을 살펴보면, 자연 및 주변환경과 조화를 이루는 3층 이하의 건축물에 객실은 30실 이하이여야 하는데, 취사 및 숙박에 필요한 설비를 갖추어야 한다. 또한 바비큐장이나 캠프파이어장 등 주인의 환대가 가능한 1종류 이상의 이용시설을 갖추어야 할 뿐만 아니라 숙박시설 및 이용시설에 대하여 외국어 안내표기를 함으로써 외국인 이용에도 대비토록 하였다(관광진흥법 시행규칙 제14조 관련 별표 2).

그러나「제주특별자치도 설치 및 국제자유도시 조성을 위한 특별법」을 적용받는 지역에서는 관광펜션업의 규정은 적용하지 아니한다(관광진흥법시행령 제2조 2항). "제주특별법"에서는 관광펜션업 대신에 '휴양펜션업'을 규정하고 있기 때문이다. 따라서 제주자치도에서 휴양펜션업을 하고자 하는 자는 당해 사업에 대한 사업계획의 승인을 받아 도지사에게 등록하여야 한다(제주특별법 제174조).

9) 관광궤도업

「궤도운송법」에 따른 궤도사업의 허가를 받은 자가 주변 관람과 운송에 적합한 시설을 갖추어 이를 관광객에게 이용하게 하는 업을 말한다. 이는 궤도차량인 케이블카 등을 설치·운행하는 사업으로 안내방송 등 외국어 안내서비스가 가능한 체제를 갖추고 있어야 하는데(관광진흥법 시행규칙 제14조 관련 별표 2), 종래의「삭도·궤도법」이 전부 개정되어「궤도운송법」으로 법의 명칭이 변경됨에 따라 2009년 11월 2일「관광진흥법시행령」개정 때 종전의 '관광삭도업'을 '관광궤도업'으로 명칭이 변경된 것이다.

10) 한옥체험업

한옥(주요 구조부가 목조구조로서 한식기와 등을 사용한 건축물 중 고유의 전통미를 간직하고 있는 건축물과 그 부속시설을 말한다)에 숙박 체험에 적합한 시설을 갖추어 관광객에게 이용하게 하는 업을 말하는데, 그 지정기준을 살펴보면 한 종류 이상의 전통문화 체험에 적합한 시설을 갖추고 이용자의 불편이 없도록 욕실이나 샤워시설 등 편의시설을 갖추어야 한다(관광진흥법 시행규칙 제14조 관련 별표 2). 이는 2009년 10월 7일 「관광진흥법 시행령」 개정 때 새로 추가된 업종이다.

11) 외국인관광 도시민박업

외국인관광 도시민박업이란 「국토의 계획 및 이용에 관한 법률」 제6조제1호에 따른 도시지역(「농어촌정비법」에 따른 농어촌지역 및 준농어촌지역은 제외한다)의 주민이 거주하고 있는 단독주택 또는 다가구주택(건축법 시행령 별표 1 제1호 가목 또는 다목)과 아파트, 연립주택 또는 다세대주택(건축법 시행령 별표 1 제2호 가목, 나목 또는 다목)을 이용하여 외국인 관광객에게 한국의 가정문화를 체험할 수 있도록 숙식 등을 제공하는 업을 말한다. 외국인관광객 도시민박업의 지정기준을 살펴보면 건물의 연면적이 230제곱미터 미만이고 외국어 안내서비스가 가능한 체제를 갖추고 있어야 한다(관광진흥법 시행규칙 제14조 관련 별표 2).

이는 2011년 12월 30일 「관광진흥법 시행령」 개정 때 새로 도입된 제도로, 도시지역의 주민이 거주하고 있는 단독주택 또는 아파트 등을 이용하여 외국인 관광객에게 숙식 등을 제공하고 한국의 가정문화를 체험할 수 있도록 함으로써 외국인 관광객의 유치 확대에 이바지할 수 있을 것으로 전망하고 있다.

제2절 관광편의시설업의 지정

관광편의시설업을[36] 경영하려는 자는 문화체육관광부령으로 정하는 바에 따라 특별시장·광역시장·도지사·특별자치도지사(이하 "시·도지사"라 한다) 또는 시장·군수·구청장의 지정을 받을 수 있다(관광진흥법 제6조).

1. 관광편의시설업의 지정대상업종 및 지정관청

관광편의시설업의 지정대상업종 및 지정관청은 다음의 구분에 따른다(동법 제6조, 동법시행령 제65조 1항 1호, 동법시행규칙 제15조 1항).

(1) 관광유흥음식점업, 관광극장유흥업, 외국인전용 유흥음식점업, 시내순환관광업, 관광펜션업, 관광궤도업, 한옥체험업 및 외국인관광 도시민박업의 경우 — "특별자치도지사·시장·군수·구청장"이 처리(지정 및 취소)한다.

(2) 관광식당업, 관광사진업, 여객자동차터미널시설업의 경우 — "지역별관광협회"가 시·도지사로부터 권한을 위탁받아 처리한다.

2. 관광편의시설업의 지정기준

관광편의시설업의 세부업종별 지정기준은 「관광진흥법 시행규칙」 제14조 관련 [별표 2]와 같다.

---

36) 2011년 12월 말 기준으로 관광편의시설업으로 지정된 업체는 총 3,482개소이다. 이 중 관광유흥음식점업은 46개 업체이며 관광극장유흥업 210개 업체, 외국인전용 유흥음식점업 369개 업체, 관광식당업 2,039개 업체, 시내순환관광업 21개 업체, 관광사진업 17개 업체, 여객자동차터미널시설업 13개 업체, 관광펜션업 316개 업체, 관광궤도업 7개 업체, 한옥체험업 444개 업체이다(문화체육관광부, 전게 2011년 기준 연차보고서, p.296).

[별표 2] 〈개정 2009.12.31〉

관광편의시설업의 지정기준 (시행규칙 제14조 관련)

업 종	지정기준
1. 관광유흥음식점업	가. 건물은 연면적이 특별시의 경우에는 330제곱미터 이상, 그 밖의 지역은 200제곱미터 이상으로 한국적 분위기를 풍기는 아담하고 우아한 건물일 것 나. 관광객의 수용에 적합한 다양한 규모의 방을 두고 실내는 고유의 한국적 분위기를 풍길 수 있도록 서화·문갑·병풍 및 나전칠기 등으로 장식할 것 다. 영업장 내부의 노래소리 등이 외부에 들리지 아니하도록 방음장치를 갖출 것
2. 관광극장유흥업	가. 건물 연면적은 1,000제곱미터 이상으로 하고, 홀면적(무대면적을 포함한다)은 500제곱미터 이상으로 할 것 나. 관광객에게 민속과 가무를 감상하게 할 수 있도록 특수조명장치 및 배경을 설치한 50제곱미터 이상의 무대가 있을 것 다. 영업장 내부의 노래소리 등이 외부에 들리지 아니하도록 방음장치를 갖출 것
3. 외국인전용 유흥음식점업	가. 홀면적(무대면적을 포함한다)은 100제곱미터 이상으로 할 것 나. 홀에는 노래와 춤 공연을 할 수 있도록 20제곱미터 이상의 무대를 설치하고, 특수조명 시설 및 방음장치를 갖출 것
4. 관광식당업	가. 인적요건 1) 한국 전통음식을 제공하는 경우에는 「국가기술자격법」에 따른 해당 조리사 자격증 소지자를 둘 것 2) 특정 외국의 전문음식을 제공하는 경우에는 다음의 요건 중 1개 이상의 요건을 갖춘 자를 둘 것 가) 해당 외국에서 전문조리사 자격을 취득한 자 나) 「국가기술자격법」에 따른 해당 조리사자격증 소지자로서 해당 분야에서의 조리경력이 3년 이상인 자 다) 해당 외국에서 6개월 이상의 조리교육을 이수한 자 나. 위생설비 1) 주방과 홀, 식자재 보관시설 및 식기의 위생상태를 양호하게 관리할 것 2) 식기세척기와 손 소독기를 보유할 것 3) 주방근무자는 조리복 및 위생화를 착용하고, 홀 근무자는 위생적인 복장을 착용할 것 다. 최소 한 개 이상의 외국어로 음식의 이름과 관련 정보가 병기된 메뉴판을 갖추고 있을 것 라. 출입구가 각각 구분된 남·여 화장실을 갖출 것

5. 시내순환관광업	○ 안내방송등 외국어 안내서비스가 가능한 체제를 갖출 것
6. 관광사진업	○ 사진촬영기술이 풍부한 자 및 외국어 안내서비스가 가능한 체제를 갖출 것
7. 여객자동차터미널업	○ 인근 관광지역 등의 안내서 등을 비치하고, 인근 관광자원 및 명소 등을 소개하는 관광안내판을 설치할 것
8. 관광펜션업	가. 자연 및 주변환경과 조화를 이루는 3층 이하의 건축물일 것 나. 객실이 30실 이하일 것 다. 취사 및 숙박에 필요한 설비를 갖출 것 라. 바비큐장, 캠프파이어장 등 주인의 환대가 가능한 1 종류 이상의 이용시설을 갖추고 있을 것(다만, 관광펜션이 수개의 건물 동으로 이루어진 경우에는 그 시설을 공동으로 설치할 수 있다) 마. 숙박시설·이용시설에 대하여 외국어 안내표기를 할 것
9. 관광궤도업	가. 자연 또는 주변 경관을 관람할 수 있도록 개방되어 있거나 밖이 보이는 창을 가진 구조일 것 나. 안내방송 등 외국어 안내서비스가 가능한 체제를 갖출 것
10. 한옥체험업	가. 한 종류 이상의 전통문화 체험에 적합한 시설을 갖추고 있을 것 나. 이용자의 불편이 없도록 욕실이나 샤워시설 등 편의시설을 갖출 것
11. 외국인관광 도시민박업	가. 건물의 연면적이 230제곱미터 미만일 것 나. 외국어 안내 서비스가 가능한 체제를 갖출 것

3. 관광편의시설업의 지정절차

1) 지정신청

관광편의시설업의 지정을 받으려는 자는 관광편의시설업지정신청서(시행규칙 제15조 2항 관련 별지 제21호서식)에 각종의 구비서류를 첨부하여 특별자치도지사·시장·군수·구청장 또는 지역별 관광협회에 제출하여야 한다(동법 시행규칙 제15조 2항).

2) 지정사항 변경신청

관광편의시설업을 지정받은 자가 지정사항을 변경하려는 경우에는 그 변경사유가 발생한 날부터 30일 이내에 관광편의시설업지정변경신청서(시행규칙 제15조 2항 관련 별지 제21호서식)에 변경사실을 증명할 수 있는 서류를 첨부하여 지정기관(특별자치도지사 · 시장 · 군수 · 구청장 또는 지역별 관광협회)에 제출하여야 한다(동법 시행규칙 제15조 5항).

3) 지정증발급

지정기관은 관광편의시설업의 지정신청(지정사항 변경신청 포함) 내용이 지정기준에 적합하다고 인정하여 관광편의시설업을 지정한 때에는 관광편의시설업지정증을 신청인에게 발급하여야 한다(동법시행규칙 제15조 4항).

4. 관광편의시설업자 지정대장 비치 · 관리

지정기관은 관광편의시설업의 지정을 한 때에는 관광편의시설업자 지정대장에 ① 상호 또는 명칭, ② 대표자 및 임원의 성명 · 주소, ③ 사업장의 소재지를 기재하여 비치 · 관리하여야 한다(동법 시행규칙 제15조 4항).

5. 관광편의시설업지정증의 재발급

지정증을 잃어버리거나 그 지정증이 헐어 못쓰게 되어버린 경우에는 지정증재발급신청서(시행규칙 제5조 관련 별지 제7호서식)를 작성하여 지정기관에 제출하면(헐어 못쓰게 된 경우에는 지정증 첨부) 지정증을 다시 발급받을 수 있다(동법 시행규칙 제15조 5항).

6. 관광편의시설업의 지정취소

지정기관은 관광편의시설업의 지정을 받은 자가 등록취소 등 사유(동법 제35조)에 해당하는 때에는 그 지정을 취소할 수 있다.

제10장

관광교통업

제10장
관광교통업

제1절 관광과 교통업

1. 관광과 교통의 관계

현행 관광관련 법규 특히 「관광진흥법」에 따르면 교통업은 관광사업으로 규정되어 있지는 않다. 그러나 관광과 교통은 그동안 불가분의 관계를 형성하면서 발전해 왔다. 관광은 이동을 본질적 요소로 하는데, 이동을 담당하는 것이 교통시설이며, 교통시설을 이용하여 사람이나 물건(재화) 및 정보를 장소적으로 이동하는 교통서비스를 파는 것은 교통업이기 때문이다.

사람이 관광을 하기 위해서는 관광지까지의 교통로와 어떤 교통수단이 필요하다. 교통수단을 계획적이고 조직적으로 제공하는 교통기관의 발달은 이동을 편리하게 하고, 즐거움을 위한 여행이 성립하는 기반을 만들었다. 교통기관의 발달은 관광지에 이르는 시간을 단축시키고, 또한 이동에 필요한 비용을 상대적으로 싸게 들게 했던 것이다.

어떻든 교통업은 관광왕래를 촉진하고 그 효과를 기대하는 데서 이용되었으며, 관광에 매개를 강화하면서 발전돼 왔다. 따라서 관광과 교통과의 관계는 교통업이 매개되지 않았던 관광으로부터 교통업의 매개를 전제로 한 관광으로 구조상의 일대 변혁을 가져온 것이다. 여기서 교통업은 관광에 편익기능을 다하기 위하여 매개된 것이며, 그러한 편익기능의 향상은 관광왕래의 증진을 가져온 것도 사실이다. 하지만 교통업의 발전이 반드시 관광의 효용을 높였다고 볼 수만은 없으며, 때로는 그것을 낮추는 경우도 있었음을 부인할 수 없다.

그렇긴 하지만, 일상생활권으로부터의 탈출, 즉 이동이 관광을 성립시키고 또 그것을 가능하게 하는 것인데, 일상생활권은 행동범위의 확대와 도시권의 확대에 따라 점차 넓어져 가고 있고, 그곳으로부터의 탈출은 교통기관에 맡기지 않을 수 없게 되었다. 옛날처럼 걸어서 여행을 한다는 것은 좀처럼 생각할 수 없고, 자동차나 항공기 또는 선박을 이용해서만이 탈출이 가능한 시대가 도래한 것이다. 다시 말하면 여행사나 호텔 또는 여관을 이용하지 않아도 관광여행은 가능하지만, 교통수단을 이용하지 않는 관광은 오늘날에 와서는 생각할 수 없게 되었다고 해도 지나친 말은 아닐 것이다.

2. 관광교통의 개념

관광교통은 관광루트와 관광코스를 결정짓는 가장 중요한 요소이고, 인간의 이동이라는 대의를 가지고 있으면서도 그 자체가 인간의 만남과 문화의 발달을 동시에 추구하여, 관광대상으로서 기능한다는 점에서 인류에게는 매우 중요한 생활영위수단이고, 관광활동을 가치 있고 다양하게 하는 역할을 하게 된다.

이러한 관광교통의 개념정의에 관해 학자들의 견해가 다양하지만, 이들을 종합해 보면 "관광교통이란 관광객이 일상생활권을 떠나 반복적이면서 체계 있고 관광적 가치가 있는 교통수단을 이용하여 관광자원을 찾아가면서 이루어지는 경제적 · 사회적 · 문화적 현상이 내포된 이동행위의 총체"라고 정의할 수 있다.

3. 관광교통의 특성

1) 무형재

관광교통은 흔히 즉시재(instantaneous goods) 또는 무형재(invisible goods)로 불린다. 일반적으로 유형재는 반드시 일정한 형상과 존속기간을 가지며, 그 생산과 소비는 각기 다른 장소에서 이루어지는 것이 보통이지만, 교통서비스는 생산되고 있는 순간에 소비되지 않으면 소용이 없다. 다시 말하면 생산 곧 소비, 소비 곧 생산의 성격을 띠고 있기 때문에 교통서비스는 저장이 불가능하다. 이는 교통수요에 대하여 언제든지 이에 대처할 수 있는 적정한 규모의 수송시설이 사회적으로 존재하지 않으면 안된다는 것을 의미한다.

2) 수요의 편재성

교통은 본원적으로 휴가기간, 주말, 출퇴근 시간 등 특정기간이나 특정시간에 수요가 집중되는 수요의 편재성이 나타난다. 특히 관광교통은 통근 등과 같이 직장에 가기 위해 교통기관을 이용하는 파생수요와는 달라서 관광여행 그 자체가 목적으로 돼 있는 본원적 수요이기 때문에 수요의 탄력성이 매우 크다.

이와 같은 현상은 운임이 갑자기 인상되었다고 해서 통근 자체를 포기할 수는 없으나, 관광여행은 그 영향을 받기 쉬운 것이다. 따라서 관광교통은 소득의 탄성치도 크고 경기변동의 영향도 받기 쉽다.

3) 자본의 유휴성

관광교통수요가 시간적·지역적으로 편재한다는 것은 성수기를 제외하면 적재력이 언제나 남아돌아 자본의 유휴성이 높다는 것이다. 도로, 운반구, 동력이라는 교통수단을 구성하는 3대 요소를 생각해본다면, 교통사업의 총비용 가운데서 차지하는 감가상각비, 고정인건비, 고정적 유지·관리비, 수리비 등의 이른바 고정비의 비율이 높고, 그 때문에 조업도의 증가에 따른 단위당 고정비의 감소가 강하게 작용하므로 조업률이 높은 만큼 평균비용이 감소된다. 따라서 가격을 내려서라도 좌석을 채우는 것이 효율적이기 때문에 특히 비수기에는 가격경쟁이 심해져 경영에 많은 어려움을 겪고 있다.

4) 독점성

관광객과 관광자원의 매개적 역할을 수행하고 있는 관광교통은 이동을 전제로 하는 관광의 특성상 독점형태의 성격을 띠고 있다. 그러므로 대체 교통수단이 없을 경우에 운임이 크게 인상되었다 하더라도 그 교통수단을 이용하지 않을 수 없다. 교통업은 이와 같은 독점에 따른 폐단이 크기 때문에 교통사업에 대한 통제는 사회문제로 논의돼 왔고, 정부의 통제 하에 운행되고 있는 경우가 많다.

제2절 육상교통업

1. 철 도[37)]

1) 철도의 개념

철도(railway, railroad)란 철도(rail) 위를 동력으로 차량을 견인하여 여객이나 화물을 운반하는 넓은 의미로 육상교통기관의 하나로 분류하고 있으나, 일정한 궤도를 운행하는 교통수단으로 그 역할의 중요성이 높아지면서 철도교통수단으로 분류하는 것이 일반적이다.

법률적으로는 현행 「철도사업법」이 제2조 제1호에서 "철도라 함은 여객 또는 화물을 운송하는데 필요한 철도시설과 철도차량 및 이와 관련된 운영지원체계가 유기적으로 구성된 운송체계를 말한다"고 규정하고 있다.

2) 철도관광의 개요

우리나라의 철도는 1899년 9월 18일 제물포~노량진 간에 33.2㎞의 경인철도를 개통한 이래 지속적으로 발전을 거듭하면서 국민의 안전하고 편리한 생활철도로서 널리 이용되었고, 건전한 국내 관광산업을 주도하는 중요한 교통수단으로 자리잡았다. 최근에는 민간기업 경영기법을 도입하여 고객만족서비스 제공과 업무 프로세스 개선을 통한 경영효율화를 추구하고 있다.

철도를 이용한 관광은 안정성·정시성 등으로 관광객들에게 인기가 높다. 또한 최근에는 관광열차 프로그램이 만들어져 운행되고 있으며, 특히 안정성을 고려해야 하는 수학여행 등의 단체여행은 철도를 이용한 관광이 선호되고 있다. 또한 철도의 운행은 각 경유지의 관광자원에 대한 접근성을 확보하여 관광객들에게 편리성을 제공하고, 새로운 관광지를 만들어 내기도 하며, 다른 교통

37) 문화체육관광부, 전게 2011년 기준 연차보고서, pp.313~316.

수단과의 연계를 통하여 관광의 범위확대에 기여하고 있다.

3) 고속철도 관광

21세기에 들어와 우리 국토는 고속철도시대의 개막이라는 전환점을 맞이하게 된다. 많은 국가적 관심과 더불어 추진돼온 경부고속철도 1단계 사업이 2004년 4월에 완료됨으로써 우리나라도 고속철도시대에 진입하게 되었다.

2004년 4월 1일 개통된 고속열차인 KTX는 1992년에 시작된 경부고속철도 사업의 일환으로 서울과 부산간 418.7㎞를 잇는 고속철도 건설 프로젝트 1단계에 해당하는 서울~대구 간의 사업구간에 개통이 이루어짐으로써 서울에서 부산까지의 소요시간을 2시간 40분대로 앞당겨 전국을 반나절 생활권으로 바꾸는 혁명적인 생활문화 변화를 이룩하게 되었다.

특히 2005년 1월 1일부터는 철도청이 한국철도공사로 전환되면서 기존의 틀에서 벗어나 경영개선과 각종 서비스의 제공 등 다양한 이벤트와 관광 활성화를 위하여 노력하고 있는데, 고속철도 개통 5년 8개월 만인 2009년 12월에는 이용객이 무려 2억명을 돌파하는 교통혁명을 이룩하였다.

2010년 11월 1일에는 대구에서 경주, 울산을 거쳐 부산으로 향하는 경부고속철도 2단계 구간이 개통됨으로써 경부고속철도는 완전개통이 이루어지게 되었다. 이로써 기존선을 이용하던 대구~부산 간의 노선에서도 더 빠른 속도로 달릴 수 있게 되었다.

그리고 KTX와 일반철도와의 상호보완적인 결합은 고객의 욕구에 맞는 열차의 운행으로 보다 편리하고 쉽게 철도에 접근할 수 있게 되었다. 또한 지방자치단체와 연계한 시티투어 상품개발은 물론 선박연계 및 해외상품, 계절요인을 반영한 상품, 문화예술축제와 연계한 상품 등을 개발하고 있으며, 지방자치단체와 여행업체가 참가하는 관광협력 세미나, 신상품 경진대회를 개최하는 등 지역의 축제와 연계관광 체제 구축 및 국내 관광 활성화를 위한 신상품 개발을 위해 노력을 계속하고 있다.

외국인 관광객의 수요창출과 문화관광진흥에 기여하고자 개발된 코레일패스는 외국인 전용으로 판매되고 있으며 외국인 관광객의 국내관광편의를 도모해 왔다. 코레일패스는 일정기간 동안 구간이나 횟수의 제한 없이 KTX, 새마을호의 특실과 수도권 전동열차 및 관광열차를 제외한 모든 열차의 이용이 가능한 상품으로 외국인 관광객의 이동편의를 증진시켜 수도권 중심의 인바운드 관광시장을 지역단위 관광으로 분산시켰다.

코레일패스는 1999년에 세계 최초로 철도이용권의 인터넷 발매시스템을 도입하였으며, 2007년에는 코레일 영문홈페이지를 통해 코레일패스 전용사이트를 개설하였고, 이로 인해 세계 45개국에서 코레일패스 교환권(e-Ticket)의 온라인 예매가 가능해졌다.

그 밖에 통통통뮤직트레인, 바다열차, 에코레일 자전거열차 등 고객의 다양한 욕구를 충족시키기 위하여 관광전용객차를 개발하여 한층 고급화된 철도관광상품을 개발·운영하고 있으며, 2008년 11월부터는 최고급 호텔급 숙박시설을 갖춘 관광전용열차 '레일크루즈 해랑'을 운행하여 철도관광의 새로운 장을 열었다. 최근에는 계절별·지역별로 문화축제, 이벤트열차 등 열차의 멋과 낭만을 느낄 수 있는 관광상품을 출시하여 많은 고객으로부터 호응을 얻고 있다.

이와 같이 고속철도의 등장은 정치, 경제, 사회, 문화 모든 영역에 있어서 우리가 종전에 경험하지 못한 기회를 제공하고 있다. 직접적으로 나타나는 효과로는 여행시간의 단축이며, 이에 따라 여행 및 통행패턴에 많은 변화가 생길 것이다. 그리고 고속철도의 통과지역은 산업입지 및 거주여건이 향상되어 지역경제가 활성화되면서 인구의 흡인력이 커지게 될 것이다. 또한 국가적인 차원에서 생각해보면 고속철도로 인해 생활패턴의 변화, 지방도시로의 인구분산효과, 지역균형발전, 관광산업의 활성화, 화물수송능력 증가 등 국민생활경제에 크게 기여할 것으로 기대된다.

〈표 10-1〉 철도 관광상품 판매 현황

(단위: 회, 명)

구분	상 품 명		횟수	인원
계절별	봄꽃(6)	섬진강 매화, 구례 산수유, 벚꽃(진해, 경주, 쌍계사, 금산사, 월출산, 제천청풍), 충주 복사꽃, 철쭉(지리산, 소백산, 태백산, 보성 일림산), 동백꽃(여수, 선운사)	76	72,857
	하계피서(7)	해운대, 송정, 망상, 경포대, 대천, 춘장대, 만리포	2	1,692
	가을단풍(9)	설악산, 내장산, 지리산, 주왕산, 강천산, 소요산, 오대산, 적상산, 가야산	34	38,784
	겨울눈꽃(5)	태백산, 환상선순환,대관령, 소백산, 덕유산	37	105,420
테마별	해돋이(6)	정동진, 추암, 영덕, 포항 호미곶, 해운대, 경주 감포	34	23,225
	성지순례(3)	강경, 구학, 제천	37	46,175
	섬/바다(10)	홍도/흑산도, 울릉도/독도, 거문도/백도, 제주도, 보길도, 청산도, 소매물도, 선유도, 외도/해금강, 삼천포	45	41,773
	정선5일장(1)	정선5일장(레일바이크)	10	7,806
	새만금방조제(2)	김제, 군산	3	1,752
	기타(7)	향일함, 땅끝마을, 대관령, 안동하회마을, 보성차밭, 변산반도/내소사, 기타	203	201,705
축제별	1~3월(1)	화천 산천어(1월)	6	4,421
	4~6(4)	오수의견축제(4월), 함평나비(5월), 옥천지용제(5월), 강릉단오제(6월)	14	9,844
	7~9월(3)	영동포도(8월), 북천 코스모스(9월), 안동국제탈춤(9월)	10	8,062
	10~12월(5)	풍기인삼(10월), 남강유등(10월), 강경젓갈(10월), 광천젓갈(11월), 기타	11	10,666
관광 전용 열차	레일크루즈 해랑	매주 화(2박3일), 토(1박2일) 운행	102	3,487
	와인시네마	와인시내마트레인(서울~영동간 매주 2회 운행)	161	20,378
	바다열차	바다열차(강릉~삼척 간, 매일 3왕복 운행)	1,450	111,256
소 계			2,235	709,303

자료: 코레일, 2011년 기준

2. 전세버스운송사업

1) 전세버스운송사업의 의의

전세버스운송사업이란 운행계통을 정하지 아니하고 전국을 사업구역으로 정하여 1개의 운송계약에 따라 국토교통부령으로 정하는 자동차를 사용하여 여객을 운송하는 사업을 말한다. 다만, 정부기관·지방자치단체와 그 출연기관·연구기관 등 공법인(公法人) 및 회사·학교 또는 「영유아보육법」 제10조에 따르는 어린이집, 그리고 「산업직접활성화 및 공장설립에 관한 법률」에 따른 산업단지 중 국토교통부장관이 정하여 고시하는 산업단지의 관리기관의 장과의 1개의 운송계약(운임의 수령주체와 관계 없이 개별 탑승자로부터 현금이나 회수권 또는 카드결제 등의 방식으로 운임을 받는 경우는 제외한다)에 따라 그 소속원(산업단지 관리기관의 경우에는 해당 산업단지 입주기업체의 소속원을 말한다)만의 통근·통학 목적으로 자동차를 운행하는 경우에는 운행계통을 정하지 아니한 것으로 본다(여객자동차운수사업법 시행령 제3조 2호).

2) 전세버스 관광상품의 형태

(1) 전세버스관광

전세버스관광은 학교, 회사, 협회 또는 계모임, 친목단체 등과 같은 자생단체에서 전세버스 운송업체의 운송서비스를 제공받아 스포츠행사, 박람회, 쇼핑센터, 관광지 등을 여행하는 것을 말한다. 이 상품은 단일목적지의 여행으로 관광안내원은 동반하지 않는다.

(2) 단체관광

국내에서 가장 많이 이용하는 전세버스의 한 형태이다. 단체의 대표와 여행사(전세버스업자) 간의 상담을 통하여 여행일정 및 관광목적지를 결정하여 계획된 운송서비스를 제공하는 것이다. 모든 일정표에 숙박·식사·쇼핑·관광지 등이 포함되며, 전 여정기간 동안 전문 관광안내원이 동반하여 여행서비스를 제공한다.

(3) 개별 패키지관광

전세버스회사에서 특별한 이벤트나 계절상품, 유명관광지를 목적지로 한 특별기획 여행상품을 개별 여행자들이 모여 이용하는 운송관광상품이다.

(4) 도시 패키지관광

개별 패키지관광과 유사하나 일정한 도시 내의 주요 관광지, 호텔, 음식점, 쇼핑센터 등을 운행하며 운송서비스를 제공한다.

(5) 연계 교통관광

타 교통수단인 항공, 크루즈, 여객선, 철도와 전세버스를 연결하여 운송서비스를 제공하는 관광형태이다. 우리나라의 경우 관광열차와 연계하는 형태와 제주도 여행시 항공기와 버스, 여객선과 버스를 이용하는 연계교통 관광형태가 가장 전형적으로 이루어지고 있다.

3) 전세버스 현황

우리나라는 1948년 서울~온양 간에 관광전세버스가 처음으로 운행되기 시작하였으나, 1950년 6·25전쟁의 발발로 사실상 중단되었다. 그 후 정부가 관광에 대한 관심이 높아지면서 1961년 8월 22일 우리나라 관광에 관한 최초의 법률인 「관광사업진흥법」을 법률 제689호로 제정·공포하였는데, 여기에 관광사업의 일종으로 전세버스업이 관광교통업으로 신설 규정되면서 많은 발전이 있었다.

그러나 1975년 12월 31일 「관광사업진흥법」이 폐지되고 「관광기본법」과 「관광사업법」으로 분리 제정되었는데, 새로운 「관광사업법」에서는 관광교통업이 관광사업의 종류에서 제외되었고, 1986년 12월 31일 「관광사업법」이 폐지됨과 동시에 동법의 내용을 거의 답습한 현행 「관광진흥법」에서도 관광교통업에 관한 규정은 없다. 전세버스운송사업은 현행 「여객자동차운수사업법 시행령」 제3조에서 규정하고 있는 '여객자동차운송사업' 중의 한 업종으로 발전하면서 오늘에 이르고 있다.

2011년 12월 말 기준으로 우리나라 전세버스 업체 및 차량등록 현황을 살펴보면 다음 〈표 10-2〉와 같다.

〈표 10-2〉 전세버스 업체 및 차량등록 현황

(2011년 12월 말 기준) (단위: 개, 대)

시 · 도	업체수	등록대수	시 · 도	업체수	등록대수
서 울	77	3,447	강 원	54	911
부 산	44	1,639	충 북	74	1,702
대 구	43	1,783	충 남	106	2,432
인 천	38	1,986	전 북	83	1,817
광 주	23	953	전 남	89	1,944
대 전	20	685	경 북	112	1,820
울 산	19	771	경 남	125	2,681
경 기	418	11,350	제 주	52	1,923
			계	1,377	37,844

자료: 문화체육관광부, 2011년 기준 관광동향에 관한 연차보고서, p.320.

3. 자동차대여사업

1) 자동차대여사업의 개념 및 특성

자동차대여사업이란 다른 사람의 수요에 응하여 유상(有償)으로 자동차를 대여(貸與)하는 사업을 말한다(여객자동차운수사업법 제2조 제4호).

관광교통수단을 크게 분류하면 철도 · 버스 · 항공기 등의 공공교통기관과 자가용 자동차로 대표되는 사적 교통기관으로 분류할 수 있는데, 자동차대여사업은 이 중간에 틈새시장을 파고드는 '제3의 교통기관'의 위치에 있다고 볼 수 있다.

자동차대여사업이 제3의 교통기관으로 불리는 이유는 첫째, 철도·항공기·버스·택시 등의 공공수송기관의 보완적 교통수단과 도시주변, 근교, 관광지 등에서 공공수송기관의 대체교통기관으로서의 기능을 발휘하고 있다는 점, 둘째, 유통부문 및 기업활동에서 업무용 자동차의 경비절감과 휴가철 자동차 선호 이용자들의 렌터카 사용이 증가하고 있다는 것이다.

또한 자동차대여업의 매력은 필요할 때마다 자동차를 빌릴 수가 있어 자동차를 운전하여 드라이브를 즐기면서 비밀성을 보장받을 수 있다는 것이다. 특히 장거리 여행시 자가용 자동차를 이용하지 않고도 신속하고 안전한 타 교통수단을 이용한 후 목적지에서 보조차의 기능을 담당함으로써 여행자들에게 기동성을 보장하여 줄 수 있다는 점이다.

또한 렌터카 이용측면에 있어서도 여행자들에게는 다음과 같은 이점이 있다.

① 보험: 안심하고 이용,
② 차의 상태: 차의 새로움(신차종), 점검·정비, 차내외 청결
③ 차형과 양: 이용자의 요구에 부합되는 차종·급, 기호에 맞는 차, 수요에 상응하는 풍부한 보유대수
④ 예약: 현지에 직접 가지 않아도 손쉽게 가까운 곳에서 예약
⑤ 세트상품: 교통기관 및 숙박시설과의 편리하고 경제적인 결합
⑥ 지역망: 영업지점망에 의한 이용자에게 편리성 제공
⑦ 요금제도: 사회적 가치관으로 보아 타당한 요금수준을 보장하는 것 등이다.

2) 자동차대여사업과 타 관광사업과의 연계

(1) 철도·항공기와의 결합수송 서비스

사람들이 여행을 할 때 자가용만을 이용한다는 것은 합리적 현대사회에 있어서는 극히 불합리한 이야기로 볼 수밖에 없으며, 시간적으로나 경제적인 측면

에서 철도나 항공기를 이용할 때가 많다. 따라서 철도의 고속성·안전성의 장점 및 항공기의 장거리 고속성의 장점 또는 아무래도 자동차가 아니면 안된다고 하는 자동차가 갖는 기동성 등을 감안하여 스케줄을 세워서 여행을 하게 되는 것이다.

각각 특성 있는 교통수단 중에서 여행하는 사람이 각각의 필요에 알맞은 방법으로 터미널에서 연계승차가 되는 시스템을 요구한다. 이러한 렌터카는 장시간 차를 운전하여 드라이브를 즐긴다든지, 사업상 몇 군데의 방문지가 있다든지, 밀실성 있는 이동하는 방이라는 자가용적 특성을 요구하는 사람들에게 많이 이용된다.

(2) 여행업자와의 제휴

여행 중 렌터카를 사용하는 경우, 렌터카의 예약과 더불어 당연히 철도와 항공기의 예약도 필요하게 되는데, 이는 목적지까지의 교통수단으로서 철도와 항공기를 연계하여 이용하기 때문이다. 특히 성수기인 경우에 렌터카 예약이 절대 필요하고, 더불어 렌터카를 장시간 사용하면 숙박이 수반되어야 하므로 호텔 등의 예약이 필요하게 된다. 따라서 여행업자에게서 하나의 패키지상품으로 구입하는 것이 유용할 수도 있다. 렌터카업자는 필연적으로 이러한 여행업자와 제휴하여 여행의 편리성 향상에 노력을 기울여야 한다.

(3) 관광산업과의 제휴 등 부가가치 서비스

관광지의 렌터카 회사는 그 지역 내에 있는 관광명소 및 관광시설 등과도 제휴하거나, 책임 있는 토산품점 등을 추천하거나 한다. 예를 들면, 관광지역 입장료의 할인 등 부가적인 서비스를 제공하는 것은 렌터카의 상품개발이라는 이점은 물론, 지역관광사업체에 있어서도 커다란 이점을 제공하는 것이라 할 수 있다. 렌터카를 이용한 관광활동은 단지 자연경관을 감상하는 것만이 아니고 지역의 신뢰성 있는 리조트·여가사업체와 제휴함으로써 관광객의 편리성에도 기여하게 된다.

(4) 경쟁사업과의 역할분담

렌터카의 경쟁사업으로서 대표적인 것은 택시가 있다. 택시나 렌터카 모두에 각각 장·단점이 있고, 한편으로는 분명히 경쟁되는 점과 역할분담면도 있다.

택시는 직업전문운전자가 운전하기 때문에 안심하고 타게 되며, 친절하고, 지리에 밝고, 안내도 자세하게 받으며, 기념사진 등도 걱정 없이 해결해 준다. 반면에 요금은 약간 비싸며, 프라이버시면의 문제와 식사시간 맞추기 등이 불리한 점으로 지적되고 있다.

렌터카는 완전 밀실성이 있고, 프라이버시가 지켜지며, 자기가 운전대를 잡고 운전 그 자체를 즐길 수 있다. 그리고 자신이 좋을 때 바라는 장소에 언제나 갈 수 있고, 어느 곳에나 정차할 수 있는 자유가 있다. 또한 장시간 이용하면 요금이 상대적으로 저렴하다.

이와 같이 택시와 렌터카 각각의 특성을 명확하게 살린 형태로 역할을 분명히 주장하고 여행자에게도 이해를 구하여 양 업계의 보다 나은 발전을 위하고, 나아가서 여행자의 편리성 향상에 도움이 되는 방향으로 협력을 해야 할 것이다.

3) 자동차대여사업의 현황

2011년 12월 말 기준으로 우리나라 자동차대여사업 업체 및 차량등록 현황을 살펴보면 다음 〈표 10-3〉과 같다.

〈표 10-3〉 자동차 대여사업 업체 및 차량등록 현황

(단위: 개, 대)

시 · 도	업체수	등록대수		
	2011	승 용	승 합	계
서 울	236	206,556	10,186	216,742
부 산	33	2,895	518	3,413
대 구	0	5,781	519	6,300
인 천	28	2,041	193	2,234
광 주	56	5,430	357	5,787
대 전	0	3,658	163	3,821
울 산	7	597	65	662
경 기	0	18,605	1,797	20,402
강 원	17	2,010	351	2,361
충 북	26	4,404	381	4,785
충 남	28	3,669	342	4,011
전 북	20	1,150	120	1,270
전 남	17	1,660	130	1,790
경 북	148	9,312	689	10,001
경 남	24	2,114	231	2,345
제 주	46	8,351	1,062	9,413
계	686	278,233	171,043	295,337

자료: 문화체육관광부, 2011년 기준 관광동향에 관한 연차보고서, p.320.

제3절 항공운송사업

1. 항공운송사업의 이해

1) 항공운송의 중요성

항공운송은 가장 중요한 장거리 교통수단으로서 5대양 6대주를 연결하고 있어 국제관광 발전에 크게 이바지하고 있다. 그간 항공운송시장 환경은 '규제와 보호'가 중요시되었으나, 세계화 · 자유화 · 민영화의 큰 축을 중심으로 '경쟁과 협력'에 의한 시장원리가 강조되는 추세이며, 최근 항공자유화 및 항공사 간의 전략적 제휴, 지역간 통합운송시장의 확산으로 다양한 형태의 경쟁구도가 형성됨에 따라, 당분간 이러한 시장원리가 강조되는 기조는 크게 변화하지 않을 것으로 전망된다.

2) 항공운송사업의 개념

항공운송사업이란 타인의 수요에 맞추어 항공기를 사용하여 유상(有償)으로 여객이나 화물을 운송하는 사업을 말한다(항공법 제2조 제31호).

3) 항공운송사업의 분류

항공운송사업은 국내항공운송사업, 국제항공운송사업 및 소형항공운송사업으로 분류하고 있다.

(1) 국내항공운송사업

국내항공운송사업이란 국토교통부령으로 정하는 일정 규모 이상의 항공기를 이용하여 다음 각 목의 어느 하나에 해당하는 운항을 하는 항공운송사업을 말한다(항공법 제2조 제32호).

가) 국내 정기편 운항: 국내공항과 국내공항 사이에 일정한 노선을 정하고 정기적인 운항계획에 따라 운항하는 항공기 운항

나) 국내 부정기편 운항: 국내에서 이루어지는 가 목외의 항공기 운항

(2) 국제항공운송사업

국제항공운송사업이란 국토교통부령으로 정하는 일정 규모 이상의 항공기를 이용하여 다음 각 목의 어느 하나에 해당하는 운항을 하는 항공운송사업을 말한다(항공법 제2조 제33호).

가) 국제 정기편 운항: 국내공항과 외국공항 사이 또는 외국공항과 외국공항 사이에 일정한 노선을 정하고 정기적인 운항계획에 따라 운항하는 항공기 운항

나) 국제 부정기편 운항: 국내공항과 외국공항 사이 또는 외국공항과 외국공항 사이에 이루어지는 가 목 외의 항공기 운항

(3) 소형항공운송사업

소형항공운송사업이란 국내항공운송사업 및 국제항공운송사업 외의 항공운송사업을 말한다(항공법 제2조 제34호).

4) 항공운송사업의 구성요소

항공운송사업을 구성하는 기본적 요소는 3가지로 구성되는데, 운송수단인 항공기, 항공기의 이·착륙 장소와 여객출입국 서비스를 제공하는 공항 및 터미널, 항공기의 운항로이자 운송권을 확보해 주는 항공노선이다.

(1) 항공기

항공운송서비스는 항공기의 운항에 의해 직접 생산되고 소비된다. 따라서 항공기는 항공운송시스템 구성요소로서 절대적인 위치를 차지하고 있는데, 안전성, 항공기의 속도, 적재력과 쾌적성, 항공기의 정비 및 부품의 조달용이성 등이 동시에 확보되어야 한다. 항공기의 선정과 수명은 항공운송사업 발전의 중요한 요소이다.

(2) 공 항

공항은 운송시스템의 능률에 많은 영향을 미치고 있으면서도 소홀히 취급되

는 경향이 있다. 공항의 중요성은 단순히 접근이 용이한 입지문제 뿐만 아니라 기상조건 및 출입국 여객의 원활한 처리 또는 흐름을 보장해 줄 수 있는 내부 시설의 확보가 중요하다. 이와 더불어 공항으로 연결되는 대중교통망과 거리 그리고 다양한 교통수단 간을 상호 연결시킬 수 있는 수송체계를 확립하는 것이 중요하다.

(3) 항공노선

항공운송사업에 있어 항공노선을 개설하고 확보한다는 것은 노선의 운항권, 곧 영업권을 확보한다는 의미이다. 따라서 항공사로서는 확보하고 있는 항공노선의 수 또는 그 광협의 정도에 따라 항공사의 지위, 항공사의 발전 및 수익확보 가능성 그리고 특정시장에서의 점유율을 평가하는 척도가 된다.

5) 항공운송사업의 특성

(1) 안전성

모든 교통기관이 안전성을 중요시하지만, 그 중에서도 항공운송사업은 안전성을 지상과제로 삼고 그 지속적인 유지에 노력하고 있다. 초기에는 항공운송의 안전성이 우려되었으나, 과학기술의 발달과 더불어 모든 첨단기술의 집합체인 항공기의 출현으로 고도의 안전성을 확보하였으나, 아직도 항공기의 안전성 문제가 논의되고 있음은 부인할 수 없는 현실이기도 하다.

항공운송사업의 안전성은 항공기 제작 및 정비기술의 발전, 항공기의 운항 및 유도시스템의 진전, 공항 활주로의 개선 등에 힘입어 이제는 거의 완벽하리만큼 그 안전성이 보장되고 있어 다른 교통수단의 추종을 불허하고 있다.

(2) 고속성

항공운송의 중요한 특성 중의 하나는 고속성이다. 이 고속성이 고객을 유인하는 흡인요소이자 다른 기관의 추월을 불가능하게 만드는 요소이다. 이 고속성은 전 세계의 주요 도시를 서로 연결하는 항공노선망을 구축하여 시간적·거리적 장애를 극복함으로써 이용객의 증대를 가져와 국제교통체계를 항공 중심으로 이끌었다. 특히 항공운송의 고속성은 국내항공 운항보다는 일정한 고도에 올라서 운항하는 순항거리가 긴 국제노선에서 고속성의 진가가 발휘되고 있다.

(3) 쾌적성 및 편리성

항공기 이용객들은 비싼 요금을 지급하고 폐쇄된 공간에서 장거리여행을 하게 됨으로, 기내 서비스 및 안전한 비행을 통한 쾌적성이 매우 중요하다. 최근 항공업계의 두드러진 경향은 항공사들이 동일한 기종(機種)을 보유·운항하기 때문에 항공기 자체만으로는 상품차별화가 어렵다고 보고 쾌적성과 안락감을 향상시킬 수 있는 각종 시설을 기내에 추가함으로써 서비스 경쟁에서 우위를 차지하려는 노력을 경주하고 있다.

(4) 정시성

항공기 이용객들은 항공사의 정시성 확보 여부를 항공사 선택기준으로 삼는 경향이 있는데, 이는 운항정시성(運航定時性)이 항공사의 신뢰성과 직결됨을 의미한다. 그러나 항공운송은 타 교통수단에 비하여 항공기의 정비 및 기상조건 등에 의하여 크게 제약을 받는 특성이 있기 때문에 정시성(定時性) 확보에 많은 어려움이 있다. 따라서 항공운송사업에 있어 정시성의 확보 여부는 반드시 극복하여야 할 중요한 과제 중의 하나이다.

(5) 경제성

항공운송의 경제성은 여객운임의 저렴(低廉性)에 있다. 다른 교통수단과 비교하여 비싼 것은 사실이지만, 항공운송의 발전에 따라 타 교통수단에 비교하여 상대적으로 저렴해지고 있으며, 항공운송으로 절약되는 시간의 가치를 감안한다면 항공운송의 경제성은 매우 높다고 할 수 있다.

(6) 공공성

정기항공운송사업은 특히 공공(公共性)을 중시하고 이를 지켜야 한다. 이러한 공공성의 유지 필요성 때문에 어느 업종보다 정부의 규제와 간섭이 많다. 뿐만 아니라 항공운송사업은 국제(國際性)을 띠고 있어 국익과도 밀접한 관계가 있다.

(7) 노선개설의 용이성

항공운송은 육상교통과 같이 도로나 철도의 건설과 관계없이 공항이 있는 곳이면 항공노선의 개설이 용이하다는 것이다. 따라서 노선의 제약을 받지 않으면서도 수요에 부응하여 운항편수의 증감, 기종선정 등 공급을 탄력성 있게 조정해 나가면서 운항할 수 있다.

(8) 자본집약성

항공운송사업은 규모의 경제(economy of scale)가 발휘되는 사업이다. 특히 대량운송시대를 맞이하여 항공사 간의 경쟁은 막대한 자본을 투자하여 경쟁우위를 확보해야만 하는 자본집약적인 사업이다. 이에 따라 항공운송사업의 출자형태도 정부가 전액 출자하는 국영기업 형태가 많이 나타나게 된다.

2. 관광과 항공교통

1) 항공기의 발달과 여행내용의 변화

항공산업의 발달에 따른 항공기의 보급화와 대형화는 항공운송시장의 변화를 가져왔다. 특히 소득수준의 향상, 의식수준의 변화, 여가시간의 확대 등으로 관광시장의 수요가 확대되면서 관광객들의 항공기 이용은 급격히 증가하였다. 여행범위에 있어서도 국내여행 중심에서 국제여행 중심으로 변화되었고, 달나라를 여행목적지로 하는 초기의 우주여행을 예고하고 있다. 또한 여행사들은 항공기의 발달에 따라 다른 관광교통수단과 연계하여 관광객의 욕구에 맞는 다양한 주제관광상품 개발의 여건을 마련해 주었다.

2) 항공교통에 의한 관광지 개발

관광자원으로 가치는 우수하나 접근성이 양호하지 못하여 개발되지 못한 많은 섬이나 지역이 전적으로 항공운송 서비스의 개시로 여행시간의 단축, 항공요금의 하락 등으로 경제적 거리와 시간적 거리가 단축되면서 세계적인 관광휴양지로 개발된 사례를 많이 찾아볼 수 있다. 남태평양의 '괌과 싸이판', 태국의

'푸켓', 말레이시아의 '랑카위', 인도양 서부의 '세이셀(Seychelles)', 인도양의 섬나라 '마우리티우스(Mauritius)', 인도양의 공화국 '맬다이브(Maldive)', 한국의 제주도 등이 항공운송 서비스의 개시로 대륙에서 수천마일 이상 떨어져 있던 오지의 섬이 유명한 관광지로 자리매김하게 된 것이다.

3) 항공운송업과 관광사업체의 제휴

항공사는 매출액 증대와 이윤증대 및 안정된 수입원을 확보하기 위하여 다양한 사업을 수행하기도 한다. 화물수송과 여객수송에 의하여 벌어들이는 운임수입만으로는 기업확장과 안정된 기업경쟁을 바랄 수 없다. 오늘날 많은 항공사들이 기본업무인 운송사업 이외에 관련된 사업을 포함하는 다각적인 사업을 수행함으로써 기업계열화를 추구하고 있다. 항공사가 기업계열화, 기업결합, 협업체제형태로 영업신장과 수익증대를 꾀하는 것은 오늘날의 추세이다.

3. 항공운송의 현황

우리나라의 항공산업은 1989년 해외여행 자유화 및 경제성장에 따른 생활수준 향상 등에 따라 항공운송수요 증가로 이어져 1993년 이후 10년간 여객 5.8%, 화물 7.0%의 높은 항공수요 증가율을 보이며 내실 있는 성장을 이룩해 왔다. 2003년 이후의 항공운송수요는 고유가 지속과 세계경제의 침체, 아시아의 SARS(중증급성호흡기증후군) 등 여러 가지 요인의 영향을 받아 감소와 증가를 되풀이하고 있다.

국내선의 경우 고속도로의 확충(서해안고속도로, 중앙고속도로, 대전~진주간 고속도로) 및 고속철도 개통 등의 대체 육상교통수단의 고속화에 따른 영향으로 인하여 제주도 연계노선을 제외한 내륙을 연결하는 항공수요는 전년수준을 유지하거나 마이너스 성장을 나타내고 있다.

〈표 10-4〉 연도별 국내선 운항 현황

(단위:천 회)

노선명	2003	2004	2005	2006	2007	2008	2009	2010	2011	연평균 증감률 (%)
김포-제주	39	35	35	36	45	53	56	59	66	6.8
김포-김해	32	25	22	22	21	21	23	21	20	-5.7
김포-울산	13	12	10	10	9	9	9	8	6	-9.2
김포-광주	10	8	7	6	5	5	5	5	5	-8.3
김포-여수	6	6	6	6	6	6	5	5	6	0
김포-대구	13	5	2	1	1	-	-	-	-	-
김해-제주	12	11	11	12	13	13	15	16	17	4.5
제주-대구	6	6	6	6	6	6	6	8	6	0
제주-광주	6	7	6	6	6	6	6	5	6	0
기타 노선	28	22	16	14	21	21	22	20	19	-4.7
계	165	137	121	119	133	140	147	147	151	-1.1

자료: 문화체육관광부, 2011년 기준 관광동향에 관한 연차보고서, p.330.

한편, 국제선의 경우는 1952년 3월 자유중국과 최초로 항공협정을 체결한 데 이어 〈표 10-5〉와 같이 2011년 12월 말 기준으로 구주 25개국을 비롯하여 총 92개국과 항공협정을 체결하였으며, 이중 49개국 158개 도시에 국제선 정기편이 운항되고 있다.

〈표 10-5〉 항공협정 체결국가 현황

지 역	복수제	단수제
미주(9)	미국, 브라질, 멕시코, 아르헨티나, 캐나다, 칠레, 페루, 에콰도르	파나마
러시아/CIS (8)	러시아, 우즈베키스탄, 카자흐스탄, 키르기즈스탄, 우크라이나, 아제르바이젠, 벨라루스, 투르크메니스탄	-
서남아(6)	인도, 네팔, 파키스탄, 스리랑카	방글라데시, 몰디브
동북아(6)	중국, 일본, 대만, 홍콩, 마카오, 몽골	-
동남아(10)	말레이시아, 싱가포르, 베트남, 인도네시아, 태국, 필리핀, 부르나이다루살람, 미얀마, 캄보디아, 라오스	-
아프리카 (12)	케냐, 모로코, 알제리, 남아프리카공화국, 수단, 튀니지, 에티오피아, 쉐이셀	지부티, 라이베리아, 나이지리아, 가봉
대양주(5)	뉴질랜드, 호주, 피지, 팔라우, 파푸아뉴기니	-
구주(25)	영국, 프랑스, 독일, 네덜란드, 폴란드, 스위스, 벨기에, 북구3국(스웨덴, 노르웨이, 덴마크), 오스트리아, 스페인, 헝가리, 몰타, 체크공(구 체코슬로바키아), 핀란드, 불가리아, 루마니아, 구 유고(국가해체), 포르투갈, 룩셈부르크, 아이슬란드, 터키, 이탈리아	그리스
중동(11)	아랍 에미레이트, 바레인, 이집트, 이란, 오만, 카타르, 이스라엘, 터키	이라크, 요르단, 쿠웨이트, 사우디아라비아
계 92개국	80개국	12개국

자료: 문화체육관광부, 2011년 기준 관광동향에 관한 연차보고서, p.331.

〈표 10-6〉 국제 항공노선 현황

■ 항공노선수 (단위:노선)

구 분	2003	2004	2005	2006	2007	2008	2009	2010	2011
국제노선수	271 (45)	289 (43)	309 (52)	300	297 (70)	274 (65)	248 (57)	273 (57)	377 (63)
국적항공사	135 (7)	144 (11)	156 (12)	153 (51)	184 (55)	183 (53)	175 (60)	185 (56)	192 (49)
구 주	16	20	21	22	31	30	30	31	27
대양주	5	5	4	4	6	6	6	6	5
동남아	23	27	32	44	50	50	49	51	35
일 본	31	33	33	42	44	43	49	49	38
중 국	28	28	33	49	55	51	44	50	36
미 주	32	34	37	23	41	39	41	41	35
기 타	7	8	8	20	12	17	16	19	16
외국항공사	136	145	153	147	182	156	130	145	185

주1) 국제노선수의 ( )는 국적사와 외항사간 중복 노선수
주2) 국적항공사의 ( )는 국적사의 운항노선 중 지역간 중복 노선수

■ 국제선 노선별 운항현황 (단위:주/회)

구분	2003	2004	2005	2006	2007	2008	2009	2010	2011
국적사	887	950	1,009	1,147	1,300	1,357	1,383	1,504	1,674
증감(%)	7.7	9.6	6.2	13.7	13.3	4.4	1.9	8.7	11.3
일 본	255	275	292	340	328	331	359	374	436
중 국	146	187	204	260	345	344	328	343	376
동남아	191	206	223	258	310	343	348	375	426
미 주	171	164	167	144	180	191	199	227	243
유 럽	58	66	76	98	102	99	92	100	108
기 타	46	52	45	47	35	49	57	85	85
외항사	570	618	746	901	1,102	1,003	744	916	1,022
증감(%)	8.2	8.4	20.7	20.8	22.3	-9.0	-25.8	23.1	11.6

자료: 국토교통부

제4절 해상운송사업

1. 해상교통의 본질

1) 해상교통의 개념

해상교통(marine transportation) 또는 해운(shipping)이라 함은 해상에서 선박을 이용하여 사람 또는 화물을 운송하고 그 대가로서 운임을 받는 상행위를 말한다. 이 중에서도 해상교통은 다극화시대에 살고 있는 경제인들의 활동을 원활히 하고, 물적 유통을 효율적·경제적으로 이전시킴으로써 경제발전의 주된 수단으로 역할을 수행하고 있다. 그러나 최근에 와서는 해상교통의 역할이 물적 유통뿐만 아니라 사람을 운송하는 상행위로서의 역할이 점점 증가하고 있는 추세다.

2) 해상교통의 특징

해상교통을 육상교통, 철도교통, 항공교통과 비교하여 그 특성을 살펴보면 다음과 같이 요약할 수 있다.

(1) 사람 및 재화의 대량수송

교통기관 중에 선박만큼 단위수송능력을 가진 것은 없다. 항공교통은 신속성은 확보되나 운송량이 제한되고, 철도는 객차의 연결의 대형화로 승객 및 화물의 운송량을 늘리고 있으나 한계가 있다. 그러나 해상교통은 일시에 승객과 화물을 일정한 지역으로 대량이동이 가능하므로 대량수송의 표본이 되고 있다.

(2) 원거리수송

해상교통은 항구와 항구, 섬과 섬, 바다와 바다, 대륙과 대륙을 연결하는 원거리 수송을 담당하고 있다.

(3) 운송비용의 저렴성

해상교통은 육상교통처럼 도로·철도와 같은 시설이 필요하지 않으며, 1회에 대량수송이 이루어지기 때문에 단위당 수송비가 저렴하다. 일반적으로 거리면에서 해상운임과 철도운임을 비교하면 해상교통이 절반 정도에 불과하다.

(4) 운송로의 자유성

국제법에 따라 공인된 '공해자유론'은 해양자유의 원칙(freedom of sea)에 의해 공해에 있어서 자유로운 항해가 보장됨에 따라 급속한 해운업의 발전을 가져와 다른 교통수단보다 해상교통이 크게 활성화되었다.

(5) 운송형태의 국제성

해상교통에 있어 선박은 상호국적에 영향을 받지 않고 원칙적으로 항만에 입출항이 가능하고 주항로가 공해상이라는 점이 특정 국가의 성격을 벗어나 공해상에서 타국적의 선박과 경쟁하는 국제성을 띠고 있다.

(6) 운송시간의 지연성

해상교통의 속력은 육상교통보다 평균속도가 늦고, 항공교통속도와는 비교할 수 없을 정도로 속도가 느리다. 세계 주요 정기선의 속력은 시간당 18~45노트이고, 부정기선은 12~18노트로 항해함으로써 신속성을 필요로 하는 사람과 화물의 이동에는 한계가 있다.

2. 해상운송사업

1) 해상운송의 개요

해상운송은 대외무역 증대에 따른 수출입 화물 운송수단 뿐만 아니라 해상관광자원 개발 및 해안도서 지방의 교통수요에 따라 여객 및 관광객 운송수단으로서도 그 수요가 날로 증가하고 있다.

최근 국민생활수준의 향상과 새로운 관광욕구, 삼면이 바다인 우리나라의 지리적 특성은 육지와 가까운 도서지역의 관광객 수요가 급증하고 있는 것은 물론, 멀리 백령도, 홍도, 거문도, 울릉도 등도 관광지화가 이루어지고 있어 경치가 수려한 도서지역에 대해서는 지역개발차원에서도 관광자원의 개발과 보존의 필요성이 강조되고 있다.

이에 따라 지금껏 도서주민의 교통수단으로 이용되어 왔던 여객선은 교육수준과 생활수준의 향상에 따른 여가선용의 방법으로서 미지의 바다에 대한 동경과 해양레포츠활동 등이 급속히 확산되면서 해안관광을 겸한 연안여객선 운항이 활성화되고 있다. 또한 해양관광산업이 본격적으로 개발되면서 해양관광을 목적으로 해상유람을 즐기고자 하는 관광객들을 대상으로 특급호텔 수준의 시설과 서비스를 제공하면서 주요 항구도시 및 해안관광자원을 운항하는 크루즈가 해양관광객의 교통수단으로서 그 가치가 날로 높아지고 있다.

2) 해상여객운송사업

(1) 해상여객운송사업의 개념

해상여객운송사업이란 해상이나 해상과 접하여 있는 내륙수로(內陸水路)에서 여객선(여객 정원이 13명 이상인 선박을 말한다)으로 사람 또는 사람과 물건을 운송하거나 이에 따르는 업무를 처리하는 사업으로서 「항만운송사업법」 제2조 제4항에 따른 항만운송관련사업 외의 것을 말한다(해운법 제2조 제2호).

(2) 해상여객운송사업의 종류

가) 내항 정기 여객운송사업

이는 국내항[해상이나 해상에 접하여 있는 내륙수로에 있는 장소로서 상시(常時) 선박에 사람이 타고 내리거나 물건을 싣고 내릴 수 있는 장소를 포함한다]과 국내항 사이를 일정한 항로와 일정표에 따라 운항하는 해상여객운송사업을 말한다.

나) 내항 부정기 여객운송사업

이는 국내항과 국내항 사이를 일정한 일정표에 따르지 아니하고 운항하는 해상여객운송사업을 말한다.

다) 외항 정기 여객운송사업

이는 국내항과 외국항 사이 또는 외국항과 외국항 사이를 일정한 항로와 일정표에 따라 운항하는 해상여객운송사업을 말한다.

라) 외항 부정기 여객운송사업

이는 국내항과 외국항 사이 또는 외국항과 외국항 사이를 일정한 항로와 일정표에 따르지 아니하고 운항하는 해상여객운송사업을 말한다.

마) 순항(巡航) 여객운송사업

이는 해당 선박 안에 숙박시설, 식음료시설, 위락시설 등 편의시설을 갖춘 대통령령으로 정하는 규모 이상의 여객선을 이용하여 관광을 목적으로 해상을 순회하며 운항(국내외의 관광지에 기항하는 경우를 포함한다)하는 해상여객운송사업을 말한다.

바) 복합 해상여객운송사업

이는 위의 (1)부터 (4)까지의 규정 중 어느 하나의 사업과 (5)의 사업을 함께 수행하는 해상여객운송사업을 말한다.

3. 크루즈업

1) 크루즈의 개념

해양관광산업이 본격적으로 개발되면서 해상유람을 즐기고자 하는 관광객들을 대상으로 선내에 객실·식당·스포츠 및 레크리에이션 시설 등 관광객의 편의를 위한 각종 서비스시설과 부대시설을 갖추고 순수한 관광활동을 목적으로 관광자원이 수려한 지역을 순회하며 안전하게 운항하는 선박을 크루즈(cruise)라 말한다.

일반적으로 크루즈여행이라고 할 때에는 크루즈 내에 숙박과 위락시설 등 관광객을 위한 각종 시설을 갖추고 여행자의 요구에 적합한 선상활동 및 유흥·오락프로그램 등의 행사와 최고의 서비스를 제공하는 것은 물론, 매력적인 지상 관광자원 및 관광지를 순회하면서 관광시키는 종합관광시스템을 말한다.

2) 크루즈관광의 유형

(1) 선박·거리·가격에 따른 분류

대중 크루즈(volume cruise)는 크게 2~5일의 단기 크루즈와 7일 짜리인 일반크루즈, 9~14일 간의 장기 크루즈가 있다. 고급 크루즈(premium cruise)는 1주일 항해에서부터 2주~3개월 간의 장기 항해까지 있다. 호화 크루즈(luxury cruise)는 최상의 서비스를 제공하고, 크루즈 중 가장 비싸고 긴 일정과 이국적인 관광지들이 포함되어 있다. 특수목적 크루즈(speciality cruise)는 고래구경·스쿠버 다이빙·고고학·생물학 연구 등의 크루즈를 포함한다.

(2) 장소·활동범위·운항 유형에 따른 분류

장소에 따라 호수나 하천을 운항하는 내륙 크루즈, 바다를 순항하는 해양 크루즈로 구분할 수 있다. 활동범위에 따라서는 해양법상 국내 영해를 순항하는 국내 크루즈와 자국과 자국 외의 지역을 함께 순항하는 국제크루즈, 주요 항구를 중심으로 순항하는 항만크루즈, 섬을 순회하는 도서순항 크루즈로 분류된다. 운항유형에 따라서는 특별한 파티나 이벤트가 펼쳐지는 파티크루즈와 식사를 중심으로 하는 레스토랑 크루즈, 장거리를 운항하는 장거리 크루즈, 외항여객선으로 오락시설을 갖춘 외항 크루즈로 분류된다.

3) 크루즈관광의 특성

크루즈와 타 해운교통과의 차이점은 첫째, 크루즈는 관광이 목적이고, 여객선은 수송이 목적이다. 둘째, 기간이 크루즈는 장기적이고, 카페리는 단기적이다. 셋째, 크루즈는 대규모이고, 쾌속선은 소규모의 고속성을 가진다.

크루즈관광의 특성은 첫째, 목적이 수송이 아닌 관광이다. 크루즈는 관광매력이 있는 곳을 연계하여 관광루트를 만든다. 둘째, 기간이 장기적이다. 셋째, 수려한 지역(경승지)을 관광한다. 넷째, 선내에 다양한 시설이 설치되어 있다. 다섯째, 선내 서비스가 최고급이다. 일곱째, 규모가 대형이다.

4) 현행 「관광진흥법」상의 크루즈업

(1) 개 요

2008년에 개정된 「관광진흥법 시행령」은 관광객이용시설업의 일종인 '관광유람선업'에 크루즈업을 추가 신설하고 이를 일반관광유람선업과 크루즈업으로 구분하고 있다. 그리고 크루즈업의 정의에 관하여는 "크루즈업이란 「해운법」에 따른 순항(巡航) 여객운송사업이나 복합 해상여객운송사업의 면허를 받은 자가 해당 선박 안에 숙박시설, 위락시설 등 편의시설을 갖춘 선박을 이용하여 관광객에게 관광을 할 수 있도록 하는 업"이라고 규정하고 있다(제2조 제1항제3호).

(2) 크루즈업의 등록기준

크루즈업의 등록기준은 일반관광유람선업의 등록기준에 일부를 추가하고 있다(동법시행령 제5조 관련 〈별표 1〉 참조).

1. 「선박안전법」에 따른 구조 및 설비를 갖춘 선박일 것
2. 이용객의 숙박 또는 휴식에 적합한 시설을 갖추고 있을 것
3. 수세식화장실과 냉·난방 설비를 갖추고 있을 것
4. 식당·매점·휴게실을 갖추고 있을 것
5. 수질오염을 방지하기 위한 오수 저장·처리시설과 폐기물처리시설을 갖추고 있을 것
6. 욕실이나 샤워시설을 갖춘 객실을 20실 이상 갖추고 있을 것
7. 체육시설, 미용시설, 오락시설, 쇼핑시설 중 두 종류 이상의 시설을 갖추고 있을 것

제11장

리조트사업

제1절 | 리조트의 이해

제2절 | 주요 분야별 리조트사업

제11장
리조트사업

제1절 리조트의 이해

1. 리조트의 개념

1) 사전적 정의

리조트(resort)의 사전적 의미는 "건강, 휴양 등과 관련하여 사람들이 자주 가는 장소" 또는 "대중적인 오락, 레크리에이션의 장소"로 해석되고 있는데, 우리나라의 경우에는 '휴양지', '관광단지' 또는 '종합휴양시설' 등의 개념으로 해석되고 있다.

2) 우리나라 「관광진흥법」에서의 정의

우리나라의 경우, 법규정상 리조트라는 개념에 정확히 상응하는 규정은 아직까지 없고, 이에 유사한 개념으로 현행 「관광진흥법」에서 규정하고 있는 관광객이용시설업 중 종합휴양업(제1종 · 제2종)으로 분류되어 있을 따름이다.

「관광진흥법」에서 규정하고 있는 종합휴양업이란 "관광객의 휴양이나 여가선용을 위하여 숙박시설 또는 음식점시설을 갖추고 전문휴양시설 중 두 종류 이상의 시설을 갖추어 관광객에게 이용하게 하는 업이나, 또는 숙박시설 또는 음식점시설을 갖추고 전문휴양시설 중 한 종류 이상의 시설과 종합유원시설업의 시설을 갖추어 관광객에게 이용하게 하는 업"을 말한다.

3) 일본의 '종합휴양지역정비법'에서의 정의

일본에서는 '종합휴양지역정비법'(일명 '리조트법')이 제정되어 있어 여기에서 리조트를 "양호한 자연조건을 가지고 있는 토지를 포함한 상당규모(15ha)의 지역에 있어서 국민이 여가 등을 이용하려고 체재하면서 스포츠, 레크리에이션, 교양문화활동, 휴양, 집회 등의 다양한 활동을 할 수 있도록 종합적인 기능이 정비된 지역(약 3ha)"으로 규정하고 있다. 이 정의에 따르면 리조트는 ① 체재성, ② 자연성, ③ 휴양성(보양성), ④ 다기능성, ⑤ 광역성 등의 요건을 모두 겸비하고 있어야 하는 것으로 해석하고 있다. 따라서 하나의 요건만 만족시켰다고 해서 모두 리조트라고 말할 수 없다는 것이다.

4) 리조트의 정의

오늘날 시대변화와 함께 리조트는 흔히 "종합 레크리에이션 장소" 또는 "체재형 관광지"라고 불리지만, 정확한 개념에 대해서는 견해에 따라 차이가 많다. 사회 환경 변화에 따른 리조트의 의미는 다양하게 사용되고 있는데, 넓은 의미의 리조트는 "일정한 장소에 거주 또는 체재할 수 있는 생활장소로서 여가를 즐길 수 있는 공간과 개인의 자기발전을 위해 다양한 여가활동을 즐기는 곳" 또는 "일상적인 공간을 떠나 색다른 공간에서 자신을 재정비하는 시간을 가지고 즐기는 행위"라는 의미를 가진다. 한편, 좁은 의미에서의 리조트는 "기분전환을 위하여 레크리에이션과 스포츠 행동을 목적으로 시간을 보내기 위한 특정한 지역 또는 장소"를 의미하는 공간의 개념으로 이해하기도 한다.

일반적으로 리조트는 체재성, 자연성, 휴양성, 보양성, 다기능성 등의 요건을 갖추고 있어야 한다. 즉 리조트의 개념에는 다양한 서비스의 제공이라는 기능적 측면과 다양한 경험과 즐거움의 제공이라는 상징적 측면이 함께 있다. 따라서 리조트는 일정규모의 지역에 레크리에이션, 스포츠, 오락, 교양, 숙박 등을 위한 시설들이 복합적으로 갖추어져 심신의 휴양 및 에너지의 재충전을 목적으로 구성된 지역으로 정의할 수 있다.

따라서 이 책에서는 리조트를 "자연경관이 수려한 일정규모의 지역에 관광객의 욕구를 충족시킬 수 있는 레크리에이션, 스포츠, 상업, 문화, 교양, 오락, 숙박 등을 위한 시설들이 복합적으로 갖추어져 재방문을 유도하고 심신의 휴양 및 에너지의 재충전을 목적으로 조성된 4계절 종합휴양지"라고 정의하고자 한다.

2. 리조트의 기본시설[38)]

체재성이 요구되는 리조트는 숙박시설과 이에 부속되는 식음료시설, 문화·위락시설, 스포츠시설, 상업시설 등의 부대시설로 구성된다. 이러한 시설물은 리조트의 입지나 유형에 상관없이 리조트를 운영하는데 필요한 기본적인 시설이며, 입지적인 특징이나 자연환경의 특징에 따라 특별한 활동이나 레크리에이션을 지원하기 위한 별도의 특수시설들이 추가되어지기도 한다.

1) 숙박시설

숙박시설을 구성하는 대표적인 것은 호텔과 콘도미니엄을 들 수 있으며, 리조트 계획시 전체 이미지를 결정짓는 가장 중요한 시설이자 투자가 가장 많이 요구되는 시설이다. 숙박시설은 전체 리조트와 유니트의 형태, 유형 및 질을 결정하는 기준이기 때문에 리조트의 계획 초기단계부터 신중히 다루어져야 한다.

2) 식음료시설

고객들의 식습관과 기호의 변화는 리조트에 있어 식음료시설의 디자인과 운영에 상당한 영향을 주었다. 최근에는 정해진 시설 내의 식당에서 의례적인 식사를 반복하는 것으로부터 멀어져 가는 추세이다. 따라서 다양해진 개인의 선호도에 따라 더 많은 기회가 제공되어야 하며, 그러기 위하여 고려해야 할 사항은 다음과 같다.

① 다양한 소규모 식사공간으로 구성된 레스토랑을 만들고 각각 분명한 개

38) 김상무외 2인 공저, 최신 관광사업경영론(서울:백산출판사, 2011), pp.298~301.

성과 분위기를 연출한다.

② 숙박객들이 리조트 내의 레스토랑을 쉽게 이용할 수 있도록 계획되어야 한다.

③ 호텔, 콘도, 유스호스텔의 투숙객들이 레스토랑, 커피숍, 그릴, 바, 카페, 스낵식당 등을 이용할 수 있도록 배치되어야 한다.

④ 퐁듀 레스토랑, 바비큐, 토속식당과 같은 전문 레스토랑과 바는 숙박시설과 공동으로 혹은 아웃소싱되어 독립적으로 운영될 수 있으며, 특별한 맛이나 특색있는 음식을 제공한다.

최근에는 하나의 리조트에서 여러 개의 레스토랑을 운영하는데 생기는 어려움을 해소하고, 분산된 주방과 저장시설, 그 밖의 지원시설의 수와 규모를 줄이기 위해 많은 양의 음식을 동시에 조리할 수 있는 대형 메인주방을 배치하여 집중적으로 처리하는 추세이다.

3) 레크리에이션시설

리조트가 도심지호텔과 구별되는 가장 큰 특징 중에 하나는 다양한 스포츠시설을 구비하고 있다는 점이다. 스포츠시설 계획에 있어서 고려되어야 할 사항은 이용객의 유형과 그 지역의 기후조건, 그리고 강조하고자 하는 리조트의 이미지 등이다.

특히 골프, 스키, 테니스, 볼링 등 주요 스포츠시설은 고객의 기호와 선호도에 따라 선정되어야 하며, 수영장이나 각종 수상스포츠시설은 리조트가 위치한 지역의 날씨와 자연환경에 큰 영향을 받는다. 일반적으로 리조트가 갖추어야 할 스포츠시설을 알아보면 다음과 같다.

(1) 운동장

운동장과 잔디밭은 리조트의 개발에 부수적으로 조성되는 경우가 많으며, 어른과 아이들 모두가 이용한다. 이용가능한 스포츠로는 간단한 기구 외에 별도의 시설이 필요 없는 배드민턴, 배구, 농구, 족구 등이 있으며, 그 외에 다양한 용도(캠프파이어, 야외콘스트, 야외극장, 단체 야외행사장 등)로 사용할 수 있다.

(2) 골프장

골프코스는 규모가 큰 리조트를 제외하면 꼭 필요한 시설은 아니다. 정규홀은 40~60ha의 면적을 필요로 하며, 특히 건조한 지역에서는 경제적으로 운영상 부담이 크고, 낭비적인 공간이 되기도 한다. 하지만 최근 골프인구의 급증에 따른 초과수요 현상의 지속과 그린피 인상 등으로 활황국면을 유지하고 있으며, 국내 리조트기업들도 높은 수익성으로 인한 비수기 타개책과 부유층을 유인하는 매력요인으로 리조트 건설 초기부터 골프장 건설을 추진하고 있다.

(3) 수영장 및 사우나

수영장은 모든 유형의 리조트에서 꼭 필요한 시설이며, 보통 사우나, 마사지룸, 피트니스센터와 복합적으로 구성된다. 산지리조트나 추운 지역에 위치한 리조트의 경우 온수의 제공을 기본으로 하고, 규모가 큰 풀은 수온을 유지하고 날씨에 상관없이 실내화하고, 작은 규모의 풀과 별도의 얕은 수심의 풀은 어린이나 수영을 못하는 이용자의 강습을 위하여 필요하다. 수영장은 단지 스포츠만을 위한 시설이 아니라, 휴식, 일광욕, 오락 같은 많은 행위를 수용할 수 있다. 또한 야외만찬이나 바의 배경무대로 쓰일 수 있다. 그래서 대부분의 리조트에서는 실내·실외 수영장을 리조트단지 내에 설치하여 운영하고 있다.

(4) 승마장

승마장은 리조트에 인기있는 시설로 외국의 리조트에서는 빠르게 증가하는 추세이며, 여름과 겨울철에 모두 이용이 가능하며 전원지역 리조트에서 증가하고 있는 추세이다. 승마코스는 산책길로서 리조트 주변을 따라 개발되어야 하며, 이를 연장시켜 승마코스나 며칠 간의 승마여행 코스를 개발할 수도 있다. 이를 위해서 목적지마다 별도의 숙박시설 및 코스 상에서 약 30km마다 서비스시설을 마련하여야 한다.

(5) 동계형 스포츠시설

우리나라의 대표적인 관광시즌은 주된 이용시기가 봄, 여름, 가을에 편중되어 있으며, 겨울철에 이용할 수 있는 휴양시설로는 스키리조트 정도이다. 4계절형 리조트로서의 기준을 충족하기 위해서는 관광비수기인 겨울철에도 방문객들이 즐겨 이용할 수 있는 동계형 레저시설을 구비하는 것이 필요하다. 대표적인 동계형 스포츠시설로는 눈썰매장과 스키장시설을 들 수가 있다.

(6) 기타 시설

문화·위락 시설에는 위의 시설 이외에도 리조트의 매력을 증가시키기 위하여 또는 기후나 자원의 제약을 극복하기 위한 여러 시설이 있다. 여기에 포함되는 시설로는 축제나 전시회를 위한 다목적 홀, 야외극장, 체육시설, 식물원, 동물원 등을 들 수 있다.

3. 리조트사업의 특성과 유형[39)]

1) 리조트사업의 특성

현대는 스트레스사회라고 일컬어진다. 리조트는 현대사회가 부과하는 다양한 스트레스에서 벗어나 본래의 자기를 찾고 싶다는 사람들이 증가함에 따라 보급되어 온 기본적 성격을 갖고 있다.

그래서 사회가 점점 근대화하고, 경제적 가치와 합리성이 한층 중시되어져 가는 것이 예상되면서부터 경쟁사회에 있어서 정신과 육체에 대한 정신적 압박감은 점차 커지고, 이로써 리조트에 대한 요구도 높아져 가게 된 것이다. 리조트사업은 이러한 인간의 정신과 관련되는 사업영역을 갖고 있기 때문에 리조트시설 등의 하드웨어적 요소의 중심만으로는 불충분하다. 서비스와 시스템, 사상, 혹은 리조트를 둘러싼 문화, 자연환경 등의 주변적 요소와 전체적 조화가 리조트로서의 성립에 중요한 의미를 갖고 있다.

정신과 육체의 피로를 푸는 것뿐만 아니라 내일의 활력을 배양하고, 가족 또는 친한 사람들과 즐겁게 한 때를 보내거나, 잃어 버렸던 자연으로 회귀하거나, 혹은 창조적인 활동을 하기 위해서 많은 사람들이 리조트를 찾고 있다고

39) 김용상외 9인 공저, 관광학(서울:백산출판사, 2011), pp.130~133.

할 수 있다. 이러한 요구에 대응하는 것이 본래의 의미에서 '리조트'라고 부르는 것이다.

이러한 리조트를 현실의 사업이라는 측면에서 보는 경우, 다른 산업과 비교해 어떠한 특색을 갖고 있는지 살펴보면 다음과 같다.

① 생산과 소비의 동시점(同時點)・동지점성(同地點性)
② 수요의 불안전성
③ 막대한 초기투자

이러한 특징의 하나하나를 보면 다른 산업에도 적합한 것이지만, 이러한 3가지 특징을 전부 갖는 것이 리조트사업의 특색이다.

첫째, 생산과 소비의 동시점・동지점성인데, 이것은 서비스업 전반에 걸친 공통적인 특징이다. 다시 말하면 재고(stock)가 없다는 표현이 가능하다. 예를 들면, 리조트지역의 개인용 풀장 주변공간에서 음료를 제공한다는 서비스 제공행위와 음료를 마시면서 일광욕을 하고 시간을 보낸다는 소비행위는 공유하는 시간(동시점)에 공유하는 장소(동지점)를 고려하지 않으면 안된다. 이 때문에 이용자가 많아 의자의 수용량을 상회할 경우에는 자리가 빌 때까지 고객을 기다리게 하지 않으면 안된다(하지만, 기다리고 있는 사이에 기후가 변화하든가, 저녁이 되어서 일광욕을 할 수 없다는 상황도 있을 수 있다). 기다리는 사람이 이용을 단념하지 않게 하기 위하여 공간을 확대한다면(풀 사이드를 넓혀 의자를 증설하고, 숙박시설의 수용량을 올리고, 음료수와 서비스맨의 수를 늘린다), 고객수가 적을 때에는 시설과 노동력이 유효화하게 된다. 이렇듯 리조트사업은 재고가 없기 때문에 안정적인 서비스 제공이 불가능하다. 이것이 경영을 압박하는 원인이 된다.

둘째, 수용의 불안정성이다. 이것은 수요자측에서 볼 때, 리조트가 그들의 생활가운데에서 얼마만큼의 비중을 갖고 있는가라는 것과 리조트가 시간소비형의 행동이라는 것에 크게 유래하고 있다. 그렇기 때문에 리조트는 대부분의 사람들에게 생활필수는 아니다. 리조트에 대한 수요크기는 경기와 가계의 상황에 크게 좌우되어지는 것이라 생각된다. 더욱이 무슨 일이 있어도 리조트가 생활에 자리잡지 않으면 안된다고 생각하는 사람은 적다. 어차피 리조트에서 시간을 보낸다면, 가능한 한 지내기 쉬운 기후시기와 그 리조트지에서 특정계절에만 있는 것(스키·해수욕 등)이 가능한 시기를 선택하고 싶어 한다. 이 때문에 수요가 불안정하다는 것과 함께 전망도 불투명한 것이 리조트경영을 불안정하게 하는 하나의 요소로 존재한다.

셋째, 막대한 초기투자이다. 리조트사업은 일반적으로 거대한 토지취득과 시설건설 및 기반정비에 거액의 선행투자가 필요하다. 특히 일본처럼 지가가 높고 토지이용상의 각종 규제가 많은 나라에서는 넓은 용지를 확보하는 것만으로도 큰 비용이 든다. 리조트사업은 앞에서 본 것처럼 재고가 없고, 수요가 불안정하며, 동시에 리조트의 오퍼레이션에 의한 수익률도 생각처럼 높지 않다. 게다가 초기투자가 크고, 그 중에서도 차입금 변제와 이자지급만으로 경영이 압박받을 가능성이 있다.

2) 한국 리조트의 유형

우리나라 리조트는 고원형이 주종을 이루었으나, 앞으로는 우리나라가 3면이 바다인 지리적 여건으로 해양형 리조트의 개발도 활기를 띨 것으로 전망된다. 관광객들의 휴가철 방문지 선호도에서 바닷가가 단연 1위를 차지하고 있다는 점에서도 개발가능성이 높다고 본다.

주5일제 근무와 조기 출퇴근제 등 탄력적 근무 분위기 확산에 따라 자유시간이 늘어났고, 국민소득 증가와 승용차 보급의 확대 및 가족단위의 레저생활 등으로 레저 패턴이 단순 숙박 관광형에서 체류·휴양형으로 변화함에 따라 다양한 시설을 구비한 대형 리조트의 필요성이 대두되고, 이러한 레저수요의 확대성향이 대기업들의 활발한 참여 현상으로 이어지고 있다.

리조트는 산악형, 수변형, 임해형, 건강·온천·스포츠형, 위락형으로 나눌 수 있다. 국내 리조트의 유형은 〈표 11-1〉과 같다.

〈표 11-1〉 한국 리조트의 유형

<table>
<tr><th colspan="2">문헌기준</th><th>국내유형</th><th>특 징</th><th>유형사례</th></tr>
<tr><td colspan="2">헬스/스파
(Health/Spa)</td><td>온천리조트</td><td>헬스보다 온천욕장의 개념, 전국적 고른 분포</td><td>수안보, 도고, 온양, 부곡, 유성 등</td></tr>
<tr><td rowspan="3">스포츠</td><td>Beach</td><td>비치리조트</td><td>해수욕장주변
호텔보다 콘도 위주</td><td>제주, 해운대, 경포대, 낙산 등</td></tr>
<tr><td>Golf</td><td>골프전용리조트</td><td>경기장위주의 골프장</td><td>골드훼미리 등</td></tr>
<tr><td>Ski</td><td>스키전용리조트</td><td>가장 활발한 개발추세</td><td>베어스, 스타힐 등</td></tr>
<tr><td colspan="2">마리나
(Marina Resort)</td><td>마리나리조트</td><td>소규모 형태
대중성 부족</td><td>충무마리나, 수영만 등</td></tr>
<tr><td colspan="2">관광리조트
(Tourist Resort)</td><td>관광리조트</td><td>국립공원 주변에 위치</td><td>설악산, 지리산, 속리산 주변</td></tr>
<tr><td colspan="2">휴양촌
(Vacation)</td><td>×</td><td>전형적 형태 전무</td><td>전문휴양촌 개념 전무</td></tr>
<tr><td colspan="2">생태관광
(Ecotourism)</td><td>×</td><td>전형적 형태 전무
(자연휴양림과 구별)</td><td>휴양림은 개념상 상이</td></tr>
<tr><td colspan="2">카지노
(Casino)</td><td>×</td><td>전형적 형태 부족
(호텔 내 도박장 위주)</td><td>카지노업장의 단지화 부족</td></tr>
<tr><td colspan="2">콘퍼런스
(Conference)</td><td>×</td><td>전형적 형태 전무</td><td>부대시설로 존재</td></tr>
<tr><td colspan="2">테마파크
(Theme Park)</td><td>테마파크</td><td>대규모(서울근교) 및 소규모(지방) 존재, 체재성 결여</td><td>에버랜드, 롯데월드 등</td></tr>
<tr><td colspan="2" rowspan="6">복합리조트
(Multi Resort)</td><td>스키+골프</td><td rowspan="6">2가지 이상의 복합시설 개발 증가</td><td rowspan="6">제주중문단지
경주보문단지
용평리조트
강원랜드 등</td></tr>
<tr><td>골프+관광+비치</td></tr>
<tr><td>골프+관광+테마</td></tr>
<tr><td>온천+관광</td></tr>
<tr><td>온천+스키</td></tr>
<tr><td>카지노+골프+테마</td></tr>
</table>

자료: 유도재, 리조트경영론(서울:백산출판사, 2013), p.56.

제2절 주요 분야별 리조트사업

현재 우리나라에서 운영 중인 리조트는 산악고원형으로 스키장중심으로 구성되어 있다. 따라서 다른 경쟁업체들과 비교해서 특별한 시설이나 컨셉을 가지지 않고 차별화되지 못하고 있는데, 이는 좁은 국토에서 기후에 차이가 없고 산지가 많기 때문이다. 또한 운영면에서도 초기투자자본의 조기회수를 위하여 콘도미니엄 분양을 중심으로 이루어지고 있다.

1. 스키리조트

스키리조트는 스키장을 기본으로 다른 레크리에이션시설을 갖춘 종합휴양지를 의미하는데, 특히 4계절이 뚜렷한 우리나라의 경우 비수기 기간이 너무 길어 스키장만을 운영하기보다는 골프장, 콘도미니엄 등을 복합적으로 갖추는 것이 일반적이다.

스키리조트는 눈이라고 하는 천연자원이 가장 핵심적인 상품으로 다른 리조트에 비해 계절성이 강하다. 또한 스키로 활강하기에 적합한 경사도를 확보하기 위해서는 산악지대에 위치하는 것이 가장 큰 특징이다.

'겨울철 스포츠의 꽃'으로 불리는 스키는 1990년대 중반 이후 국민소득 수준의 향상, 자유시간의 증가 등으로 빠르게 보급되고 있다. 1989년 이전까지는 용평, 양지파인, 베어스타운 등 5개소에 불과했으나, 1990년에 무주리조트와 사조마을이 개장해 총 7개소로 늘었다. 그후 1992년에는 서울, 대명홍천이, 1995년에는 현대성우, 휘닉스파크 등이 문을 열어 총 11개소로 늘어났다. 그리고 1996년 지산스키장, 2002년 강촌스키장, 2006년에는 오크밸리 스키장, 하이원리조트, 에덴밸리스키장이 개장하였고, 2008년에는 오투리조트와 곤지암리조트가 개장하였으며, 가장 최근에는 알펜시아리조트가 2009년 12월에 개장하였다.

2012년 기준으로 국내에서 운영중인 스키장은 19개소인데, 스키장의 대부분이 경기도와 강원도에 편중되어 있음을 알 수 있다. 이는 이들 지역이 눈이 많이 내리고 눈의 질이 좋은데다 수도권의 스키어를 유치하는 데 유리하기 때문이다.

〈표 11-2〉 국내 스키리조트 시설현황

위치	스키리조트	개장일	슬로프	리프트	슬로프 면적(m)
강원도 (10개소)	용평리조트	1975.12.	29	15	3,436,877
	알프스리조트	1984.12.	6	5	442,036
	비발디파크	1993.12.	12	10	1,322,380
	휘닉스파크	1995.12.	21	9	1,637,783
	웰리힐리파크	1995.12.	18	9	1,368,756
	엘리시안강촌	2002.12.	10	6	609,674
	한솔오크밸리	2006.12.	9	3	797,695
	하이원리조트	2006.12.	18	10	4,991,751
	오투리조트	2008.12.	19	6	4,799,000
	알펜시아	2009.12.	7	3	671,180
경기도 (6개소)	양지파인	1982.12.	10	6	368,683
	스타힐	1982.12.	4	3	502,361
	베어스타운	1985.12.	7	8	698,181
	서울스키장	1992.12.	4	3	278,182
	지산포레스트	1996.12.	10	5	500,000
	곤지암리조트	2008.12.	13	5	1,341,179
전 북	덕유산리조트	1990.12.	34	14	4,037,600
충 북	사조리조트	1990.12.	9	4	656,986
경 남	에덴밸리	2006.12.	7	3	1,052,012

자료: 유도재, 리조트경영론(서울:백산출판사, 2013), pp.106~109.

2. 골프리조트

골프리조트란 골프장을 기본으로 각종 레크리에이션시설이 부가적으로 설치되어 있는 리조트를 말한다. 일반적으로 골프장은 컨트리클럽과 골프클럽으로 나누고 있다. 컨트리클럽(country club)은 골프코스 외에 테니스장, 수영장, 사교장 등을 갖추고 있으며 회원중심의 폐쇄적인 사교클럽의 성격을 가지고 있다. 이에 대하여 골프클럽(golp club)은 다소 부대시설은 있을 수 있으나 골프코스가 중심이고 회원제이긴 하나 컨트리클럽에 비해 덜 폐쇄적이다.

〈표 11-3〉 전국 지역별 골프장 현황(2011.1.1.기준)

구 분		경기	강원	제주	전북	경북	전남	충북	인천	충남	대전	울산	대구	경남	부산	합 계
운영중	회원제	79	20	26	4	20	12	15	2	10	1	2	1	16	4	212
	퍼블릭	48	21	14	13	21	16	12	3	7	2	1	1	7	2	168
	군	7	4	–	–	3	1	3	–	3	1	3	2	3	–	30
	합 계	134	45	40	17	44	29	30	5	20	4	6	4	26	6	410
건설중	회원제	10	17	3	4	5	3	5	–	2		–	–	7	–	56
	퍼블릭	16	8	2	8	8	7	4	1	9		1	–	10	–	74
	합 계	26	25	5	12	13	10	9	1	11		1	–	17	–	130

자료: 한국골프장경영협회, 2011.

이용형태에 따라서는 회원제 골프장과 퍼블릭 골프장으로 구분된다. 회원제 골프장(membership course)은 회원을 모집하여 회원권을 발급하고 예약에 의해 이용하게 하는 골프장으로 회원권 분양에 의해 투자자금을 조기에 회수하는 것이 용이한 장점이 있다. 퍼블릭골프장(public course)은 기업이 자기자본으로 코스를 건설하고 방문객의 수입으로 골프장을 경영하는 형태로 누구나 이용할 수 있고 이용요금도 저렴한 편이지만, 투자비 회수에 장기간이 소요된다는 단점이 있다.

현재 우리나라 지역별 골프장 현황은 서울에 인접한 북부지역의 경부고속도로 또는 중부고속도로 인접지역에 대부분 위치하고 있으며, 서울·인천·경기 등 대도시지역에 편중현상이 나타나고 있다. 새로 건설되는 골프장은 수도권이 어느 정도 포화상태를 보임에 따라 주로 강원도와 제주도에 집중될 것으로 예상된다.

3. 마리나리조트

1) 마리나리조트의 개념

마리나(marina)에 관한 통일적인 정의는 없으나 일반적인 의미로는 다양한 종류의 선박을 위한 외곽시설, 계류시설, 수역시설 및 이와 관련된 다양한 서비스를 갖춘 종합적인 해양레저시설을 말한다.

해양성 레크리에이션에 대한 수요가 점진적으로 더욱 다양화·전문화되어지고 있으므로 수상 및 레크리에이션의 중심시설인 마리나 리조트에 대한 국민의 요청도 함께 증가하고 있다.

최근에는 여가활동이 진행되는 가운데 해양레저 레크리에이션도 다양화되어 해수욕, 선텐, 낚시, 해상유람 등 전통적인 것에 비하여 세일링요트, 모터요트, 수상오토바이, 수상스키, 서핑 등 해양 레저활동의 유형이 다양화되어지고 있다. 이와 같이 해수욕, 보트타기, 요트타기, 수상스키, 스킨다이빙, 낚시, 해저탐사 등과 같은 다양한 해변 레저활동을 즐길 수 있는 체제를 위한 종합적인 레저·레크리에이션 시설 또는 지역을 마리나 리조트(marina resort)라고 말한다.

해양 레저스포츠의 발전을 위하여 마리나의 개발이 세계 각 도시에서 시작된 배경에는 지역에 따라 특성이 다르겠지만, 공통점은 마리나의 개발이 도시조성에 있어서 매력적인 요소가 매우 많다는 점과 대도시 주변에서는 항만의 재개발에 대한 요청이 높아지고 있다는 것이다.

마리나리조트 개발형태는 해변형, 마리나형, 종합휴양형, 기능전환형, 신규개발형으로 분류할 수 있는데, ① 해변형은 해수욕을 중심으로 하며, 주로 해변을 이용하는 해양 레크리에이션을 진흥하는 형태이고, ② 마리나형은 마리나를 중심으로 해양성 레크리에이션 기지화를 목표로 하는 형태이고, ③ 종합휴양형은 장기체재를 염두에 두고 종합적 휴양지 개발을 지향하는 형태이고, ④ 기능전환형은 어항·창고 등을 포함하여 기존기능을 전환시켜 새로운 레크리에이션적 수변이용을 촉구시키는 형태이며, ⑤ 신규개발형은 대규모 인공개발을 통하여 해양성 레크리에이션 공간을 새롭게 조성하는 형태로 타 기능도 포괄적으로 포함하여 개발을 전개하는 형태이다.

2) 국내 주요 마리나리조트[40)]

현재 국내에서 운영중인 주요 마리나리조트를 소개하면 다음과 같다.

(1) 부산 수영만 요트경기장 마리나

부산 수영만 요트경기장(Busan Yachting Center)은 1983년 건설되어 1986년 아시안게임과 1988년 서울올림픽 때 요트경기를 개최한 곳이다. 총 규모가 234,573㎡로서 1,390척(해상 364척, 육상 1,000척)의 요트를 계류할 수 있는 세계적인 요트경기장으로 아시아에서는 최대 규모를 자랑하며, 부산의 명물이자 국제적인 관광명소가 되었다.

부산 지하철 2호선 동백역에서 도보로 10분 거리에 위치하며, 인근에 해운대해수욕장과 동백섬 등이 있다. 마리나 단지 내에는 시내마테크와 국제무역전시관도 갖추고 있다. 시내마테크는 1999년 8월 개관한 이후 부산국제영화제 야외 상영관으로 활용되는 등 복합 영상문화공간의 역할을 하고 있다. 이 외에도 마리나 내에는 요트학교, 윈드서핑학교, 잠수학교 등 각종 해양레저 강습소와 부산수상항공협회, 스킨다이빙협회, 우주소년단 등 전문단체들이 들어서 있다. 또한 수영만 해역은 요트를 타기에 적합한 자연여건을 갖추고 있어 매년 국내외 요트경기대회가 개최되고 요트 매니아들이 가장 많이 즐겨 찾는 곳이다.

(2) 충무마리나 리조트

민간마리나의 형태로서 경남 통영시에 위치하고 있는 충무마리나 리조트는 한국 최초의 육·해상 종합리조트로서 미개발된 부분을 포함하여 총규모는

40) 유도재, 리조트경영론(서울:백산출판사, 2013), pp.294~298.

14,966㎡이며, 해상 계류장은 통영시로부터 공유수면을 임대하여 사용하고 있다. 계류능력은 130척(육상 40척, 해상 90척)으로서 요트를 포함한 다양한 종류의 해양레저스포츠와 해양관광을 즐길 수 있는 곳이다.

충무 바닷가에 위치한 콘도미니엄은 272실의 객실을 갖추고 있는데, 어느 객실에서나 쪽빛 남해 바다와 아름다운 충무항을 감상할 수 있도록 설계되어 있고, 마리나는 요트전용 항구로서 해양레저스포츠에 대한 강습과 투어 등이 실시된다.

주요 시설은 마리나 시설과 자체에서 보유하고 있는 총 24척의 요트(모터요트 15척, 세일요트 9척)와 요트클럽하우스, 요트수리소, 요트급유소, 요트적치장 등의 복합시설을 갖추고 연중무휴 회원제로 운영하고 있다.

(3) 전곡항 마리나

전곡항은 경기도 화성시 서신면 전곡리에 있는 어항이다. 전곡항마리나는 2009년 11월에 1단계로 113척(해상 60척, 육상 53척)의 요트와 보트를 계류할 수 있는 시설을 갖추고 개장하였다. 수도권에는 3개의 마리나(서울마리나, 김포마리나, 전곡항마리나)가 있는데, 그 중 가장 큰 규모를 자랑하는 마리나가 바로 전곡항마리나이다.

전곡항마리나는 파도가 적고 수심이 3m 이상 유지되는 수상레저의 최적지이다. 밀물과 썰물에 관계없이 24시간 배가 드나들 수 있는 장점을 살려 다기능 테마어항으로도 조성되었다. 또한 전곡항마리나에서는 2008년부터 매년 '경기국제보트쇼'와 '코리아메치컵 세계요트대회'가 개최되면서 전국적으로 알려지게 되었다.

2012년 1월에는 제2마리나시설 확충공사를 마치고 79척의 해상계류시설을 개장하여, 현재는 총 193척(해상 139척, 육상 53척)의 계류시설을 갖추게 되었다. 경기도는 전곡항과 가까운 서신면 제부도항에도 6만 6천여㎡ 규모의 마리나를 2014년 말 완공할 예정이다.

(4) 목포 요트마리나

전남 목포시가 '해양레저의 꽃'으로 불리는 요트산업을 선점하기 위해 삼학도 목포 내항에 2010년 7월 요트마리나 시설을 개장하였다. 서남권의 해양관광 레저산업의 중추 역할을 담당하게 될 '목포 요트마리나' 조성사업은 2006년 첫삽을 뜬 뒤 4년간 70억(국비 35억, 지방비 55억)원의 사업비를 투자해 완공함으로써 국내 요트산업의 발전에 동참하게 되었다. 마리나의 경영은 목포에 위치한 대불대학교에서 위탁경영하고 있다.

목포시는 주5일근무제 정착과 소득향상에 따른 국민의 여가패턴이 육상관광에서 해양관광으로 수요가 변화하는 추세에 맞춰 해양레저산업의 핵심인 요트산업을 서남권에서 선점해 나가겠다는 꿈을 실현한 것이다.

목포 요트마리나는 해상부에 50피트 급 요트 32척이 접안할 수 있는 부유체식 요트계류장이 있으며, 육상부에는 클럽하우스, 요트 인양기, 레포츠교육장, 육상적치장, 주차장 등의 부대시설을 갖췄다. 목포시는 마리나 개장과 함께 10억 5000만원의 예산을 들여 51피트 급 쌍동선 세일링 보트를 건조하였고, 요트마리나 시설에 맞춰 요트조종면허 취득 교육과 체험프로그램 등 요트스쿨도 함께 운영하고 있다.

4. 온천리조트

온천(hot spring)이란 지열로 인해 높은 온도로 가열된 지하수가 분출하는 샘을 말하는 것으로 휴양, 요양의 효과가 크고 주변풍경과 결합되어 관광자원으로서의 가치를 구성한다. 대개 화산대와 일치하는 지역에 주로 분포하고 있는데, 화산국인 일본, 아이슬랜드, 뉴질랜드를 비롯해 미국, 캐나다, 에콰도르, 콜롬비아 등 남북아메리카 화산대와 중부유럽 내륙국가에 많이 산재되어 있다. 이 중에서 세계적으로 유명한 온천은 독일의 바덴바덴(Baden Baden), 캐나다의 밴프(Banff), 미국의 옐로스톤 공원(Yellowstone Park),일본의 아타미(熱海) 등을 꼽을 수 있다.

국내 온천의 이용형태는 여관, 호텔, 콘도 등과 같은 숙박시설과 밀접한 관련성을 맺고 있기 때문에 온천리조트는 숙박시설 중심의 관광지가 형성되는 것이 일반적이며, 1980년대 후반까지도 국내 국민관광시설의 상당수가 온천을 중심으로 발달했었다. 그러나 최근까지도 대부분의 국내 온천리조트의 개발유형은 가족단위 여행이나 편리한 교통수단으로 이용객들이 원하는 장소에 쉽게 접할 수 있는 장소에 소규모 숙박시설 하나만으로 시작되는 정체된 개발이 주를 이루고 있는 것이 사실이다.

〈표 11-4〉 시 · 도별 온천현황

시 · 도	계	지정면적		개발계획수립 (지구)	이용시설 (개소)	연간이용자 (천 명)
		보호지구 (천 ㎡)	보호구역 (천 ㎡)			
서 울	10	150	61	–	9	2,279
부 산	35	2,967	256	2	74	7,225
대 구	14	1,785	63	3	10	1,723
인 천	16	4,955	80	–	1	47
광 주	3	950	2	1	2	305
대 전	1	939	–	–	58	2,508
울 산	11	3,818	723	2	10	1,112
경 기	48	23,184	321	10	20	3,629
강 원	55	20,972	358	11	31	3,963
충 북	21	19,635	48	7	33	1,786
충 남	32	11,937	71	8	91	11,636
전 북	27	21,757	77	7	4	428
전 남	18	13,017	142	7	44	2,528
경 북	94	50,748	409	24	79	11,071
경 남	51	14,620	320	5	58	6,804
제 주	13	6,864	97	1	4	294
합 계	449	197,998	3,028	88	528	57,338

자료: 문화체육관광부, 2011년 기준 관광동향에 관한 연차보고서, p.270.

우리나라 온천리조트는 선진국의 그것에 비해 관광자원으로서 뒤떨어지지 않으며 그 이상의 효용을 가지고 있다. 하지만 온천리조트마다 특성이 없고 획일적인 개발방식과 단순한 이용시설로 인해 건강·보양을 목적으로 하는 체류형보다는 단순한 경유형 숙박관광지로서의 역할밖에는 하지 못하고 있는 곳이 대부분이라 할 수 있다.

온천은 국민의 심신휴양 및 건강증진 등에 크게 기여하고 있는 귀중한 관광자원이다. 따라서 정부는 1981년에 일반 지하수와는 달리 온천자원에 대한 적절한 보호와 효율적인 개발·이용 및 관리를 도모함으로써 공공의 복리증진에 이바지하기 위하여 1981년에 「온천법」을 제정하였던 것이다.

동 법령의 규정에 따라 관할 지방자치단체로 하여금 온천발견 신고·수리, 온천원 보호지구 또는 온천공 보호구역 지정, 온천개발계획 수립·승인, 일일적정 양수량에 의한 온천수이용허가 절차를 이행하게 하는 등 온천 개발·이용 및 관리 업무를 수행하고 있다.

2011년 12월 말 기준으로 전국 시·도별 온천현황은 위의 〈표 11-4〉와 같다.

제12장

관광정책과 관광행정

제1절 | 관광정책의 의의와 기본이념

제2절 | 관광행정조직과 관광기구

제12장 관광정책과 관광행정

제1절 관광정책의 의의와 기본이념41)

1. 관광정책의 의의

관광정책이란 한 나라가 관광이라는 사회현상에 대해서 강구하는 시정(施政)의 방향과 기본시책을 말한다. 따라서 관광정책은 그때그때의 정부의 관광에 대한 이념 혹은 관계하는 방법에 따라 크게 달라진다. 관광의 보이지 않는 무역적 측면을 중시하는지, 국민의 관광행동을 생활의 질로서 촉진시킬 것인지 혹은 관광을 지역진흥의 수단으로 생각하는지 등에 의해 정책의 중점이 달라진다. 특히 현대에서는 관광과 환경과의 관계, 소비자로서의 여행자의 보호, 관광자원으로서의 문화유산이나 자연환경의 보호 등도 관광정책의 시야에 포함된다. 관광정책은 이념이며 총론을 의미함으로써, 실행이나 각론에 상당하는 행정은 많은 기관에 별도로 맡겨져 있는 것이 현실이다.

관광정책의 개념에 관하여는 학자에 따라, 정책목적이나 관점 그리고 연구방법에 따라 각기 다르게 정의를 내리고 있다. 그동안 여러 학자들에 의하여 정립된 학설들을 종합해 보면, 첫째, 관광정책은 그 주체가 개인이나 사적 집단이 아니라 공공기관이라는 점이다. 둘째, 관광정책의 목표는 관광문제에 대한 해결이나 공익을 달성하는 것이다. 셋째, 관광정책은 주로 정치적·행정적 과정을 거쳐서 이루어진다. 넷째, 관광정책은 이루고자 하는 관광목표로서의 성

41) 강덕윤 외 2인 공저, 현대관광학개론(서울:백산출판사, 2012), pp.295~312.

격과 관광에 대한 미래지향적인 성격을 지니고 있다.

이러한 관점에서 볼 때 관광정책이란 "한 나라의 관광행정활동을 종합적으로 조정하고 추진하기 위한 시정(施政)의 기본방향을 명시한 여러 가지 방책"이라고 정의할 수 있다. 그리고 관광정책은 그 대상에 따라 국내관광정책과 국제관광정책으로 나누어 실시되고 있는데, 전자는 한 나라의 정부가 국내관광의 진흥을 위하여 실시하는 각종의 정책이며, 후자는 한 나라의 정부가 국제관광의 진흥을 위하여 실시하는 각종의 정책으로 이해되고 있다.

2. 국제관광과 국내관광

한 지역 또는 한 나라의 국민이 자신이 소속되어 있는 영토 내의 자원이나 시설을 관광하는 행위를 국내관광이라고 말하는데 대응하여, 관광이동이 국경을 넘어가는 것을 국제관광이라고 말한다.

그러나 원래 인위적으로 국경을 넘느냐 안 넘느냐에 따라 관광의 본질적인 차이가 있는 것은 아니다. 다만, 현실적으로 국경의 존재는 출입국수속을 하지 않을 수 없으며, 또 국경 안이냐 밖이냐에 따라 통화 및 언어가 달라지기 때문에 국제관광은 자연히 국내관광과는 다른 양상을 띠게 된다. 더욱이 국제관광과 국내관광을 분류하고 있는 이유는 그것이 경제적 측면에서 실제 이익이 있느냐 없느냐 하는 데서 구별을 필요로 하고 있다.

영국의 오길비(F.G. Ogilvie)는 "관광은 국내적인 것이든 국제적인 것이든 하등 구별할 필요가 없다"고 말했는데, 그같은 구별은 어디까지나 인위적인 것이며, 아무런 실효성이 없는 것으로서, 어느 것이든 국가적인 차원에서 실제 이익만 있으면 된다는 것이다. 다시 말하면 누구이든 간에 한 사람이라도 더 많이 오기만 하면 그것으로 족하다는 것이다. 즉 오는 사람의 국적에 따라서 국제관광이냐, 아니면 국내관광이냐 하고 구별할 필요는 없다는 것이다.

그렇지만 국가적인 입장에서 본다면, 그 양자 사이에는 확실히 차이가 있는 것이다. 특히 국민경제적인 관점에서 본다면 국내관광의 소비가 내화(內貨)의 이동으로만 그치는데 반해, 국제관광에 따른 소비는 관계국 쌍방에 있어서 외화(外貨)의 수입과 지출을 가져오게 한다. 받아들이는 나라의 입장에서는 국제관광은 외화획득의 수단으로 수출무역에 준하는 효과를 가져오고 있으므로 한 나라의 경제적 의의는 자못 크다고 하겠다. 그와 같은 까닭으로 각국은 국제관광과 국내관광을 구별하게 되고 국내관광사업보다 국제관광사업에 더 힘을 기울이게 된다는 것이다.

국제관광을 이와 같은 각도에서 파악하여 외래관광객의 유치를 국가정책으로 중시하는 풍조는 제1차 세계대전 후에 이탈리아, 독일 등에서 먼저 일어났고, 이윽고 다른 나라에도 보급되었다. 관광이 처음 산업적으로 인식되어 획기적인 주목을 받게 된 것은 바로 이 시기였던 것이다.

국제관광은 외화획득의 수단으로서 주로 받아들이는 나라의 관심거리이지만, 거꾸로 내보내는 나라의 입장에서 이를 국가정책으로서 활용하는 경우도 있다. 이를테면, 제2차 세계대전 후 미국이 취한 관광정책을 들 수 있는데, 미국정부는 유럽의 경제부흥을 기획한 이른바 마샬플랜(Marshall Plan)의 하나로 자기 나라 국민의 유럽관광을 권장함으로써 그 소비하는 달러화에 의해서 유럽의 여러 나라들이 경제부흥, 나아가서는 그 나라들의 구매력 증강을 도모했던 것이다.

그리고 또한 실제문제에 있어서 유럽의 여러 나라들은 각 나라의 민족이나 생활풍토가 서로 다르기는 하나 인종적으로는 다같이 아리안 인종에 속하고 그들의 풍속이나 관습 역시 별다른 차이가 없기 때문에, 오길비(F.G. Ogilvie)가 주장하는 바와 같이 양자의 구별은 거의 찾아볼 수가 없다. 다만, 언어는 다르다고 하더라도 같은 가로쓰기 글자인 알파벳을 사용하고 있으므로, 의・식・주의 생활에 있어서나 숙박시설, 심지어 선전 포스터에 이르기까지 내국인을 상대로 하는 것이 그대로 외국인에게도 적용하게 되는 것이다.

그러나 우리나라를 위시해서 대부분의 아시아 국가들은 유럽이나 아메리카의 국가들과는 생활풍습에 있어 너무나도 다르다. 특히 우리나라와 같은 경우는 독특한 민족으로서 언어와 풍속도 특수하고 문화도 다르다.

그러므로 원칙적으로 관광에 있어서 국내관광과 국제관광을 구별하지 않는 것이 이상적인 최선책이라 하겠으나, 선전 및 인쇄물의 외국어 사용과 숙박시설의 이용이 외국인 관광객에게 맞지 않으면 안되는 데에 바로 문제가 있다고 하겠다.

요컨대, 관광은 원칙적으로 국제관광과 국내관광으로 구별할 필요가 없으며, 또한 구별하지 않는 것이 이상적 상태이기는 하나, 각 나라에 있어서 생활풍습의 엄청난 차이가 해소되어 의·식·주의 기본생활이 국제간에 조화적으로 일률화될 때까지, 그리고 국가경제적 요청이 존속할 때까지는 불가피하게 그 구별이 행하여질 수밖에 없다고 본다.

3. 관광정책의 기본이념

1) 관광정책의 기본목적

관광정책의 이념을 설명하기에 앞서 먼저 관광정책의 기본목적에 관하여 기술하려는 것은, 관광정책의 목적이 관광정책의 이념을 실현하기 위해서 설정되어지는 수단이라면 관광정책의 목표는 관광정책의 목적을 보다 구체화한 것이기 때문이다.

관광정책이란 국가나 공공단체가 관광이라는 사회현상에 대하여 강구하는 시정(施政)의 방침을 가리키는 말인데, 즉 관광을 장려하고 진흥시키려는 정책을 의미한다. 그런데 왜 국가나 공공단체는 관광을 장려하고 진흥시키려 하는 것일까.

관광이 관광정책의 대상으로 취급될 수 있었던 것은 제1차 세계대전 이후의 일이며, 유럽 여러 나라의 정부가 관광의 경제적 효과에 주목하게 되면서부터 시작되었다. 즉 외국에서 온 여행자의 소비가 외화획득이 되어 국가경제에 이바지한다는 사실이 인식되면서 나라마다 적극적으로 외국인 관광객의 유치에 나섰던 것이 관광정책의 시작이었던 것이다.

이 당시 관광정책에 관한 연구는 대체로 관광소비의 경제에 관한 문제에 집중되었는데, 그것은 국제관광이 한 나라에 가져다 주는 경제적 이익이 강하게 의식되어 그와 같은 이익의 증대를 위한 여러 가지 방책을 추구하는 것이 관광정책에 부과된 과제였기 때문이다. 이와 같은 사실에 입각하여 고찰해 본다면, 국가나 공공단체가 관광정책을 실시하게 된 목적은 관광사업을 진흥시킴으로써 '외화획득(外貨獲得)'이라는 이념을 실현시키려는 데 있었던 것이다.

외화획득에 의해 국제수지(國際收支)를 개선하는 일은 어떤 나라이건 바라는 바이기 때문에 오늘날에도 각 나라에서는 여러 가지 그러한 관광정책을 실시하고 있는 것이 사실이다. 그렇지만 국제수지 개선만을 위주로 관광정책을 실시한다면 한 나라의 흑자는 다른 나라의 적자를 의미하게 되므로, 결국 관광사업은 각 나라가 외래관광객으로부터 외화를 벌어들이는 것을 의미하게 된다. 이와 같은 관점에 입각해서 본다면, 자기 나라 국민의 해외여행을 가능한 한 억제시키고 어떻게 해서든지 외국인관광객을 유치하는 정책이 되고 만 것이기 때문에, 외화획득에 의한 국제수지의 개선이라고 말하는 관광정책의 이념에는 문제가 있다. 반드시 관광수지가 흑자인 나라만이 훌륭한 나라인 것은 아니기 때문이다. 예를 들어 미국이나 독일의 경우 심한 적자인 때에도 자국민의 해외여행을 권장하고 있는 점을 감안한다면, 관광수지가 흑자인 때에도 해외여행을 허용하지 않는 나라도 그리 자랑스러운 것만은 아니다.

그 나라의 국민이 외국에 여행하여 외화를 쓰더라도 무역이나 문화 등에서 그 이상의 성과를 올린다면 오리려 그 편이 효과가 더 크다고 본다. 그러므로 외화힉득만을 관광정책의 이념으로 내세울 수는 없는 것이다.

오늘날 관광은 국제관광이 가져오는 국제수지 외에도 국제친선(國際親善)이라는 효과와 국내관광이 가져오는 국민후생(國民厚生) 등의 효과에도 기여하고 있으므로, 현대에 있어서 관광정책의 이념은 국제간에 상호 이해와 협조를 포함한 국제친선과 보건 및 교육을 포함한 국민후생의 증진에 있다고 하겠다.

더구나 국제관광이 국제친선에 의하여 평화에 이바지한다는 것은 국제연합이 1967년을 "국제관광의 해"로 지정했을 때의 "관광은 평화에로의 패스포트"라는 슬로건에도 명시되어 있는 것처럼, 국제간의 관광왕래가 나라와 나라와의 관계를 시정하여 평화를 유지하는 힘으로써 큰 역할을 하고 있다고 말할 수 있다.

다음으로 국민후생이라는 이념이 외화획득이라는 이념에 비한다면 훨씬 늦게 제기된 것이지만, 이러한 입장을 가장 잘 표현한 것이 소셜 투어리즘(social tourism)이다. 소셜 투어리즘이란 오늘날 관광이 국민후생에 큰 효과를 가지고 있음에 주목하여 정부나 지방공공단체가 관광을 활발하게 하기 위해서 여러 가지의 시책을 취하는 일과 관광을 국민 일반의 것으로 넓혀 나가고자 하는 생각을 말하는 것이다.

그러나 여러 정책 가운데서 국민후생으로서의 관광정책이 필요하다고 인정을 하면서도 다른 정책, 예를 들면 교통정책·주택정책 그리고 문화정책 등과 경합할 경우에 과연 다른 정책을 제쳐놓고 관광정책을 우선적으로 정부나 공공단체가 실시할 것인가? 만약 반대에 부딪쳤을 때 설득할 만한 관광정책의 기본이념이 확립되어져야만 할 것이다.

국가나 공공단체는 관광사업을 진흥시킴으로써 앞에서 말한 국제친선, 국민후생과 같은 관광정책의 이념을 실현하려는 것이나, 관광사업은 그 영향이 관광객의 효용에만 미치는 것이 아니라 사업이 가져올 경제적·사회적 효과에까지 미치는 것이기 때문에, 단지 관광정책의 목적을 관광사업을 진흥시키기 위한 것이라고 말하는 경우에는, 관광의 본래적 목적인 관광객의 효용은 젖혀놓고 관광사업자의 이익만을 가져오게 하는 관광이 될 우려가 있다. 실제 관광사업자 가운데 일부는 이윤추구에 급급한 나머지 본래의 관광목적에 따르지 않은 사람도 없지 않다.

그러므로 관광사업은 본래의 관광목적을 확립시켜, 이에 기여하기 위하여 추진되어야만 한다. 요약컨대, 관광정책의 기본목적은 단지 "관광사업의 진흥"이 아니고 "관광객의 효용을 위한 관광사업의 진흥"이라는 방향에서 고려되어야 한다고 본다.

2) 관광정책의 기본이념

관광정책의 기본목적은 "관광객의 효용을 위한 관광사업의 진흥"이라는 방향에서 고려되어야 한다고 앞에서 설명한 바 있다.

관광객의 효용을 위한 관광사업을 진흥시키기 위해서는 무엇보다도 먼저 관광의 의의와 효과에 대한 올바른 이해가 필요하다고 본다. 관광은 관광행동 자체가 효과를 가지는 것으로, 관광가치에 의하여 생기는 본래의 효과는 관광행동의 주체자인 관광객에게 그 효과가 미치는 것이라야 한다. 사람에게는 관광을 하고자 하는 의욕이 있고, 이것을 만족시키는 데 따라 근로의욕은 증대되고, 문화적 교양도 높아지는 것이다.

그러므로 관광정책의 기본이념은 어떻든 관광객이 느끼는 관광의 효용을 제1의적(第一義的)인 것으로 생각하지 않을 수 없다.

그렇다면 국제관광에 의한 국제수지의 개선을 지나치게 중시하려는 생각은 올바른 것이 못된다고 본다.

국제관광의 경우에는 그 소비금액보다도 그에 의하여 생기는 효과를 주로 생각하여야 한다. 종래의 사고방식에 따른다면, 자기 나라 사람의 외국여행을 될 수 있는 한 제한하고, 외국인 여행자의 유치와 소비에 힘을 써야 한다는 것이었으나, 이러한 생각이 잘못된 생각이라는 것은 이미 앞에서 지적한 바 있다. 자국민의 외국여행도 그에 의해 마음의 편안을 얻고, 새로이 견문을 넓히는 문화적 효과를 올리면서, 거기에다 무역촉진 등의 효과까지도 올린다면 결코 제한할 것은 못된다고 본다.

그럼에도 불구하고 관광경영의 주체인 국가 또는 공공기관에서는 관광정책을 수행하는 과정에서 국제관광을 외화획득에의 수단으로만 지나치게 의식한 나머지 관광소비자가 관광행위를 통하여 근로의욕이 증대되고 문화적 교양을 향상시킨다는 그 본래의 이념을 저버리고 국제관광에 의한 국제수지의 개선만을 중시하는 경향이 있다.

물론 국제관광이 한 나라의 국제수지의 개선에 절대적인 요소인 것은 부인할 수 없는 사실이다. 그러나 이것은 어디까지나 관광왕래에 의하여 나타나는 효과이지 외화획득이 국제관광의 절대적인 요소일 수만은 없다.

그러므로 국제관광정책의 기본이념은 관광객의 관광효용과 그러한 관광행동으로부터 파생되는 효과를 그의 본질로 해야 한다. 여기에서 관광객의 관광효용이라 함은 관광행동에 의한 관광객 자신의 유익성 곧 관광객의 만족도를 말하며, 관광행동으로부터 파생되는 효과라는 것은 관광객의 소비활동에 따라 생기는 경제적·사회적 영향, 즉 외화획득에 의한 국제수지의 개선, 관광왕래에 의한 국제친선의 증진 및 보건의 증진, 고용의 증대 및 사회간접자본의 개발을 통한 국내산업의 발전 등으로 국민소득향상과 조세수입 증대에 미치는 국가적 효용성을 말한다. 그러므로 관광정책을 수행하는 과정에서 국제관광에 의한 국제수지의 개선만을 내세워 그것을 중요시하는 것은 관광정책의 근본적인 이념에 어긋나는 것이다.

그러나 현실적으로 국제수지의 균형이 불안정한 개발도상국에서는 국제관광이 국제수지개선의 유일한 수단이 되고 있음은 잘 알려진 사실이다. 전래적으로 관광의 과도기 상태에서는 어느 나라를 막론하고 자기 나라의 외화절약상 가급적 해외여행을 통제하고 있다. 때문에 국제관광 하면 으레 인바운드(inbound)만을 생각하기 쉽고 아웃바운드(outbound)는 거의 생각지 않는 것이 일반적인 것 같다. 자기 나라 사람의 해외여행도 관광으로 인하여 견식을 넓히고, 또한 상호 인적(人的)인 교류나 문화적인 교류를 통하여 국제간의 이해증진과 국제친선 및 대외무역의 촉진 등의 효과를 생각한다면 자국인의 해외여행을 결코 억제해서는 안 될 것이다.

국제관광에 있어서 국내인의 해외여행효과가 외국관광객의 국내유치 그것에 비해 훨씬 유리하다는 것을 생각하면 자국민의 해외여행 개방이 국제관광에 있어 오히려 이상적이고 또 그것이 합리적인 경영방법인지도 모른다. 미국이나 영국, 일본 등과 같은 선진국에서는 관광수지면에서 계속 적자를 면하지 못하고 있음에도 불구하고 자국민의 외국여행을 독려하여 관광객을 송출하는 정책을 지향하고 있다. 그 이유는 자국민이 해외여행을 통해서 얻는 효과가 관광유치면에서 외화수입이 차지하는 그것과 비교하여 훨씬 더 크기 때문이다.

그러므로 국제관광정책은 관광유치에 의한 외화획득 그 자체보다도 그로 말미암아 간접적으로 나타나는 파급적인 효과를 그의 본질적 이념으로 해야 할 것이다. 곧 국제관광정책을 수립함에 있어서는 외국관광객 유치에 의한 경제적 효과에만 집착하는 소극적인 정책을 지양하고 한 걸음 더 나아가서 자국민의 해외여행을 통하여 외국에서 자국을 널리 선전함으로써 국위선양에 기여할 수 있는 보다 적극적인 대외관광정책이 요망된다고 하겠다.

따라서 외래관광객의 수용면에 있어서도 외화획득이라는 효과보다도 자국을 외국인에게 널리 이해시킨다는 국제관광 본래의 효과를 위주로 해야 할 것이다. 물론 외국인 관광객을 유치하기 위하여 때로는 막대한 설비투자에도 불구하고 그 반대급부적인 외화수입이 오히려 저조하다면 그 또한 문제가 되지 않을 수 없겠으나, 국제관광정책의 근본이념은 어디까지나 국제친선이 주된 목적이 되어야 한다고 본다.

한편, 국내관광정책의 근본이념은 국민후생이 주된 목적이 되어야 한다. 소셜투어리즘이나 관광의 대중화라고 말하는 것은 관광정책 가운데서 가장 중요한 부분을 차지하는 것이라고 말할 수 있겠다.

4. 우리나라 관광정책의 변천과정

1) 1950년대의 관광정책

8·15해방 직후의 대혼란을 거쳐 1948년에 정부가 수립되었으나, 미처 관광행정체제가 확립되기도 전에 1950년 6·25전쟁이 발발하여 전국의 관광시설이 전화(戰禍)로 전부 파괴되었던 것이다. 부산으로 피난을 간 정부는 1950년 12월에 교통부 총무과 소속으로 '관광계'를 신설하여 철도호텔업무를 관장케 하였으며, 그후 1954년 2월 10일 대통령령 제1005호로 교통부 육운국에 '관광과'로 승격시켜 관광사업에 대한 행정적인 체제를 마련하기 시작하였다.

1957년 11월에는 교통부가 현 세계관광기구(UNWTO)의 전신인 국제관설관광기구(IUOTO)에 정회원으로 가입하게 됨으로써 우리나라도 세계관광의 흐름에 편승하는 계기가 되었다.

1958년 3월에는 '관광위원회'의 규정(規程)을 제정하여 교통부장관의 자문기관으로 중앙관광위원회를, 도지사의 자문기관으로 지방관광위원회를 각각 설치하여 다소나마 관광행정기능을 보강하였으나, 실질적으로는 관광행정이 이루어지지 못하였다.

2) 1960년대의 관광정책

1960년대는 우리나라 관광사업의 기반조성과 국제관광객 유치를 위한 체제정비의 시기였다고 할 수 있다.

1961년 8월 21일 제정·공포된 「관광사업진흥법」은 우리나라 관광의 획기적인 발전을 위한 최초의 법률이 되었으며, 이어서 1962년 4월 24일 제정·공포된 「국제관광공사법」에 의하여 국제관광공사(현 한국관광공사의 전신)가 설립되어 한국관광의 해외선전, 관광객 편의제공, 관광객 유치업무를 수행하기 시작하였다.

1963년 8월에는 교통부직제를 개정하여 관광과를 '관광국'으로 승격시켰는데, 이와 같이 관광의 중앙행정기관으로 신설된 관광국은 관광에 관한 종합적인 정책의 수립과 조정업무를 담당함과 동시에 시·도 관광업무의 감독기능을 수행케 함으로써 처음으로 통일되고 일관성 있는 관광행정을 집행할 수 있게 되었다. 또 1963년 3월에는 「관광사업진흥법」 제48조에 의거 대한관광협회(현 한국관광협회중앙회의 전신)가 설립되면서 도쿄와 뉴욕에 해외선전사무소를 최초로 개설하였다.

1965년 3월에는 대통령령 제2038호로 '관광정책심의위원회 규정'을 제정·공포하고, 이를 근거로 국무총리를 위원장으로 하는 '관광정책심의위원회'를 발족하였는데, 여기서 관광정책에 관한 주요 사항을 심의·의결케 함으로써 이 기구의 법적 지위를 높이는 한편 기능을 강화하였다.

1965년에는 관광부문의 국제회의인 제14차 아시아·태평양관광협회(PATA) 연차총회를 한국에 유치하여 각국 관광업계 대표들에게 한국관광 전반에 대해 알릴 수 있는 계기를 마련하기도 하였으며, 관광업계 종사원의 양성·배출을 위해 1962년 통역안내원시험 실시에 이어 1965년부터 관광호텔종사원 자격시험제도를 실시하였다.

1966년에는 외국관광전문가에게 한국관광지 전반에 관한 연구를 의뢰하였는데, 그 연구보고서(일명 Kauffman보고서)에는 한국관광사업의 밝은 전망이 제시되었다.

1967년은 '국제관광의 해'로 정하여 국제친선과 외래관광객의 방한을 촉진하였으며, 같은 해 3월에는 「공원법」이 제정됨에 따라 국내 최초로 지리산이 국립공원으로 지정되었다.

3) 1970년대의 관광정책

1970년대에 들어와서 정부는 관광사업을 경제개발계획에 포함시켜 국가의 주요 전략산업의 하나로 육성함과 동시에 관광수용시설의 확충, 관광단지의 개발 및 관광시장의 다변화 등을 적극 추진하여 1978년에는 역사상 처음으로 외래관광객 100만명을 돌파하는 성과를 거두었다.

이러한 관광진흥정책의 적극적인 추진에 의해 우리나라 관광이 규모와 질적인 면에서 크게 성장함에 따라 종래의 관광법규를 재정비함과 아울러 관광행정 조직도 강화할 필요성을 느끼게 되었다.

그래서 1972년 12월 29일 제정된 「관광진흥개발기금법」에 따라 정책금융으로 관광진흥개발기금을 설치하였고, 1975년 4월에는 「관광단지개발촉진법」이 제정되어 경주보문관광단지와 제주중문관광단지 등과 같은 국제수준의 관광단지개발을 촉진하여 관광사업발전의 기반을 조성하는 데 기여하였다.

그리고 1975년 12월 31일에는 우리나라 최초의 관광법규인 「관광사업진흥법」을 발전적으로 폐지함과 동시에 폐지되는 법의 성격을 고려하여 「관광기본법」과 「관광사업법」으로 분리제정하였다. 특히 「관광기본법」은 우리나라 관광법규의 모법(母法)이며 근본법(根本法)의 성격을 갖는데, 이 법은 우리나라 관광진흥의 방향과 시책에 관한 사항을 규정함으로써 국제친선의 증진과 국민경제 및 국민복지의 향상을 기하고 건전한 국민관광의 발전을 도모하는 것을 목적으로 제정되었다.

한편, 우리나라 관광사업이 양적으로 확대되자 1972년 8월에는 교통부직제를 개정하여 '관광국'의 업무과를 폐지하고 기획과, 지도과, 시설과를 신설하여 관광행정기구를 보강함과 동시에 지방자치단체인 서울, 부산, 강원, 제주도에는 '관광과'를, 기타 7개 도에는 관광운수과 내에 '관광계'를 두어 관광업무를 관장케 함으로써 관광진흥을 위한 보다 강력한 행정력이 뒷받침되기에 이르렀다.

더욱이 1979년 9월에는 관광국을 '관광진흥국'과 '관광지도국'으로 확대 개편하고, 관광지도국 내에 '국민관광과'를 신설하여 관광지의 지도 및 개발은 물론, 국민관광에 대한 본격적인 정책수립의 입안이 시행되기에 이르렀다.

4) 1980년대의 관광정책

1980년대는 우리나라 관광이 도약한 시기라 할 수 있다. 즉 건전한 국민관광의 조성과 관광시장구조의 다변화 등 국제관광과 국민관광의 조화 있는 발전을 이루는 성장과 도약의 시기였다고 할 수 있다.

1980년 1월 5일에는 야간통행금지가 해제되고, 1981년부터는 국민관광지를 개발하기 시작하여 전략적 국제관광단지로서 경주보문관광단지 및 제주중문관광단지 개발에 이어 1983년에 충남도남관광단지와 1984년에는 남원관광단지 개발을 추진하기 시작하였다.

한편, 1983년 ASTA총회 및 교역전 서울 유치, 1985년 IBRD/IMF총회,

1986년 ANOC총회 및 86아시안게임, 1988년 서울올림픽 등 대규모 국제행사를 성공적으로 개최함으로써 관광산업의 비약적인 발전을 가져왔으며, 1988년에는 외래관광객 200만명을 돌파하는 성과를 거두기도 했다.

또한편, 1970년대 후반기에 들어서서 1인당 국민소득이 약 1,000달러에 이르러 국민관광의 여건이 조성되자, 이제까지의 국제관광 우선정책에서 벗어나 국민관광과의 병행발전정책으로 전환하게 됨으로써 새로이 발생하는 관광수요에 능동적으로 대처하기 위해 관광법규의 전면적인 개편이 필요하게 되었다.

이에 따라 1986년 5월 12일 「올림픽대회 등에 대비한 관광숙박업 등의 지원에 관한 법률」이 제정되었는데, 이 법은 제10회 서울아시아경기대회(1986년 개최)와 제24회 서울올림픽대회(1988년 개최)를 원활히 개최하도록 하기 위하여 올림픽이 끝나는 1988년 12월 31일까지만 유효한 한시법(限時法)으로 제정되었다. 또 1986년 12월 31일에는 「관광진흥법」이 제정되었는데, 이 법은 관광여건을 조성하고 관광자원을 개발하며 관광사업을 육성하여 관광진흥에 이바지하는 것을 목적으로 한다.

5) 1990년대의 관광정책

1990년대는 2000년 ASEM회의 개최 준비, 2001년 한국방문의 해 사업 준비, 2002년 한·일월드컵축구대회 준비 등 다가오는 21세기 관광선진국을 대비한 재도약의 시기라고 할 수 있다.

1991년에는 외국인 관광객이 300만명을 넘어섰고, 아르헨티나에서 개최된 제9차 세계관광기구(UNWTO) 총회에서 우리나라가 UNWTO 집행이사국으로 선출되어 국제관광협력의 기반을 다진 한해였다.

1993년에는 대전엑스포를 성공리에 개최하였으며, 엑스포 전후 기간 중에는 일본인 관광객에게 무사증 입국을 허용함으로써 일본인 관광객 유치 증대에 크게 기여하였다.

1994년에는 서울정도 600주년을 기념하여 우리의 전통문화를 세계에 널리 알리고 한국관광의 재도약과 세계화의 계기로 삼기 위해 추진한 "한국방문의 해(Visit Korea)“ 사업을 성공적으로 추진하였으며, 아시아·태평양관광협회(PATA)의 연차총회, 관광교역전 및 세계지부회의 등 국제행사를 유치 개최하였다.

한편, 제도면에서는 종래 「사행행위등 규제 및 처벌특례법」 에서 사행행위영업의 일환으로 지방경찰청에서 관리해오던 카지노업을 1984년 8월 3일 「관광진흥법」 을 개정하여 관광사업의 일종으로 전환 규정하고 문화체육부장관이 허가권을 갖게 되었다.

1996년 12월에는 대규모 관광수요를 유발하는 국제회의산업을 관광과 연계하여 발전할 수 있도록 하기 위하여 「국제회의산업 육성에 관한 법률」 을 제정하였으며, 1997년 1월에는 관광숙박시설의 확충을 위해 「관광숙박시설지원 등에 관한 특별법」 을 제정하였다. 그리고 이 해에는 우리나라가 세계에서 29번째로 OECD(경제협력개발기구)에 가입함으로써 서방선진국의 관광정책기구들과 협력할 수 있는 체계를 마련하기도 했다.

1998년 2월 28일에는 정부조직의 개편으로 문화체육부가 문화관광부로 그 명칭이 바뀌었는데, 이 과정에서 "관광(觀光)"이라는 단어가 정부부처 명칭에 처음으로 들어가게 됨으로써 정책입안 및 그 추진에 있어 관광산업에 높은 비중을 부여하게 되었던 것이다.

6) 2000년대의 관광정책

2000년대는 뉴 밀레니엄을 맞이하여 21세기 관광선진국으로서의 힘찬 도약을 준비하는 시기라고 할 수 있다.

2000년도에는 국제관광교류의 증진과 국내관광 수용태세 개선에 주력했다. 제1회 APEC 관광장관회의와 제3차 아시아・유럽정상회의(ASEM)를 성공적으로 개최하여 국제적 위상을 한층 제고하였다.

2001년에는 동북아 중심의 허브공항 구축의 일환으로 인천국제공항이 개항하였으며, '2001년 한국방문의 해' 사업을 통해 관광의 선진화를 위한 제반 사업이 수행되었다. 또 관광산업의 국제화를 위하여 제14차 세계관광기구(UNWTO) 총회를 성공적으로 개최하였다.

2002년에는 '한국방문의 해'를 연장하고, 한・일월드컵 축구대회 및 부산아시안게임의 성공적인 개최로 국가이미지는 한층 높아져 외래관광객의 방한욕구를 증대시켰다. 또한 관광진흥확대회의의 정기적인 개최로 법제도 개선, 유관부처의 협력모델을 도출하고 관광수용태세 개선에 만전을 기하였다.

2003년은 동북아경제중심국가 건설을 위한 원년으로 아시아 관광허브 건설 기반 구축과 개발중심의 관광정책에서 문화예술 및 생태적 가치지향의 관광정책으로의 전환과 국제적 관광인프라 확충을 추진하는 데 중점이 주어졌다. 그러나 연초부터 전 세계적으로 확산된 사스(SARS)와 이라크전쟁 등의 영향으로 전 세계적으로 관광시장이 위축된 한해이기도 하였다. 외래관광객 1천만명 유치와 국민관광시대의 실현을 목표로 한 '참여정부 관광정책 18대과제'가 수립되었다.

2004년은 '관광진흥5개년계획(2004~2008)'이 수립되었으며, 주5일근무제의 확산, 고속철도(KTX)시대의 도래 등 관광환경이 변화되었으며, 제주에서 개최된 제53차 아시아·태평양관광협회(PATA) 연차총회는 참가인원면에서 역대 최대의 성과를 거두기도 하였다.

2005년 4월과 6월 속초와 안동에서 각각 '종합관광안내정보 서비스 개통식'을 열고 관광과 첨단 IT기술의 만남, 유-트레블(U-Travel)시대의 개막을 선포하였다. 또 2005년 5월 12일부터 14일까지 부산에서 제4차 APEC 관광포럼이 개최되었는데, 2005년 11월 부산에서 개최되는 APEC 정상회의에 앞서 'APEC 관광의 점검, 미래에 대한 준비'를 주제로 논의되었다. 또한 2005년 5월 22일부터 26일까지 속초에서 동남아국가연합(ASEAN) 10개국과 한·중·일 3국이 참여하는 ASEAN+3NTO(정부관광기구) 회의가 개최되었다. 그리고 2005년 7월에는 문화, 관광 그리고 스포츠산업을 우리나라의 새로운 성장동력산업으로 만들기 위한 청사진인 'C-Korea 2010'이 수립·발표되었으며, 2005년 9월 6일과 7일에는 광주에서 OECD 국제관광회의가 개최되었다.

한편, 2005년 8월부터는 저소득 중소기업체 근로자들을 위한 '여행바우처'제도가 시행되었는데, 관광진흥개발기금 20억원을 활용해 시행되는 여행바우처 제도는 외국인근로자를 포함하여 월소득 250만원 이하의 중소기업체 근로자 1,500만명 내외에게 여행경비의 40%를 15만원 이내에서 지원하고 있다.

2006~2007년에는 외래관광객 입국이 낮은 증가세를 보임에 따라 관광수지 적자가 심화되면서 정부차원에서 관광수지 적자 개선을 위한 대책 마련에 정책역량을 집중하였다. 따라서 2006년 12월 관광산업 경쟁력 강화대책에서는 관

광산업에 대한 조세부담 완화, 신규투자 및 창업촉진을 위한 제도 개선, 해외관광시장의 획기적 확대 여건 조성, 국민 국내관광 활성화, 관광자원의 품격과 부가가치 제고 등 다섯 개 분야에 걸쳐 총 62개 과제 추진 등 획기적인 범정부적 대책을 발표하였다.

정부는 이와 같이 매년 관광수지 적자가 지속적으로 심화되고 있는 점을 감안하여 2007년 4월에는 한국 고유의 관광브랜드 'Korea, Sparkling'을 선포하고 홍보를 다각화하는 한편, 가격은 낮고 품질은 높은 중저가 숙박시설인 '굿스테이(Goodstay)'와 중저가 숙박시설 체인화 모델인 '베니키아(BENIKEA)' 체인화 사업 운영을 위한 기반을 구축하였다. 또 중국인 관광객 확보를 위해 비자제도를 개선하고, 국내관광 인식 개선을 위한 '대한민국 구석구석 캠페인'을 강화하는 등 해외 관광수요의 국내 전환과 국내관광 활성화를 위한 여건을 개선하였다.

한편, 정부는 남북관광 교류협력사업을 지속적으로 확대하여 남북을 단일 관광권으로 조성하고 동북아 관광의 중심지로 발전시키기 위한 기반을 마련하였다. 2007년 5월에는 경의선 및 동해선의 남북철도연결구간 열차 시범운행이 이루어졌고 6월부터 내금강 관광길이 개통되면서 남북교류의 분위기가 조성되었다.

2007년 10월 남북정상회담에서는 남북 간 사회문화 분야 교류 협력의 일환으로 금강산관광에 이어 직항로를 통한 백두산관광에 대한 협력을 추진하기로 합의하였다. 이와 관련하여 2007년 11월에는 민·관 전문가 그룹으로 구성된 현지 실사단이 북한을 방문하여 백두산 삼지연 공항의 활주로와 공항시설 및 직항로 개설을 위한 인프라를 점검하였다. 또 2007년 12월 5일부터는 고려의 옛 도읍인 개성시내와 박연폭포를 관람할 수 있는 당일코스의 개성관광이 본격적으로 시작되어 남북관광의 새로운 전기가 마련되었다.

2008년도에 들어와 정부는 관광산업의 국제경쟁력 강화를 위해서 2008년을 '관광산업 선진화 원년'으로 선포하고 '서비스산업 경쟁력 강화 종합대책' 등 범정부 차원의 대책을 본격적으로 추진하였다. 동년 3월과 12월의 2차례에 걸친 관광산업 경쟁력 강화회의를 비롯하여, 2008년 4월에는 서비스산업선진화(PROGRESS-1) 방안의 일환으로 「관광진흥법」, 「관광진흥개발기금법」, 「국제회의산업 육성에 관한 법률」 등 이른바 관광3법상의 권한사항을 제주특별자치도지사에게 일괄 이양하기로 결정하는 등 적극적이고 지속적인 노력이 추진되었다.

이밖에 2008년에는 민간주도로 3년간 추진되는 '2010~2012 한국방문의 해'를 선포하고, 경제발전, 환경복원, 문화 등이 조화된 한국형 녹색뉴딜사업으로 '문화가 흐르는 4대강 살리기' 사업추진 계획을 발표하였다. 또 정부는 2008년 12월 '2단계 관광산업 경쟁력 강화대책'에서 MICE, 의료관광 등 고수익 관광산업의 전략적 육성을 위한 방안을 발표하였다.

이와 같이 정부는 2008년을 '관광산업 선진화 원년'으로 선포하였고, 이를 위한 일련의 계획들을 2009년에도 지속적으로 추진하였다. 특히 2008년도가 관광산업 선진화를 위한 계획연도라고 한다면 2009년도는 이를 가시화하고 지역관광 활성화 방안을 집중적으로 추가 발굴(2009.7.21)하여 추진한 해라 할 수 있다.

2009년도 정부의 관광산업의 경쟁력 강화와 지역관광 활성화 방안의 세부 추진방향은 '혁신적인 규제완화 및 제도개선'과 '고부가가치 관광산업 육성' 그리고 '시장친화적 민간투자 및 신규시장 확대'로 구분될 수 있는데, 이러한 과제들은 2009년도에 가능한 모두 추진 완료하였으며, 중장기적 추진이 필요한 과제들의 경우는 2010년에 지속 추진하기로 하였다.

이 결과 전 세계 대다수 국가의 관광산업이 침체상태를 면치 못하였으나 우리나라는 환율효과 등 외부적 환경을 바탕으로 삼아 적극적 관광정책 추진으로 관광객이 증가하여 9년 만에 관광수지 흑자로 전환하는 데 성공하였다. 가장 큰 성과로는 관광산업 정책여건 개선 및 도약의 밑거름이 되었다는 점에 있다. 특히 가시적 성과로는 2011년 UNWTO 총회 유치(2009.10), 의료관광 활성화 법적 근거 마련(2009.3), MICE · 의료 · 쇼핑 등 고부가가치 관광여건을 개선하였으며, 문화가 흐르는 4대강 살리기 사업, 생태녹색관광, 이야기가 있는 문화생태탐방로 등 저탄소 녹색관광 활성화의 기반을 마련하였다.

제2절 관광행정조직과 관광기구[42)]

1. 우리나라 관광행정의 전개과정

우리나라 관광행정의 역사를 살펴보면, 1950년 12월에 교통부 총무과 소속으로 '관광계'를 설치함으로써 교통부장관이 관광에 관한 행정업무를 관장하기 시작하였고, 그 후 1954년 2월에는 교통부 육운국 '관광과'로 승격시켰으며, 1963년 8월에는 육운국 관광과를 '관광국'으로 승격시켜 관광행정조직을 강화함으로써 우리나라 관광이 발전할 수 있는 기틀을 마련하였다.

1994년 12월 23일에는 정부조직 개편에 따라 그동안 교통부장관이 관장하고 있던 관광업무가 문화체육부장관으로 이관됨으로써 우리나라 관광행정의 주무관청은 문화체육부장관이었으나, 1998년 2월 28일 다시 정부조직의 개편으로 문화체육부가 문화관광부로 개칭(改稱)되면서 '관광(觀光)'이라는 단어가 정부부처 명칭에 처음으로 들어가게 되었고, 2005년 3월 31일에는 관광레저도시추진기획단 직제를 신설하였다.

2008년 2월 29일에는 「정부조직법」 개정으로 문화관광부가 문화체육관광부로 명칭이 바뀌었고, 관광레저도시추진기획단장이 관광레저도시기획관으로 변경되었으며, 2009년 4월 17일에는 관광레저도시기획관이 관광레저기획관으로 변경되어 현재에 이르고 있다.

이에 따라 문화체육관광부는 산하의 관광산업국이 중심이 되어 외래관광객의 유치증대와 관광수입증대, 관광산업에 대한 외국자본의 유치증대 등을 통한 경제사회 발전에의 기여 및 국민관광의 균형발전을 통한 복지국가 실현이라는 목표를 설정하고 각종 관광산업육성정책을 의욕적으로 추진하고 있다.

42) 조진호 외 3인 공저, 전게서, pp.69~86, pp.249~259.

2. 중앙관광행정조직

1) 서 설

국가의 중앙관광행정기관은 「헌법」 및 그에 의거한 국가의 일반중앙행정기관에 대한 일반법인 「정부조직법」 그리고 관광에 관한 특별법인 「관광기본법」, 「관광진흥법」, 「관광진흥개발기금법」 등에 의하여 설치된다.

헌법과 법령에 의거한 국가의 중앙관광행정기관을 개관하면, 국가원수이자 정부수반인 대통령이 중앙관광행정기관의 정점이 되고, 그 밑에 심의기관인 국무회의가 있고, 그리고 대통령의 명을 받아 문화체육관광부를 포함한 각 행정기관을 통할하는 국무총리가 있다. 국무총리 밑에는 관광행정의 주무관청인 문화체육관광부장관이 있다.

2) 대통령

대통령은 외국에 대하여 국가를 대표하는 국가원수로서의 지위와 행정부의 수반으로서의 지위 등 이중적 성격을 갖는다.

대통령은 행정부의 수반으로서 중앙관광행정기관의 구성원을 헌법과 법률의 규정에 의하여 임명하고, 관광행정에 관한 최고결정권과 최고지휘권을 가진다. 또한 관광행정에 대한 예산편성권 기타 재정에 관한 권한을 가진다. 또한 대통령은 관광에 관련한 법률을 제안할 권한을 가지며, 국회가 제정한 관광관계법을 공포하고 집행한다. 그리고 그 법률에 이의가 있으면 법률안거부권을 행사할 수 있다.

한편, 대통령은 관광관련 법률에서 구체적으로 범위를 정하여 위임받은 사항과 그 법률을 집행하기 위하여 필요한 사항에 관하여 대통령령을 제정할 수 있는 행정입법권을 가진다. 대통령령으로 제정된 관광관련 행정입법으로는 「관광진흥법 시행령」, 「관광진흥개발기금법 시행령」, 「한국관광공사법 시행령」 등이 있다.

3) 국무회의

우리 헌법상 국무회의는 정부의 권한에 속하는 중요한 정책(관광정책을 포함)을 심의하는 행정부의 최고 심의기관이다. 국무회의는 대통령(의장)을 비롯한 국무총리(부의장)와 문화체육관광부장관 등을 포함한 15인 이상 30인 이하의 국무위원으로 구성된다.

국무회의에서는 관광에 관한 법률안 및 대통령령안, 관광관련 예산안 및 결산 기타 재정에 관한 중요한 사항, 문화체육관광부의 중요한 관광정책의 수립과 조정, 정부의 관광정책에 관계되는 청원의 심사, 국영기업체인 한국관광공사의 관리자의 임명, 기타 대통령 · 국무총리 · 문화체육관광부장관이 제출한 관광에 관한 사항 등을 심의한다.

국무회의는 의결기관이 아니고 심의기관에 불과하기 때문에 그 심의결과는 대통령을 법적으로 구속하지 못하며, 대통령은 심의내용과 다른 정책을 결정하고 집행할 수 있다.

4) 국무총리

국무총리는 최고의 관광행정관청인 대통령을 보좌하고, 관광행정에 관하여 대통령의 명을 받아 문화체육관광부장관 뿐만 아니라 행정각부를 통할한다. 또한 국무회의 부의장으로서 주요 관광정책을 심의하고, 대통령이 궐위되거나 사고로 인하여 직무를 수행할 수 없을 때에는 그 권한을 대행한다.

국무총리는 관광행정의 주무관청인 문화체육관광부장관의 임명을 대통령에게 제청하고, 그 해임을 대통령에게 건의할 수 있다. 또한 국무총리는 국회 또는 그 위원회에 출석하여 관광행정을 포함한 국정처리상황을 보고하거나 의견을 진술하고, 국회의원의 질문에 응답할 권리와 의무를 가진다.

국무총리도 관광행정에 관하여 법률이나 대통령령의 위임이 있는 경우 또는 그 직권으로 총리령을 제정할 수 있다.

5) 문화체육관광부장관

(1) 지위와 권한

문화체육관광부장관은 정부수반인 대통령과 그 명을 받은 국무총리의 통괄 아래에서 관광행정사무를 집행하는 중앙행정관청이다.

「정부조직법」 제30조에 의하면 "문화체육관광부장관은 문화·예술·영상·광고·출판·간행물·체육·관광에 관한 사무를 관장한다"고 규정하고 있으므로 문화체육관광부장관이 관광행정에 관한 주무관청이 된다.

문화체육관광부장관은 국무위원의 자격으로서 관광과 관련된 법률안 및 대통령령의 제정·개정·폐지안을 작성하여 국무회의에 제출할 수 있으며, 관광행정에 관하여 법률이나 대통령령의 위임 또는 직권으로 부령을 제정할 수 있다. 현재 관광과 관련하여 문화체육관광부령으로 제정된 부령으로는 「관광진흥법 시행규칙」과 「관광진흥개발기금법 시행규칙」 등이 있다.

그리고 문화체육관광부장관은 관광행정사무를 통괄하고 소속 공무원을 지휘·감독하며 관광행정사무에 관하여 지방행정기관의 장을 지휘·감독한다. 그리고 관광행정사무에 관하여 정책을 수립·운영하며 중앙관서의 장으로서 관광에 관한 각종의 재정에 관한 권한을 가진다.

(2) 보조기관 및 분장업무

문화체육관광부장관의 관광행정에 관한 권한행사를 보조하는 것을 임무로 하는 보조기관으로는 문화체육관광부 제1차관 및 관광산업국장이 있다. 새로 개정된 「문화체육관광부와 그 소속기관 직제」에 따르면 관광산업국장 밑에는 관광레저기획관을 두며, 관광산업국에는 관광정책과·관광진흥과·국제관광과·녹색관광과·관광레저도시과 및 새만금개발과를 둔다. 관광레저기획관은 녹색관광과·관광레저도시과 및 새만금개발과의 소관사무에 관하여 관광산업국장을 보좌한다.

(3) 관광산업국장은 다음 사항을 분장한다.

1. 관광산업진흥을 위한 종합계획의 수립 및 시행
2. 관광개발기본계획의 수립 및 권역별 관광개발계획의 협의·조정
3. 관광산업 정보화 및 통계
4. 남북관광 교류 및 협력
5. 국내 관광진흥 및 외래관광객 유치
6. 관광분야 전문인력 양성
7. 카지노업, 여행업, 관광숙박업, 관광객이용시설업, 국제회의업, 유원시설업 및 관광편의시설업의 육성
8. 문화·예술·민속·레저·생태·전통음식 및 문화관광축제 등 관광자원의 관광상품화
9. 관광지, 관광단지 및 관광특구의 개발·육성
10. 관광진흥개발기금의 조성과 운용
11. 국제관광기구 및 외국정부와의 관광 협력
12. 관광안내체계의 개선 및 편의 증진
13. 관광레저형 기업도시 개발·육성
14. 국내외 관광 투자유치 촉진 및 지방자치단체의 관광 투자유치 지원
15. 새만금 관광단지 개발
16. 4대강 유역 관광자원 개발과 활성화

3. 지방관광행정조직

1) 국가의 지방행정기관

국가의 지방행정기관은 그 주관사무의 특성을 기준으로 보통지방행정기관과 특별지방행정기관으로 나누어진다. 전자는 해당 관할구역 내에 시행되는 일반적인 국가행정사무를 관장하며, 사무의 소속에 따라 각 주무부장관의 지휘·감독을 받는 국가행정기관을 말한다. 반면에 후자는 특정 중앙관청에 소속하여

그 권한에 속하는 사무를 처리하는 기관을 말한다. 관광행정에 관한 특별행정기관은 없다.

현행법상 보통지방행정기관은 이를 별도로 설치하지 아니하고 지방자치단체의 장인 특별시장, 광역시장, 특별자치시장, 도지사, 특별자치도지사와 시장·군수 및 자치구의 구청장에게 위임하여 행하고 있다(지방자치법 제102조). 따라서 지방자치단체의 장은 국가사무를 수임·처리하는 한도 안에서는 국가의 보통지방행정기관의 지위에 있는 것이며, 지방자치단체의 집행기관의 지위와 국가보통행정관청의 지위를 아울러 가진다. 그러므로 지방관광행정조직은 지방자치단체의 조직과 같다고 할 수 있다.

2) 지방자치단체의 관광행정사무

(1) 지방자치단체의 종류 및 성질

우리나라 지방자치단체는 국가공공단체의 하나로서 국가 밑에서 국가로부터 존립목적을 부여받은 일정한 관할구역을 가진 공법인(公法人)을 말한다. 현행 「지방자치법」의 규정에 따르면 지방자치단체는 ① 특별시, 광역시, 도, 특별자치도와 ② 시, 군, 구의 두 종류로 구분하고 있다(동법 제2조). 여기서 지방자치단체인 구(이하 "**자치구**"라 한다)는 특별시와 광역시의 관할구역 안의 구만을 말한다.

특별시, 광역시, 도, 특별자치도(이하 "**시·도**"라 한다)는 정부의 직할하에 두고, **시**는 도의 관할구역 안에, **군**은 광역시나 도의 관할구역 안에 두며, **자치구**는 특별시와 광역시의 관할구역 안에 둔다(지방자치법 제3조).

(2) 지방자치단체의 관광행정사무

지방자치단체는 그 관할구역 안의 자치사무와 위임사무를 처리하는 것을 목적으로 한다. 여기서 자치사무(自治事務)란 지방자치단체의 존립목적이 되는 지방적 복리사무를 말하고, 위임사무(委任事務)란 법령에 의하여 국가 또는 다른 지방자치단체의 위임에 의하여 그 지방자치단체에 속하게 된 사무를 말한다. 또한 위임사무는 지방자치단체 자체에 위임되는 단체위임사무(團體委任事

務)와 지방자치단체의 장 또는 집행기관에 위임되는 기관위임사무(機關委任事務)로 구분된다.

관광행정은 국가사무이기 때문에 주로 기관위임사무이며, 이 사무를 처리하는 지방자치단체는 국가의 행정기관이 된다.

지방자치단체가 관광과 관련하여 행하는 사무로는 첫째, 국가시책에의 협조인데, 지방자치단체는 관광에 관한 국가시책에 필요한 시책을 강구하여야 한다(관광기본법 제6조). 둘째, 공공시설 설치사무로서, 지방자치단체는 관광지 등의 조성사업과 그 운영에 관련되는 도로, 전기, 상·하수도 등 공공시설을 우선하여 설치하도록 노력하여야 한다(관광진흥법 제57조). 셋째, 입장료·관람료 및 이용료의 관광지등의 보존비용 충당사무이다. 지방자치단체가 관광지등에 입장하는 자로부터 입장료를, 관광시설을 관람 또는 이용하는 자로부터 관람료 또는 이용료를 징수한 경우에는 관광지등의 보존·관리와 그 개발에 필요한 비용에 충당하여야 한다(관광진흥법 제67조 3항).

(3) "제주특별법" 상 관광관련 특례규정

「제주특별자치도 설치 및 국제자유도시 조성을 위한 특별법」(이하 "제주특별법"이라 한다)에 따르면 국가는 제주자치도가 자율적으로 관광정책을 시행할 수 있도록 관련 법령의 정비를 추진하여야 하며, 관광진흥과 관련된 계획을 수립하고 사업을 시행할 경우 제주자치도의 관광진흥에 관한 사항을 고려하여야 한다. 이에 따라 제주자치도는 자율과 책임에 따라 지역의 관광여건을 조성하고 관광자원을 개발하며 관광사업을 육성함으로써 국가의 관광진흥에 이바지하여야 하는데, 이를 위한 관광진흥관련 특례규정을 살펴보면 다음과 같다.

가) 국제회의산업 육성을 위한 특례(제주특별법 제170조)

문화체육관광부장관은 국제회의산업을 육성·지원하기 위하여 「국제회의산업 육성에 관한 법률」 제14조에도 불구하고 제주자치도를 국제회의도시로 지정할 수 있다.

나) 카지노업의 허가 등에 관한 특례(제주특별법 제171조)

관광사업의 경쟁력 강화를 위하여 외국인전용 카지노업에 대한 허가 및 지도

·감독 등에 관한 문화체육관광부장관의 권한을 제주도지사의 권한으로 하고, 그와 관련된 허가요건·시설기준을 포함하여 여행업의 등록기준, 관광호텔의 등급결정 등에 관한 사항을 도조례로 정할 수 있도록 하였다.

다) 관광숙박업의 등급 지정에 관한 특례(제주특별법 제171조의2)

① 「관광진흥법」 제19조제1항(관광숙박업의 등급)에 따른 문화체육관광부장관의 권한은 제주도지사의 권한으로 한다.

② 「관광진흥법」 제19조제2항(우수숙박시설 지정)에서 대통령령으로 정하도록 한 사항은 도조례로 정할 수 있다.

라) 외국인투자의 촉진을 위한 「관광진흥법」 적용의 특례(제주특례법 제171조의6)

제주도지사는 카지노업의 허가를 받으려는 자가 외국인투자를 하려는 경우로서 일정한 요건을 갖추었으면 「관광진흥법」 제21조(카지노업의 허가요건등)에도 불구하고 같은 법 제5조제1항에 따른 카지노업(외국인전용의 카지노업으로 한정한다)의 허가를 할 수 있다.

마) 관광진흥개발기금 등에 관한 특례(제주특별법 제171조 1항, 제172조)

① 「관광진흥법」 제30조제2항(기금의 납부)에 따른 문화체육관광부장관의 권한은 제주도지사의 권한으로 한다.

② 「관광진흥법」 제30조제4항(총매출액, 징수비율등)에서 대통령령으로 정하도록 한 사항은 도조례로 정할 수 있다.

③ 「관광진흥개발기금법」 제2조제1항(기금의 설치 및 재원)에도 불구하고 제주자치도의 관광사업을 효율적으로 발전시키고, 관광외화수입의 증대에 기여하기 위하여 제주관광진흥기금을 설치한다.

바) 관광진흥 관련 지방공사의 설립·운영(제주특별법 제173조)

제주자치도는 관광정책의 추진 및 관광사업의 활성화를 위하여 「지방공기업법」에 따른 지방공사를 설립할 수 있도록 하였다.

4. 관광기구

1) 한국관광공사

(1) 설립근거 및 법적 성격

한국관광공사(KTO: Korea Tourism Organization)는 관광진흥, 관광자원개발, 관광산업의 연구개발 및 관광요원의 양성·훈련에 관한 사업을 수행하게 함으로써 국가경제발전과 국민복지증진에 이바지하는 데 목적을 두고 「한국관광공사법」에 의하여 설립된 특수법인으로 「공공기관의 운영에 관한 법률」의 적용을 받는 정부투자기관이다. 당초에는 1962년 4월 24일 제정된 「국제관광공사법」에 의하여 1962년 6월 26일에 국제관광공사라는 명칭으로 설립되었으나, 1982년 11월 29일 「국제관광공사법」이 「한국관광공사법」(이하 "공사법"이라 한다)으로 바뀜에 따라 공사명칭도 한국관광공사(이하 "공사"라 한다)로 바뀌어 오늘에 이르고 있다.

한국관광공사는 2012년 1월 현재 경영본부, 마케팅본부, 경쟁력본부, 정책사업본부의 4개 본부에 13개 실·뷰로·단, 38 팀·센터, 5개 국내지사, 4개 권역별 협력단, 19개국 28개 해외지사 조직과 총 574명의 정원으로 구성되어 있다.

(2) 주요 사업과 활동

① 주요 사업

1. 국제관광진흥사업
   가. 외국인 관광객의 유치를 위한 홍보
   나. 국제관광시장의 조사 및 개척
   다. 관광에 관한 국제협력의 증진
   라. 국제관광에 관한 지도 및 교육
2. 국민관광진흥사업
   가. 국민관광의 홍보
   나. 국민관광의 실태 조사

다. 국민관광에 관한 지도 및 교육

3. 관광자원개발사업

가. 관광단지의 조성과 관리, 운영 및 처분

나. 관광자원 및 관광시설의 개발을 위한 시범사업

다. 관광지의 개발

라. 관광자원의 조사

4. 관광산업의 연구·개발사업

가. 관광산업에 관한 정보의 수집·분석 및 연구

나. 관광산업의 연구에 관한 용역사업

5. 관광관련 전문인력의 양성과 훈련사업

6. 관광사업의 발전을 위하여 필요한 물품의 수출입업을 비롯한 부대사업으로서 이사회가 의결한 사업

한국관광공사는 위의 사업 중 필요하다고 인정하는 사업은 이사회의 의결을 거쳐 타인에게 위탁하여 경영하게 할 수 있다. 여기서 '타인'이라 함은 공공단체·공익법인 또는 문화체육관광부장관이 인정하는 단체를 말한다.

② 주요 활동

한국관광공사는 '매력있는 관광한국을 만드는 글로벌 공기업'을 비전으로, 관광산업의 발전을 통한 국가경제 발전에 기여하기 위해 다양한 사업을 수행하고 있다. 외국인 관광객 유치와 관광수입 증대를 위하여 의료관광, 크루즈관광, 한류관광 등 다양한 고부가가치 한국관광상품을 개발·보급하고 있으며, 해외마케팅 전진기지인 15개국 27개 지사를 중심으로 해외관광시장을 개척함과 동시에 지방자치단체와 관광업계의 관광마케팅 활동을 지원하고 있다. 또한 국제회의 및 인센티브 단체 유치·개최 지원, 국제기구와의 협력활동 등을 통하여 대표적 고부가가치 상품인 MICE 산업을 종합적으로 지원하고 있다.

한국관광공사의 주요 활동내용을 요약해보면 다음과 같다.

1. 해외시장의 개척

2. 국제회의 유치·지원 및 국제협력

3. 마케팅 지원활동
4. 지방자치단체 및 업계와의 협력강화와 이벤트 관광상품 개발
5. 관광의식 선진화 및 관광수용태세 개선
6. 남북관광개발전략 수립 및 남북관광협력사업의 단계별 시행방안 추진
7. 종합적인 관광정보서비스 및 관광안내 편의 제공
8. 관광단지 개발
9. 지방자치단체 관광개발 컨설팅 지원
10. 관광개발분야에 대한 투자유치활동
11. 관광전문인력 양성
12. 판매사업관리 등

(3) 정부로부터의 수탁사업

우수숙박시설의 지정 및 지정취소에 관한 권한, 관광종사원 중 관광통역안내사, 호텔경영사 및 호텔관리사 자격시험, 등록 및 자격증의 발급업무 등을 위탁받아 처리하고 있다. 다만, 자격시험의 출제, 시행, 채점 등 자격시험의 관리에 관한 업무는 「한국산업인력공단법」에 따른 한국산업인력공단에 위탁함에 따라 이를 위한 기본계획을 수립한다.

2) 한국문화관광연구원

(1) 법적 성격

한국문화관광연구원(KCTI: Korea Culture & Tourism Institute: 이하 "연구원"이라 한다)은 관광, 문화예술 및 문화산업분야를 포괄하는 문화체육관광부 산하 연구기관으로서, 관광과 문화분야의 조사·연구를 통하여 체계적인 정책개발 및 정책대안을 제시하고 문화·관광산업의 육성을 지원함으로써 국민의 복지증진 및 국가발전에 기여할 목적으로 문화체육관광부장관의 허가를 받아 설립된 재단법인으로 공법인(公法人)의 성격을 갖추고 있다.

그런데 이 연구원은 2007년 2월 7일 종래 (재)한국문화관광정책연구원(2002. 12. 4. 개원)의 명칭을 변경한 것이다.

(2) 조직과 인원

한국문화관광연구원은 2011년 12월 말 기준으로 연구기획조정실, 문화예술연구실, 문화산업연구실, 관광정책연구실, 관광산업연구실, 융합연구실 및 행정실 등 7개 실과 각 실의 업무를 효율적으로 분장·수행하기 위한 관광서비스 R&D센터, 민간투자관리센터, 정책정보통계센터, 국제교류교육센터 등 4개 센터와 연구기획팀, 총무회계팀, 홍보출판팀 등 3개 팀으로 구성되어 있다.

연구원의 정원은 기관장 포함 총 78명이며, 2011년 12월 말 현재 현원은 원장, 연구직 45명을 비롯하여 행정직 8명, 전문직 9명, 사무직 9명 등 총 71명의 인력으로 이루어져 있다.

(3) 주요 기능

연구원의 주요 기능은 다음과 같다.

1. 문화·관광발전을 위한 정책개발연구
2. 문화산업, 관광산업, 관광자원 육성·개발을 위한 조사·연구
3. 문화복지, 문화환경, 예술진흥, 전통문화진흥을 위한 조사·연구
4. 남북한 문화·관광교류 및 북한 문화예술·관광연구
5. 국민관광, 국민여가생활, 관광서비스 관련 조사·연구
6. 문화·관광 관련 연구용역의 수탁 및 위탁
7. 문화·관광 정보화 개발 및 정보서비스
8. 문화·관광 관련 자료의 조사·발간·서비스
9. 문화·관광 정책개발관련 사업 및 행사
10. 정부기관 및 문화체육관광부장관이 위탁하는 사업
11. 기타 연구원의 목적에 부합하는 학술연구·사업 및 위 각 호에 부대되는 사업

(4) 주요 활동

한국문화관광연구원은 기본연구사업과 수탁연구사업, 종합관광정보시스템 운영사업, 관광I&I사업, 국제협력사업 및 연구지원사업 등 다양한 연구활동을 수행하고 있다.

3) 경북관광개발공사

경북관광개발공사(KIDC: Kyongbuk Tourism Development Corporation: 이하 “공사”라 한다)는 정부투자기관인 한국관광공사가 100% 투자한 정부재투자기업으로써 경북지역의 주요 관광지를 운영관리하고 관광자원을 개발하기 위하여 활동하는 정부산하 공공기업이다.

이 공사는 1974년 1월 정부와 IBRD(국제부흥개발은행) 간에 체결한 보문관광단지 개발사업을 위한 차관협정에 따라 1975년 8월 1일 당시 「관광단지개발촉진법」(이 법은 1986년 12월 「관광진흥법」에 흡수・폐지되었다)에 의거하여 설립된 ‘경주관광개발공사’를 모태로 한다. 그 뒤 경북 유교문화권(안동시 일대) 개발사업을 담당해야 할 필요에 의하여 1999년 10월 6일 경북관광개발공사로 이름을 바꾸어 확대・개편하였다.

4) 경기관광공사

경기관광공사(Gyeonggi Tourism Organization: 이하 “공사”라 한다)는 「지방공기업법」 제49조에 의하여 2002년 4월 8일 경기도조례로 설치된 지방공사로서 공법상의 재단법인이다. 특히 공사는 지방화시대에 부응하여 우리나라에서는 최초로 지방자치단체가 설립한 지방관광공사이다.

경기도는 공사설립을 위하여 제정한 경기도관광공사 설립 및 운영조례(2002.4.8. 제3178호) 제4조 제1항의 규정에 의하여 공사의 자본금을 전액 현금 또는 현물로 출자하였는데, 2002년 5월 11일 경기도관광공사 정관을 제정하여 출범하게 된 것이다.

한편으로 공사의 운영을 위하여 필요한 경우에는 자본금의 2분의 1을 초과하지 아니하는 범위 안에서 다른 기관・단체 또는 개인이 출자할 수 있게 하여(지방공기업법 제53조 제2항 및 조례 제4조 제1항) 지방자치단체인 경기도가 오너(owner)로서 외부참여도 가능하도록 개방하고 있다.

5) 인천관광공사

인천관광공사(INCHEON Tourism Organization; 이하 "공사"라 한다)는 「지방공기업법」 제49조에 의하여 2005년 11월 「인천광역시관광공사 설립과 운영에 관한 조례」로 설립된 지방공사로서 공법상의 재단법인이다. 특히 지방자치단체가 설립한 지방관광공사로는 경기관광공사에 이어 두 번째인데, 이 공사는 「인천광역시관광공사 정관」을 제정하여 2006년 1월 1일부터 출범하게 된 것이다.

6) 제주관광공사

제주관광공사(JTO: Jeju Tourism Organization: 이하 "공사"라 한다)는 「제주특별자치도 설치 및 국제자유도시 조성을 위한 특별법」(제173조), 「지방공기업법」(제49조)과 「제주관광공사 설립 및 운영조례」(이하 "조례"라 한다)로 설립된 지방공사로서 공법상의 재단법인이다. 2008년 7월 2일 제주관광공사 정관에 따라 출범한 제주관광공사는 지방자치단체가 설립한 지방관광공사로는 경기관광공사와 인천관광공사에 이어 세 번째로 설립되었다.

5. 관광사업자단체의 관광행정

관광사업자단체는 관광사업자가 관광사업의 건전한 발전과 관광사업자들의 권익증진을 위하여 설립하는 일종의 동업자단체라 할 수 있다. 관광사업자들은 관광사업을 경영하면서 영리를 추구하고 있지만, 관광의 중요성에 비추어 볼 때 관광사업이 순수한 사적(私的)인 영리사업만은 아니라고 보며, 관광사업자는 국가의 주요 정책사업을 수행하는 공익적(公益的)인 존재라고도 할 수 있다. 따라서 관광사업자단체는 이러한 공공성 때문에 사법(私法)이 아닌 공법(公法)인 「관광진흥법」의 규정에 의하여 설립하는 공법인(公法人)으로 하고 있다.

1) 한국관광협회중앙회

(1) 설립목적 및 법적 성격

한국관광협회중앙회(KTA: Korea Tourism Association; 이하 “중앙회”라 한다)는 지역별 관광협회 및 업종별 관광협회가 관광사업의 건전한 발전을 위하여 설립한 임의적인 관광관련단체이며, 우리나라 관광업계를 대표하는 단체이다.

중앙회는 관광사업자들이 조직한 단체이므로 사단법인에 해당되며, 영리가 아닌 사업을 목적으로 하므로 비영리법인에 해당한다. 또 ‘중앙회’는 「관광진흥법」이라는 특별법에 의하여 설립되므로 일종의 특수법인이라 할 수 있다. 따라서 ‘중앙회’에 관하여 「관광진흥법」에 규정된 것을 제외하고는 「민법」 중 사단법인(社團法人)에 관한 규정을 준용한다.

(2) 회 원

‘중앙회’의 회원은 「관광진흥법」 제45조에 의하여 설립된 지역별 관광협회 및 업종별 관광협회와 동법 제2조 제2호에 의한 관광사업자(업종별위원회)로 하며, 관광관련 기관 및 유관기관·단체와 이와 유사한 성질의 법인 또는 개인(외국법인 또는 개인을 포함한다)은 특별회원이 될 수 있다. 현재 ‘중앙회’ 산하에는 16개 시·도 관광협회와 업종별 협회를 회원으로 두고 있다.

(3) 주요 업무

가) 목적사업

‘중앙회’는 그 목적을 달성하기 위하여 다음의 업무를 수행한다.

1. 관광사업의 발전을 위한 업무
2. 관광사업 진흥에 필요한 조사·연구 및 홍보
3. 관광통계
4. 관광종사원의 교육과 사후관리
5. 회원의 공제사업
6. 국가나 지방자치단체로부터 위탁받은 업무

7. 관광안내소의 운영
8. 위의 1호부터 7호까지의 규정에 의한 업무에 따르는 수익사업

나) 정부로부터의 수탁사업

① 관광종사원 중 국내여행안내사 및 호텔서비스사의 자격시험, 등록 및 자격증의 발급업무와 ②「관광진흥법 시행령」 제66조 제1항의 규정에 의하여 호텔업의 등급결정권을 문화체육관광부장관으로부터 위탁받아 등급결정을 하고 있다.

2) 한국일반여행업협회

(1) 설립목적

한국일반여행업협회(KATA: Korea Association Travel Agents)는 1991년 12월 「관광진흥법」 제45조의 규정에 의하여 설립된 업종별 관광협회로서, 관광사업의 건전한 발전과 회원 및 여행종사원의 권익증진을 위한 사업, 여행업무에 필요한 조사·연구 및 통계, 홍보활동, 여행업무 종사자에 대한 지도·연수, 관광진흥을 위한 국제관광기구의 참여 등 대외활동을 통하여 여행업의 건전한 발전에 기여하고 관광진흥과 회원의 권익증진을 목적으로 하고 있다.

(2) 주요 사업

한국일반여행업협회는 다음의 사업을 행한다.

1. 관광사업의 건전한 발전과 회원 및 여행업종사원의 권익증진
2. 여행업무에 필요한 조사·연구·홍보활동 및 통계업무
3. 여행자 및 여행업체로부터 회원이 취급한 여행업무와 관련된 진정(陳情) 처리
4. 여행업무종사원에 대한 지도·연수
5. 여행업무의 적정한 운영을 위한 지도
6. 여행업에 관한 정보의 수집·제공
7. 관광사업에 관한 국내외단체 등과의 연계·협조
8. 관련기관에 대한 건의 및 의견 전달

9. 정부 및 지방자치단체로부터의 수탁업무
10. 장학사업업무
11. 관광진흥을 위한 국제관광기구에의 참여 등 대외활동
12. 관광안내소 운영
13. 공제운영사업(일반여행업에 한함)
14. 기타 협회의 목적을 달성하기 위하여 필요한 사업 및 부수되는 사업

3) 한국관광호텔업협회

(1) 설립목적

한국관광호텔업협회(KHA: Korea Hotel Association)는 「관광진흥법」 제45조의 규정에 의하여 1996년 9월 12일에 문화체육관광부장관의 설립허가를 받은 업종별 관광협회이다. 이 협회는 관광호텔업을 위한 조사·연구·홍보와 서비스 개선 및 기타 관광호텔업의 육성발전을 위한 업무의 추진과 회원의 권익증진 및 상호친목을 목적으로 하고 있다.

(2) 주요 사업

한국관광호텔업협회는 다음의 사업을 행한다.

1. 관광호텔업의 건전한 발전과 권익증진
2. 정부로부터의 수탁사업으로서 호텔업에 대한 등급결정업무
3. 관광진흥개발기금의 융자지원업무 중 운용자금에 대한 수용업체의 선정
4. 관광호텔업 발전에 필요한 조사연구 및 출판물간행과 통계업무
5. 국제호텔업협회 및 국제관광기구에의 참여 및 유대강화
6. 관광객유치를 위한 홍보
7. 관광호텔업 발전을 위한 대정부건의
8. 서비스업무 개선
9. 종사원교육 및 사후관리
10. 정부 및 지방자치단체로부터의 수탁업무
11. 지역간 관광호텔업의 균형발전을 위한 업무
12. 위 사업에 관련된 행사 및 수익사업

4) 한국종합유원시설업협회

(1) 설립목적

한국종합유원시설업협회는 1985년 2월에 설립된 유원시설업 단체로서 「관광진흥법」 제45조의 적용을 받는 일종의 업종별 관광협회이다. 유원시설업체간 친목 및 복리증진을 도모하고 유원시설 안전서비스 향상을 위한 조사·연구·검사 및 홍보활동을 활발히 전개하며, 유원시설업의 건전한 발전을 위한 정부의 시책에 적극 협조하고 회원의 권익을 증진보호함을 목적으로 한다.

(2) 주요 사업

이 협회는 다음의 사업을 수행한다.

1. 유원시설업계 전반의 건전한 발전과 권익증진을 위한 진흥사업
2. 정기간행물 홍보자료 편찬 및 유원시설업 발전을 위한 홍보사업
3. 국내외 관련기관 단체와의 제휴 및 유대강화를 위한 교류사업
4. 정부로부터 위탁받은 유원시설의 안전성검사 및 안전교육사업
5. 유원시설에 대한 국내외 자료조사 연구 및 컨설팅사업
6. 신규 유원시설 및 주요 부품의 도입 조정시 검수사업
7. 유원시설업 진흥과 관련된 유원시설 제작 수급 및 자금지원
8. 시설운영 등의 계획 및 시책에 대한 회원의 의견 수렴·건의 사업
8. 기타 정부가 위탁하는 사업

5) 한국카지노업관광협회

(1) 설립목적

한국카지노업관광협회는 1995년 3월에 문화관광부장관(현 문화체육관광부장관)으로부터 카지노분야의 업종별 관광협회로 허가받아 설립된 사업자단체로서 한국관광산업의 진흥과 회원사의 권익증진을 목적으로 하고 있다.

(2) 주요 업무

이 협회의 주요 업무로는 카지노사업의 진흥을 위한 조사·연구 및 홍보활

동, 출판물 간행, 관광사업과 관련된 국내외 단체와의 교류·협력, 카지노업무의 개선 및 지도·감독, 카지노종사원의 교육훈련, 정부 또는 지방자치단체로부터 수탁받은 업무 수행 등이다.

2011년 말 기준으로 전국 17개의 카지노사업자와 종사원을 대변하는 한국카지노업관광협회는 이용고객의 편의를 증진시키기 위해 카지노의 환경개선과 시설확충을 실시하는 한편, 카지노사업이 지난 30여년간 국제수지 개선, 고용창출, 세수증대 등에 기여한 고부가가치 관광산업으로의 중요성을 홍보하여 카지노산업의 위상제고와 대국민 인식전환을 추진하고 있다.

6) 한국휴양콘도미니엄경영협회

(1) 설립목적

한국휴양콘도미니엄경영협회는 휴양콘도미니엄사업의 건전한 발전과 콘도의 합리적이고 효율적인 운영을 도모함과 동시에 건전한 국민관광 발전에 기여함을 목적으로 1998년에 설립된 업종별 관광협회이다.

(2) 주요 업무

협회의 주요 업무로는 콘도미니엄업의 건전한 발전과 회원사의 권익증진을 위한 사업, 콘도미니엄업의 발전에 필요한 조사·연구와 출판물의 발행 및 통계, 국제콘도미니엄업 및 국제관광기구에의 참여와 유대강화, 관광객유치를 위한 콘도미니엄의 홍보, 콘도미니엄의 발전에 대한 대정부 건의, 관광정책 등 자문, 콘도미니엄업 종사원의 교육훈련 연수, 유관기관 및 단체와의 협력증진, 정부 및 지방자치단체로부터 위탁받은 업무 등이다.

7) 한국외국인관광시설협회

(1) 설립목적

한국외국인관광시설협회는 1964년 6월 30일에 설립된 업종별 관광협회로서 주로 미군기지 주변도시 및 항만에 소재한 외국인전용유흥음식점을 회원사로 관리하며, 정부의 관광진흥시책에 적극 부응하고 업계의 건전한 발전과 회원의 복지증진 및 상호 친목도모에 기여함을 목적으로 하고 있다.

(2) 주요 업무

협회의 주요 업무로는 회원업소의 진흥을 위한 정책자문, 회원이 필요로 하는 물자 구입 및 공급, 주한 미군·외국인 및 외국인 선원과의 친선도모, 외국 연예인 공연관련 파견사업 등 외화획득과 국위선양을 위해서 노력하는 것 등이다.

또한 전국 지부소속 회원사에서는 고객서비스 향상, 외국인 및 외국 연예인에 대한 한국소개와 지역 특성에 맞는 문화유적관광 프로그램 제공으로 한국이미지 제고에 역점을 두고 사업을 시행하고 있다. 협회의 분야별 추진업무는 회원업소 육성사업, 한미친선사업, 외화획득사업, 실천적 선도사업 등이다.

8) 한국컨벤션이벤트산업협회

한국컨벤션이벤트산업협회는 「관광진흥법」 제45조의 규정에 의거 2003년 8월에 설립되어 컨벤션·이벤트 기관 및 업계의 의견을 종합 조정하고, 유기적으로 국내외 관련기관과 상호 협조·협력활동을 전개함으로써 컨벤션·이벤트 업계의 진흥과 회원의 권익 및 복리증진에 이바지하고, 나아가서 국제회의산업 육성을 도모하여 사회적 공익은 물론 관광업계의 권익과 복리를 증대시키는 것을 목적으로 하고 있다.

이 협회는 2004년 9월 「국제회의산업 육성에 관한 법률」상의 국제회의 전담조직으로 지정되어, 국제회의 전문인력 교육 및 수급, 국제회의 관련 정보를 수집하여 배포하는 등 국제회의산업 육성과 진흥에 관련된 업무를 진행하고 있다.

9) 한국MICE협회

한국MICE협회는 「관광진흥법」 제45조의 규정에 따라 2003년 8월에 설립되어 컨벤션 기관 및 업계의 의견을 종합조정하고, 유기적으로 국내의 관련기관과 상호 협조·협력활동을 전개함으로써 컨벤션업계의 진흥과 회원의 권익 및 복리증진에 이바지하고, 나아가서 국제회의산업 육성을 도모하여 사회적 공익은 물론 관광업계의 권익과 복리를 증진시키는 것을 목적으로 하고 있다.

또한 2004년 9월에는 「국제회의산업 육성에 관한 법률」상의 국제회의 전담조직으로 지정되어 국제회의 전문인력의 교육 및 수급, 국제회의 관련 정보를 수집하여 배포하는 등 국제회의산업 육성과 진흥에 관련된 업무를 진행하고 있다.

10) 한국관광펜션업협회

한국관광펜션업협회는 주5일근무제의 본격적 시행과 더불어 가족단위 관광체험 숙박시설의 확충이 필요함에 따라 관광펜션 지정제도를 만들어 이의 활성화를 위해 「관광진흥법」 제45조의 규정에 의거 2004년 5월에 설립된 업종별 관광협회이다.

관광펜션은 기존 숙박시설과는 차별화된 외형과 함께 자연을 체험할 수 있는 자연친화 숙박시설로 앞으로 많은 관광객들이 이용하게 될 가족단위 중저가 숙박시설로 육성할 계획이다.

한국관광펜션업협회는 관광펜션업의 차별화를 위해 현 관광펜션업의 문제점을 파악하고 관광펜션업의 활성화를 위해 관광펜션 예약망 구축, 경영관리, 교육훈련지원, 홍보마케팅, 관광펜션과 연계된 관광프로그램 개발 등 다양한 대안사업을 적극 추진하고 있다.

11) 한국골프장경영협회

한국골프장경영협회는 「체육시설의 설치·이용에 관한 법률」 제37조에 의하여 1974년 1월에 설립된 골프장사업자단체로서 한국골프장의 건전한 발전과 회원골프장들의 유대증진, 경영지원, 종사자교육, 조사연구 등을 목적으로 하고 있다.

특히 협회의 부설연구기관으로 한국잔디연구소를 설립하여 친환경적 골프장 조성과 관리운영을 위한 각종 방제기술 연구·지도와 병충해예방·친환경적 골프코스관리기법연구 등을 수행, 환경경영에 앞장서고 있는 것은 물론, 1990년부터 '그린키퍼학교'를 운영하여 전문성을 갖춘 유자격골프코스관리자를 배출하고 있다. 현재의 골프장은 골프채 · 골프회원권 · 골프대회 · 골프마케팅 등 골프산업의 중심축에 자리하고 있으며, 협회는 스포츠산업 및 레저산업을 선도하는 업종으로 그 기능을 충실히 수행하고 있다.

골프장업종에 대한 불합리한 규제의 개선을 통한 경영환경개선, 건전한 골프문화 조성을 위한 대국민 홍보, 불우이웃돕기와 장학금지원 및 골프장개방 등 지역사회와 함께하여 국민대중 속의 친화적 골프장으로 자리매김하도록 적극 추진하고 있다.

12) 한국스키장경영협회

한국스키장경영협회는 스키장사업의 건전한 발전과 친목을 도모하며 스키장사업의 합리적이고 효율적인 운영과 스키를 통한 건전한 국민생활체육활동에 기여하고자 함을 목표로 한다.

한국스키장경영협회는 스키장경영의 장기적 발전을 위한 사계절 종합레저를 모색하고, 스키장경영의 경영활성화를 위한 개선책을 강구하며, 스키장경영의 정보교환 및 상호발전을 도모하기 위해 노력하고 있다. 또 협회는 스키장사업과 관련되는 법적 · 제도적 규제완화 또는 철폐를 건의하고, 스키장사업의 각종 금융, 세제 및 환경관리제도 개선을 위한 연구 · 용역을 시행하는 등 스키장사업의 지속적 발전을 위한 다양한 사업을 추진하고 있다.

또한 협회는 스키장 설치 및 운영에 관한 조사연구 및 정보교환, 스키장종사자에 대한 교육훈련 및 연수사업, 스키장사업에 관한 지도 · 감독 · 홍보 등 회원사의 권익증진과 발전을 위해 노력하고 있다.

13) 한국공예문화진흥원

한국공예문화진흥원은 「민법」 제32조에 의거 2000년 4월 1일 설립된 재단법인으로 공예문화에 대한 기초자료 조사 · 연구, 우수공예문화상품 디자인 개발 및 효율적 유통구조 창출 등 공예기술 저변확대를 통한 공예산업진흥에 기여함을 목적으로 하고 있다.

한국공예문화진흥원은 2002년 한·일월드컵대회 기념 우수공예품 미국순회전 등 전시사업을 비롯하여 디자인 및 포장개발 지원과 국내외 공예관련 각종 자료 DB化 및 정보제공 등을 수행하는 공예문화종합센터를 설립·운영하고 있고, 2003년도부터는 예산 및 각종 프로그램을 대폭 보강하여 공예산업을 21세기 고부가가치 국가핵심 전략산업의 하나로 집중 육성하기 위한 구심기구로서의 역할을 수행해 나갈 것으로 본다.

6. 국제관광기구

관광산업의 진흥을 효과적으로 달성하기 위해선 국가간 협력 또는 국제관광기구에의 참여와 이를 통한 적극적인 활동이 절실히 요청되고 있다. 더욱이 오늘날과 같이 개방화 및 국제화된 시대에 있어서 국제협력의 중요성은 아무리 강조해도 지나치지 않을 것이다. 특히 관광분야에서의 국제적인 협력은 국가간의 상호이해를 증진하고 국제친선을 도모함으로써 관광교류를 촉진하는 계기가 되므로 각국은 이를 위해 많은 경비와 인력을 투입하고 있다.

우리나라는 세계관광의 흐름을 파악하고 이에 능동적으로 대처하고자 각종 국제기구에 가입하여 활발한 활동을 전개해 오고 있는데, 그 중에서 대표적인 것으로 세계관광기구(UNWTO), 경제협력개발기구(OECD), 아시아·태평양경제협력체(APEC), 아세안+3(ASEAN+3), 아시아·태평양관광협회(PATA), 미주여행업협회(ASTA), 아시아컨벤션뷰로협회(AACVB), 국제회의전문가협회(ICCA), 세계여행관광협의회(WTTC) 등이다.[43]

1) UNWTO(세계관광기구)

세계 각국의 정부기관이 회원으로 가입되어 있는 정부간 관광기구인 세계관광기구(UN World Tourism Organization: UNWTO)[44]는 국제관광연맹

43) 문화체육관광부, 2011년 기준 관광동향에 관한 연차보고서, pp.81~89.

44) 세계관광기구(World Tourism Organization: WTO)는 1975년 설립된 이래 줄곧 WTO라는 명칭을 사용하고 있었으나, 1975년 1월 세계무역기구(World Trade Organization:

(IUOTO: International Union of Official Travel Organization)이 1975년에 정부간 관광협력기구로 개편되어 설립된 기구이다. 현재 세계 154개국 정부기관이 정회원으로, 350개 관광유관기관이 찬조회원으로 가입되어 있으며, 격년제로 개최되는 총회와 6개 지역위원회를 비롯하여 각종 회의 및 세미나를 개최하고 있다. 본부는 스페인의 마드리드에 두고 있다.

UNWTO는 공신력을 가진 각종 통계자료 발간을 비롯하여 교육, 조사, 연구, 관광편의 촉진, 관광지 개발, 관광자료 제공 등에 역점을 두고 활동하고 있으며, 관광분야에서 UN 및 전문기구와 협력하는 중심역할을 수행하고 있다.

우리나라는 IUOTO의 회원이었던 교통부(현재는 문화체육관광부)가 1975년 자동적으로 정회원으로 가입하였고, 한국관광공사는 1977년 찬조회원으로 가입했다. 북한은 1987년 9월 제7차 총회에서 정회원으로 가입하였다.

우리나라는 1980년~1983년 기간 중 집행이사국으로 처음 선임되었고, 1991년~1983년 기간 중에는 집행이사국을 역임하였으며, 1995~1999년 기간 중 사업계획조정위원회(Technical Committee for Program and Coordination)의 위원국이 되었다. 또 2004년부터 2007년까지 집행위원회 상임이사국으로서 활동하였으며, 2005년에는 처음으로 집행이사회 의장국으로 선임되어 남아시아 지진·해일 피해 당시 긴급 집행이사회를 소집, 주재하여 UNWTO 푸켓액션플랜을 채택하여 실천하였고, 6월 집행이사회에서는 차기 사무총장 선출, ST-EP재단 설립 정관안 확정 등의 성과를 거두는 등 국제 관광계의 새로운 리더로서 역할을 수행하였다.

한편, 2007년 11월 콜롬비아에서 개최된 제17차 총회에서 2008~2011 상임이사국으로 연임이 확정되었으며, 2008년 6월 제주도에서 제83차 집행이사회를 개최함으로써 관광외교역량을 강화하고 우리나라 관광의 국제적 인지도를 드높이는데 기여하였다. 또 2009년 5월에는 제3차 한-UNWTO 협력사업의 일환으로 '아태지역 관광정책에 관한 고위공무원 연수'를 몰디브에서 개최하였으며, 동 사업은 다음해에도 지속될 예정이다.

WTO)가 출범함에 따라 두 기구간에 혼란이 빈번하게 발생하게 되었다. 이에 따라 유엔총회는 이러한 혼란을 피하고 유엔전문기구로서 세계관광기구의 위상을 높이기 위해 2006년 1월부터 WTO라는 명칭을 UNWTO라는 명칭으로 변경하게 된 것이다.

2) OECD(경제협력개발기구)

OECD(Organization of Economic Cooperation and Development; 경제협력개발기구)는 유럽경제협력기구를 모체로 하여 1961년 선진 20개국을 회원국으로 설립되었다. 회원국의 경제성장 도모, 자유무역 확대, 개발도상국 원조 등을 주요 임무로 하고 있으며, 현재 30개 회원국으로 구성되어 있고, 프랑스 파리에 본부를 두고 있다.

조직구성은 의사결정기구인 이사회, 보좌기구인 집행위원회 및 특별집행위원회를 두고 있으며, 실질적 활동을 수행하는 26개의 분야별 위원회가 있다. 이 중에서 관광위원회는 관광분야에 대한 각국의 정책연구 및 관광진흥정책연구 등을 주요 기능으로 하고 있으며, 위원회 산하에 통계작업반을 두고 있다.

우리나라는 1994년 6월 관광위원회에 대한 옵서버 참가자격이 부여되어 1995년부터 관광위원회 회의 및 통계실무작업반회의에 참가하여 주요 선진국의 관광정책 및 통계기법 등을 습득하고 있으며, 1996년도부터는 정회원으로 활동 중이며, 1998년에는 OECD 관광회의를 서울에서 개최한 바 있고, OECD 권고사업의 하나인 관광위성계정(TSA) 개발을 세계 5번째로 완료하였다. 또한 2003년 9월에는 스위스에서 개최된 OECD 관광회의에 참가하여 관광산업의 구조개혁 프로젝트 조종위원회에 선정되었고, 2005년 9월에는 광주에서 'OECD-Korea 국제관광회의'를 개최하여, '세계관광의 성장:중소기업의 기회'라는 주제로 급변하는 산업구조 속에서 관광중소기업들의 새로운 역할 및 협력 방안을 모색한 바 있다.

2007년 11월에는 프랑스에서 개최된 제80차 OECD 관광회의에 참가하여 'Culture, Tourism and Attractiveness of the Location' 프로젝트의 일환으로 추진한 남이섬 한류관광 사례를 발표하였으며, 2008년 4월에는 제81차 관광회의에 참가하여 한국의 템플스테이 사례를 발표하였다. 또한 2008년 10월에는 OECD 관광위원회 최초로 이탈리아 리바델가르다에서 개최된 장관급 회의에 참석하여, '문화자원을 통한 관광목적지의 독특성 증진' 방안에 대한 발제에서 템플스테이, 한식 등을 소개하였다.

한편, 2009년에는 OECD 회원국간 문화와 관광 접목의 성공사례 공유를 위해 제작된 '관광에 있어서의 문화의 영향력(The Impact of Culture on Tourism)' 간행물에 한국 문화관광 우수사례인 '템플스테이'를 수록하였다. 가장 주목할 만한 성과 중의 하나는 2009년 4월에 발표된 '한식 세계화 추진계획'의 전략 중 '우리 식문화 홍보'를 통해 관광자원으로서의 한식의 중요성을 인식시킨다는 목표를 세우고, 우리 관광의 견인차 역할을 한식에 부여하기 위한 한식 세계화(Globalization of Korean Cuisine) 사업을 OECD 차원에서 진행시킨 것이다.

3) APEC(아시아 · 태평양경제협력체)

APEC(Asia Pacific Economic Cooperation; 아시아 · 태평양경제협력체)은 1989년 호주의 캔버라에서 제1차 각료회의를 개최함으로써 발족하였으며, 정상회의를 개최하는 등 역내 경제협력관계 강화의 구심점이 되고 있다.

APEC은 11개 실무그룹(Working Group)을 두고 있는데, 관광실무그룹회의는 1991년 하와이에서 회의를 가진 이후 역내 관광발전을 저해하는 각종 제한조치의 완화, 환경적으로 지속가능한 관광개발 등의 주제를 수행하고 있으며, 2005년 5월까지 총 26회 개최되었다.

우리나라는 1998년 11월 말레이시아 콸라룸푸르에서 개최된 APEC 정상회의에서 김대중 전대통령이 APEC 국가간 관광활성화를 제창한 바 있으며, 이에 대한 후속사업으로 1999년 5월 멕시코에서 개최된 제14차 관광실무그룹회의에서 APEC 관광장관회의 창설이 합의되어 2000년 7월 서울에서 제1차 APEC 관광장관회의가 개최되었다.

우리나라는 2000년 제7차 APEC TWG(관광실무그룹)에서 제안, 2001년 5월 APEC BMC(예산운영위원회)에서 최종 승인된 3개 사업인 "APEC 회원국들의 중소관광기업에 대한 전자상거래 전략의 적용에 관한 연구", "지속가능한 개발을 위한 정책개발자의 교육훈련", "지속가능한 관광을 위한 민 · 관 협력방안 연구"를 수행한 바 있으며, 2004년도에는 제22차, 23차에서 제안, 2003년 7월 APEC BMC에서 최종 승인된 "관광투자촉진을 위한 민관 파트너십", "중소관광기업의 전자상거래 적용 모범사례연구" 등 2건의 사업을 추진하였다.

우리나라는 1998년 제주도에서 제12차 APEC 관광실무그룹회의를, 2004년 5월 경남 진주에서 제24차 APEC 관광실무회의를 개최하였으며, 2005년 5월에는 부산에서 제4차 관광포럼 및 제26차 APEC 관광실무그룹회의를 성공적으로 치렀으며 한국관광홍보 및 APEC 내 관광외교 강화에 기여했다. 제26차 회의에서는 2005 APEC 정상회의 국가로서 수임하게 된 TWG 의장직을 성공적으로 수행했으며, 정상회의 개최국으로서 주도적으로 추진 중인 '재난관리대응(Emergency Preparedness) 관련' 이슈를 회원국에 주지시키고 APEC 차원의 결속과 협력방안을 도출해내는 등 역내 관광분야 리더십을 발휘하는 계기가 되었다.

4) PATA(아시아 · 태평양관광협회)

PATA(Pacific Asia Travel Association; 아시아 · 태평양관광협회)는 아시아 · 태평양지역의 관광진흥활동, 지역발전 도모 및 구미관광객 유치를 위한 마케팅활동을 목적으로 1951년에 설립되었다. 태국 방콕에 본부를 두고 있으며 북미, 태평양, 유럽, 중국, 중동에 각각 지역본부가 있다.

주요 활동으로는 연차총회 및 관광교역전 개최, 관광자원 보호활동, 회원들을 위한 마케팅 개발 및 교육사업, 각종 정보자료 발간사업 등이 있다. 현재 73개국 1,000여개 관광기관 및 업체가 회원으로 가입되어 있으며, 전 세계에 39개 지부가 결성되어 있다.

우리나라에서는 문화체육관광부, 한국관광공사 등 총 34개 관광관련 기관 및 업체가 PATA 본부회원으로 가입되어 있으며, 매년 연차총회 및 교역전에 참가하여 세계여행업계 동향을 파악하고 한국관광 홍보 및 판촉상담활동을 전개하고 있다. PATA 한국지부에는 총 120개 기관 및 업체가 회원으로 가입되어 있으며, 지부총회 개최, 관광전 참여, 관광정보 제공 등의 활동을 하고 있다.

우리나라는 PATA 관련 국제행사로 1965년, 1979년, 1994년, 2004년 PATA 총회 및 이사회, 1987년 PATA 관광교역전, 1998년 PATA 이사회를 개최한 바 있다. 특히 2004년 제주 PATA총회에서는 제주도를 세계적인 관광지로 부각시키고자 적극적으로 국내외 홍보를 추진하였으며, 그 결과 PATA 총회 사상 최대인 48개국 2,145명이 참가한 성공적인 행사로 평가받았다. 그리고 2005년도에는 우리나라가 관광포스터와 마케팅 부문에서, 2007년도에는 마케팅미디어비디오 부문에서, 2009년에는 마케팅 캠페인 부문과 가이드북 부문에서 PATA Gold Awards를 수상했다.

5) ASEAN(동남아연합)

아세안은 1966년 8월 제3차 ASA(Association of Southeast Asia: 동남아연합) 외무장관회의에서 ASA의 재편 필요성이 제기되어, 1967년 말리크 인도네시아 외무장관이 태국 측과 아세안 창립선언 초안을 마련하였다. 1967년 8월 인도네시아, 태국, 말레이시아, 필리핀, 싱가포르 5개국 외무장관회담을 개최, 아세안 창립선언을 통하여 결성되었다.

아세안은 창립 당시 5개국으로 구성되었으나, 1975년 월남전 종결을 계기로 동남아 평화 및 자유·중립지대 구상과 '동남아 우호협력조약'의 대상범위를 인도차이나반도 3개국(베트남, 캄보디아, 라오스) 및 미얀마를 포함한 지역으로 확대하는 구상이 대두되었고, 이후 브루나이(1984년), 베트남(1995년), 라오스와 미얀마(1997년), 캄보디아(1998년)가 차례로 가입하여 현재는 총 10개국의 회원국으로 구성되어 있다.

아세안은 1993년 아세안 자유무역지대(AFTA: ASEAN Free Trade Area)를 결성함으로써 국제적인 교섭력이 한층 강화되기 시작했다. 역내 무역활성화와 공동산업 프로젝트 등을 통해 산업경쟁력 역시 커질 것으로 예상되어 세계시장에서 차지하는 비중이 점점 커질 전망이다.

또한 21세기 세계 관광목적지로 아시아·태평양 지역의 중요성이 커지면서 한·중·일과 아세안의 관광협력을 논의하는 '한·중·일+아세안' 회의가 개최되었고, 이를 통해 우리나라 및 주변국과 아세안 지역의 관광협력 방안 논의가 활발히 진행 중이기도 하다. 특히 2005년 5월 26일에는 강원도 속초에서 제7차 ASEAN+3NTO(한·중·일+아세안)회의가 개최되어, 우리나라와 아세안 국

가와의 관광협력 체계를 한층 더 공고히 하였고, 아세안에서 한국의 위상을 제고한 것으로 평가받았다. 연 2회 정기적으로 관광장관회의 및 NTO회의를 개최하여 아세안 및 한·중·일간 관광부문 공동마케팅 방안모색 및 각국의 관광현안과 관련한 의견교류 등 활발한 교류·협력을 구축해 가고 있다. 한-아세안 행동계획(Korea-ASEAN Action Plan)의 후속조치로 2006년 필리핀에서 개최된 제5차 ASEAN+3 관광장관회의에서 아세안 지도의 한국어판을 2만부 제작하여 배포하였으며, 아세안 측의 공동요청사항인 아세안 관광가이드에 대한 한국문화·한국어 교육을 2006년부터 지속적으로 시행함으로써 아세안 지역에 있어 우리나라의 관광 외교역량을 확대하고 우리나라 관광객의 편의 제고를 위해 노력하고 있다.

6) ASTA(미주여행업협회)

미주지역 여행업자의 권익보호와 전문성 제고를 목적으로 1931년에 설립된 ASTA(American Society of Travel Agents; 미주여행업협회)는 미주지역이라는 거대한 시장을 배경으로 세계 140개국 2만여 회원을 거느린 세계 최대의 여행업협회이다.

회원들의 전문성 제고와 판촉기회를 확대하기 위하여 연례행사로 연차총회 및 트레이드쇼, 크루즈페스트 등을 실시하여 각국 NTO와 관광업계의 판촉활동의 장을 마련하고 업계동향에 대한 세미나 개최 등 유익한 교육프로그램을 제공한다.

1973년 한국관광공사가 준회원으로 가입되었으며, 1979년 ASTA 한국지부가 설립되어 운영되고 있다. 우리나라는 미주시장 개척의 기반을 다지기 위하여 동 기구 내 홍보활동을 지속적으로 추진해 오고 있으며, 매년 연차총회 및 트레이드쇼에 업계와 공동으로 한국대표단을 파견하여 판촉 및 정보수집활동을 전개하고 있다. 1983년에는 총회 및 교역전을 서울에 유치하여 대형 국제회의 개최능력을 전 세계에 홍보한 바 있다. 또한 2007년 ASTA 제주 총회(3.25~29, ICC제주)를 성공적으로 개최하면서 미주 관광시장에 대한 동북아 관광거점 확보 기틀을 마련하였고, 회의 개최지인 제주도의 국제관광 이미지가 제고되었다는 평가를 받고 있다.

7) WTTC(세계여행관광협의회)

WTTC(World Travel and Tourism Council)은 전 세계관광 관련 가장 유명한 100여개 업계 리더들이 회원으로 가입되어 있는 대표적인 관광 관련 민간기구이다. 1990년에 설립되었으며 영국 런던에 본부를 두고 있다. 주요 활동은 관광 잠재력이 큰 지역에 대한 관광자문 제공 및 협력사업 전개, "Tourism For Tomorrow Awards" 주관, 세계관광정상회의(Global Travel and Tourism Council) 개최 등이다. 특히 매년 5월 개최되는 관광정상회의는 개최국의 대통령, 국무총리를 비롯 각국의 관광장관, 호텔 및 항공사 CEO 등이 대거 참석하여 관광현안을 논의하는 권위 있는 회의로 정평이 나 있다. 세계 관광산업과 관련된 모든 이슈를 다루며, 고용인원 2.4억명, 세계 GNP의 9.2%를 차지하는 관광산업에 대한 인식을 높이기 위한 활동을 하고 있다. 한국관광공사는 지난 2006년부터 정상회의에 참가하여 세계관광 인사와의 네트워킹 및 최신 관광 트렌드 습득에 힘쓰고 있다.

[참고문헌]

■ 국문저서

고택운(2011), 카지노산업관리론, 백산출판사.
김광근 외 4인 공저(2011), 관광학의 이해, 백산출판사.
김덕윤 외 2인 공저(2012), 현대관광학개론, 백산출판사.
김미경 외 3인 공저(2011), 신관광학, 백산출판사.
김사헌(2011), 관광경제학, 백산출판사.
김상무 외 5인 공저(2011), 관광사업경영론, 백산출판사.
김성혁(2010). 신판 관광학원론, 형설출판사.
김성혁 · 오익근(2007), 관광서비스관리론, 형설출판사.
김성혁 · 오재경(2011), MICE산업론, 백산출판사.
김성혁 · 황수영(2011), 신판 관광마케팅, 백산출판사.
김성혁 역(1996). 일본의 관광사업-지역문화 활성화의 업무지침, 일신사.
김성혁 · 오익근(2007), 관광서비스관리론, 형설출판사.
김태영 · 김창식(2001), 현대관광사업론, 백산출판사.
문화체육관광부, 관광동향에 관한 연차보고서(2001~2012).
박경호 · 한혜숙(2012), 관광사업론, 백산출판사.
사행산업통합감독위원회, 2009 사행산업백서.
성기룡(2005). 관광법규론, 일신사.
오수철 외 3인 공저(2012), 카지노경영론, 백산출판사.
위정주 외 3인 공저(2010), 호텔경영관리론, 백산출판사.
유도재(2013), 리조트경영론, 백산출판사.
정희천(2012), 관광법규론, 대왕사.
조진호 외 3인 공저(2013), 관광법규론, 현학사.

■ 구미문헌

AMA. *Marketing News*, 1985 March. 1.
Albrecht, K. & L. J. Bradford(1990). *The Service Advantage*, Homewood, Ill. : Dow Jones-Irwin.
Astoff, M. T, and J. R. Abbey(1978). *Convention Sales and Service*, Dubuque,

Iowa : Wm. Co. Publishers.

Bateson, J.(1989). *Managing Service Marketing : Text and Readings*, Hinsdale, Ill. : Dryden Press.

Berry, L. L., et al. eds.(1983). *Emerging Perspectives of Services Marketing*, Chicago, Ill. : AMA.

Bommer, L. W.(1931). *Hotel Management*, 2nd, NY, Harper.

Burke, J. E., and B. P. Resnick(1991). *Marketing & Selling the Travel Product*, South- Western Publishing Co. Ohio.

Carlzon, J.(1987). *Moments of Truth*. Cambridge, Mass : Ballinger.

Carlzon, J. & U. Hubedendinck(1984). *The Cultural Revolution in SAS*. Bromma, Sweden : Scandinavian Airline System.

Christopher W. L. Hart, and A. David(1986). *Strategic Hotel/Motel Marketing*. East Lansing. MI.

Coffman, C. D.(1980). *Hospitality Management for sale*, East Lansing, MI.

Collier, D. A.(1987). *Service Management-Operating Decisions*. Englewood Cliffs, N. J. : Prentice-Hall.

Coltman, M. M.(1989). *Tourism Marketing*, NY : Van Nostrand Reinhold

Congram, C. A. & M. L. Friedman, eds.(1990). *Handbook of Services Marketing*. NY : AMACON.

Cowell, D.(1984). *The Marketing of Service*, London : Heineman.

Curran, Patrick J. T.(1978). *Principles and Procedures of Tour Management*. Boston : CBI.

Czepiel, J. A., C. A. Congram & J. Shanahan, eds.(1987). *The Service Challenge : Integrating for Competitive Advantage*. Chicago, Ill. : AMA.

Davis, S. M.(1985). *Managing Corporate Culture*, Cambridge, Mass. : Ballinger.

Donnelly, J. H. jr and W. R. George, eds.(1981). *Marketing of Services*, Orlando : FL. AMA.

Dotson, P. C.(1988). *Introduction to Meeting Management*, Professional Convention Management Association.

Fuchs, W. R.(1968). *The Service Economy*. NY : Columbia Univ,. Press.

Gartner, A and F. Reissman(1974). *The Service Society and the New Consumer Vanguard*, Harper and Row.

George, W. R. & C. E. Marshall, eds.(1984). *Developing New Services*. Chicago, Ill. : AMA.

Goodal, B., and G. Ashworth(1988). *Marketing in the Tourism Industry : The Promotion of Destination Regions*, eds, Routledge, London.

Gronroos, C.(1983). *Strategic Management and Marketing in the Service Sector*, MSI, No.83-104.

Gronroos, C.(1990) *Service Management and Marketing-Managing the Moments of Truth in the Service Competition*. Lexington Books.

Gunn, C. A.(1979). *Tourism Planning*, NY : Crame Russak.

Gyunn, R.(1980). "Elderly Recreational Vehicle Tourists : Motivations for Leisure" *Journal of Travel Research*, Summer.

Hawkins, D. E., E. L. Shafer and J. M. Rovelstad(1980). *Tourism Marketing and Management Issues*, George Washington Univ.

Heskett, J. L.(1986). *Managing in the Service Economy*, Boston Harvard Business School Press.

Horovitz, J.(1987). *La Qualite De Service*, InterEditions, Paris.

Howell, D. W.(1989). *Passport : An Introduction to the Travel and Tourism Industry*. Cincinnati : South-Western Publishing Co.

Jefferson, A. and L. Lickorish(1988). *Marketing Tourism : A Practical Guide*, Longman Group UK Limited.

Johnson, E. M., E. E. Scheuing & K. A. Gaida(1986). *Profitable Service Marketing*, Homewood, Ill. : Dow Johns-Irwin.

Johnston, R., ed.(1988). *The Management of Service Operations*. Kempston, England : IFS Publications.

Kotler, P.(1986). *Principles of Marketing*, Prentice-Hall, Inc, 3rd.

Lawson, F & M. Baud-Bovy(1977). *Tourism and Recreational Development*, Architectural Press, London.

Levitt, T.(1983). *Marketing Imagenation*, The Free Press.

Lovelock, C. H.(1984). *Service Marketing, Englewood Cliffs*, N. J. :

Prentice-Hall.

Lovelock, C. H.(1988). *Managing Services Marketing, Operations, and Human Resources.* Englewood Cliffs, N.J.: Prentice-Hall.

Mathieson, A., & G. W. Wall(1982). *Tourism: Economic, Physical and Social Impacts,* Longman, London.

Mayo, E. J and L. P. Jarvis(1981). *The Psychology of Leisure Travel: Effective Marketing and Selling of Travel Services.* MS: Boston, CBS.

McIntosh, R. W., and C. R. Goeldner(1984). *Tourism: Principles, Practices, Philosophies.* NY: Wiley.

Middleton, V. T. C.(1988). *Marketing in Travel & Tourism,* Heinemann Professional Publishing.

Mill, R. C., & A. M. Morrison(1985). *The Tourism Marketing System: An Introductory Text,* Prentice-Hall, Inc.

Mill, R. C.(1990). *Tourism: The International Business,* Prentice-Hall International.

Neumeyer, M. H, and E. S. Neumeyer(1936). *Leisure and Recretion,* NY: A. S. Baranes and Co.

Normann, R.(1984). *Service Management,* NY: John Wiley.

Nykiel, R. A.(1989). *Marketing in the Hospitality Industry,* Van Nostrand Reinhold: NY.

Rathmell, J. R.(1974). *Marketing in the Service Sector,* Cambridge, Mass.: Winthrop.

Reilly, Robert A(1988). *Marketing in the Hospitality Industry.* NY:Van Nostrand.

Wahab, S.(1975). *Tourism Management,* London: Tourism International Press.

Wahab, S., L. J. Crampon and L. M. Rothfield(1976). *Tourism Marketing.* London: Tourism International Press.

Zeithaml, V. A.(1987). *Defining and Relating Price, Perceived Quality, and Perceived Value,* Cambridge, Mass.: Marketing Science Institute.

■ 일본문헌

淺井慶三郎(1987). サービスの演出戰略, 日本 東京 同文館.

________(1989). サービスのマーケティング管理, 日本 東京 同文館.

淺井.清水 編著(1985). サービス業のマーケティング, 日本 東京 同文館.

淺井.澤田 共著(1988). 外食産業の競爭戰略, 日本 東京 ビジネス社.

井上万壽藏(1973) 觀光と觀光事業.

今井省吾外(1969). 觀光の心理分析, 日本交通公社.

金聖奕(1988).『サービス·マーケティング研究』日本 慶應義塾大學校 博士學位文.

_____(1987). 「サービス·マーケティングにおける人間的相互作用に關するわくぐみ」慶應義塾大學校 三田商學研究, 第30卷 3号, pp. 137~152.

_____(1988). 「サービス品質に關する理論的 考察」 日本商業學會年報, pp. 113~118.

_____(1986). 「サービス企業の內部志向的マーケティング戰略」 新韓學報, 第22卷, pp. 199~217.

_____(1988. 11). 「サービスの品質管理」 Franchise Age, 日本Franchise 協會.

小池洋一·足羽洋保編著 觀光學槪論(1988). 東京 ミネルウァ書房.

鹽田正志(1974). 觀光學研究1, 學術選書.

鹽田正志(1982). 觀光學ノ-ト, 學術選書.

鈴木忠義編(1974). 現代觀光論(新版). 有斐閣雙書.

末武直義(1984. 11). 觀光事業論, 法律文化社.

トラベルジャーナル編(1992). 海外旅行の業務知識(第2版), トラベルジャーナル.

田中喜一(1970). 觀光事業論, 觀光事業研究會, 日本 東京.

前田勇(1978). 觀光槪論, 學文社.

米田俊直(1969). 觀光行動のパターン, 日本 東京.

日本交通公社 編(1986). 觀光ビジネスの手引き, 東洋經濟新聞社.

疋田聰·塚田朋 編著(1993. 6). サービス·マーケティングの新展開, 日本 同文館.

野村淸(1983). サービス産業の發想と戰略, 日本 東京 電通.

村田昭治(1980). マーケティング, 日本 東京 プレジデンド社.

村田昭治 編著(1978). 現代の廣告, 日本 東京 同文館.
村田·井關·川勝 編著(1979). ライフスタイル全書, 日本 東京 同文館.
林周二 編(1961). 企業のイメージ戰略, 東京, ダイヤモンド社.
井原哲夫(1983).『消費者の經濟學』, 日本 東京 東洋經濟新報社.
公文俊平(1983).『社會システム論』, 日本 東京 日本經濟新聞社.
近畿特急 社報. 1979年 5月.
日本交通公社(1973). 觀光事典.
日本 總理府(1979). 觀光報告書.
日本觀光協會. 月刊 觀光, 各號

저자약력

김성혁

일본 게이오대학교(경응의숙) 상학박사
세종대학교 관광산업연구소장 역임
관광통역안내원 자격시험출제위원 및 면접위원
관광숙박종사원 자격시험출제위원 및 면접위원
한국관광학회 부회장 역임
세종대학교 호텔관광대학 학장, 관광대학원 원장 역임
현) 세종대학교 호텔관광경영학과 교수

호텔관광서비스마케팅(2004), 백산출판사
관광마케팅의 이해(1999), 백산출판사
여행사경영관리론(1999), 형설출판사
현대사회와 여가(1998), 형설출판사
국외여행인솔업무(1998), 백산출판사
국제회의산업론(1995), 대왕사
기타 역서, 업계서적 및 논문 다수

오재경

세종대학교 일반대학원 호텔·관광학 박사
세계사이버대학 관광호텔외식과 학과장 역임
세계사이버대학 호텔외국어과 주임교수, 교학처장 역임
혜전대학, 군장대학, 청주대학교, 동아대학교 외래교수
(주)대웅제약 외래전문강사
극동대학교 호텔외식전공 겸임교수

관광사업개론(2005), 범론사
호텔경영론(2003), 범론사

최신 관광사업개론

2009년 8월 20일 초　판 1쇄 발행
2016년 1월 15일 개정판 2쇄 발행

지은이 김성혁 · 오재경
펴낸이 진욱상 · 진성원
펴낸곳 백산출판사
교　정 편집부
본문디자인 편집부
표지디자인 오정은

등　록 1974년 1월 9일 제1-72호
주　소 경기도 파주시 회동길 370(백산빌딩 3층)
전　화 02-914-1621(代)
팩　스 031-955-9911
이메일 editbsp@naver.com
홈페이지 www.ibaeksan.kr

ISBN 978-89-6183-772-9
값 25,000원

최신 관광사업개론

2009년 8월 20일 초　판 1쇄 발행
2016년 1월 15일 개정판 2쇄 발행

지은이 김성혁 · 오재경
펴낸이 진욱상 · 진성원
펴낸곳 백산출판사
교　정 편집부
본문디자인 편집부
표지디자인 오정은

등　록 1974년 1월 9일 제1-72호
주　소 경기도 파주시 회동길 370(백산빌딩 3층)
전　화 02-914-1621(代)
팩　스 031-955-9911
이메일 editbsp@naver.com
홈페이지 www.ibaeksan.kr

ISBN 978-89-6183-772-9
값 25,000원